最寒冷的冬天Ⅴ

板门店谈判纪实

赵勇田　牛　旻 ◎著

《朝鲜停战协定》全称《朝鲜人民军最高司令官及中国人民志愿军司令员一方与联合国军总司令另一方关于朝鲜军事停战的协定》。1953年7月27日在朝鲜板门店签订，同日生效。停战协定规定，协定各条款在未为双方共同接受的修正与增补，或未为双方政治级和平解决的适当协定中的规定所明确代替以前，一直有效。

重庆出版集团　重庆出版社

图书在版编目（CIP）数据

板门店谈判纪实 / 赵勇田，牛旻著. — 重庆 :重庆出版社，2016.6
（最寒冷的冬天；V）
ISBN 978-7-229-11275-2

Ⅰ.①板… Ⅱ.①赵… ②牛… Ⅲ.①朝鲜停战谈判—史料 Ⅳ.①D831.2

中国版本图书馆CIP数据核字(2016)第128880号

板门店谈判纪实
BANMENDIAN TANPAN JISHI
赵勇田　牛　旻　著

策　　划：叶　蓬
责任编辑：周北川
责任校对：刘小燕
封面设计：王芳甜
版式设计：江岑子

重庆出版集团
重 庆 出 版 社　出版

重庆市南岸区南滨路162号1幢　邮政编码：400061　http://www.cqph.com
重庆市国丰印务有限责任公司印刷
重庆出版集团图书发行有限公司发行
E-MAIL:fxchu@cqph.com　邮购电话：023-61520646
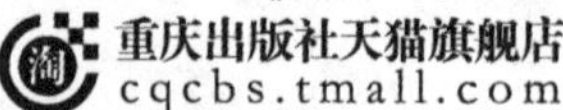

全国新华书店经销

开本：700mm ×1 000mm　1/16　印张：28.75　字数：452千
2016年6月第1版　2016年6月第1次印刷
ISBN 978-7-229-11275-2
定价：58.00元

如有印装质量问题，请向本集团图书发行有限公司调换：023-61520678

朝文、中文、英文三种文字的《朝鲜停战协定》文本。

序

回顾抗美援朝，引发不尽追思

徐焰（国防大学教授、少将）

逝者如斯，抗美援朝战争距今已过去了60多年，却是中国人始终萦怀的一段难忘历史。东邻半岛那片“三千里江山”（作者注：以南北长度计，一朝里相当0.3公里），以及长眠在那里的十几万志愿军烈士，一直牵动着亿万人的梦里情怀。提起汉江南岸的日日夜夜，钢铁运输线上的烽火岁月，以及清川江、临津江、松谷峰、上甘岭……年纪大一些的国人至今仍耳熟能详。朝鲜战争的一个突出特点，又是“打谈结合”，谈判斗争与战场上的交锋交织在一起，想全面了解这场战争就不能不考察一下在开城、板门店的谈判桌上的斗争。

最近，经重庆出版社策划，由赵勇田、牛旻合写了“最寒冷的冬天”系列之《板门店谈判纪实》。赵勇田是我很尊敬的参加过革命战争的老前辈，他在30年前就曾结合自己的亲身经历，同亲身参加过朝鲜停战谈判的柴成文前辈合写过《板门店谈判》一书。近年来赵老又根据新搜集的资料，同牛旻合作，创作出这部新书，其史料翔实，文笔生动，确实值得对现代史感兴趣的人们一读。本人看过此书后，又由衷地写出几点感想。

朝鲜战争不该打，抗美援朝战争却不能不打

在冷战期间，两个阵营对峙的政治斗争需要，使朝鲜战争的许多内情长期被迷雾所掩盖。苏联瓦解前后，有关朝鲜战争的许多档案解密，使这场两个阵营前哨战发生过程的内情大多得以公开。1992年我受美国斯坦福大学国际安全和军备控制中心之邀，曾前往那里参加他们买到的俄罗斯朝鲜战争档案的鉴定，自己也成为1989年政治风波后美国对华停止军事交流后访美的第一个中国军官。

在旧金山以南的斯坦福大学的日子里，我通过仔细阅读和研究第一手档案材料，倒是更坚定了自己以往的信念，那便是——朝鲜战争的发动虽是错误的决定，新中国进行抗美援朝战争却是一项有深远的战略意义的正确决策，最终达到了维护我国安全和履行国际义务这双重目标。

朝鲜战争于1950年6月25日开始，本是北南双方的内战，两天后因美国参战变成国际战争。朝鲜北方想统一南方虽然是其内政，他国不应干涉（从这一点看还应说是美国发动了侵朝战争），不过若通观当时整个国际战略全局及中国的利益，半岛上开始内战的时机选择却是个严重错误，可惜这一点并不在中国控制的范围之内。

朝鲜内战是国际冷战条件下的产物，却又加剧了冷战，并造成了小国把大国拖进战争的结果。朝方对美国的反应判断失误，出现这个错误斯大林也负有担当责任。此时美国看到中苏结盟而正想干预中国台湾，无论朝鲜战争是否爆发都要拦阻解放军渡海攻台，就以朝鲜内战为借口，采取“三管齐下”的“遏制”方式。杜鲁门总统在1950年6月27日宣布，同时出兵朝鲜、台湾，并援助侵越法军，从而在三个战略方向对新中国形成了威胁。美国第七舰队进入台海，这使海空力量非常弱小的解放军就此丧失了解放台湾的可能，中国分裂长期化成为定局。

美国如此侵犯中国的领土权益，并把战火烧到中国东北的边界，中国共产党和刚刚宣布站起来的中国人民如果只是口头抗议而无实际的反击行动，势必在国际上显得软弱可欺。从当时的国内外形势考虑，只有把土地改革、镇压反革命和抗美援朝结合起来，才能有效地

巩固新生的人民政权。此时对美国的反击战不能不打，按毛泽东的形容就是“打得一拳开，免得百拳来”。

“朝鲜战争”同“抗美援朝战争”，是有联系又有区别的两个概念。为时三年一个月的朝鲜战争，是在双方处于平局的状态下结束的。新中国进行的二年九个月的抗美援朝战争，却是一个伟大的胜利。中国出兵朝鲜，达到了抗击美国侵犯我国边境和履行国际义务的两重目的。从军事较量的结果看，战争开始时志愿军的战线还在作为中朝国界线的鸭绿江，战争结束时战线已在鸭绿江以南500公里的三八线附近。通过这次战争，中国在世界上树立起军事强国的地位，在中国国内也恢复了自鸦片战争后一百多年间丧失的民族自尊心和自信心，成为中华民族实现伟大民族复兴的重要支撑点。正如毛泽东在出兵前所判断的那样——“应当参战，必须参战。参战利益极大，不参战损害极大。”

通过实战体验，决定争取和谈结束战争

任何国家和军队进行战争，都有其追求的目标。朝鲜战争发生前有关方面的筹划并不合乎当时中国领导人的本意。当时担任毛泽东秘书的胡乔木对此也回忆说：“我们出兵是迫不得已，非常不情愿的。老实讲，当时内战刚刚结束，我们国内一大堆问题，我们决不可能鼓动朝鲜发动战争。”（《胡乔木回忆毛泽东》第87页，人民出版社1994年版。）出兵朝鲜时，以毛泽东为首的中共中央便考虑到对手是拥有世界上最强大实力的美国，对作战目标和战局发展的可能性做了多种打算。当时最好的设想，是歼灭在朝美军以彻底解决问题，同时也设想过通过我军的胜利，“有迫使美国与我进行外交谈判之可能”。（《毛泽东军事文集》第六卷第106 ~ 107页，军事科学出版社、中央文献出版社1993年版。）

1950年10月下旬志愿军入朝参战后，通过实战体验证明美军并非不可战胜，尤其是第二次战役以出敌不意的攻势和独特战术迫使敌军从北朝鲜南逃。美国舆论界惊呼这是“美国陆军史上最大的败绩”。此役后美国当局认识到新中国的强大力量，加上其战略重点在欧洲，主要对手是苏联，害怕深陷于一场打不赢的朝鲜战争之中，因而将战略目标改为求得保住南朝鲜，要求停火并进行谈判。

由于志愿军入朝之初取得的胜利超出预想，中共中央一度想尽快实现全歼朝鲜境内敌军的作战目标，毛泽东还提出了“不消灭朝鲜境内的敌人不回国”（《毛泽东军事文集》第六卷第249页，军事科学出版社、中央文献出版社1993年版。）的口号。不过通过第四次、第五次战役的实践，新中国领导人明白在敌方拥有很强实力的条件下，想彻底解决朝鲜问题是无法办到的。此时中国出兵已经解救朝鲜北方的危急，并将侵略者从我国边境鸭绿江边赶走，这一作战成果达到了己方和友方可接受的底线，通过和谈结束战争就将是最好的选择。此时斯大林也看到了朝鲜战争已经陷入僵局，就不支持某人想要志愿军再向南朝鲜发动攻势的主张，同意坚守三八线一线，边打边谈。

6月中旬，中央军委为志愿军确定了在朝鲜战场上所应遵循的具体军事方针——“充分准备持久作战和争取和谈达到结束战争”。7月1日，彭德怀复电中央完全同意这一方针，并认为：“坚持以三八线为界，双方均过得去。”（《彭德怀军事文选》第379页，中央文献出版社1988年版。）

历史证明，抗美援朝战争战略反攻结束后，以毛泽东为首的中共中央决定适可而止，以和谈结束朝鲜战争，反映了适应现代局部战争要求的思想观念已经全面形成。这一观念的形成，对于随后停战谈判的达成及我国的国民经济恢复，都起到了极其重大的作用。

《板门店谈判纪实》一书，在开始部分着力描写了中国出兵朝鲜后进行了五次战役，然后又转入谈判的过程，为人们提供了这一转变过程的生动史料。

边打边谈，最终以实力迫敌妥协

1951年7月以后，朝鲜战场上近乎“拉手风琴”式的一进一退拉锯争夺战终于告终，随之出现了为时两年之久的边打边谈局面。由于美方不可能接受外国军队撤退的要求，军事分界线之争其实成为谈判前期的斗争焦点。当时中朝军队实际控制线与原来的三八线相差不大，提出以原有的三八线为界或就地停战，基本上都是恢复朝鲜战前的位置。

停战谈判开始后，中朝谈判代表的感觉如同李克农所总结的，我们的对手是谈起来想打，打起来又想谈。（杜平：《在志愿军总部》

第473页，第474页，解放军出版社1989年版。）

美国在7月下旬的谈判中提出的要价与两个月前与苏联所谈的条件（即大致以三八线为界）相比已有提高，即要求将军事分界线划在三八线界以北的北纬三九度线一带，想取得1.2万平方公里的“海空补偿”。随后，“联合国军”发起了夏秋季攻势，企图以军事行动达到其在谈判中要求占有的位置。

谈判开始后出现这一情况，主要原因在于美国正加紧全球性备战部署，不愿因迅速停战缓和紧张局势。在朝鲜战场的较量中，美军在第五次战役后期的反扑中取得一些进展，便想以技术装备优势施加压力，达成对其在政治上、军事上都有利的停战协定。面对敌方的无理要求，中朝方面断然拒绝，并决心不怕谈判破裂继续作战。从8月18日至10月下旬，中朝军队粉碎了敌方两个多月的“夏季攻势”和“秋季攻势”，迫其改取守势，美军被迫于11月27日同意以双方实际接触线为军事分界线，放弃了所谓“海空补偿”的要求。对此，美国军方事后也评价说：“虽然共产党被迫放弃了三八线，但是在分界线的设立上却占了上风，因为这条分界线一直持续到战争结束。海军中将乔埃后来在其文章中写道，他认为这是谈判的一个转折点，因为美国的军事压力不足以使共产党在签署这一协议后采取比较理智的态度。”（《停战谈判的帐篷和战斗前线》，TRUGE TENT AND FIGHTING FRONT，P121，P240.）

朝鲜战局稳定及谈判取得一定进展后，中共中央从1951年末确定在一年半内将全军部队从626万人压缩至350万人，并减少在朝部队26万人。1952年内，军费开支在国家财政支出中的比例降到33％，经济建设费用则上升到45％。此时采取的这一步骤，是将局部战争服从国家建设大局的英明决策。

军事分界线问题解决后，朝鲜停战谈判又拖延了一年半的时间，战俘问题成为达成协议的主要障碍。敌方就战俘的去留进行宣传鼓噪，是美国政客在全球范围内发动反共政治宣传和心理攻势的表现。美方以“尊重人权”和“人道主义”为名提出“战俘应自愿遣返”的原则，利用台湾、南朝鲜特务机关组织中朝战俘中的投敌分子和败类，制造所谓“共方战俘不愿回归铁幕”的闹剧，企图以此向共产党领导的国家煽起“投奔自由”的政治恶风。

当时中共中央从维护共产党和新中国的政治威望角度考虑，决定在此原则问题上不能让步，一方面坚持要求敌方应遣返中方全部战俘（其中包括战场上的投敌分子），另一方面在战场上积极持久地杀伤消耗敌人。美方对平壤和水丰发电站大举实施轰炸施加压力后，友方和开城谈判代表团一度倾向于接受敌方“自愿遣返”的条件和遣返的数字，以尽早实现停战，毛泽东则于7月14日否决了接受敌方条件的意见，并指出，我们的同志太天真了。谈判不在数字之争，要争取在政治上、军事上有利情况下的停战。在敌人压力下接受这个方案等于是结城下之盟，对我不利。

历史经验证明，即使我方准备让步，在敌人施加压力时也不能示弱，需要待对方招数用完后再让步，这是一种重要的斗争策略。否则以后敌方动辄施压将后患无穷。1953年3月5日，斯大林突然去世。苏共中央领导集体的主要注意力转向内部问题，因而于3月19日致函毛泽东和金日成建议改变原有的谈判方针，尽可能快地结束朝鲜战争。

鉴于此时美国使用原子弹、登陆等威胁都已无效，我国第一个五年计划的建设又已开始，毛泽东于3月27日致电金日成正式表示“准备在遣返战俘问题上作一让步，以争取朝鲜停战”。（《周恩来年谱（1949—1976）》上卷，第291页，中央文献出版社1997年版。）这一让步方案又并非单方面做出，而采取折中解决办法，即规定将所谓“不愿遣返”的战俘交中立国看管，再由双方派人进行解释动员遣返。这一方案虽对战俘遣返数字提高不大，却显示了中方的意志并打击了美方的气焰，从维护我国长久安全看还是必要的。

在停战前夕，7月13日志愿军出动六个军发起了金城战役，消灭了金城一线的南朝鲜军四个师的大部，将战线南推15公里。在此胜利的形势下乘胜即收，显示了我方是在胜利的形势下结束战争，从长远角度看符合我国进行抗美援朝战争的根本目的。局部战争的战场行动要紧密服务于国家的全局利益，打仗和谈判要相互配合，当时签订《朝鲜停战协定》便充分体现了这一点。

《板门店谈判纪实》一书，对当年交战双方谈判有了详细的描述，想知道如何进行打谈结合，看看全书便能一目了然。

探索现代局部战争的新特点和新经验

新中国进行的抗美援朝战争，是中国军队在近现代对外战争中取得的最为辉煌的胜利。1900年时2万八国联军能长驱直入北京无人能挡，而1950年几十万“十六国联军”在靠近中国边境时便被打得丢盔弃甲而逃，中国在世界上军事强国的地位恰由这一仗奠定。记得1992年我在美国做访问学者和讲学时，所遇参加过朝鲜战争的美国老军人都赞叹中国军队的战斗力，其史学界也承认自此美国政府才把中国看成一个平等的对手。

由国际上多方参战的朝鲜战争，是以交战双方形成平局而以休战（停战）结束的；新中国进行的抗美援朝战争，无论在政治上还是从军事上都取得了伟大的胜利。战争开始时志愿军的战线还在作为中朝国界线的鸭绿江，战争结束时战线已在鸭绿江以南500公里的三八线附近，当年新中国打出了一个几百公里的缓冲区，还以打出的国威军威赢得了几十年的和平建设环境。

经过抗美援朝战争的实践，此前有过二十多年战争经历的中国革命军队又经受了一场世界型现代化战争的考验，积累了许多宝贵经验。新中国成立后，中国共产党领导的军队的作战目标已不再是追求消灭敌人以军队为主体的国家机器的胜利，而是在力争维护国内和国际和平的前提下打退敌人入侵。从世界范围来看，在第二次世界大战后，大规模杀伤武器特别是核武器的发展，使得交战各方都不能无限制地扩大战争，以免招致得不偿失甚至自身毁灭的后果。作战目标有限、时间有限、战场有限和手段有限的局部战争（或称有限战争），此时就成为世界战争舞台上的主角，朝鲜战争又是第一个突出范例。

美国军事当局也正是通过朝鲜战争，确定了“有限战争”的概念，在朝鲜战争任过“联合国军”统帅的李奇微在其所写的回忆录《朝鲜战争》一书的序言中也总结说：“朝鲜战争之前，我们全部军事计划都是设想打一场席卷世界的战争”，“朝鲜战争却使我们懂得，自此以后的一切战争必定都是有限战争”。针对美国的这种有限战争，我国领导人也针锋相对地以局部战争的方式相对付，结束这种局部战争的方式，通常又要进行谈判。当年朝鲜战场上打谈结合的经验，对后来我国进行局部战争和地区性军事斗争留下了宝贵经验。

抗美援朝战争结束后的几十年间，我们的国家已是沧海桑田，人间巨变。记得20世纪80年代末至90年代初，我曾与自己的父辈，并同当年志愿军总部、兵团的诸多老首长及中央军委机关一些负责同志阔论起抗美援朝战争的峥嵘岁月，包括采访柴成文同志，他们都还是谈锋甚健，笑声朗朗，如今他们却多已不在人世！笔者多年前在国际场合相晤的一些往日敌手美国军人、韩国老将，现在多也成俱往矣！如今，面对世界新技术革命的大潮，军事领域的变革也日新月异。随着现代高科技的成果广泛应用于军事领域，抗美援朝战争中的许多拿手好戏在新条件下会变成为昨日黄花。然而世间事物无不具有继承性，温故方能知新，鉴古方可警今。欲解决未来高新局部战争之难题，仍需回顾以往战争的丰富经验。朝鲜战争作为其典型开端，又是现代军人不可不回首的重要实例。

抗美援朝战争对新中国的军队而言，可谓进入现代化战争之门的一部百科全书。如今霸权主义者仍恃强凌弱，全仗军事科技优势。虽说战术日新，变革炫目，火力加信息增威，机械伴电子添翼，却无改历史铁律。当年在朝鲜战场上，毛泽东、彭德怀等老一代军事家领导中国军队经过战火中的艰难探索，适应了世界型的现代化战争；如今在改革开放中进行中国国防建设，也是在探索如何走一条适应世界大潮而又能体现中国特色的军队现代化之路。

尽管抗美援朝与当年的谈判斗争已成为历史，如今朝鲜半岛的形势也令人担忧和感到叹息。不过人们看一下《板门店谈判纪实》这本书，回顾研究当年新中国军队在朝鲜战场上如何以劣胜优，研究那时如何将打谈结合，以两手对两手，还能使我们能很好面对变幻的国际风云及国内社会结构大改革的正途与歧路，在漫漫征程中耳聪目明，为正确地选择实现国防现代化的最优途径贡献力量。

前 言

站在朝鲜半岛板门店门口忆往

赵勇田

中国人，仰望天空，国际风云变化无穷，朝鲜半岛局势难稳。天地间谁想独占鳌头，谁想称霸，谁想领导世界，争夺的焦点日益明朗化。近日，我们推出新书《板门店谈判纪实》。记述了20世纪50年代在中国友邻朝鲜爆发的那场战争和进行的战争谈判。

朝鲜战争中，谈判会场经过双方多次协商，开始在中朝方的来凤庄庄园内，后移至地处北纬三八线上的一个几户人家的小村庄，在板门店搭建了简易会场。双方代表出出进进，各走各的大门，谁都不会早到晚走。当年的英文翻译段连城对我说过，有一次我方代表团提前一分钟到达我方会场门口，在场的西方记者认为这是一个“新闻点”立即发出一条新闻：“可见中朝代表团心中有事，提前一分钟到达会场门口。”

这位记者猜对了，我方代表心中确有急事，争取开门抢先进入座位举手发言。因为谈判会场没有主持人，谁先举手谁发言。双方发言都是针锋相对，寸步不让。而且规定不到散会钟点，任何一方可提前退场。

战争激烈进行中出现的谈判，万没有想到一“谈”就是几个月、一年、两年，人们心中无底。中朝战场总指挥、中国人民志愿军司令员彭德怀说得好：打仗的人你们尽管打，战场上打得越狠，会场上就会顺利；参加谈判的人你们尽管谈，以理致人，真理会笑到最后。

为了深入掌握朝鲜战争和战场谈判的第一手史料，为着写书，多年前我先后访问过原中国人民志愿军司令员杨得志、政治委员李志民、副司令员洪学智和宋时轮、参谋长李达、政治部主任杜平和政治部副主任任荣、作战处长王政柱、通信处长崔伦和彭德怀的秘书杨凤安、景希珍等等。当时还能找到中国谈判代表团其他成员和翻译多人，如凌青、段连城。我采取分别或集体的形式收集他们身边有趣的故事和情节。这些战斗在朝鲜战争第一线的领导人，多曾在抗战时期是我的领导人和战友，因此谈话和采访没有障碍。一次在杨得志上将办公室交谈朝鲜东线战场金城战役状况，他说为了打击李承晚部队，争取早日签署停战协定，歼敌数万，收回大片领土，拉直了金城以南的战线。翻译凌青，他是民族英雄林则徐的五代孙，他多次对我说，祖先林则徐为抗英销烟，维护国家民族利益，我们在谈判会场唇枪舌剑，争来争去，就是为了国家、为了人民的最高利益。这些人都是历史的见证者、亲历者，最有发言权。

难能可贵的是我曾有三个月中每天一次到国务院外交部资料室查阅当年“朝战”谈判的万件卷宗，获得了谈判中一些准确时间、地点和数字等等。这个时候，我从各方抄录记载的史料已有八大本，几百万字。为了写书，我汇编了一本《抗美援朝战争大事记》内部印刷为资料。早在1987年10月，经领导批准，我们13人组成访朝友好代表团。代表中有志愿军手术队长、战斗英雄孙凤钜，在志愿军中我方牺牲职务最高的李湘军长的夫人安淑静等。我们沿着志愿军进军路线跨过鸭绿江，行进在锦绣河山的朝鲜国土上，边走边采访，搜集了在国内难以觅到的史料。随团的孙凤钜，是当年在朝鲜战场24岁的手术队长，朝鲜纪念馆里至今还挂着他的照片。解说员认出他时，大声呼喊：“英雄回来了！”

参观平壤市内“友谊塔”。这座高大雄伟、白色花岗石建筑30米高，矗立在平壤市区牡丹峰西麓。在阳光下“友谊塔”上三个朝文镏金大字闪烁生辉。纪念塔地下室有一个巨大的石函，要掀开石函的盖子，需要四个壮汉双手抬起。我们围在石函周围细观，中国人民志愿军政治部1958年撤军时留下的十本烈士名册，第一本、第一页、第一名就是我团安淑静的丈夫李湘军长的名字。瞬间，安淑静心情沉痛了，转身擦擦眼角的泪水。我劝她不要太激动，要保重。

李湘，出身于江西省永新县一个贫苦农家。14岁参加工农红军，经过长征，走上抗日前线。1951年入朝作战，任第67军代军长，带领志愿军官兵冲锋陷阵，鏖战金城前线阻击战，屡立战功。他因受细菌感染，为祖国而献身，遗体葬于河北省石家庄烈士陵园。

陪同人员说，并不是所有访朝代表团能有如此机会亲眼目睹这些烈士名册，你们得到了特殊享受。

访朝中，实现了我们的心愿，进到三八线中立区谈判会场。这里的谈判会场，共设南北六座平板房，每座房子南北两头都有门，各通向朝、韩两方，只要不开会可供游人观览，两方都有士兵持枪站岗。当我坐在中朝代表团使用的椅子上时，心潮沸腾，难以名状。我抬头观望四壁，双方墙上挂满了多种旗帜和标志物、照片等。此处“新闻点”颇多，但是不能久留。当我站在板门店门口时，极目四望，不远处那锈迹斑斑的铁丝网，那曾走火车的铁路中间长起的柳树已经碗口粗了，可见南北隔绝多少年了。那蔚蓝的半岛天空，朵朵白云无忧无虑地飘浮着。

在陪同人员带领下，我们瞻仰了中国人民志愿军烈士陵园。设在朝鲜东南部桧仓山区的中国人民志愿军烈士陵园，坐北朝南，陵园开阔，松柏林立，花草茂盛，这里埋葬着志愿军众多烈士遗骨。毛泽东主席的儿子毛岸英烈士之墓引人注目。我们代表团全体人员在毛岸英塑像前静默三分钟并鞠躬示礼。有关陵园的史料和烈士事迹尽收手中。战斗英雄孙凤钜激动地说：“我希望烈士遗骨能回归故里，安眠在祖国土地上。”之后，在北京我访问了牺牲在朝鲜战场、天津籍的登高英雄杨连弟的母亲。她说，儿子为和平而战死在朝鲜，值得，值得。

访朝快结束时，我们每人获得金日成主席的纪念品。此次访问由朝鲜政府部门接待，有关吃、住、行都按日程安排，颇为顺利，不仅观览市容，还到达东海工厂以及农庄做客。金日成主席为代表团成员分赠国礼——高丽酒和塑制音乐唱片。这瓶酒，我一直保存至今，成为中朝友谊的象征。

有了亲临朝鲜半岛的经历，接触了历史见证人，亲眼目睹了20世纪50年代战火纷飞、牵动世界神经的板门店谈判会场旧址、新址，领略了朝鲜半岛风土人情，从而为记载战争和谈判铺衬了丰厚基础。

时隔16年后，2003年我第二次访朝，旧地重游，当我再次进入板门店谈判会场的时候，我让陪同者、现场解说员在我的采访日记上签名、写祝语、贴朝鲜邮票、盖邮戳，作为永久纪念。

朝鲜战争交战双方签署停战协定已经63年的今天，我们不遗余力推出一本新书《板门店谈判纪实》，由重庆出版社出版。其深刻含意不言而喻。世人要记住那场战争，百万中国人民志愿军付出的鲜血和生命，永远不能忘记。

常言说，战争是政治的继续，政治是不流血的战争。我们根据当今世界出现的新情况、新史料、新读者，以多侧面的笔触，让读者一目了然知道20世纪50年代发生在朝鲜半岛的战争和谈判。战争胜败凭实力，战争进程在人心，战争和战争谈判的结果仍然是三八线平稳地在半岛中心东西延伸，小小板门店依然矗立在三八线上。这就是战争的结局。

今日的中国，日益强大，已经不是20世纪50年代的中国。中华民族的振兴，要靠几代人的奋斗。中华儿女立足华夏，眼望全球，为实现中国梦而努力前进！

希望有更多的读者手捧《板门店谈判纪实》，畅游书海。

目录
板门店谈判纪实

第一章

止　战

1950年6月25日，摩擦不断的北纬三十八度线上，战争终于爆发了。凭借令人生畏的T34坦克、苏式火炮，拥有绝对军力优势的北朝鲜人民军势如破竹，盛如怒涛，三天内即攻克南朝鲜首都汉城。随着美国等16国联军的介入，中国志愿军抗美援朝，苏联派出空军参战，熊熊战火在狭长的朝鲜半岛上愈发炽烈。

老兵不死，只是凋零，麦克阿瑟试图用歌词注解自己大起大落的命运。参加过第一次世界大战的五星上将是老兵；刚从二战战场凯旋的志愿军、苏军、联军官兵，他们大多也是老兵。朝鲜战争的惨烈程度不亚于第二次世界大战，在可歌可泣的寒冷战场上，保家卫国的老兵们怀抱着梦想与荣誉，长眠于此。

普通士兵与自诩凋零的最高指挥官不同。

他们会死去，但不会渐隐，不会凋零。

老兵将被铭记。

第一节　从五星上将到罪人

我们一直在积极地考虑使用它。

我不希望有朝一日使用到它。

它是一种可怕的武器，不应该用来对付无辜的男人、妇女和儿童，他们和军事侵略无关。

可是原子弹一经使用，这种情况就无法避免了。

——哈里·S. 杜鲁门

1950年11月30日，在一次新闻记者招待会上，以铁腕手段闻名于世的美国总统杜鲁门语出惊人：美军可能在朝鲜战场上使用原子弹。突然向全世界昭示了美国的作战决心。

这番言论的公开，其震慑效果已无异于原子弹爆炸。顿时，核子乌云笼罩了欧亚大陆的天空，刚走出二战阴影的欧洲国家重新陷入巨大恐慌。

朝鲜战争爆发以来，人们早已经历了太多震惊，先是麦克阿瑟的仁川登陆一举扭转战局，然后是中国志愿军的意外参战，可最令人无法想象的是，刚凭借在二战中的表现成为世界头号强国的美国，竟然被一支几乎毫无海、空作战能力的亚洲新军打得一路溃逃。

谁能预料，长津湖战役尚未结束，美国总统竟然置国际社会的谴责于不顾，毅然决然地发出了核威胁。

被中国志愿军击溃的美国，真的无法接受败局，从而要在朝鲜战场释放核子恶魔了吗?

作为美国历史上数一数二的“铁腕总统”，杜鲁门的名言“决断在我”家喻户晓。这位下令对日本使用原子弹、提前结束二战的政治强人，俨然已是西方世界的领袖，“原子弹”一词经他口中说出，所产生的强大辐射迅速波及全球。

事实上，不仅饱经战火的民众厌恶战争，美国的盟国也对新的战争充满反感——鉴于美苏两国已先后拥有核武器，无论哪方使用原子弹，无疑都将使全世界陷入核灾难。

所以，杜鲁门的威胁一经发出，英国下议院就爆发了1945年工党执政以来关于外交政策“最严重、最焦急、最负责”的一次激烈辩论——作为美国最亲密的盟友，英国的工业设施高度集中（尤以首都伦敦为甚），无疑是最惧怕核报复的国家之一，在许多议员和普通民众眼里，铁腕总统已与疯子无异。国内扬扬如沸的反核、反战情绪使英国政府顿时坐到了火山口上，1950年12月4日，英国首相克莱门特·理查德·艾德礼火速飞赴华盛顿。

一时间，全世界期盼的眼光都聚焦在艾德礼身上。阻止杜鲁门、避免第三次世界大战、维护世界和平的希望，似乎被全部寄托于艾德礼的游说之行。

但事实上，杜鲁门、艾德礼这些操控着历史航向的政治巨头们却另有图谋。

在大洋彼岸，华盛顿貌似已乱成一锅粥。由于深陷朝鲜泥潭，总统杜鲁门、国务卿艾奇逊等人正面临执政以来最严重的内外交困，在共和党坚持不懈的弹劾之下，民主党政府早已左支右绌，焦头烂额。尤其是艾奇逊，简直要被政敌们的口水淹没了。

“在战后全新的世界里，美国两党斗争日渐升级。艾奇逊成为保守派最频繁的攻击目标……共和党人对他恨之入骨……艾奇逊和许多国会议员都交过恶，他觉得这些人已经被政治弄得臭气熏天。艾奇逊习惯用高高在上的姿态和他们说话，仿佛自己摇身一变，成了小学老师，在为一群令他不胜其烦的六年级学生上课。”

但这些精明的政客并不像在媒体镜头前那样出离愤怒、失去理智——杜鲁门政府绝不会真的发动核打击，将自己陷于万夫所指和两败俱伤。

杜鲁门精心策划了一系列演出。

他先是授权其新闻秘书查尔斯·罗斯在记者招待会后发表了“一项旨在澄清视听的声明”，用极其模棱两可的暧昧语言，反复强调美国一定会谨慎对待核武器，希望媒体不要误读政府的战略意图；但同时又十分露骨地暗示，美国总统绝对有可能使用核武器。

杜鲁门将自己发出的核打击意图归结为媒体的误读，却不断发出赤裸裸的威胁，这显然不是出自先礼后兵的军事礼仪。他和幕僚们当然十分明白，在苏联和中国这两个大国友好结盟后，社会主义阵营也拥有核武器，他们根本不会惧怕美国的核打击。

因此，杜鲁门制造核恐慌，所触动的必然只有英国等盟国。美国刺激英国等国的目的何在？

答案只有两个字：停火。

哈里·杜鲁门是美国历史上著名的“铁腕总统”。1884年5月8日，哈里·杜鲁门生于密苏里州南部的拉玛尔乡下。在青少年时期，他爱读历史、战史和历届总统的政绩实录。高中毕业以后，当过银行的职员，也经营过农场。

第一次世界大战期间，他当过炮兵连长；大战结束，获得陆军少校军衔；复员后主持过一个县的政府工作。

1935年当选为参议员，1945年1月任副总统。当年4月12日罗斯福总统去世，按照美国宪法规定，他继承罗斯福成为美国第33任总统。

哈里·杜鲁门担任总统期间，美国是世界上经济实力最雄厚、从未遭受战火破坏的头号强国。他的办公桌上摆着一块“决断在我”的座右铭，象征着世界头号强国的绝对权威。

杜鲁门是一位极端的实用主义政治家。当1941年6月苏德战争爆发的时候，作为参议员的杜鲁门曾经这样主张：美国应该观望，如果希特勒胜利了，就帮助俄国；反之，如果俄国胜利了，就帮助德国；让它们两败俱伤，美国坐收渔利。

从某种意义上说，政治家就是出色的表演艺术家，他们恰到好处地做出各种表演，精巧地拨动着民众的情感之弦，由此赚到巨额票房——国家利益。

杜鲁门和艾奇逊没有疯，他们比谁都清楚形势。

志愿军的入朝作战，以及在前两次战役中痛击美军，使美国从仁川登陆成功的沾沾自喜中清醒过来。杜鲁门和参谋长联席会议终于意识到一个异常严峻的问题，即美军已不可能在这场已几乎彻底失控的“有限战争”里获胜，“美军越过三八线本身已经铸成大错——引起中国出兵介入战争，而允许麦克阿瑟自行其是更使得这一错误发展到无可挽回的地步……但是北朝鲜军队溃败得如此彻底，致使我们不能罢手……很清楚，我们没有就在平壤以北附近的狭窄地带这条线上停下来，这是个悲剧性错误。”

原本希望一举两得，借朝鲜战争的良机巩固远东势力，并获得更多军费支持，以恢复、增强二战之后日益萎缩的美国军力，用以对抗以苏联为核心的社会主义阵营，结果却遭到中国军队意外的迎头痛击。这样一来，这场原本设计好的“有限战争”战略彻底破产，使美国面临在朝鲜长期耗下去的危险。美国面前只有一片无尽的泥沼。

在巨大的国内外压力之下，杜鲁门政府不得不采取紧急措施止损，他们果断决定寻求停火。

此时，美国政府最头疼的问题就是，如果由他们先提出停火，则无异于自戕，不但成为共和党的笑料和话柄，也根本无法对国内民众、世界各国交代。进退维谷的杜鲁门和国务卿艾奇逊索性以进为退，悍然发出了“核威胁”。

英国的决策者当然读懂了杜鲁门的潜台词，这才有了艾德礼的及时到访。艾德礼明白，杜鲁门的剧本中还缺两个角色：调停者和罪人。万事俱备，他要扮演美国所需要的那个“调停者”，和杜鲁门、艾奇逊一起演一出戏，使美国政府能体面地对中国说出“停火”二字。

事实上，美、英两国就像被硬拉进同一剧组的两位影帝级演员，为了争夺“在华利益”这一金杯，将前嫌搁置一边，珠联璧合地上演了一场精彩大戏。

丘吉尔有一段名言，深刻诠释了国家关系的本质：“大英帝国没有永恒的敌人，也没有永恒的朋友，只有永恒的利益。”

对于英国政府而言，盼望停火谈判的心情异常迫切，甚至超过美国。

在第二次世界大战所带来的战后萧条影响下，西欧各国普遍期盼美国早日结束朝鲜战争，唯此，美国才会将部队和物资用于欧洲的重建，而不是消耗在远东。正是基于这个重要原因，越来越多的欧洲国家开始主张以“最低限度的条件尽快地结束谈判”。

英国正是这种主张的典型代表。

由于经历了战后严重的经济危机，急于脱困的英国一直寄希望于在对中国的贸易中寻找新的生机。如果美国继续对中国施加经济压力，则英国在香港的一切利益都将变得岌岌可危。

看起来，英国与美国的对华政策截然相反，分歧似乎无法协调。

早在1950年1月6日，英国就正式承认了中华人民共和国的合法地位，并与之建立了通商关系，视中国共产党的新政权为永久、合法的政权。

但与之相反的是，美国由于和蒋介石政权一直保持紧密关系，并将台湾看作其构想中的远东岛链的重要一环，所以绝无可能在当时承认中华人民共和国的合法地位。

除此之外，美国虽然认同英国在远东的经济优势，但也将曾经的日不落帝国正日益衰落的颓势看在眼里。美国政府正在步步为营，意图取代英国，掌控远东地区的经济大权。因此，美国依然将欧洲看作其战略重镇，但也绝不会如英国所希望的那样，对欧洲一边倒。

在这些利益关系的制衡下，原子弹问题甚至根本不是艾德礼来访的重点。英国首相开门见山，直接谈到停火问题："共产党可能要在什么价钱之下才肯停火？"

杜鲁门的智囊团早已精确估算过对方的价码，他们断定，中国共产党会要求联合国承认他们的政府，要求联合国安全理事会的席位，要求解决台湾问题。正在为中苏结盟头疼、懊悔不已的美国政府还处于"谁丢掉了中国"的互相指责中，并不愿意看到红色中国在社会主义阵营里继续突飞猛进，因此，杜鲁门和艾奇逊在停火谈判的姿态上显得万分谨慎："从军事上着眼，尽快得到停战对我们似乎是有利的。但是，对我们有利的，自然就意味着对中国人不利，因此他们很可能不愿意接受……有这么一种危险，如果我们表示妥协，价钱就可能上涨。"

但这并不是英国政府想考虑的问题，为了尽快撑过艰难的战后重建期，英国政府最大的愿望就是停火，他们绝不愿好胜的美国陷入战争泥潭，导致欧洲复兴计划搁浅，进而使英国复兴化为泡影。艾德礼委婉地提醒美国政府："不管我们达成什么样的决议，总不免不合一些人的口味，但是我们应该记住，西方是不能弃置不顾的，西方仍然是我们反对共产主义阵线的主要据点。"

艾德礼切中了问题的要害。在英美双方看来，真正的威胁一直在西线，就是那个幕后的苏联，从来都是。

国务卿艾奇逊反复强调了苏联威胁论。在他看来，"必须记住我们的主要敌人不是中国而是苏联。朝鲜的行动完全出自莫斯科的唆使。"

杜鲁门与他的国务卿意见一致："依我看中国共产党就是俄国的

卫星。”

美国总统的话，确实提醒了在场所有人。

是的，在遥远的莫斯科，仿佛神话中终年冰封的克里姆林宫内，深谙国际政治规律的斯大林始终居于神秘的幕后，看似不发一兵一卒，却通过默许、援助金日成打击南朝鲜，将最大的对手美国引向了狭长、遥远的朝鲜半岛，且极有可能陷入无休无止的战争泥潭。这种战略上的被动，无疑使美国急于像跳出弹坑一样从朝战脱身。

同时，参谋长联席会的布雷德雷等人认为，战场东面的滩头堡极可能失陷，而西面以仁川和釜山为根据地的滩头堡则还有望坚守一段时间——换言之，朝鲜战场的局势已是大厦将倾，联合国军随时可能被“赶下海”。

美国此时的处境，就像一个捕风捉影的绝望骑士，已陷入崩溃边缘，却连自己期待的真正敌人都没见到；更糟糕的是，一个他们绝对意料不到的对手却在此时杀了出来，将他们打得焦头烂额；而这个快要对美国造成致命伤的对手，根本就不是美国愿意与之消耗的那个敌人。

“我们是在和一个错误的敌人打仗，我们打的是乙级队，而真正的敌人是苏联”，艾奇逊这样回忆。在国内外的巨大压力之下，停战是不可避免了，但至少在姿态上，杜鲁门政府急需避免被贴上失败者、侵略者、穷兵黩武等标签。

就在内外交困之时，英国说客到了。杜鲁门政府立即如释重负，他们终于等到了那个来劝他们停战的人。

体面的停火马上变得近在眼前了。

当天，杜鲁门就迫不及待地向艾德礼宣读了备忘录。这份由国务院起草，经参谋长联席会议修改和签署，并由杜鲁门批准的美国政府立场备忘录提出：

“只要条件不是难以接受，在目前情况下设法停火在军事上是有利的……停火的安排不得附带危害联合国部队安全的条件，也不得以在其他问题上达成协议为条件，诸如台湾问题，中国在联合国的席位问题等。”

杜鲁门在回忆录中记录了宣读的场景。“念到这里，我停了下来，再一次着重地指出我们自动撤出将不成问题。所有被我们撇下、曾经效忠于联合国的朝鲜人将面对死亡。共产党是视人命如草芥的。

把这一点讲清楚了，我又继续念下去：

“如果出现前面一段所说的情况（中国共产党拒绝停火），联合国应立即采取行动宣布共产党中国为侵略者，并应运用一切可用的政治和经济措施对北平施加压力……此外，还可能采取不断骚扰中国共产党的军事行动，也可能下点功夫，鼓励中国内部的反共活动，包括利用国民党的潜在力量。”

从这份备忘录不难看出，杜鲁门政府已将谈判视为东西方长期斗争战略的一环，并进行了细致入微的分析和预判。在后续的国际政治和军事斗争中，他们如愿以偿，将中国宣布为“侵略者”，并利用国民党特工，对被俘的中朝军队进行了分化和策反。

这一天，英美这对盟友谈拢了。

除此之外，艾奇逊不忘坚持他的一贯论点：“我们不能讨好中国共产党，我们不应该试图证明我们比俄国人对他们还要友好。倒该由中国人向我们保证他们是‘我们的朋友’。”

所以，美国坚决不考虑中国共产党的联合国席位问题，因为“如果我们这样做，实际上是告诉共产党他们赌赢了，现在他们可以收场了，这无异给侵略者以奖励”，“我们已经一而再，再而三地表示我们对于谈判的愿望，因此在我们得到谈判机会以前，不应该要求再作让步。”

艾德礼甚至想得更远：中国共产党潜在的“铁托主义”已经到了时机成熟的时候（指斯大林对中国的路线和态度一度存疑，认为毛泽东可能像南斯拉夫领导人铁托一样，坚持自主路线，游离于苏联的政策与指导之外）。中国并非完全控制在斯大林手里，因此，美英的目标应该是分化苏联和中国，这对远东天然的竞争对手。

出于尽快结束战争的考虑，艾德礼还是明确表示，共产党中国必然应在联合国有个席位。不然就无法与中国进行有效沟通，也无法通过联合国的规条对之约束。

至于最初的原子弹问题，直到正式会谈结束之后，艾德礼才与杜鲁门私下提起。杜鲁门只是淡然一笑，“向他保证并没有这种打算”，并将之归结为媒体的曲解。

至此，英国政府已圆满完成了演出任务。精明的艾德礼在与杜鲁门谈妥了停火筹码后，迫不及待地抛出了此行的另一重要话题：经济和资源问题——毕竟，英国也有自己的国家利益诉求。

“英国人来到华盛顿时，为了使他们的国防计划能够很好地走上轨道，带来了一张他们所需要的原料清单……有些物资是英国迫切需要的，如锌、硫黄和棉花。”

任何一次惨痛的失败，都需要一个罪人向世界忏悔。

在自信与自大、利用与被用的复杂动机驱使下，已近垂暮的麦克阿瑟走进了一团迷雾，在颂扬、胜利的幻觉中渐行渐远，待到猛然惊觉，才发现自己已身处祭坛。

3个月后。

1951年3月24日，杜鲁门总统的高层会议室。

一直以来在暴风雨中闲庭信步、游刃有余的美国顶层权力者们，此时却陷入了朝鲜战争开始以来最愤怒、最难抉择的时刻。与终于转为乐观的社会舆论截然相反，会议室里的气氛似乎已接近冰点。

此前，局势本已全面转为乐观，无论是朝鲜战场上，还是联合国会议厅里，美国都开始重新掌握主动权。

原本，凭借新任联军地面部队司令马修·李奇微顽强冷静的指挥，几乎已被赶下海的联合国军反戈一击，发动了“屠夫作战”、“磁性战术”等针对性极强的行动，一举扭转颓势，由此缓减了志愿军通过前三次战役积累起的巨大优势。

原本溃不成军的美军终于缓过神，在李奇微的指挥下，在整个3月，他们一点点扭转着朝鲜战场的颓势。在第四次战役中，他们甚至重新攻占了汉城——这个战果无异于抢到了这盘战棋游戏中的军旗。这使得民主党的决策者们已隐约看到了曙光，仿佛“最寒冷的冬天”即将结束。

至此，联合国军与中朝军队在寒冷而狭长的朝鲜大地上形成了一种微妙的均势，两支世界上最庞大的军队在三八线两边对峙，剑拔弩张之下双方都明白，谁都不具备彻底击垮对手的实力，这场战争已注定将以平局收场，冰原上熊熊血火的熄灭只是时间问题，停火谈判的最佳时机终于出现了。

“不过，没人知道应该怎样结束这场战争。战争已陷入到不可忍受的拉锯战之中，谁也赢不了谁，它已经变成一场没有胜利者、只有死亡的游戏。双方都想脱身，但又都缺乏做到这一点的政治技巧。”大卫·哈伯斯塔姆说。

并非所有的美国人都对胜利喜闻乐见。李奇微的胜利就像一记响亮的耳光，狠狠抽在五星上将麦克阿瑟脸上。

因为，已经俨然成为美国时代精神旗帜的麦克阿瑟，已无法再容忍别人用更多的胜利来反衬自己的失败。他对杜鲁门、对李奇微、对民主党政府的鄙夷和忍耐已达极限。

“1951年3月初，麦克阿瑟将军在他的信件中，对李奇微将军为执行政府的目的和战略使用了全部兵力取得的胜利表示了惊奇和不快。麦克阿瑟轻蔑地称它为‘手风琴战争’。”

麦克阿瑟的揶揄并未止步于此。要知道，这位“远东王”、“日本的太上皇”正站在个人声誉的巅峰，他对文官政府的蔑视、民主党对他的排挤、共和党对他的煽动，这些早已使他如鲠在喉，按捺不住。很快，麦克阿瑟就给了杜鲁门政府致命一击。

3月20日，经过“缜密计议”，杜鲁门和参谋长联席会、国防部共同拟定了一份滴水不漏、八面玲珑的总统声明，指出“侵略者蒙受了重大的损失”，也为朝鲜“量身定做”了一套战后重建方案，以颇为宽容的胜利者姿态，准备从容不迫地发出停战信息。

但令他们始料不及、出离愤怒的是，“我们的周密准备竟枉费心机。3月24日，麦克阿瑟发表了一项声明。它与我所准备发表的声明完全背道而驰，结果是如果我发表那项经过缜密计议的声明，就只能引起世界的混乱。因此，我们为取得其他国家政府的同意而花去的许多时间，以及许多外交家和国防领袖们的详尽讨论全都付诸流水了”。

艾奇逊在回忆录中描述了民主党高层的震怒：“鲍勃（即国防部副部长罗伯特）平时一向冷静，即使在最着急时也只说几句含蓄的讽刺话，他当时那样生气是我以前从来没有见过的。他说，必须要把这位将军撤职，而且要立刻撤职。我读了声明之后，也和他同样感到恼火。”

会议室里，杜鲁门面前依然放置着“决断在我”的铭牌，但是，这位铁腕总统只是铁青着脸，一言不发。他身边围坐的是国务卿艾奇逊、国防部副部长罗伯特·洛威特和助理国务卿腊斯克等人。

一份薄薄的声明在几人手里无声地传阅，一向游刃有余、长袖善舞的几位实权者个个怒火中烧。

“战事仍按照预定的日程与计划进行中。现在我们已大体上肃清了共产党在南朝鲜的有组织的军队。愈来愈明显，我们昼夜不停的大规模海空轰击已使敌人补给线遭受了严重的破坏，这就使敌方前线部队无法获得足以维持战斗的必需品。我们的地面部队正出色地利用这一弱点。敌人的人海战术已无疑地失败了，因为我们的部队已惯于作这种形式的战斗。敌人的渗透战术只能加重他们的被零星消灭的损失。敌人的持久力在气候、地形与战斗的困难条件下已显得不如我们的部队了。

“比我们在战术上的成功更具有重大意义的是：事实已清楚地表明，我们的新敌人——赤色中国——的军事力量被过分地渲染所夸大了。它缺乏工业能力，无法充分供应进行现代战争所必需的许多重要物资。它缺乏工业基地，甚至连建立、维持和运用普通海空军所需要的原料也感缺乏。它无法供应顺利进行地面战斗所必需的装备，例如坦克、重炮和在战争中已被使用的其他科学发明。从前，他在人数上的巨大潜力足可以弥补这个缺陷，但是，随着现有的大规模毁灭性方法的发展，人数上的优势已不能抵偿这些缺陷所固有的弱点。制海权和制空权在当前的重要性及其所起的决定性的作用并不逊于过去，有了制海权和制空权就有了对补给、交通与运输的控制权。由于这种控制权掌握在我们手里，再加上敌人在地面火力方面的劣势，结果就形成战斗力的悬殊，而这种悬殊决不是勇气（不管它是多么疯狂）或完全不顾生命的损失所能克服的。

“自从赤色中国加入朝鲜的不宣而战的战争以来，这些军事弱点就已清楚而明确地暴露出来了。联合国部队目前是在联合国当局的监督下进行作战的，因而相应地使赤色中国得到了军事优势，即使是这样，事实还是表明：赤色中国完全不能以武力征服朝鲜。因此，敌人现在必然已经痛苦地认识到：如果联合国改变它力图把战争局限在朝鲜境内的容忍决定，而把我们的军事行动扩展到赤色中国的沿海地区和内部基地，那么，赤色中国就注定有立即发生军事崩溃的危险。确认了这些基本事实以后，如果朝鲜问题能够按它本身的是非加以解决，而不受与朝鲜无直接关系的问题（如台湾问题或中国的联合国席位问题）的影响，则在朝鲜问题上作出决定并没有不可克服的困难。

“绝不能牺牲已受到极其残酷蹂躏的朝鲜国家和人民。这是一个关系至为重大的问题。这个问题的军事方面的结局得在战斗中解决，但除此之外，基本的问题仍然是政治性的，必须在外交方面寻求答案。不用说，在我作为军事司令官的权限以内，我准备随时和敌军司令员在战场上举行会谈，诚挚地努力寻求不再继续流血而实现联合国在朝鲜的政治目标的任何军事途径，联合国在朝鲜的政治目标是任何国家都没有理由反对的。”

麦克阿瑟夸夸其谈、目中无人。他的声明充满必胜决心，剖析了中国所有的军事和战略弱点，昂扬的信念跃然纸上。在骄傲的五星上将看来，要打败中国是一件轻松的事情！

但对美国政府而言，这份愚蠢的声明所带来的打击简直不亚于核武器——触手可及的和平，就这样被一份肆意妄为的个人战书毁掉了。

这份来自联合国军总司令麦克阿瑟的个人声明已迅速在国际社会发酵。在和谈的最佳时间，这种轻率而激进的言论不但尖锐地攻击了北京，也是对多次明示言论限制令的杜鲁门的“极大蔑视和公然挑衅”，这给刚出现缓和迹象的战争双方关系再度拉响了警报，毫不夸张地说，几乎在一瞬间彻底关闭了和谈大门。

失控的战局，关于军费的无休止争吵，垂直下坠的民众支持率，民主党政府早已被朝鲜战争弄得焦头烂额，杜鲁门、艾奇逊等人一直在苦苦寻找合适的时机，只为了停止这场取胜无望的战争。

怒不可遏的艾奇逊痛斥这篇声明是“重大的蓄意破坏行动”，原本一向低调稳健的洛威特则要求立即解除联军总司令的军职。杜鲁门并未当场表态，但这位对日使用原子弹、一手结束二战、重建欧洲、发动全球反共浪潮的政治强人内心的恼怒已至极点。艾奇逊在回忆录中认为“（杜鲁门当时的心情）就是怀疑加上极力压抑的愤怒”，而杜鲁门的女儿玛格丽特也表示：“那份声明让我们无法向中国人传递任何信息，他阻止了马上即将开始的停火和谈进程。我真想一脚把他踢进黄海。”

此时，美国的决策者们考虑的，已不再是战争与和平的代价，也不再是那些在两党无休无止的国会争吵中被反复提及的陈词滥调，例如以欧洲为根本重心的国策、民间的反战思潮、担心苏联介入所引发的核战争，甚至是有可能导致民主党政府直接下台的庞大的军费问题。

愤怒的总统和他的幕僚们认为，是否解除那个无法无天的传奇偶像指挥官的职务根本就不是问题，问题只是什么时候解除他的职务。

这才是整个3月里最让民主党人头疼的问题。

当时，虽然已决定解职，但出于对那位拥有极高民望的“军神”的狂热支持者和共和党的顾忌，国会始终处于犹豫和摇摆之中。

在地雷密布的两党战场上，他们不但要冒着遭受大部分美国民众谴责的危险，还极有可能使原本已入不敷出的军费拨款再次惨遭削减，即使他们冒险一试，也因为无法准确摸清参谋长联席会议的立场而有可能徒劳无功。

事实上，正是由于这次解职行动，杜鲁门的声望迅速跌到历史最低点，不但导致未能再次连任总统，也结束了民主党长达20年的执政历史。

无论是为了结束这场代价过于惨重的国际战争，还是为了战胜国内的政治敌人，杜鲁门及其幕僚已经下定决心。网已备好，他们所需的，只是一个撒网的绝佳时机。

现在，彻底胜利似乎就在眼前，它像一只金苹果，将代表着麦克阿瑟那光辉军事生涯中的鼎盛功业，已经成功在望，麦克阿瑟是不会迟误或接受别人劝告的。他不顾朦朦胧胧预示着一场灾难的坏兆头，向北猛插过去，追击正在消失的敌人。为了加快进攻速度，他一周又一周地改变着自己的计划。

——马修·B. 李奇微

联军总司令麦克阿瑟被杜鲁门火线解除军职，这一事件无疑成了朝鲜战争的转折点。

解职事件如同地震，震惊了美国社会，甚至短暂动摇了美国民众那份根深蒂固的自信。从二战起，麦克阿瑟、巴顿这些犹如军功章一样辉煌的名字，早已是胜利的符号、美国精神的象征。在中国志愿军入朝参战之前，麦克阿瑟力排众议，成功实现仁川登陆，挽狂澜于既倒，将一触即溃、被逼到墙角的联军从海边的悬崖上拉了回来。此时，二战英雄麦克阿瑟再次扮演了救世主，他的战术彻底扭转了败局。

他的“烙铁行动”石破天惊，大获成功，使联合国军通过仁川登陆夺取了战场主动权，这位71岁的五星上将的个人声望已达到顶峰。在美国国会后来破例授予他的金质勋章上，刻着如下字样：

澳大利亚的保卫者，菲律宾的解放者，日本的征服者，朝鲜的捍卫者

即使在一些十分厌倦战争的美国民众心目中，这位参加了两次世界大战、极具个人魅力和英雄主义色彩的五星上将也早已被神化了。民众厌恶战争，但他们喜欢麦克阿瑟的英雄主义风骨。从罗斯福时代起，麦克阿瑟就是美国在东亚地区的代言人和实权者；而当罗斯福的继任者杜鲁门上任之后，有“远东王”之称的麦克阿瑟早就笼罩在神一般的光环之下，对杜鲁门这样的“小人物”根本不屑一顾，他的傲慢已经凌驾于总统的权威之上——他甚至两次拒绝总统的会晤邀请。

长久以来，这才是杜鲁门政府最大的麻烦所在。

直到仁川登陆大获成功之后，麦克阿瑟才半推半就，勉强同意见杜鲁门一面——而由于他将总统的这次邀请视作对其仁川战役胜利光环的分享、总统选举的拉票行为，麦克阿瑟毫不掩饰地表现出了十足的傲慢：总统需要乘坐专机，从华盛顿跋涉4700英里，飞赴离东京仅1700公里的威克岛与他会晤。即便如此，麦克阿瑟也懒得屈尊，而是一路向同行的美国驻韩国大使穆西奥抱怨个不停。

商标式的黑色雷朋墨镜，夸张的玉米芯烟斗，风度翩翩，言辞极富感染力。如日中天的五星上将在与总统的会面中风光无限，他向杜鲁门谆谆教诲：中国绝不敢出兵朝鲜，即使中国参战，凭其在鸭绿江边部属的区区几万兵力，也不可能对战局造成多少影响，美军将在朝鲜创造新的胜利神话。

但是，之后的战局发展则充分证明了麦克阿瑟的误判。

美军在三八线以北遇到的志愿军，远远不止麦克阿瑟估计的“区区6万”，这些善于隐蔽的东方战士就像冰原上的精灵，时而无影无踪，时而席卷大地，耐力惊人，使人畏惧。

在战争早期，相比刚愎自用的麦克阿瑟，他的中国对手则理智沉着得多。早在1950年8月底，当毛泽东听说美军指挥官麦克阿瑟“以高傲狂妄和刚愎自用而著称”，连声说：“好，好。越狂妄越好，越固执越好。一个自高自大的敌人是最容易被打败的。”

麦克阿瑟的自大和误判，使联军在志愿军所发动的前三次战役中险些陷入全军覆灭的绝境。极度严寒的冰雪战场，倏忽来去、毫不畏死的志愿军，致命的夜袭近战……美军在第二次世界大战中积累起来

的骄傲几乎损失殆尽，他们由大踏步前进，转为无休无止的突围、撤退，最终演变成不顾一切的溃逃。

联军霉运的彻底结束，是始于志愿军的第四次战役期间。这时，李奇微出任了联合国军地面部队司令。这位麦克阿瑟口中“最差的指挥官”，只会策动“手风琴式的战争”的晚辈，以其犀利的眼光、务实的做法迅速扭转了战局，为联合国军赢得了战场上的均势，并为和谈取得了重要砝码。

在回忆录中，李奇微这样描述了他那傲慢无比的前任长官：“我本人对麦克阿瑟一直是深表敬佩的……他在某些场合公然要求或者接受那些本不属于他的荣誉，或者推卸那些明明是他自己所犯错误的责任。他爱出风头……他热衷于培养自己那种似乎天才人物所必须具备的孤独精神，结果，他几乎发展到与世隔绝的地步（在东京，他的办公室连电话也没有）。这种与世隔绝使他得不到一个指挥官所必需的从自己主要部属那里得到的批评意见和客观评价。他个性倔强（这种个性的形成是由于他在遭到人们坚决反对的情况下曾成功地强行通过了许多出色的计划），这使他有时不顾一切所谓常理而坚持按自己的办法行事。对自己的判断能力过于自信，这使他养成一种一贯正确的毛病，并且最后导致他发展到几乎不服从领导的地步。”

正如下级军官麦卡弗雷所言：“如果他（麦克阿瑟）在仁川登陆成功的第二天退休，那么美国每个城市都会出现一所以他的名字命名的学校。但是，他留下的时间越长，说得越多，对自己的伤害也就越大。”

1951年3月，偏激的麦克阿瑟展现出了最后的疯狂。他先是擅自发表了主战宣言，继而又在给共和党领导人之一的马丁回信中抨击了民主党政府，亲手为自己的被解职创造了最佳机会。

事实上，虽然闭目塞听，但久经沙场的麦克阿瑟对自身处境并非一无所知。4月9日，他在会见第十军军长阿尔蒙德时不禁流露出深深的不安：“我可能再也见不到你了，所以我得向你告别了……我陷入了政治纠纷，很可能会被总统解职。”

很快，麦克阿瑟的担忧变为现实。通过媒体，他得知了自己已被总统解职的消息——这并非由于媒体的高效和敏锐，而是因为白宫不愿让麦克阿瑟通过政府途径提前得知被免职，以免他以退为进，主动提出辞呈，陷政府于不义，所以白宫才迅速通过媒体而非官方途径发布了消息。

终于，由于打乱政府部署，一再抗命，以及在战争中做出的一系列误判，罪人麦克阿瑟被解职了。

在完全接过麦克阿瑟的指挥权后，李奇微做的第一件事，就是在麦克阿瑟的办公室里安装一部电话。

为麦克阿瑟专门召开的听证会即将开始。

随着麦克阿瑟的被解职，扩大朝战规模的论调已成明日黄花，停火谈判的议案得以重启。

对于杜鲁门政府而言，外部危机早已缓解，当务之急则是内部危机——共和党从来不会坐失良机，他们早已打算在麦克阿瑟问题上大做文章，往杜鲁门和民主党伤口上狠狠撒一把盐。

尽管已有充分心理准备，但麦克阿瑟去职所引发的民愤如同海啸，舆论压力大得难以想象，汹涌澎湃的批评之声几乎将美国政府淹没。

主战的《时代周刊》写道："一个极不受欢迎的人解雇了一个极受欢迎的人，这绝对是闻所未闻……麦克阿瑟是伟人的化身，很多崇拜者和追随者需要他这样的伟人来领导自己……而杜鲁门则是标准的职业小人"。马歇尔的政敌威廉·詹纳扬言："当今美国已落入一个由苏联间谍控制的秘密团伙手中。我们的唯一选择就是弹劾杜鲁门总统。"

25万日本人含着热泪欢送麦克阿瑟飞离东京，也向美国送去了示威游行的滔天巨浪。在纽约，据说有700万人走上街头，加入到迎接麦克阿瑟的游行人潮。沸腾的民怨使美国暂时陷入了接近倾覆的政治危机，来自各方的指责和民间的不满情绪如千万条小溪合流，正迅速形成极度危险的洪流。

著名战地记者大卫·哈伯斯塔姆精辟地剖析了这种社会情绪："当时几乎很少有人意识到，这在某种程度上是一场声势浩大的反战运动，不仅是反对朝鲜战争，而且是反对冷战。它是一种全民挫败感的反映，因为美国在遥远的地方陷入了一场不令人满意而且前景灰暗的冲突当中，胜利带来的收益太少，而美国又无法运用自己的绝对武器。这是一种不得不与敌共眠的挫败感。"

几乎是怀着一种殉道者、国家英雄的悲壮情结，麦克阿瑟参加了国会的听证会。在听证会开始前，1951年4月19日，他发表了那场著名的去职演说，那无疑是20世纪美国历史上最为煽情、最有影响力的一幕。一位毕生护佑国家的老将军悲怆、坚贞的形象几乎令整个美国动容，“老兵永不死，只是渐凋零”的引语使密苏里州众议员杜威·肖特高呼：“我们看到了有血有肉的上帝，我们听到了上帝的声音。”

而杜鲁门的反应则是冷笑：“空洞无物，一堆废话。”

紧随其后，对麦克阿瑟召开的听证会，与其说是对其个人错误的审判，不如说是对美国政府在朝鲜战争中所犯错误的集中反思，使世人从一个更为真实的侧面了解到朝鲜战争真正的发生和停火原因。

正是由于1950年1月杜鲁门和艾奇逊公开发表声明，将台湾和朝鲜半岛划出了美国的远东防卫圈，在一定程度上使南北朝鲜做出了新的判断，从而进入战备，给朝鲜内战埋下导火索；而以麦克阿瑟为首的军方又极其傲慢地低估、无视了志愿军参战的决心和战斗力，将中国的警告置若罔闻，并一举进军鸭绿江边；再加上麦克阿瑟过于狂妄的个人行为使美国屡次陷入被动，美国在朝鲜战争中付出的惨重代价已经严重影响到杜鲁门的连任和民主党的地位，政府的支持率一泻千里。

在参谋长联席会议环环紧扣的质询之下，过于自信、高傲的麦克阿瑟彻底暴露了他的硬伤：口无遮拦，惯于妄言。虽然共和党试图破釜沉舟，利用听证会再次塑造一个伟大的国家英雄，但当三天的作证结束，麦克阿瑟已在反复辩白之后，再也无法自圆其说，事实上已承认了对战局的多次误判。他的政敌们敲定转脚：“这是一个眼界狭隘、知识缺乏的指挥官。他再也不能显示他的世界级战略大师的风采了，再也不能说来自东京第一大厦的观点比外交家和其他军事家更出色了。”

直到此时，麦克阿瑟才意识到问题的严重性，他发现自己正困在一个深深的陷阱之中。当他矢口否认自己曾说过“中国不可能出兵参战”时，白宫的审判官们冷笑着拆穿了这位德高望重的将军的谎言——他们当场公布了记录员安德逊的笔录稿，上面清楚记载了当时麦克阿瑟在威克岛会晤时的那番豪言壮语。

这时，麦克阿瑟才知道，早在半年前，1950年10月，在那次威克岛会晤时，他就不知不觉堕入彀中。

麦克阿瑟的支持者们坚信这是一场蓄谋已久的大阴谋，但杜鲁门则坚称这只是一个偶然：“过了很久以后，我才知道杰赛普大使的秘书维尔尼斯·安德逊小姐躲在隔壁，没有得到任何人的命令便把谈话速记了下来。这事在麦克阿瑟将军被撤职以后，在出席作证的时候，才被揭露出来。对于这件事外间的谣诼纷纭，我可以肯定地说不是我，也不是杰赛普先生，更没有任何人命令安德逊小姐做记录；事实上，她的随行并不是要她作记录，而只是随带一名秘书，好在会议结束的时候起草一项对外发表的公报。”

既然窗户纸已经捅破，白宫索性一竿子捅到底，使麦克阿瑟再无翻身机会。

于是，《纽约时报》驻白宫记者托尼·莱维罗在4月21日让安德逊的笔录见报了。第二年，莱维罗获得了普利策奖。

听证会的结果令普通民众大跌眼镜。在为数众多的美国民众心目中，原本以为这会是一次对虚伪政客的审判、个人英雄主义的羽化，但是，在布雷德雷、马歇尔、艾奇逊等人的轮番强硬质询之下，麦克阿瑟的一连串愚蠢的错误被揭露得纤毫毕现，一览无遗，五星上将那上帝般的光环已经全然黯灭，而此前焦头烂额的杜鲁门政府倒显得泰然自若得多了。

“艾奇逊国务卿是这次听证会中一些共和党人的攻击目标。尽管他遭到了猛烈攻击，但他却安之若素。在听证会上，他得以阐述杜鲁门政府的政策，并向委员会及美国公众说明，使美国陷入困境的行动是一种错误，这种行动不仅在战略上毫无意义，而且会带来苏联干预的危险，实际上也会使美国失去盟国的支持。”

这次“世纪审判”般的听证会上，诞生了许多流传至今的经典言论，如布雷德雷那番被广泛误读的发言——

“如果执行麦克阿瑟扩大战争的计划，将战场延伸到红色中国，那就会让美国‘在错误的时间、错误的地点，同错误的敌人打一场错误的战争’。”这段话一度在流传中被误读为美国对己方惨败的评价，其实只是对麦克阿瑟错误战略的严重后果的假设，正式宣告了美国“在亚洲扩大战争规模”这一战略构想的终结。

“听证会对于让美国人认识当今世界的复杂性是一堂生动无比的课。很多人一直以为华盛顿没有应对共产主义的总体政策，今天他们开始意识到，遏制政策早已成型。”

麦克阿瑟的听证会，从5月3日持续到6月25日。持续近两个月的听证会，使麦克阿瑟上帝般的伟大形象被抽丝剥茧，层层消解。

这次酝酿已久的一边倒的政治斗争，被美国的研究者视为标准的国内两党之争。I. F. 斯通在《朝鲜战争内幕》一书中指出，与其说麦克阿瑟的解职是因为战场上的严重失误，倒不如说是在民主党和共和党的争权中行差踏错。

麦克阿瑟和民主党的两败俱伤是朝鲜战争在美国身上留下的一道深刻伤痕。曾一度狂热追随麦克阿瑟的普通民众的激情渐渐冷却，开始转而追捧新的政治偶像，如艾森豪威尔；支持率跌到26%的杜鲁门失去了连任机会，不过，他在卸任后反而渐渐重新获得了民众认可与尊重。

麦克阿瑟去职事件，是美国两党长期矛盾的一次大爆发。在朝鲜战争，以及国防、军费、选举、遏制共产主义、扶持欧洲等丛生的难题中，过于沉重的战争代价使民主党不堪重负，杜鲁门政府极目远眺，终于朝着“停战”的目标驶去，而个性过于张扬的麦克阿瑟则不得不为美方的一连串严重失误埋单。

停战既是历史规律的选择，也是美国政府的唯一选择。

对于普通民众而言，谈判就是明天的平安生活；对美国政府而言，谈判则意味着一台硕大无朋的计算机的重新启动：对苏联、对欧洲、对亚洲的战略部署将被重新界定、精确调校，国内民主党和共和党的“驴象之争”也将不可避免地进入新一个轮回。

麦克阿瑟被解除职务之后的第十一天，志愿军利剑出鞘，发动了为期一个月的猛烈攻势，史称“第五次战役”。

在1951年寒冷的初春，志愿军毅然在朝鲜前线投入重兵，发动了志愿军战史上规模较大的战役。30万兵力规模的投入，使这场战斗惨烈空前，令世界悚然动容。

中国军队展现出的视死如归的斗志、超人般的耐力，终于使刚在第四次战役中看到些许希望的“联合国军”彻底死心，他们明白了，这支红色军队是不会在朝鲜战场被击败的。

第五次战役之后，以美国为首的“联合国军”已完全了解中国的军力和决心，这使他们占领朝鲜全境的信心开始摇摇欲坠，改为转入长期的全面战略防御。由此，因为一系列误判而导致战局失控的美国政府终于重新调整了战略目标，积极寻求和谈机会。

美国并未如假想中一样使用核武器，但战争给几个国家带来的创伤绝不亚于核打击。三年朝战，军民的伤亡人数超过300万，无数经历了二战血与火考验的老兵在这个远东的寒冷半岛上长眠。

在偶像般的五星上将看来，军人的意志永远不死，只是凋零、隐退，这种解甲归田的颂歌，蕴涵着几许萧索，几分超脱。但实际上，这种无奈的自我注解却印证了美方由战前对朝鲜局势的疏于管控、误判，到悍然干涉朝鲜内政，威胁中国领土，并导致战局失控的事实。相比麦克阿瑟的自我陶醉，一首中国古词更能准确地诠释这场“被遗忘的战争”对于美国的意义——

青史几行名姓，北邙无数荒丘，前人田地后人收，说甚龙争虎斗。

第二节　礼拜攻势与第五次战役

现在第一线部队的艰难程度甚至超过长征时期！

——彭德怀

1951年1月，第三次战役结束。

志愿军参战仅两个多月，朝鲜战局已被彻底逆转。

由于成功发动仁川登陆，五星上将麦克阿瑟本已将北朝鲜军队逼到了悬崖边，并借此达到其军旅生涯辉煌巅峰。但是，中国人民志愿军的反击威势令世界震撼，在志愿军视死如归的强行推进、多线合击之下，“联合国军”不得不持续后退、收缩，拼命突围，甚至向南溃逃。

中国人民的优秀儿女组成中国人民志愿军雄赳赳、气昂昂，跨过鸭绿江，入朝作战。

在这块古老而充满苦难的冰原上，以目不暇接的速度，战线飞快向南推移着。

临津江、汉滩川、三八线。

汉城。

当志愿军的血色足印终于踏上南朝鲜首都汉城的街道，被中国军队所震惊的，除了对手和旁观者，还有远在内陆的本国人民。

一个多世纪以来饱受欺凌的中国人民终于重拾尊严。胜利的喜悦和狂热的自豪感迅速发酵，席卷了全国。人们目睹子弟兵抗衡、驱逐着16国联军的壮举，怒涛般的攻势使美国及仆从国军队颤抖、败退，人们仿佛已经看到，敌人正狼狈地排队挤上撤退的运兵船，即将消失在朝鲜南端的海角。

“从北到南，一推就完，消灭敌人，回家过年”。辉煌的胜利，加上极端艰苦的前线环境，迅速发酵了“速胜”情绪。志愿军战士盼望着毕其功于一役，快打，快胜，快回国。

志愿军前锋已越过汉江，“联合国军”已被逼到悬崖边缘。此时已没人怀疑，鼎盛时期的美军即将第一次吞下失败苦果。

但就在这时，中朝联军司令彭德怀的急令在第一时间传遍了每支军队——

“全军立即停止追击！”

这道严令的下达，无异于掐灭了本已锁定美军心脏的那根炮火引线。

媒体纷纷猜测，这或许是精于谋略的中国军队又一次误导、迷惑战术？抑或是欲擒故纵？甚至连中朝军队也充满疑惑，不明白最高指挥官用意何在。

无论如何，原本全线蔓延的熊熊战火被临时冻结了。

在若干年后的一次作战会议上，勇烈纵横的虎将“彭大将军”终于吐露了当时心情：“我打了一辈子仗，从来没有害怕过，可当志愿军打过三八线，一直打到三七线的时候，我环顾前后左右，确实非常害怕……”

彭德怀出身贫农之家，血管中流淌着踏实、认真的血液。在大跃进期间，浮夸风最为盛行的时期，这位国防部长自己种小麦，测试亩产，用事实来驳斥亩产万斤的卫星式新闻。他的名言是“说大话，说假话，一害自己，二害国家，没有一点好处”。

彭德怀害怕的，绝非如日中天的麦克阿瑟、李奇微及强大的现代化美军。在席卷全国的“速胜论”浪潮冲击下，这位统帅保持着清醒的头脑。

1951年2月20日清晨，当内勤人员试图借机试探彭老总口风时，他们吃惊地发现并被严令保密一个事实：司令员已经秘密离开了朝鲜。

彭德怀已于2月20日紧急返回北京，面见毛泽东主席，请求放缓攻势，增加援兵，不要再继续提倡“速胜论”。

1951年2月下旬，彭德怀回国述职，在京郊玉泉山向毛泽东汇报朝鲜战局情况。

虽然阻力重重，但在彭大将军恳请之下，毛泽东理解并接受了彭德怀的意见，他下令调整了战略。

毛泽东说：朝鲜战争能速胜则速胜，不能速胜则缓胜，不要急于求成。

战争暂停了。

原本就善于隐藏的中国军队此时更是销声匿迹。在双方都默默积攒实力、为下一次大战役悄然做好战备的短暂时间里，朝鲜，这个燃烧着苦难的国家也陷入了短暂而奇妙的沉默。

西伯利亚的寒风默默吹拂着冷却的战场，零下二十度的极寒，使蜿蜒崎岖的朝鲜半岛显得更加荒凉而险峻。

停战的原因要从头说起。

中国政府一直在避免战争发生。

当南北朝鲜爆发战争时，渡尽劫波的新中国正在全面转向经济建设，除了台湾问题，再无军事目标。16个军被布置在东南沿海，而在全东北只有几个公安师和集体转业的第42军。当时全国各军的布置情况如下：

第3野战军：主力位于宁沪，应对美国可能的入侵，并进军福建，建立对台军事基地。

第2野战军：协同第3野战军进军东南，待沿海城市得以解放、美国出兵干涉的可能减少时，即进军西南，在1野第18兵团协同下解放川、黔、滇、康四省。

第4野战军：歼灭中南地区残敌，解放中南全境，接管豫、鄂、湘、赣、粤、桂等省。

第1野战军：完成解放西北五省的任务。

第20兵团开赴秦皇岛、塘沽地区布防，防止美军可能的登陆。

为统一认识，毛泽东专门发表题为《不要四面出击》的演讲，明示“树敌太多对全局不利”，要“处理好国内各阶级、政党、民族等各方面的关系”。

在毛泽东的蓝图中，当时中国所面临的最重要、互相紧扣的三个“环子”，是必须专心去抓的：土地改革，恢复国民经济，肃清40万国民党散兵和土匪。

1950年6月，中国大陆除西藏外，已全部解放。中共中央七届三中全会为了争取财政经济情况的基本好转，已经决定大规模复员军队，拟将140万解放军分两批复员，全军减少至400万人。

中国的反战态度一直很明确，而且十分审慎。在科瓦廖夫于1949年5月18日致斯大林（化名菲利波夫）的电文中曾提到：

毛泽东同志说，他认为，成立东方情报局时机不成熟……在中国东北有150万朝鲜人，已组成两个朝鲜师（每师10 000名士兵），其中一个师有作战经验，曾积极参加同中国东北的国民党军作战。这些师我们可以随时根据他们的要求转交给北朝鲜……如果美国人走了，日本人也没有来，即使在这种情况下，我们也劝朝鲜同志不要向南朝鲜发动进攻……我们认为，类似北朝鲜进攻南方这样的行动，只有在1950年初国际形势有利于这一点时，才可以采取……所有这些步骤只有同莫斯科协调后，我们才会采取。

早在1949年访问苏联时，毛泽东与斯大林谈及朝鲜问题，都认为北朝鲜不应在当时采取军事行动促成统一。因此，当苏联改变策略，下定决心以武力统一朝鲜后，中国政府只能接受战争爆发的既成事实。

1950年6月25日，朝鲜战争爆发。

1950年6月28日，中国政府一面沉稳布局，一面严厉谴责了美军。周恩来发表声明，驳斥杜鲁门6月27日的声明：

我现在代表中华人民共和国中央人民政府声明：杜鲁门27日的声明和美国海军的行动，乃是对于中国领土的武装侵略，对于联合国宪章的彻底破坏。美国政府这种暴力掠夺的行为，并未出乎中国人民的意料，只更增加了中国人民的愤慨，因为中国人民许久以来即不断地揭穿美国帝国主义侵略中国、霸占亚洲的全部阴谋计划，而杜鲁门这次声明不过将其预定计划公开暴露并付之实施而已。

我代表中华人民共和国中央人民政府宣布：不管美国帝国主义者采取任何阻挠行动，台湾属于中国的事实，永远不能改变，这不仅是历史的事实，且已为开罗宣言、波茨坦宣言及日本投降后的现状所肯定。我国全体人民，必将万众一心，为从美国侵略者手中解放台湾而奋斗到底。战胜了日本帝国主义和美国帝国主义走狗蒋介石的中国人民，必能胜利地驱逐美国侵略者，收复台湾和一切属于中国的领土。

中华人民共和国中央人民政府号召全世界一切爱好和平正义和自由的人类，尤其是东方各被压迫民族和人民，一致奋起，制止美国帝国主义在东方的新侵略。只要我们不受恫吓，坚决地动员广大人民参加反对战争制造者的斗争，这种侵略是完全可以击败的。中国人民对于同受美国侵略并同样进行反抗斗争的朝鲜、越南、菲律宾和日本人民表示同情和敬意，并坚信全东方被压迫民族和人民，必能把穷凶极恶的美国帝国主义的战争制造者，最后埋弃在伟大的民族独立斗争的怒火之中。

不眠不休多日的毛泽东苦心斟酌，10月12日，他曾急令准备入朝的志愿军队部暂停行动。最后他终于拍板：“我们认为应当参战，必须参战，参战利益极大，不参战损害极大”。

1950年8月4日，朝鲜局势风云变幻，美军的介入在一瞬之间打破了本已稳固的局势，彻底扭转了战局，北朝鲜军队迅速溃退。紧接着，在政治局会议上，毛泽东确定了抗美援朝方略。他提出：“如美帝得胜，就会得意，就会威胁我。对朝不能不帮，必须帮，用志愿军形式，时机当然还要选择，我们不能不有所准备。”

国防大学教授徐焰认为：“毛泽东作出的出兵朝鲜的决策，是他一生中最难作出的决策之一，也是一个决心正确、政策和策略水平都比较高明的决策。”

中方在多次警告美方不要越过三八线、接近鸭绿江的同时，已经做好战备，并将战争的范围限制在朝鲜半岛范围之内——这一点与美国是一致的。

大力推行马歇尔计划的美国重在欧洲，他们的头号敌人始终是苏联，杜鲁门不愿在苏联家门口长期作战，他希望在远东以日本、菲律宾等国组成防御性岛链，以封锁、遏制东方世界。

中国已别无选择。南北朝鲜的积怨已经爆发，东北随时会笼罩在西方阵营的阴影之下，战争爆发的第二天，美国第七舰队就进驻台湾海峡，而斯大林正以狐疑的目光等待着中国纳上的投名状——谁知道“一边倒”是否只是一句口号，谁能保证毛泽东不是第二个铁托？谁能保证中国不会成为第二个南斯拉夫？

中国参战已不可避免。

从8月底到9月初，东北先是增兵4个军。9月7日深夜，周恩来又急招柴成文离朝返京，向他细致询问朝鲜战况，并预估参战的难处。

9月15日，美军发动著名的“烙铁行动”，仁川登陆成功，朝鲜局势岌岌可危。金日成向苏联求援，并希望苏联促成中国派出援军。

朝鲜半岛危在旦夕，形势已刻不容缓。但是，10月4日的政治局扩大会议上，众多委员却坚决反对出兵——因为国内百废待兴，许多地区政局未稳，武器装备远远落后于美军，根本没有制空权、制海权，长期战争也引发了部队中的厌战情绪。

在林彪婉拒了志愿军司令员的职务后，毛泽东将此重任委以彭德怀。

“出兵援朝是必要的，打烂了，最多等于解放战争晚胜利几年就是了。”这位功勋卓著的老帅在第二天下午的会议上力排众议，说服了政治局，最终通过了抗美援朝的议案。

10月19日，志愿军入朝参战。

11月1日，云山战役发动，美军溃败。

11月27日，长津湖战役发动，在志愿军的猛烈打击下，联军全力撤离三八线。

12月6日，平壤被收复。23日，联军第八集团军司令沃克阵亡，李奇微接任司令一职。

12月31日至1951年1月8日，第三次战役，联军撤退至北纬三十七度线附近。

无论在东方还是西方，志愿军司令员彭德怀与“联合国军”第八集团军司令李奇微都被视为杰出的指挥官。

“在某种程度上可以说，彭德怀和李奇微一样，都是几近完美的军事家。他们的战争动力以及他们认识战场形势和指挥军队的方式，都相当接近。可以设想一下，如果变换一下他们的身份，让彭德怀成为‘联合国军’的司令和中国版的李奇微，和李奇微一样，彭德怀也是战士中的勇士，深受官兵的爱戴，因为他对士兵的疾苦深有体会……他是一个刚正不阿、直言不讳、从不掩饰自己的人，这让他赢得了所有官兵的爱戴……彭德怀比中共中央政治局一些人想象得更精明。清川江战役的胜利并没有蒙蔽他的判断力。”

作为前线最高指挥官，彭德怀对战场局势的判断比谁都更为清晰。

他清楚地知道，在第三次战役结束之后，志愿军的补给能力已到瓶颈，人困马乏，如果继续南下强攻，战线继续拉长，志愿军很可能会像一根被拉扯到极限的橡皮筋，随时会因为承受不住拉力而断掉。

第38、第39、第40、第42军等伤亡过重，很多连队中的战斗骨干损失大半。在与武器装备现代化的“联合国军”作战中，中国军队的取胜法宝，只有依靠简陋的武器、顽强的意志，前赴后继不怕牺牲。正如美军战史中所描述的：“在地面密集的炮火和各种火器编织的密不透风的封锁下，在天空上铺天盖地的飞机的航空炸弹、凝固汽油弹和机关炮所构成的死亡的大网下，中国士兵一波一波的进攻潮水般涌来，在照明弹惨白的光芒中，‘联合国军’士兵惊恐地看着这些后面的士兵踏着前面士兵的尸体毫无畏惧地向他们冲击而来，这些中国士兵义无反顾，毫不退缩。”

反观美军，在经历了前两次战役的惊恐与溃败后，已经迅速恢复了元气。在第三次战役中，美军虽然还在撤退，步履却已不那么狼狈不堪，撤退途中所受的损失也远较前两次为小，他们已在新任指挥官李奇微的策动下，开始策划绝地反击了。

在朝鲜战争后期，大局已定，彭德怀已回国任职。在一次作战会议上，他回忆了第三次战役后的情况："当时倒不是考虑我个人的安危，而是眼看着几十万中朝军队处在敌人攻势的情况下，真是害怕得很。我几天几夜睡不好，总想如何摆脱这个困境。我军打到三七线后已向南推进了几百公里，本来后方的物资供应线就很难维持，这时敌人又派飞机对我军运输线猛烈轰炸，使志愿军的各种物资、粮食弹药的供应十分困难。空中有敌人飞机炸，地面对着美军的坦克大炮，左右沿海是美军的舰队，敌人不下船就可以把炮弹打过来。加之时值寒冬腊月，到处冰天雪地，战士们吃不饱穿不暖，非战斗减员日益增多。在这种严重的情况下，志愿军随时有遭厄运的可能。我不能把几十万军队的生命当儿戏，所以必须坚决地停下来，不能前进，并做好抗击敌人反攻的各种准备。"

时任中国人民志愿军参谋长的解方少将回忆说："在收复汉城后参谋拟战报时，彭总就指示说：'哎，你们要控制一下呵，可不要过度地宣传这个胜利。'我们判断，敌人绝不可能轻易罢手。从我们的力量来说，连续打了三个战役，敌人再来进攻，我们只能防守，迟早还得放弃汉城。

"彭总是有预见的，敌人果然发动起第四次战役。我军一面抵抗，不过早地放弃汉城，一面积极地做好思想工作。彭总发电报向毛主席、周总理建议，要国内做一点舆论，我们要放弃汉城，因为没有力量也没有必要死守汉城。如果不做舆论，一旦放弃汉城，政治上就会处于被动地位。之后，彭总又回国向党中央汇报朝鲜战争情况，党中央做出了正确的判断。第四次战役打的时间相当长，从政治上讲，汉城那边要顶得硬一点，付出代价也要打。我们规定了时间，要守多少天，守到哪条线才能往回退。另外还有一个季节的原因。我们过汉江后就成了'背水之战'，在汉江解冻前，我军主动放弃了汉城。这时，新装备的部队陆续开进了朝鲜，就转入第五次战役。"

彭德怀忧心部队的伤亡和前途，受到胜利鼓舞的金日成则希望毕其功于一役，一鼓作气将联军赶下海。

彭德怀（左）和金日成在战场上交谈。

对此，毛泽东曾在1月9日致电彭德怀："如朝方同志认为不必补充休整就可以南进，则亦提议人民军前进击敌，并可由朝鲜政府自己直接指挥。志愿军则担任仁川、汉城及三八线以北之守备。"

毛泽东是清醒的，他从不听信"美军会退出朝鲜"的言论，因为"扫帚不到，灰尘照例不会自己跑掉"。

军旅作家王树增生动描述了金日成和彭德怀之间的辩论：

彭德怀把这封（毛泽东的）电报给金日成看了。

现在，彭德怀明确同意北朝鲜军队单独南进，金日成和朴宪永却说："人民军没有恢复元气，不能单独南进。"

彭德怀："那么去试验试验，取得点经验教训也是宝贵的嘛。"

金日成："这不是好玩的，一试验就会付出几万人的代价。"

彭德怀："不是说我一南进，美军就会退嘛。那么这种前后矛盾的说法我很难理解。"

马修·邦克·李奇微，美国陆军四星上将，在朝鲜战争中力挽狂澜，因此闻名于世。

1917年，李奇微毕业于西点军校，翌年便返校任教。教官经历使他积累了充足的训练、指挥经验，在1942年，他能顺利指挥还处于试验阶段的空降师，且极具创见，就是得益于此。

第二次世界大战中，一连串成功的空降作战，使李奇微积功而升至中将。

1950年，李奇微得到了人生中最重要的机会：第八集团军司令沃尔顿·沃克在朝鲜战场阵亡，指挥权于是转交到他手中。

此时，误判连连的麦克阿瑟已经失去了对战争的有效控制，他给了李奇微极大自由，“你认为怎么好就怎么干吧，第八集团军是你的”。

于是，李奇微戴着引人注目的毛边帽子，挂着两颗美式甜瓜型手雷，高调地出现在了朝鲜战场。关于他这种注册商标式的造型，不少人斥之为哗众取宠。李奇微则回击说：“哗众取宠？见鬼去吧，这是战场。”

与狂傲自负的麦克阿瑟不同，李奇微对一线战况了如指掌，而且敏锐地发现了志愿军的补给弱点，并成功止住了联军一泻千里的士气，在第三次战役时，虽然汉城再次失陷，联军依然在撤退，但联军的步伐已经有条不紊，开始准备有序的反击了。

1952年5月，李奇微接替了即将参加总统竞选的艾森豪威尔，担任欧洲盟军最高司令一职。

随着李奇微接任“联合国军”总司令职务，麦克阿瑟式的浮夸作风被一扫而空。

临危受命的李奇微胸有成竹，他确信自己已经破译了朝鲜战争最重要的密码。

这组密码是他从浩瀚的战斗记录中筛选出的一组数据。

美第八集团军第一次向鸭绿江进攻，大规模战斗从10月26日开始，11月2日联军撤退，战斗历时八天；

美第八集团军第二次向鸭绿江进攻，11月25日遭到中国军队的攻击，激战持续到12月2日，中国军队停止了追击，战斗历时八天；

中国军队于12月31日开始大规模进攻，1月8日中国军队停止追击，战斗历时也是八天。

心中雪亮的李奇微将志愿军的作战模式命名为“礼拜攻势”。

从志愿军入朝作战初期的惊恐中恢复过来之后，美军终于能冷静地分析对手，并找到了这支令人生畏的地面部队的软肋所在。

不久之后，美军也通过侦察和战俘的供词印证了这个极易被忽视的细节：中国士兵每人只配给了五天量的口粮，即使他们茹冰饮雪，充其量也只能撑到一个礼拜。

无论多么勇猛，志愿军士兵也是有血有肉的人。在美军地毯式的空中封锁之下，朝鲜北部的运输公路早已千疮百孔，无法使用（当然，即使公路未遭轰炸，中国军队的物资运输水平也是极为有限的）。现在，几十万中朝军队只能依靠人力和畜力维持庞大的补给，在密林的掩护之下蹒跚潜行。

由于志愿军战士自身携带的食物和弹药只能维持一周，美军只要咬紧牙关熬过这一周，就会惊奇地发现，衔枚疾进的志愿军会突然停止凌厉攻势，他们收敛锋芒，像大地的精灵一样，消失在茫茫雪原之中，不知何时会再度出击。

礼拜攻势的弱点，加上日间作战时必须冒着美军的空袭危险，志愿军的大多数推进只能借助夜幕的掩护进行。

在一块一块地完成对志愿军战斗力的解析拼图后，李奇微差不多放心了，他心中已大致确定，“联合国军”不会被中朝军队赶下海了——在如此多的不利因素之下，任何军队都不可能获得预想中的胜利。

李奇微的新战术出炉了。他的关键词是“猎犬”和“磁性”：像磁铁一样黏住对手，等待对方在礼拜攻势中耗尽能量，并且像猎犬一样随时接近对手，扑过去攻击。

“不是都在说‘联合国军’到底应该怎么办吗？依我看，‘联合国军’的出路只能是进攻、进攻、再进攻！”

“接近他们！打击他们！”

随后，美军在第四次战役中一举扭转颓势，再次收复汉城。

1951年4月22日—5月23日，在规模空前、异常惨烈的第五次战役中，厉兵秣马、全力以赴的双方使三八线成了一条血染的分界线，但均势已成，双方都无力再进一步。

这时，对于中国，停火谈判的时机也悄然而至了。

第三节　斯大林与金日成

鲸鱼相争，小虾丧命。

——朝鲜谚语

苏联，超级大国，社会主义阵营领头羊，东西方冷战的发起者之一。

在遥远的欧亚大陆北部，在被风雪缭绕的克里姆林宫，斯大林就如同远古神话中的主神——神秘莫测、操持权柄，他是从第二次世界大战硝烟中走出的三巨头之一，令众多西方民众敬畏不已。

1991年12月，苏联正式解体。随着这个神秘联盟的消亡，数不清的重大秘密被永远掩埋于历史尘埃之中，只能任由后人用想象去为之凭吊。

幸运的是，依然有少数追寻历史真相的探索者，他们火中取栗，亲赴正在分崩离析的苏联，千辛万苦地获得了种种绝密档案。正是这些解密档案，那些笼罩在铁幕和风雪之下的历史真相得以保留下来。

在朝鲜战争中，虽然被美国视为真正的对手，但苏联大多数时候都没有站到前台，只偶尔在关键时刻参与到联合国的会议中来。直到1991年苏联解体，大量绝密档案渐渐解密，苏联在朝鲜战争中做出的诸多决策才浮出水面。

苏联在多大程度上影响了战局？苏联的真实目的是什么？

1950年2月14日，《中苏友好同盟互助条约》签订，使苏联放弃了其在远东以中国东北为基础的政治和经济权益，大连港得以重回祖国怀抱，而长春铁路、旅顺港也将在2～3年内回归。

由于新中国对主权和路线的一贯坚持，导致苏联政府一直对新中国持有戒心，甚至将毛泽东视为“第二个铁托”，认为中国极有可能像南斯拉夫一样，拒绝服从苏联的安排和路线。

因此，为了争取苏联支持，毛泽东在新中国成立前夕就明确提出向苏联“一边倒”，并促成了社会主义阵营正式形成。

条约的订立，终于使“苏联老大哥”对中国的立场问题释怀，两国开始了长达三十年的“蜜月期”。但归还港口和铁路的做法，却在实际上使苏联的远东战略破产——通向太平洋的出海口和不冻港已经回归中国。

为了亡羊补牢，斯大林转而瞄准朝鲜中南部的元山、仁川、釜山、济州岛等几个港口。

对于朝鲜局势，斯大林的态度十分谨慎，但并不会放过任何机会。

他一面劝阻金日成不可太过急进，一面耐心测算着战争成本。

1949年9月11日，斯大林致电苏联驻平壤大使馆顿金：

您务必尽快与金日成会晤，在他那里努力进一步弄清下列问题：

1. 他们是怎样估计南朝鲜军队及其数量、武器装备和战斗力的？

2. 朝鲜南方游击运动的状况以及他们指望从游击队那里得到何种实际的帮助。

3. 如果北方首先发动进攻，舆论和人民将会怎样看待这个事实？南方群众会给北方军队何种实际帮助？

4. 朝鲜南方驻有美国军队吗？金日成认为，当北方发动进攻时，美国会采取什么措施？

5. 北方是怎样估计自己的能力的，如军队状况、保障程度和战斗力？

6. 请告诉我们您自己对情况的判断，我们朋友的建议有何种程度的现实性和合理性。

上述问题需要与1949年8月12日和9月3日两次谈话中他所提的问题联系起来弄清楚。

顿金随后回电，明确反对北方发动内战。他说：

我们以为，这是不适宜的……军队还不够强大。甚至把南朝鲜游击队和人民将给予北方军队的援助考虑在内，也不能速胜。同时，持久的内战，不论在军事上还是政治上，对北方都是不利的……此外，朝鲜持久的内战，会被美国利用来进行反苏宣传和进一步掀起对战争的狂热叫嚣……北朝鲜即使在军事上赢了，而政治上却在许多方面输了。

事实上，正是杜鲁门的一次演讲，将良机送到了斯大林面前。

1950年1月5日，杜鲁门公开演讲："美国对台湾和其他任何中国领土没有掠夺性意向。美国目前无意在台湾获取特权，或建立军事基地。美国亦无意使用武力干预现在局势。美国政府将不遵循足以使之卷入中国内争的方针。同样，美国政府将不向台湾的中国军队提供军事援助或建议。"

杜鲁门的声明一经发布，国务卿艾奇逊也随之发表讲话，声明美国在太平洋的防线是由阿留申群岛经日本、冲绳，至菲律宾。

这两项声明，将台湾和南朝鲜都划到了美国的太平洋防御圈之外。

杜鲁门和艾奇逊声明，意在向世界和新中国表态：美国承认台湾是中国领土，无意卷入中国内战，不会武力支持台湾的蒋介石政权，不会干涉新中国解放台湾。这个公开声明可谓一石二鸟，既能使新中国政权对美国放心，也有机会挑拨中苏关系，使新中国不至于彻底向苏联“一边倒”。

美国模棱两可的态度，以及对远东局势的误判，不但未能达到挑拨中苏的目的，反而使卧薪尝胆的金日成如获至宝——既然美国放松对南朝鲜的扶持与管控，那么统一战争的最佳时机无疑就到来了。

根据20世纪90年代解密的苏联档案资料，正是在1950年3月至4月间，金日成访问莫斯科，与斯大林达成重要共识，决定发动朝鲜统一战争。杜鲁门和艾奇逊的声明，无疑是给斯大林与金日成开了“绿灯”。

于是，金日成的扩军计划得到了支持，斯大林同意北朝鲜再增加3个步兵师，将原计划于1951年拨付给朝鲜的贷款提前用于1950年，任命瓦西里耶夫中将为朝鲜人民军军事总顾问，在1950年“按照以前提交苏联政府的申请单向朝鲜提供1.2亿～1.3亿卢布的军事技术装备”。斯大林亲自致电金日成，表示“朝鲜人民军所需装备、弹药和技术器材”，苏联将“完全满足您的这一请求”。

至此，对于朝鲜战争的态度，斯大林已由原先的暧昧、观望，变成了支持，甚至鼓励。

当朝鲜决策者们表示，难以预估民众对战争的态度，斯大林引用了《巨人传》中羊群的故事，鼓励金日成像“头羊”一样带领羊群前进。

已经抵达声望与权力顶峰的斯大林，对国际政治的行棋分寸拿捏得炉火纯青。一旦机会到来，他所表现出对战争的迫切感甚至要远超早已急不可耐的金日成，以难以想象的效率迅速推动了战争的爆发；但是，朝鲜战争爆发之后，斯大林立即召回了在北朝鲜军队中的军事顾问。6月29日，他照会宣称“不干涉他国内政”，苏联驻联合国代表迟迟不返回成功湖；甚至在一架苏军轰炸机在朝鲜附近海域被美国空军击落后，苏联政府竟然保持了沉默态度。

这样的表演，成功误导了美国政府。美国做出了明确的判断：苏联在任何情况下都不会出兵干预朝鲜问题。

中央情报局的分析报告指出：“苏联正在加速实施其备战计划，

尤为明显是在石油加工、工厂转产计划的完成、飞机生产、机场建设，以及大量储备物资方面……但是对苏联人的一个主要威胁因素是苏联没有能力在1950年实施大规模的核条件下作战……因为俄国很可能知道我们现有的原子弹数量远远超过了他们。”

至于社会主义阵营的新成员——中国，则被美国政府认为只会视苏联马首是瞻，苏联既不敢也不愿让中国冒险参战。

作为近代朝鲜的传奇领导人，金日成的一生是与朝鲜动荡变幻的历史紧密相连的。

11岁时，他来到中国东北，在一所军事院校就读6个月之后，因为“过于激进”而被勒令退学。随后，他去了聚集着大批朝鲜流亡人士的吉林，并在1929年被中国东北当局拘捕。在度过了6个月的牢狱生涯后，金日成获释，并于1930年加入中国共产党，成为游击队长，与日本侵略者战斗。

对于独立，朝鲜人民都清楚地知道，必须借助强有力的外援，朝鲜才有希望摆脱侵略者的侵占。在加入苏联军队后，金日成对苏联强大的军事和政治力量有了清晰认识，于是，他更多寄希望于寻求当时最强大的社会主义国家的援助。

当日本无条件投降后，长期遭受日本军国主义欺压的朝鲜迎来了新的生机。北方和南方的领导人都认为独立已是近在眼前，统一更是机不可失，事不宜迟。

于是，金日成急于获得斯大林的南下通行证，而李承晚也试图百般说服杜鲁门，双方都急不可待地要实现武力统一了。三八线上，双方的小型摩擦日益频繁。

斯大林决心纵虎，表示支持朝鲜行动，但他又迟迟不肯直接介入。

“（斯大林）既不出言反对，也不提供援助，而是把责任推给了一个眼下立足未稳，但是却对他感恩戴德的新生共产主义政权。”

1949年10月，新中国成立，中国革命完全胜利，远在朝鲜半岛的金日成受到极大鼓舞：“中国已经解放了，现在是解放朝鲜人民的时候了。”

统一大业感召着金日成，甚至在毛泽东劝其不要过于激进并以提供援助作为承诺时，金日成一口回绝了。这位骁勇善战的领导人坚信，以北方的绝对军力优势，朝鲜的统一将在一个月之内实现，美国甚至来不及派兵干预。所以，即使中国不予以援手，朝鲜也能单独实现统一大业，何况苏联已经提供了足够的军援。

就在金日成积极备战的时候，美国的情报机构并未打瞌睡，他们也嗅到了蛛丝马迹。

在堆积如山的前线情报资料中，美国战略情报局的年轻官员杰克·辛格劳布陷入了沉默——他推算出了一个令他震惊得无法相信的结论。

北方朝鲜人民军已经暗中向边境地区派遣精锐部队，同时悄悄撤离当地平民。有些桥梁正在被加固，而每到深夜，边境地区就有人加紧修复铁路。

这些碎片般的事件相加，无疑会得出一个惊人的重大结论——北方正在做好战争准备，战火即将在这座古老的半岛上点燃。

辛格劳布的情报被马上送到麦克阿瑟的参谋手中。

更为高效的是，这些情报被麦克阿瑟麾下官员打上了“F-6”的标签——这意味着最低等级、最无足轻重。这让这位一线情报专家陷入了极端的愤怒和绝望。

战略情报局显然表错了情。自从二战期间起，麦克阿瑟的军队就视战略情报局为宿敌——在他们看来，掌握情报就等于掌控决策权，“五角大楼和杜鲁门政府最好能完全依赖他们（麦克阿瑟）的情报”，因此，他与战略情报局的积怨早已非一日之寒。

内部的不协调，也是战争初期南方大溃败、大慌乱的重要原因之一。

开战时南北朝鲜国力之概况（军事力量除外）

	南朝鲜	北朝鲜	比较
地理	1.面积为全朝鲜的42%。 2.耕地为全朝鲜的60%。 3.海洋性气候，温暖。 4.资源有钨、煤等。缺乏铁矿和水力资源是致命的弱点。除农业外，别无特长。	1.面积为全朝鲜的58%。 2.耕地为全朝鲜的40%。 3.大陆性气候，严寒。 4.资源：水力资源、铁矿、煤、黑铅都很丰富，钨、锰占世界生产量的70%。木材、石灰石也很丰富，可以工业立国。	北方具有工业立国、自给自足的条件；南方除农业外，缺乏建设现代国家的自然条件。

续表

	南朝鲜	北朝鲜	比较
人文	1.人口2 100万人，其中，二次大战后从北方来南方约200人。 2.据说祖先为海洋系种族，忠厚老实的人多。	1.人口900万人。 2.据说祖先为大陆系种族，富有积极进取的气质，勤劳的人多。	北方的人受自然的锻炼程度高，南方的人在温暖的气候风土条件下生活，性情温和。
经济	1.是农业国，70%的人从事农业。 2.由于农具和肥料不足，灾荒年多，贫农多。 3.因缺乏电力，轻工业也不发达，失业者很多。 4.因不可能自立，只能靠美国的援助维持生计，通货膨胀严重。	1.具有自立态势，1948年的生产额达到1945年度的5倍，充满活力。 2.过去粮食不足，也有可能自给。 3.可以进行军需生产，重工业非常发达。	
国际支援	美国想把南朝鲜作为自由的橱窗。提供的军备只可防御，而不能进攻。	有迹象表明，苏联从一开始就提供了用武力统一朝鲜的军备。	部队的素质不同。

在军事力量对比方面，战争爆发之前，准备充足的北朝鲜拥有军力如下：

10个师，前6个师，每师1.1万人，第7师1.2万人，第10师和第13师不足满员，每师只有6 000人。第15师也是1.1万人。

2个独立团：约8 000人；5个警备旅共18 600人。

一个105装甲旅：120辆苏制T-34坦克。

一个独立装甲团：30辆苏制T-34。

火炮：600门。

飞机：180架。

战斗机：40架。

轰炸机：70架。

侦察机：10架。

总兵力：约13.7万人。

南朝鲜军队军力如下：

武器装备：武器匮乏，没有成建制的炮兵部队，空军部队和坦克部队。

人员培训和配备：军官多为二战时期日本或满洲国军事学校出身，如后任总统的朴正熙，历任师长、军长、参谋总长的白善烨等。

南朝鲜9个师，每个师的兵力都不一样，其中以第1师和第7师为最多每个师约9 600余人，其次是第6师9 112人，第2师约8 000人，其余的第3、5首都师均为7 000人左右。而第8师不足7 000人，只有6 866人。

装甲车：约27辆。

火炮：约129门。

火箭筒：约1 900具。

飞机30架：10架战斗机、10架联络机、10架教练机，无轰炸机。

总兵力：约9.8万人。

在战争爆发前，北朝鲜与南朝鲜的军事力量对比为——兵力2∶1，火炮2∶1，机枪7∶1，半自动步枪13∶1，坦克6.5∶1，飞机6∶1。

两方对比，北朝鲜人民军方面占据绝对优势。

1950年6月25日，经过数年边境摩擦和明争暗斗，全面战争在北朝鲜的主动进攻中爆发了。

美国的反应极为迅速。6月25日下午（美国东部时间），联合国安理会就顺利通过了美国的决议案，谴责“北朝鲜对大韩民国发动的武装进攻”，要求北朝鲜停火，并撤回三八线北部。

6月27日，联合国安理会再次通过决议，要向南朝鲜提供可能需要的援助，以击退武装进攻，并恢复这一地区的国际和平与安全。

7月7日，联合国通过决议案，派遣“联合国军”入朝作战，杜鲁门任命麦克阿瑟为“联合国军”总司令。而早在7月1日，美国陆军第24师就已到达朝鲜了。

使人震惊的是，虽然美国的一系列措施环环相扣，但正是由于苏联驻联合国代表马立克迟迟未能及时返回安理会，这才导致五大常任理事国之一的苏联没能就决议投票，因此美国才得以顺利通过出兵打击北朝鲜的议案。

这当然并不是苏联政府代表因疏忽大意的过失。事实上，在当时的情势下，握在苏联手中的那张否决票正是一枚烫手山芋，如果使用否决权，就等于直接从朝鲜背后走到了前台，承认苏联与朝鲜战争的关系，将自己避无可避地置于世界舆论的谴责声中；如果不使用否决权，则等于是背叛整个社会主义阵营。

因此，斯大林决定退而求其次，以拒不出席联合国会议的姿态，表明自己是与朝鲜、中国站在一起，并使人们觉得“安理会在两个大国代表缺席的情况下做出的决定是非法的”。

与此同时，斯大林还在极力鼓舞金日成。在1950年8月28日，斯大林致电苏联驻平壤大使：

向金日成口头转述下述电文。如果他所要该电文的书面文件，那就把书面文件给他，但是上面没有我的签名。

1．苏联共产党中央委员会向金日成同志和他的战友们表示祝贺。因为金日成同志正领导朝鲜人民在伟大的解放战争中取得辉煌的胜利……

2．金日成同志不应当因下面的事实感到局促不安，即他在反对干涉者们的战争中没有彻底获胜……俄国人在内战期间，甚至更多的是在和德国的战争期间，也没有取得持续不断的胜利。朝鲜人民获得的最伟大胜利就是，朝鲜目前在世界上已成为最受欢迎的国家，而且已成为亚洲打碎帝国主义枷锁的解放运动的一面旗帜。所有遭奴役人民的军队现在从朝鲜人民军那里学会了给美国人以及任何帝国主义者决定性打击的技艺……俄国人在1919年英美法联合干涉期间面临的形势要比朝鲜同志当前面临的形势糟糕好几倍。

冯西（斯大林）

可是，苏联代表的缺席并未给美国和安理会造成什么麻烦，美军很快就如愿在仁川登陆了。

麦克阿瑟豪赌般的仁川登陆取得了震惊世界的辉煌战果，在美军机动化部队的南北两线夹击下，人民军顷刻之间就由直捣黄龙转为全线溃退，金日成的宏图伟略在顷刻间化为乌有。

战争之神只是顽皮地一眨眼，人民军的命运就被残酷颠覆。

1950年9月27日，在道党委员长会议上，金日成不得不做出《暂时的战略撤退与党组织的任务》讲话：

“我们党的战略方针是：最大限度地阻缓敌人的进攻速度，争取时间营救出人民军主力部队，组建新的后备部队来组成强大的反攻力量，并进行有计划的撤退。”

10月9日，北朝鲜政府决定改江界为临时都城，撤离所有机关、学校、团体，各国驻朝使团也火速转移至边城满浦。

战局恶化的速度令人绝望，一日之内，平壤告急。10月11日，金日成在平壤发表了广播讲话，题为《用鲜血保卫祖国的每一寸土地》。这位身处台风风眼中心的朝鲜巨人决心与敌人周旋到底，因此，直到联军即将抵达平壤的前夕，他才将指挥所从平壤迁出，移到东北方向的德川，继续指挥前线部队作战——朝鲜的最高指挥官又回到了那个烽火漫天的游击战年代。

因此，当柴成文在10月19日深夜接到中央急电，要将彭德怀司令员即将入朝并尽快与金日成会晤的消息传达给朝鲜政府时，他确实大费周章——因为谁也不知道金日成首相当时的行踪。

中国驻朝大使馆临时代办柴军武（1951年易名柴成文）于1950年7月6日在北京拜会朝鲜驻华首任大使李周渊（右）。

于是，柴成文和金苏城挤上了一辆颠簸的吉普车，在10月20日清晨前往德川，在莽莽山川之中寻找北朝鲜首相的踪迹。

他们面前是一座死城。城中居民已疏散殆尽，充满危险气氛的街道上只有冷风穿梭，隐隐裹挟着远方的隆隆炮声。一番波折，金苏城找到了当地的一位郡党委员长（相当于中国的县委书记），在验明身份和来意后，由对方带路，将车开到了深山中一个极为隐蔽的山沟。随后，一行人弃车步行，经过1公里的山路，才找到一个极为隐蔽的隧道洞口（其实是一条铁路隧道，里面停着一列被用作临时指挥所的火车），柴成文孤身一人由警卫领入，这才终于见到了神龙见首不见尾的金日成。

就在火车车厢里，柴成文给金日成带来了黎明的曙光。

柴成文：北京急电，中国人民志愿军司令员兼政治委员彭德怀过江后，要见首相。

金日成：这是令人高兴的事情。朝鲜人民盼望已久了，中国不愧是我们的可靠后盾。

柴成文：中朝两国唇齿相依，患难与共。中国人民支援朝鲜人民的革命斗争，是应尽的国际主义义务。

金日成：彭将军的到达，给极端困难的朝鲜人民带来了力量和鼓舞。

当时，平壤南郊已经沦陷，会面地点被定在西北方的大榆洞。金日成和柴成文一起经历了一次极端危险的旅程：刚一入夜，两人各乘一辆黑色小汽车离开德川，沿丘陵地带的公路向西北方向疾驰，为了避开联军肆虐的空袭，即使是首相出行，司机也照例不开车灯，摸黑穿过了武术山崖，在21日凌晨2点到达大榆洞。

2个小时后，彭德怀在朝鲜副首相朴宪永的陪同下，从新义州抵达了大榆洞。

第四节　战争之王

要在支持或反对这个计划之间做出选择是十分棘手的，任何一种选择都具有危险性：一方面是失去朝鲜人的信心，并引起国会和舆论界的愤怒；另一方面是失去我们在联合国中的多数和支持。经过国务院煞费苦心的考虑……我们终于支持了这个决议案。在这样做的时候，我们热切地希望并相信，中国人会拒绝这个决议（他们果然是这样的），从而我们的盟国会回到比较清醒的立场（他们也果然是这样的），并追随我们把中国人作为侵略者进行谴责。

——迪安·艾奇逊

2012年6月18日，大国云集，G20峰会在墨西哥召开。由于在国际经济、政治中占据主导性地位，峰会的实际主角是中国和美国，在一些西方经济学家的理论体系中，中国和美国已经被合称为“中美国”（Chimerica），甚至将G20会议称为G2。

为了便于领导人合影时站位排序，细心的主办方在地面贴上了国旗标签，用于标示各国领导人所站的位置。风云际会，曲终人散，散会后，当奥巴马等各国首脑忙于利用这几分钟见缝插针地展开外交，只有中国国家主席胡锦涛弯腰拾起中国国旗贴纸，将它细心抚平、收好，免遭践踏。

这个细节被世界各国媒体细心地捕捉到，并呈现在各国人民面前。

香港《凤凰周刊杂志》主编师永刚称赞道：“参加二十国集团领导人峰会的各国领导人集体合影后，主席弯腰从地板上捡起中国国旗贴纸。这个细节秒杀了无数外媒版面。”

人们都说：“这一弯腰让中国人的腰更直了。”

“胡锦涛主席拾起的不仅是国旗，还有中国人的心。”

生长在中国经济腾飞期的年轻人或许难以想象，自新中国成立以来，为了将五星红旗高高升起，拾起被列强夺走的民族尊严，他们的先辈曾付出多少努力和血泪。

比起21世纪在国际政治中的游刃有余，20世纪50年代时的新中国就像一个初来乍到的插班生，在完全陌生的环境里，经受着陌生同学怀疑、好奇甚至歧视的冷眼。

而当时的美国，则是一位呼风唤雨的班长，俨然有王者之风，在四处兜售美式民主的同时，也为诸多国家带去了战争和苦难。在联合国的会议厅中，这位战争之王总是能使自己的作战方案得以通过。

早在1947年3月12日，美国总统杜鲁门就正式向全世界宣示了“杜鲁门主义”：美国有领导“自由世界”、援助一切国家“复兴”的使命，美国应把权益扩展到全世界，要将世界一切反共力量集结起来，要干涉世界上任何角落的共产主义，包括可能被怀疑为共产主义性质的国内革命。

同年7月，美国《外交》季刊上发表了一篇署名“X”的重量级政论文章。这篇题为《苏联行为的根源》的政论，其作者是美国前驻苏联使馆参赞乔治·凯南，一位迅速蹿升的美国政坛新星。文章的主旨是对杜鲁门主义的具体阐释：共产主义已经成为一种宗教信仰，哪里的人们要求改革，它就会在哪里生根发芽，人们一旦信仰了它，就不可能彻底消除——但它是可以遏制的，是可以把它局限在已经着了迷的国家的国界之内的。

这篇文章被杜鲁门视为“杜鲁门主义”的生动注解。事实上，美国政府也正是这样做的：在中国，杜鲁门政府全力扶持蒋介石政权；在朝鲜，美国政府镇压南朝鲜劳动党。

1949年，新中国成立，杜鲁门扶蒋反共的策略破产。原本踌躇满志的美国突然惊觉，与之隔岸对峙的，是两个庞大的共产主义国家：刚成功研制原子弹的苏联，和突然崛起的新中国，而这两个国家刚签署了《中苏友好同盟互助条约》，共产主义阵营在一夜之间几乎覆盖了全亚洲。

于是，在1950年4月12日，杜鲁门和其幕僚起草了《美国国家安全的目标和计划》（即大名鼎鼎的国家安全委员会第68号文）。朝鲜战争爆发后，他们成功绕开了国会的重重阻碍，使之顺利获批。这个文件标志着杜鲁门的世界战略的全面形成，成为此后几十年美国执行世界战略计划的理论基石，时任国务卿艾奇逊称其为“我国历史上的伟大政策方针之一”。

第68号文件对国际形势作了如下判定：两次世界大战后分别爆发了两次剧烈的革命，建立了苏维埃社会主义共和国联盟和中华人民共和国；世界逐步形成了美、苏两个中心，成为敌对的两极，它们都拥有核武器，两种意识形态、两种社会制度的长期共存必将导致持续对立和冲突。而现在中国已被共产主义所控制，如果任其控制地区再有显著的扩大，那么就有可能联合那些不足以对抗他们的力量，世界将陷入严重危险。因此，美国只追求遏制共产主义的目标是不够的，必须担当起领导“自由世界”的责任。而美国最需要做的，就是不惜一切代价全速加强西方防务。

杜鲁门主义的确立，意味着美国已走上全球战略扩张之路。美国的保守派政治家普遍对此表现出忧虑，曾任副总统、商业部长的华莱士即因反对冷战政策而辞职。

坚决反共的魏德迈也不赞成杜鲁门的遏制政策，因为“遏阻会导致愚蠢的军事行动，因为对方可以在其卫星国的边界上进行侵略性挑衅，用他的丙级队对付我们的甲级队，把美国弄得筋疲力尽”。

事实上，魏德迈的预言相当精确，在中国参战之后，美国国务卿艾奇逊就明确坦言：朝鲜战争中的“主要麻烦”在于，我们是在和一个错误的敌人打仗，我们打的是乙级队，而真正的敌人是苏联。

著名政论家沃尔特·李普曼的预言同样准确。他说：“哪里出现共产党的侵略迹象，（美国）就在哪里进行坚定不移的反击，必会被迫支持这些地区的傀儡并付出难以估量的代价，但（美国）最后一定会摆脱各个傀儡，这无异承认失败，丧失面子”。当美国政府在与李承晚政权纠葛不清，常常因为李承晚的擅自行动而全面陷入国际舆论的被动时，其情状与李普曼的预料何其相似。

朝鲜战争共历时三年，在其中两年多的时间，战争双方都处于“边打边谈”的状态。除了在朝鲜半岛上的激烈交锋，中、美、苏等国家以联合国为战场，进行了同样激烈的外交战争。

一些大国忧心忡忡，它们在尝试调停战争。

作为欧洲和亚洲的大国，英国与印度在志愿军入朝参战之后就介入了中美两国的斡旋。为了防止战争进一步扩大，英国和印度做了大量调停工作，英国负责联系盟友美国，而印度则与近邻中国磋商。

潘尼迦，曾任印度驻中华民国大使、印度驻中华人民共和国第一任大使，是中印关系史上的标志性人物。

潘尼迦是牛津高材生，获得律师资格之后回到印度，当过大学教师，做过时报编辑，还曾给印度王子担任过私人秘书。1948年，他来到邻国中国，当了4年驻中国大使。

1949年，蒋介石溃逃，并通知各国使节迁往广州，但潘尼迦拒绝转移，以示尼赫鲁政府对新中国的支持。

潘尼迦在任期间，印度在较长时期内都奉行中印友好政策，印度反对“两个中国”，在朝鲜战争期间支持中国，也承认中国对西藏的主权。

1950年11月23日，在北京，印度大使潘尼迦将英国的停火建议转达给了中国外交部，希望中美双方能举行一次和谈。

在中国高层会议的内部报告中，印度和英国的建议被认为是“政治试探和政治欺骗”，因为此时美军形如困兽，正在疯狂进攻，所以不排除是美国试图通过英国的斡旋来获得喘息机会。中国十分清楚，自己并非发动战争的一方，和平才是志愿军所求。所以北京并未直接拒绝这个提案，而是将台湾问题摆上谈判桌，要求一并解决朝鲜和台湾问题。

事实上，虽然举行停火谈判在客观上确实能给新败的美国以喘息之机，但美国在1950年底寻求谈判的主要原因，其实是察觉到战争有扩大化趋势，原本设定的“有限战争”方略即将破产，极有可能会被迫在亚洲陷入长期战争，消耗极大国力，而直到此时，美军在战场上连苏军的面都没碰到。对于始终将战略重心放在欧洲的美国而言，这无异于顺应了斯大林的消耗战术，使自己在东西方对峙中陷于极大被动。

因此，不得不寻求停火却无论如何不能先低头的美国发出了使用原子弹的核威胁。心知肚明的英国政府为美国制造了发声机会，于1950年12月4日促成了英国首相艾德礼与美国总统杜鲁门的华盛顿会谈，美国得以体面地提出谈判要求。

在这一阶段的试探性博弈中，作为50年代东西方阵营的两个大国，中美两国还没有直接对话的平台。通过第三方的斡旋，中美两国的隔空对话在一开始就激烈异常。

美国不愿退让。无论是出于世界头号强国的骄傲，还是对现代化战争的自信，美国都不愿把谈判条件降低，而且在发出谈判信息之前，美国已充分利用联合国游戏规则，挖好了一个个或明或暗的陷阱，使中国难以避免地进入圈套。例如，杜鲁门在回忆录中写道，“如果‘联合国军’出于军事考虑而不得不撤出朝鲜，则联合国必须宣布中国为侵略国家，并运用一切可能的政治和经济措施制裁中国。”

与此同时，中国代表伍修权在纽约与英国、瑞典等国代表会晤后，也及时向北京的周恩来致电报告了联合国的复杂情况。周恩来于12月7日凌晨分别向伍修权和莫斯科回电，说明了“联合国秘书长、印度、英国、瑞典等国代表不断试探中国停火的条件”这一情况，准备通过伍修权向联合国提出五个停火条件，并希望在当日得到苏联政府答复：

1. 所有外国军队撤出朝鲜。

2. 美国军队撤出台湾海峡和台湾岛。

3. 朝鲜问题应由朝鲜人民自己解决。

4. 中华人民共和国代表参加联合国并从联合国逐出蒋介石的代表。

5. 召集四大国外长会议准备对日和约。

斯大林很快发来了回电。当晚莫斯科时间8时40分，苏联的意见就到了周恩来手中：

“我们完全同意您提出的在朝鲜停止军事行动的条件。我们认为，不满足这些条件，军事行动就不能停止。此外，我们认为，对这三个国家（印度，英国，瑞典）的代表不能过于坦诚和过早地亮出自己的底牌，他们其实是美国的探路人。我们考虑，在汉城未解放之前，还不是中国亮出自己全部底牌的时候”。斯大林还建议，中国只需表明希望尽快结束战争的态度，同时要求联合国和美国首先提出停止军事行动的条件。

“这个电报表明，斯大林的意见‘与主席考虑相合，拖而不摊为上策’”——周恩来马上将苏联的态度告知了思虑已久的毛泽东。

至此，中苏双方已对谈判达成一致态度。12月8日，周恩来电告伍修权和乔冠华，明确指示他们：“关于谈判问题，你们仍应采取他急我不急的态度，不给他们以侦查的机会，不向他们过早摊牌。”

可是，此时在战场和联合国都占据了一定先机和主动的中国，却浑然不觉走进了一场极为严峻的政治危机。

在前一天，即12月7日下午，印度大使潘尼迦向中国转交了一份备忘录。

这份由十三个亚非国家联合提出的议案，就是著名的“十三国提案”。由印度牵头，十三个中立国家提议举行大会讨论朝鲜停战问题，中国作为全权参加者，在大会上宣布愿以谈判方式解决冲突并保证不越过三八线。

十三国提案引起了中方的不满和严正拒绝。

中国副外长章汉夫对潘尼迦表示，不能满足“保证不越过三八线”的要求，坚持应由朝鲜人民军来解放平壤。而印度政府则反复强调，十三国并不怀疑中国志愿军的力量，但希望中国政府能郑重考虑政治协商，一味追求军事解决只能延缓和平，即使美军被赶出朝鲜，依然能从日本起飞，对朝鲜进行轰炸。为了打消中方疑虑，潘尼迦最后说，这一建议是非欧洲国家第一次联合起来提出的，不能被认为是支持美国的。这是一个对中国有利的举动，如果中国能宣布不越过三八线的话，则将获得这些国家的欢迎和道义上的支持。

次日，印度参赞考尔趁热打铁，阐明了形势的紧迫，并澄清了十三国的动机。可以看出，印度为了消除中国的疑虑，已做得足够细致周详。考尔对中国的亚洲司副司长陈家康反复劝说，声明十三国提案并非为了支持美国，而是亚洲国家的第一次联合提议，因此，如果同意此提案，将十分有利于获得道义上的胜利——而美国之所以大力兜售其六国提案，无非也是为了占据道义制高点。更为重要的是，如果中国接受十三国提案，美国所支持的六国提案就自然而然会遭遇流产。

出乎印度意料的是，考尔的观点遭到了中国方面的激烈反对。陈家康当面质疑，“十三个提案国为什么不公开反对美帝侵略？为什么不发表宣言要求美国撤军？为什么在美军越过三八线时不发表宣言反对？”

考尔表现出了极大诚意，并坦陈，在军事上占优时进行谈判并不是政治上的软弱，反而是好时机，希望能尽快受到周恩来总理接见，促成谈判，赢得世界各国支持。

但是，印度的愿望并未及时实现。直到12月12日与苏联达成共识后，周恩来才得以会见潘尼迦。短暂的交谈并未达成实质性共识，而在翌日，周恩来电告伍修权、乔冠华，对于十三国提案，中国的态度是“停战不是骗局，是要真正能结束朝鲜战事。这样就必须要美国表明其对停战条件的意见”。

中国的态度异常强硬坚决，使后来的历史研究者们对此评价不一，众说纷纭。

在战后的历史学研究中，众多学者都认为，十三国提案的提出，其实是中国接受停火谈判要求的最佳时机，如果当时中国同意谈判，则可避免第四、第五次战役所带来的重大伤亡，不至于陷于战争泥潭长达三年之久。

但历史是没有如果的。鉴于在朝鲜战争之前，中国在参与联合国事务时每每不能获得应有权益，而熟谙国际规则的美国，却往往是花样繁多的联合国提案的受益者，更何况，美国正在节节败退，中国的举国上下都盛行速胜论，希望毕其功于一役，所以，中国实在难以不将联合国的停火协议看作美国的缓兵之计。

战场与政局，这两个瞬息万变的未知因素构成了一个难解的二元一次方程。不仅对于初登国际舞台的中国而言十分难解，同样使美国费尽思量。

云山战役和长津湖战役的溃败，使一度过分乐观的美国迅速冷静下来，及时意识到远东战略破产、长期陷于亚洲泥潭的危险，并开始将停火方案摆上议事桌。在从前两次战役的慌乱中迅速恢复之后，稳住阵脚的美方及时重新评估了中国军力，1950年12月8日，参谋长联席会议主席布雷德雷根据前方最新汇报得出结论："靠目前的兵力和正常轮换，完全可以在朝鲜守住，'至少不必被迫进行谈判'了"。

于是，美国的态度马上发生180°转变，虽然在外交措辞方面一如既往地模棱两可，但此时已显得底气十足。当天，美国的态度已由此前的"在尽量体面的条件下进行和谈"，转为向印度代表表明"美国并没有提出停火建议，也没有要任何人提出此项建议。不过，倘若有人提出，美国将予以考虑，只是不得附加任何政治条件"。

美国并未久等。翌日，与美国关系紧密的菲律宾就将十三国提案交给了美国驻联合国副代表格罗斯。

老练的美国政府并未急于表态。11日，在国家安全委员会上，杜鲁门政府对提案条分缕析，国防部长马歇尔指出，停火意味着空中侦察的停止，进而会导致美国海军撤退，无异于帮助中朝军队增强地面攻势，接受十三国提案将极为不利。但是，如果断然拒绝提案，美国即使不被国际社会视为侵略者，也将道义大亏，被看作好战的战争发起者。经过艰难权衡，美国愿意在不得附有政治条件的前提下接受该方案——由于担忧国会的责难，杜鲁门甚至决定宣布全国进入紧急状态。

中美两个主角均已表态，联合国大会紧急召开会议，并以52票赞同、5票反对、1票弃权，通过了略有调整的十三国提案，同时由联大主席安迪让、印度代表劳和加拿大代表皮尔逊组成三人停火委员会。

印度参赞考尔再次与中国代表会面。12月14日下午，他先是向中国通报了联合国决议，剖析了目前形势对中国的有利之处，希望中国尽快接受提案。这次，中国代表没有对提案表示反对，但陈家康坚持强调，应由美国先对提案表态，而非中国。

中方的坚持使印度极为忧虑。考尔诚恳地向中方言明，一方面，印度会继续向美国施压，但另一方面，如果中国不及时表态，坐失良机，则很可能在国际社会陷入极大被动。

考尔的忧虑很快得到了应验。

中国已决心与美国硬碰硬。当天，周恩来就指示伍修权和乔冠华，将12月16日的记者招待会发言稿进行修改，重点是“揭露美国赞成在朝鲜先停火再和谈的诡计”，而伍、乔二人一待招待会结束，就即刻回国。15日，潘尼迦再见章汉夫，一番劝说，依然无法与中国达成共识。

在彻底拒绝联合国决议后，12月17日的《人民日报》刊文指责联合国，认为十三国提案是为美帝国主义的侵略政策服务，助其喘息。22日，周恩来在公开声明中全面批驳联合国提案，号召亚非国家抛弃“三人停火委员会”，并批评了先停战后谈判的想法。

中方的态度强硬如斯，很大程度上是由当时的战场局势决定的。前两次战役的大胜，使志愿军的既定目标发生改变，希望继续扩大战果，打过三八线，实现“速胜”。但实际上，由于没有制空权，补给极为困难，两次战役之后，志愿军减员已逾10万（冻伤超过5万），且补给已经明显跟不上日益拉长的战线。

因此，彭德怀、聂荣臻、周恩来均希望能暂缓攻势，进行休整。但毛泽东出于多方考虑，仍在12月13日回电彭德怀，指示志愿军必须打过三八线。

前线的彭德怀对战局深怀忧虑。

12月19日，他致电毛泽东，表示“已遵示越过三八线作战，如无意外变故，打败仗是不会有的，但攻击受阻或胜利不大的可能性是存在的”。

22日，彭德怀又向中央转去副司令邓华的信，指出，第三次战役估计不会有太大胜果，建议转为长期对峙。

至此，毛泽东也意识到补给问题的严重性。21日回电彭德怀，承认彭对敌情的估计正确，因此“必须做长期打算”，也同意“如进攻不顺利则适时收兵，到适当地点休整再战”。

但是，中方此时的休整，根本目的还是在于扩大战场优势，为获得全胜、将联军赶出朝鲜奠定基础，而非为了立即停火。

在这样的背景下，12月31日，爆发了激烈的第三次战役。

1月4日，与中国在联合国的强硬态度相呼应，志愿军攻克了汉城，国际局势再度骤然升温。

联合国大会召开紧急会议，1月11日，皮尔逊代表三人委员会提出了关于解决朝鲜问题基本原则的“补充报告”。包括五项原则性建议：立即实现停火；举行一次政治会议以恢复和平；外国部队分阶段撤出朝鲜，并安排朝鲜人民进行选举；为统一和管理朝鲜做出安排；停火之后召开一次由英美苏和中国参加的会议，以解决远东问题，其中包括台湾的地位和中国在联合国的代表权问题。

客观而言，这五项原则对中国更为有利，而且已经过美国明确表态，内容也与12月22日周恩来提出的要求几乎一致。

令人大跌眼镜的是，美国竟然同意了这个报告。五项原则显然违背了美国“不接受带有不体面条件的停战安排”的原则，但为何能被美国所接受？

表面看来，战争之王退让了。

但实际上，杜鲁门政府出人意料地接受五项原则，根本是一场置之死地而后生的豪赌。

国务卿艾奇逊在回忆录中详细描述了美国的决策过程。

“要在支持或反对这个计划之间做出选择是十分棘手的，任何一种选择都具有危险性：一方面是失去朝鲜人的信心，并引起国会和舆论界的愤怒；另一方面是失去我们在联合国中的多数和支持。经过国务院煞费苦心的考虑……我们终于支持了这个决议案。在这样做的时候，我们热切地希望并相信，中国人会拒绝这个决议（他们果然是这样的），从而我们的盟国会回到比较清醒的立场（他们也果然是这样的），并追随我们把中国人作为侵略者进行谴责。”

在美国两党的冲突已趋白热化的当时，民主党政府早已被国内的政治和舆论压力弄得透不过气，但巨大的国际压力又使他们无路可退，杜鲁门和艾奇逊索性兵行险招，他们依据中国一贯的强硬态度做出判断，竟然同意了联合国五项原则，所冒的风险不言而喻。共和党领袖塔夫脱称这个决议是“美国曾经同意过的最彻底的投降”。报刊和两党议员纷纷责难艾奇逊，要他引咎辞职。

但是，“值得庆幸的是，这场风暴很快就自己吹过去了。1月11日提出、13日通过的决议案，在四天之后被中国人拒绝了”。艾奇逊终于长出了一口气。

精疲力竭的杜鲁门和艾奇逊仿佛是在海难中挣扎许久的船员，在惊涛骇浪和狂风骤雨的摧残下几近绝望，却在最后一刻看到了刺破云端的阳光。

谢天谢地，中国人果然拒绝了提案。

1月17日，周恩来致电政治委员会主席，重申中国政府主张，明确表示不同意该决议“先停战后谈判”的原则。为此，潘尼迦解释，这只是“先在原则上同意停战，然后再谈判中具体规定停战条件以结束战事”。

但中国仍坚持“先谈判后停战”。

潘尼迦依然苦劝不已，“中国不应首先表示反对联合国的决议，然后提出自己的意见，而应该首先表示原则上接受联合国的决议，随后再提出修正方案，如此就有了回旋余地”。

英国也出言相劝，指出美国出尔反尔的代价太大，一旦提案在联合国大会获得通过，美国再想发动进攻绝非易事。

中国的另一个反对理由是，中国没有参加决议的讨论。潘尼迦解释说，这个建议是“提请中国考虑的谈判基础，如果中国同意则正式协商”。既然中朝军队和“联合国军”是正在交兵的双方，联合国当然不可能将中国当作成员，先行征求其意见，再提出建议。

对此，中国做出了适当让步，但仍以获取新中国在联合国的合法地位为第一要务。周恩来对潘尼迦说：“这是一个形式上的问题，我们没有把联合国看为作战一方。问题是中国在联合国应有合法地位，而这种合法地位至今未得到承认，因此我们随时要提醒这一点。”

为了说服中国同意五点方案，潘尼迦甚至透露“美国是同意这一建议的，但却是非常勉强地同意的。据印度政府的了解，美国政府之所以同意这一建议，是因为它预料中国政府会拒绝这一建议”。

但潘尼迦和英国大使始终难以和中国代表达成一致。

杜鲁门和艾奇逊以退为进的豪赌，终于为他们赢得了在国际社会的全面主动。“1月17日，正当艾奇逊在一次记者招待会上遭受抨击而一脸沮丧的时候，忽然有人递给他一张纸条，艾奇逊看后如释重负，立即显得神态自若——纸条上写着：中国拒绝了五点方案。”

紧跟着，美国的一连串政治攻势接踵而至。美国迅疾展示了其在国际斗争中的执行力。

1月17日，美国代表奥斯汀在政治委员会发表长篇讲话，指责中国“接连三次拒绝国际社会的和平努力，蔑视联合国的和平诚意，并驳斥中国所谓一切外国军队撤出朝鲜的要求是有意让中国军队留在那里，因为志愿军可以归入朝鲜军队的序列。并指责中国为侵略者，呼吁政治委员会应立即研究并提出制裁侵略者的建议”。

20日、24日，美国众议院、参议院先后通过决议，要求联合国立即宣布共产党中国为对朝鲜的侵略者。

甚至一向倾向于承认新中国的联合国合法席位的英国也公开表态“同意谴责中国支持侵略者的干涉行为”。

这时，为了亡羊补牢，争取国际舆论，中国在1月22日紧急提出了一个修正方案，表示可以先商定有限期的停火，其次，必须保证中国的联合国合法地位。

然而，时机稍纵即逝，周恩来的努力淹没在美国一连串的外交和军事行动中。1月24日，为了挽回僵局，十二个亚非国家联名向联合国大会提议，建议由美、埃及、苏联、印度和中国召开会议，以便中国作出澄清和补充。但此时的美国既已取得先机，就不会再给中国任何机会。1月30日，提案被否决。

2月1日，如美国所愿，联合国大会通过决议，认定中国政府“在朝鲜从事侵略”。

与此同时，在朝鲜战场上，新任第八集团军司令官李奇微已在重新分析、评估战局后，得出了全新结论。他认为，前两次战役的溃败，只是造成了美军士气低落，情况远远不是原先估计的那样，美军是不会被志愿军直接赶下海的；而志愿军的补给不足，也使其只能维持“礼拜攻势”。美军且退且休整，虽然在第三次战役中，由于一线韩军的溃败，导致李奇微拱手让出汉城，但美军的大规模反击已在此时开始了。

中国拒绝联合国停火议案之后，1月25日，经过试探性进攻之后，美军的全面反击发动了。在强悍的空中优势辅助下，所有地面部队、炮兵、坦克部队（25万人）全面北进，彻底关上了谈判大门。

在战争初期尝到苦头的美军，此刻显得格外冷静果敢；而充分意识到战争艰难性的中方也在不断调整军事与外交策略。美方的海空优势明显，中方则拥有地面优势，在第五次战役后，中朝联军一度越过三八线，消灭敌军几个师，但并未实现“粉碎敌人计划，夺回主动权”的战略目标，提前结束战斗。“联合国军”于5月20日全线反击，虽然使中朝军队北撤，但同样无法更进一步。最后，双方终于在三八线两边形成均势，均未再发动大规模进攻。

至此，双方均明白了，均势已成，军事手段已不能解决朝鲜问题，转为开始寻求停火谈判。

主战的金日成也意识到局势艰难。在中国的劝说下，金日成于6月3日赴北京，接受了毛泽东的停战主张，并和高岗于6月10日赴莫斯科，与斯大林确立了停战方针。最后，斯大林于6月13日致电北京，同意停战。

一旦确定了停火方略，中国的谈判策略也随之发生了变化。毛泽东建议由苏联政府出面，在联合国提出停火与调解；同时不再坚持强调获得联合国席位和解决台湾问题。

回顾中美两国在联合国的决策过程，可以发现，两国均在不同时期陷入过困境，甚至做出一些误判。美国的重大战略失误主要发生在战争前期，中国的失误学术界有不同看法，有学者认为集中在中期，由于缺乏外交知识和国际斗争经验，新中国面对几项联合国提案时曾一度陷入被动。

作为国际社会的新生，中国在朝鲜战争中确实缴纳了一笔昂贵的学费；也正是在朝鲜战争中，通过长逾两年的漫长谈判，中国积累了丰富的外交经验，培养了大批优秀外交官，为新中国的外交史写下了凝重而长远的第一笔。

第二章

和平的代价

美国本欲和苏联逐鹿朝鲜半岛，却意外被中国志愿军的锋芒所阻。一时间，新兴的世界霸主和涅槃的东方古国在战场上旗鼓相当，陈兵三八线两侧，形成均势。当停火成为大势所趋，迫于国内党争压力的美国率先开始寻觅谈判机会，而原本应是战场主角的苏联却成了调停者。

当成千上万的伤亡数字不断累积，和平的代价显得太过沉重。人们明白，要换来和平，需要逾越的，绝不仅是残酷的丛林法则。

第一节　三八线的故事

严格地讲，三八线根本谈不上是一条边界线。从军事上讲，这条线无法防守，从传统上讲，它又无任何意义可言。居住在该线以北的朝鲜人同居住在该线以南的朝鲜人一样，讲的是同一种语言，吃的是同样的饭菜，喜爱的是相同的衣着，此外，还怀有相同的民族自豪感。

——马修·B. 李奇微

朝鲜半岛上的所有战役，都是被三八线这根导火线引燃的。

在回忆录中，李奇微将朝鲜半岛的形状比喻为“从亚洲大陆伸出的一个肥胖的拇指”，直指日本的九州岛，极易引起对方越过狭窄的对马海峡入侵。

而人为划分的三八线，就像这根拇指上一道难以愈合的疤痕。

朝鲜半岛处于大国、强国环伺之中，每当东亚地区发生动荡，朝鲜就极易成为搏斗中最先被打断的那根肋骨。特殊的地缘政治环境，将动荡与变革写满了朝鲜千年的历史，不但长期处于政权割据，也多次被卷入邻国的刀光剑影。

1910年，甲午战争尘埃落定，朝鲜从此沦为日据，被视为日本的一个省。长期的殖民统治，在朝鲜民众心中刻下了难以褪色的伤痕，时至今日，虽然朝鲜仍处于南北对峙的分裂状态，但无论南北，一旦日本右翼势力有所抬头，朝鲜和韩国民众都会同仇敌忾，同声谴责。

在近代史中，朝鲜半岛命途更为坎坷，每每难以自主。

三八线则是日本与沙俄的发明。

1896年，日俄曾密谋瓜分朝鲜，日本即向沙俄秘密提出划线；

1904年，日俄战争前夕，沙皇也曾提议，日俄双方以三八线为界，南北分治。朝鲜就像一块诱人的可口蛋糕，被拿着餐刀的日本和俄国端在手中比画。由于日俄两国利益难以协调，划线方案一直未能实行，朝鲜的内政也长期处于混乱。

这种混乱之治一直维持到第二次世界大战期间。直到1945年2月，日军出于部队部署的需要，将南北朝鲜分别划归关东军和大本营管辖，三八线的划分才得以明确。

1943年11月，朝鲜的命运又被放到了开罗会议上。此时，第二次世界大战行将结束，胜券在握的同盟国已着手规划战后的世界局势。在《开罗宣言》中，罗斯福、蒋介石、丘吉尔共同声明："我三大国轸念朝鲜人民所受之奴役待遇，决定在相当时期，使朝鲜自由独立。"

同月，在伊朗的德黑兰会议上，三巨头聚首。苏联巨人斯大林也向朝鲜许诺了一个看起来较为光明的未来，"朝鲜应该获得独立，而独立之前还需要有一段时间，或许是40年"。

1945年2月，雅尔塔会议召开。这一次，巨头们终于开始讨论一些较为现实的问题。罗斯福将领土托管问题摆上桌面，他认为，在朝鲜人民能实现自治之前，"朝鲜要由一个苏联代表、一个美国代表和一个中国代表实行托管"，"托管期愈短愈好"。

罗斯福的提案明显将美国的亲密盟友英国排除在外了，这是由于美国曾在一年前提出对朝鲜和印度支那的托管方案，却遭到英国大臣艾登的拒绝。因此，美国总统声明："没有必要邀请英国参加朝鲜的托管。"

托管方案得到了斯大林认可，但颇为有趣的是，作为东西两大阵营的领导者，斯大林却建议美国不要排斥其盟国，务必将英国纳入托管者团队。就这样，由中、美、苏、英四国临时托管的意向在雅尔塔会议初定。这种向敌人盟友示好的政治策略是美苏都热衷于使用的。

一连串重要会议的召开，本已规划好了朝鲜的近现代史大纲，但剧变突如其来，临时托管方案竟然胎死腹中。

1945年4月，三巨头之一的罗斯福总统罹患重病，没能看到自己亲手缔造的战后和平世界，便即撒手人寰。罗斯福蝉联四任总统，执政时期长逾12年，依法接任他的是以铁[illegible]的副总统杜鲁门。

杜鲁门决心尽快结束战争，这位[illegible]然决然下令对日本使用原子弹，核武器不但毁灭了广岛和长崎，也将远东局势在瞬息之间搅得天翻地覆。四国托管协议只初具雏形，根本尚未形成具体方案，就被扔进了废纸篓；大国们的当务之急是先行解决美苏两国在朝鲜半岛接受日本投降、划分军事占领区的问题。

美国和苏联就像两名正在参加110米跨栏决赛的飞人，注意力、体力、竞技状态都处于巅峰，不顾一切地抢先跨过每一个栏架——落后的那个人，往往因为奋力追赶导致动作变形，只能越来越落后，绝望地重重磕倒对方身后的一个个栏架。

1945年8月6日，美国刚对日本使用第一颗原子弹，老谋深算的斯大林立即预见到了日本的投降，果断于8月8日对日本宣战。

一夜之间，长期引而不发的大批苏联红军终于放开了一直紧绷的弓弦，他们后发先至，向蜷缩在满洲和朝鲜坑道里的日本关东军发起风暴般的总攻。苏军的突然发难，使原本主导着战争的美军顿时陷入被动，因为，此时距离朝鲜最近的美军部队，都还远在600英里之外的冲绳岛，根本无法阻止苏军入主朝鲜半岛。

美国政府在对日战争中耗费了巨大物资和人力，当然无法容忍苏联的“不劳而获，坐享其成”，为了避免胜利果实落入苏联手中，美国政府在仓促之间抛出了以三八线划分朝鲜的方案。

就在8月15日，即日本宣布无条件投降的当天，杜鲁门的密电也发到了斯大林手中。第二天，本已占据先手的斯大林就发出回电——苏联竟然同意了三八线的提案。

对于无力自主的朝鲜而言，这些远东局势的突变，就像毫无征兆吹起的一阵大风，将自己浮萍般的命运又吹向别的方向。

但对于美、苏两个超级大国而言，他们虽不能控制风向，却能预测风向，即使不能使狂风止息，至少能站稳脚跟，以风势助力。人们眼中的历史的“偶然”，在他们看来，则与历史的“必然”无异。

从局外人的角度看，这条仓促划出的线根本不具备多少军事、政治和经济上的意义。

“这条约300公里长的分界线斜穿朝鲜半岛，它截断了75条小溪和12条河流，以不同的角度越过崇山峻岭，穿过181条小路、104条乡村土路、15条道际公路和8条高级公路，以及6条南北铁路线”。

但是，这并不表明匆忙划出的这条分界线没有经过缜密的政治考虑。

对美国而言，划出三八线，其意义不仅在于能阻止苏联独占朝鲜，而且不动声色地将旧都汉城、釜山两个重要港口都划到了属于自己的南部。

苏联在一夜之间大军压境，本已视朝鲜全境为囊中之物，却出人意料地没有拒绝美国的提案，反而一口答应下来。精明的斯大林意在以退为进，显示了极为强硬的态度，他试图使美国接受两个附加条件：1.将属于日本的整个千叶群岛交给苏联军队，2.将属于日本本土的北海道北部交给苏联军队。

美国则如同太极高手，回应得绵里藏针。8月18日，杜鲁门干脆爽快地接受了第一条要求，但巧妙地拒绝了第二条，他提醒斯大林："麦克阿瑟将军指挥的盟国部队包括苏军在内。"

苏联当然十分明白，朝鲜问题或许还能讨价还价，但日本问题是美国的底限，美国绝不会在事关日本本土的问题上有一丝一毫让步。美方的拒绝似也在斯大林的意料之中，于是斯大林先斩后奏，先是以"北海道位于北纬38° 以北"为由，在8月20日下令苏军全力进驻日本北海道，然后才在8月22日复电美国，对美国的拒绝行为表示遗憾。

严阵以待的美国并未措手不及，当苏联驻日代表库兹马·杰列维扬科中将来到麦克阿瑟面前，声称苏军将无视美军意见，强行进驻北海道时，麦克阿瑟以更强硬的态度威胁道："没有我的许可，哪怕是一兵一卒登上北海道，就将立即逮捕包括你在内的苏联驻日代表团全体人员。"

至此，美苏双方长期谋划，一待机会出现，立即速战速决，点到即止，一番电光石火的激烈交锋很快就结束了。在短短半个月内，朝鲜身不由己，如同棋子，被两个超级大国置于棋盘之上，几番明争暗斗之后，双方各有斩获，最后以三八线为界，形成了暂时的平局。正如李承晚乐于引用的那句朝鲜谚语"鲸鱼相争，小虾丧命"。

朝鲜长期南北分裂的导火索，由此埋下。

此后，北方在苏联支持下成立了朝鲜民主主义人民共和国，而美国则选择了年逾古稀的李承晚，在南方建立了大韩民国。

在漫长的历史里，朝鲜并非第一次依附于大国而求存。在"和议"政策的指引下，朝鲜曾长期与中国保持一种共生的默契：朝鲜保持高度的独立性，在作为中国屏障的同时，也获得中国的保护。这种生存智慧铸就了朝鲜独特的发展模式，使朝鲜维持了数百年和平与保护。但当美苏两个超级大国同时驾临朝鲜半岛，这种延续近千年的生存公式就彻底失效了。

但无论如何，被人为地一分为二的朝鲜民族向往统一，向往和平。不管是民众质朴的呼声，还是政治家含义丰富的宣言，都明确地表达出统一的热望。金日成相信，他们能够在两周，至多两个月内，占领南朝鲜，他已决心，“用刺刀尖碰一碰南方的土地”。李承晚则说：“尽管大洋彼岸的朋友建议，不要攻打北朝鲜的外国傀儡，但是北方处在苦难中的兄弟的呼声却不能置之不理。我们应对这一呼声作出反应。”

年逾七旬的李承晚生于一个没落的王族家庭，在中青年时期活跃于美国社交界。当这位美国范十足的绅士在古稀之年登上朝鲜的权力顶峰时，他依然保持着一袭白西装、一尘不染的形象，这使他在身边那些风尘仆仆的劳苦随从映衬下显得格外卓尔不群。

韩国总统李承晚，字承龙，号雩南，大韩民国首任总统、第一至三届总统（1948—1960年）。

1910年获普林斯顿大学国际政治博士学位。1912年再赴美国从事抗日独立运动，在此后长达30年的漫长时间里，李承晚一直致力于民族运动，但事业坎坷。1919年，他曾在上海担任流亡的“大韩民国临时政府”总统，于1921年被迫辞职。1945年返回南朝鲜，建立群众性政治组织，并借此进入政坛，终于在1948年就任韩国总统。

李承晚当政期间，对政敌实行残酷打击，多次操纵议会，迫害反对党骨干。为了连任总统，他迫害议员，并搜捕出避难的议员们，强迫他们修改宪法；而在1960年的大选中，李承晚的舞弊行为招致学生和在野党不满，造成了警民冲突，186人死亡，还导致了波及全国的“4・19”学生运动。在全国暴动中，李承晚只得宣布辞职，并逃亡夏威夷。

李承晚的头像被印在第一版的100韩元硬币上，并被尊为韩国国父。但由于他多次暗杀政敌，实行独裁统治，终于在1960年的政变中下台，失去了国父称号。此后，一直被怀疑死于李承晚之手的领导人金九取代了李承晚，被追认为韩国国父。

李承晚虽然年事已高，但他“既是民族主义者又是基督徒”，而且与长期出没在华盛顿的国民党政权交往甚密，这些特征也使他获得了“小蒋介石”的称号。

事实上，作为美国钦点的南方总统，李承晚的种种激进做法不但令美国政府十分头疼，也引起了美国社会的普遍反感。“在南方，不管美国人喜欢与否，他们还是选中了那位大半生的时间都在国外流放的李承晚……他易动感情、自以为是、反复无常，具有强烈的民族主义和爱国主义情结，极端仇视共产主义。他曾经是一个民主主义者，可一旦掌握全国的民主制度后，所有的人都要对他唯命是从。正是日本人与美国人造就了这样一个李承晚，他的一生都在背信弃义、铁窗生涯与政治放逐中度过，他的性格因此而改变，心也变得坚硬如铁。”

对这位时常试图跨越美国为南方划定的规条、既依附美国又自行其是的年迈总统，首任驻韩美军司令霍奇丝毫不掩饰鄙视之情，在他看来，李承晚“阴险狡诈、喜怒无常、凶残腐朽、捉摸不定”。

相比较为激进但能与中苏保持团结的金日成，李承晚在整个朝鲜战争期间几乎受尽了美国政府和社会舆论的唾弃，直到1960年被韩国民众赶下台，这位韩国国父始终处于激烈的内部斗争，并在洪流般的国际政治中小心翼翼地积攒资本。

第二节　像猎狗般寻找线索

于是我们就像一群猎狗那样到处去寻找线索。

——迪安·艾奇逊

迫使杜鲁门寻找停战机会的原因有两个。除了战场上几乎无望打破的均势之外，就是杜鲁门和民主党真正的永恒敌人——美国共和党。

共和党与民主党的“驴象之争”是美国政治的一大特色，无休无止的针锋相对贯穿了美国两百多年的历史。

两党之争就像一场又一场艰巨无比的美国赛区预选赛，只有先搞定了卧榻之侧的强敌，民主党才能“冲出美国，走向世界”，与社会主义阵营一较雄长。

虽然两党都明确遵守那条“兄弟阋墙，共御外侮”的无形底线，但出于截然对立的两党利益，在频繁的外交活动中，两党当然并不能总是保持一致对外。在第二次世界大战期间，强大的外部威胁促使两党紧密协作；而一旦战争结束，这种亲密关系也随之宣告终结。在深孚人望的罗斯福总统去世后，垄断总统权柄十多年的民主党似乎显出了一丝疲态，这使得长期蛰伏的共和党人抖擞精神，他们要新账旧账一起算，对立足未稳的杜鲁门政府展开全面反攻。

学会微笑面对反对党的责难，这是历任美国总统的必修课——哪怕对手明明是无理取闹，为了反对而反对。

对此，在回忆录中，杜鲁门无奈而鄙夷地调侃那些又要压缩军费、又要扩大战争规模的反对党："说来真是不幸，有些人竟那么健忘。多年来一直阻挠国家执行可靠的军事政策，又要缩减一切以求收支平衡的人，如今就是叫嚷得最厉害的人……有些人实际上竟说我故意惹起对外政策的危机，为的是要为自己取得更多的权力……具有言论自由的任何制度都有这样的特点：评论家和政治煽动家的言论比支持既定政策的人的言论往往更受人欢迎……而在1950年12月，这件事似乎显得特别棘手难办。"

不过，日子最难过的还不是杜鲁门。在这场关于朝鲜战争的、愈演愈烈的政治风暴中，处于中心的并非总统杜鲁门，而是他最亲密的伙伴，国务卿迪安·艾奇逊。

迪安·艾奇逊，东西方铁幕的制造者。

他在1949—1953年担任美国国务卿，是总统杜鲁门最亲密的战友和得力助手。

艾奇逊是英国移民后裔，在耶鲁大学获得文学学位，在哈佛大学获得法学学位。第一次世界大战期间，他在海军服役6个月，退役后即在华盛顿成为一名律师。

作为共产主义的坚定反对者，艾奇逊最大的"业绩"，是提出并建立了二战后的西方阵营——北大西洋公约组织，杜鲁门主义、马歇尔计划的纲领都是出自他的构想，从此，欧洲被作为一个统一的经济体进行构建，而以美国为首的西方国家则踏上了对东方社会主义国家漫长的封锁、制裁之路。

在激荡的美国国内两党斗争中，艾奇逊锋芒毕露，对极右翼成员、共和党成员毫不留情，严厉抨击，针锋相对，这也使他长期处于美国党争的漩涡中心。艾奇逊的精明与犀利使他显得树大招风，在很多次政治危机中，他们的政敌甚至一反攻击总统的历史惯例，放弃抨击杜鲁门总统，而将矛头对准了这位国务卿。

1953年，杜鲁门离任总统，艾奇逊也随之解甲归田，安心著书立说。艾奇逊以其在国务院时代的经历，撰写了回忆录《参与创造世界》，在1970年获得了普利策奖。

艾奇逊始终坚持认为，欧洲是美国战后政策的重心所在。在他的一手推动之下，马歇尔计划得以成型并有效执行；但那些该死的共和党人眼里只有“裁军，裁军，裁军”，他们不愿冒着提高税收、对抗欧洲共产主义的风险去重建欧洲秩序，从来不愿。因此，在艾奇逊担任国务卿的几年时间里，他几乎一刻不停地处于被他深深鄙视的反对党的批评之火炙烤中。

艾奇逊早已习惯共和党唇枪舌剑的诛心攻击，这也是美国执政党的必备素养。为了解决水涨船高的军费问题，他先是将过于保守的国务院过气高参乔治·凯南打入冷宫，然后和新晋政策规划司司长保罗·尼采共同制定了《国家安全委员会第68号文件》（即赫赫有名的NSC68），然后巧妙地通过了各级部门的审查，使之得以颁布。

国防任务的改写，使提高军费的问题迎刃而解，也激怒了艾奇逊的政敌们，愤怒的共和党人再次把他置于风口浪尖——虽然早已习惯处于风口浪尖的艾奇逊其实压根不在乎，要知道，在艾奇逊就任财政部时，支持新政的共和党人将他称作“华尔街的特洛伊木马”，暗中维护银行家利益的内奸、保守者；现在，同一批反对者却改口称他为左翼分子。

作为战后初期美国主要国策的制定者，这位美国国家利益的坚定维护者确实有力地辅佐了杜鲁门，在国内分担了大量舆论批评，在外交舞台上更是长袖善舞，正是他兜售的“集体安全”概念，使美国建立起一个庞大战后同盟，甚至主导了联合国的许多重要国际事务。

在名著《最寒冷的冬天》中，艾奇逊的任职年代甚至被称为“艾奇逊时代”。

基于“帮助欧洲平稳过渡，建立经济联盟，预防苏联渗透”的战略理念基石，艾奇逊式的外交确实卓有成效，但在面对风起云涌的全球性第三世界国家兴起与革命的历史大潮时，他和其他美国决策者一样，都对生机勃勃的第三世界国家缺乏深入了解：既不了解这些国家深层的价值取向、文化思维，也无法准确预料新兴革命的走向。

极有典型意义的事例，就是艾奇逊对国民党与共产党中国的政策制定过程。

1949年初，艾奇逊确定中国内战将以共产党的胜利告终，于是他极力主张停止对蒋介石政府的各项援助，因为“援蒋”无疑会“愈加激发中国人民对中国共产党的支持，并且巩固他们与苏联站在一起的决心”。但瞬息万变的国际局势和荆棘丛生的两党之争使对蒋援助不降反增，最具讽刺意味的是，当艾奇逊宣誓就职国务卿时，蒋介石恰好于同一天逃亡台湾。于是，艾奇逊讽刺道：“美国政府终于批准了我们的对华政策，我也终于宣誓入职，但是蒋介石却逃跑了。”

就这样，原本被纳入美国的盟友名单甚至受到广大美国民众期待的中国，“一边倒”地坚定站在了苏联身边，成了美国的重要假想敌，现在甚至在朝鲜战场上与美国兵戎相见。

一时间，“谁丢掉了中国”的责难声四起，杜鲁门和艾奇逊只得亡羊补牢，为远东政策的严重后遗症埋单。

艾奇逊圆熟地运用联合国的种种规则，成功地在新中国四周竖起了层层壁垒，1951年5月18日，经过几个月的努力，联合国终于通过了一项对中国和北朝鲜禁运重要战略物资的决议。

但是，随着停战成为这场战争唯一可能的结果，一直致力于战胜中国的艾奇逊只好改弦易辙，不得不转而寻找停战机会。美国比中国更早介入朝鲜，又一贯无视中国的警告，现在却不得不先开口，这无疑是一种莫大的外交窘境。艾奇逊说：“唯一有希望的途径就是停战，因为停战也许可以逐步达到结束交战状态。看来一个双方都同意的和平解决办法是不可能实现的，即使实现也是不可靠的。我们一致同意的结论是：通过联合国的公开程序或者通过像印度这类容易泄密的外交部去进行试探，都是注定要失败的。”

其间，惨烈的第五次战役正如火如荼（1951年4月22日—5月23日）。在这次最后的大型战役中，双方投入的兵力超过80万，双方士兵都有毕其功于一役的决死斗志，双方指挥官也都已从过于乐观的误判中充分吸取了教训，对朝鲜战争的艰巨性有了清醒认识，这使得战争空前艰苦冷酷。

美军的海空优势明显，极大钳制了中朝方面的补给线，几乎打得志愿军断炊；而吃苦耐劳，善于在山地、丛林、夜间作战的中朝军队则牢牢把握了地面进攻的主动权，让美军睡不好一个整觉。至此，战场上早已悄然成形的均势终于清晰呈现在双方眼中。

在西方舆论看来，“1951年春，中国军队发动了一次大规模攻势，损失惨重却收效甚微……战果微不足道。然而，它提醒了西方国家的指挥官们，中国军队有多么能征善战，有多少人能投入战斗。这彻底击碎了“联合国军”再次跨越三八线、直奔鸭绿江的幻想。”

双方的决策者都已明白，此时的三八线，已是一道难以逾越的平衡标尺，谁也难以打破平衡，以军事力量改变朝鲜半岛的现状了。

当军人们陷入僵局，政治家就开始行动了。

“于是我们就像一群猎狗那样到处去寻找线索”，艾奇逊在回忆录中形象地描述了美国政府在当时的急迫与紧张心情。

这一次，美国政府已不得不放低身段，主动寻求谈判机会。但正如杜鲁门所料，在此时寻求谈判机会，要比以往难得多。

身处巴黎玫瑰宫的美国官员查尔斯·波伦接到艾奇逊指示，他马上向驻德国的苏联管制委员会主席政治顾问弗拉基米尔·西蒙诺夫发出了试探。但这次一反常态的试探并未引起苏联方面的丝毫反应。

很快，《纽约时报》又爆出猛料：在联合国，美国官员格罗斯和科里在与苏联官员马立克和查拉普金的非正式谈话中透露了停火意愿。无论几名官员的私下沟通是否真有成效，由媒体将之公布出来只能被视为一次过分躁动的乌龙事件，很快遭到了苏联的坚决否认和抗议。

艾奇逊只得通过瑞典联系莫斯科，希望获得与中国直接对话的机会，但依然未果。于是，万般无奈之下，他派出由白宫政策设计办公室的查尔斯·伯顿·马歇尔奔赴香港，希望直接制造会谈机会，但仍毫无结果。

几次碰壁之后，艾奇逊忽然灵光闪现，想到了一个恐怕连他自己都十分意外的破冰人选——乔治·凯南。

那个被艾奇逊一脚踢出国务院的凯南。

乔治·凯南，这个在艾奇逊眼中食古不化、异常保守、悲观、反对军事扩张的前国务院高官，刚经历了一场过山车式的人生曲线。4年前，由于凯南准确剖析了苏联的策略变化趋势，并提出闻名全国的“遏制政策”，他一举成为美国国务院的政治新星。

但随着美国的对外政策急速变更，凯南的持重言论在急于扩张的美国决策层眼里开始变得令人生厌，碍手碍脚，他反对研制氢弹，反对提高军费，将艾奇逊处心积虑推出的NSC68文件斥作“劳民伤财”，简直是共和党派来和艾奇逊唱反调的。因此，在1949年，新秀尼采取代了他的政策司司长职位。

孤立无援的凯南则带着对美国前途的深深忧虑离开了政府岗位，这个不太适应波谲云诡的政治生态、带着浓浓学者气质的政治家去了普林斯顿大学研究所，从此与美国政府保持着若即若离的关系。

5月中旬，凯南回到华盛顿，欣然接受了艾奇逊的任务——与苏联副外长马立克见面。

作为苏联问题的专家，凯南也曾在苏联工作过很长时间，与不少苏联官员互相熟悉，而他又并非美国政府的现职人员，完全符合政治中介的身份要求。

国家利益摆在眼前，凯南会不会捐弃前嫌，尽力而为？艾奇逊也是捏了一把汗的。虽然他深信凯南的学者气质和苏联背景会促成这次会谈，但这毕竟只能算是一次聊胜于无的死马当作活马医。

1951年5月31日，纽约长岛。在静谧如昔的格伦克福庄园，乔治·凯南终于见到了苏联驻联合国代表马立克——当然，是以私人名义。

格伦克福庄园位于长岛乡下，清幽雅致，是苏联驻联合国代表团的专用度假别墅。驱车而来的凯南显示了足够的诚意，他熟练地用俄语和马立克交谈，仿佛两人是久别重逢的好友，一时间，宾主尽欢，别墅内气氛融洽轻松。

尽管两人都尽量将这次会面处理成一次私人会谈，但两人心中都十分明白自己言行的极端重要性，哪怕一语之失，都可能破坏国际大势。由于过度紧张，马立克甫一会面就失手将果盘和酒打翻，弄得自己满身污渍，场面的紧张尴尬可想而知。

但这种狼狈的失态反而消除了他的极度紧张，这位常驻联合国、熟悉外交事务的苏联代表终于放下包袱，两人的谈话顺利进行。

由于表面上已远离政治，凯南此时的身份是一位学者，他理所当然地从学术角度切入了谈话。

“我们两国在朝鲜问题上，似乎正在走向一场可能是最危险的冲突。这肯定不是美国的行动和政策的目的。当然，我们也很难相信这会是苏联的希望。”凯南随口闲聊，仿佛两个普通民众在谈论遥远的国家大事。

马立克也显得对国际政治颇有兴趣："既然美国的行动和政策会造成这样的危险，难道它不应该改变行动和政策吗?"

凯南没有正面回答，而是直接抵达了问题的关键所在："看来，中国人所导引的航向不可避免地会招致这样的结果，不管北京是否希望这样，但对我们两国来说，这是个引向严重麻烦的趋势。"

"是这样吗？"马立克措辞客气，态度却柔中带刚，"我们曾不止一次提出过解决朝鲜问题的唯一办法是双方停止敌对行动，撤出一切外国军队，朝鲜问题在没有外国干涉的条件下，由朝鲜人民自己去解决。凯南先生提到中国的行动，你知道，中国曾多次提出朝鲜问题应该和平解决，而且当你提到中国时，难道你不应该回想一下杜鲁门总统去年6月27日的声明吗？你们派第7舰队进入台湾海峡构成对中国的侵略和你们剥夺中国在联合国合法席位是错误政策。中国人民志愿军是在美军逼近鸭绿江直接威胁到它的安全时才进入朝鲜境内的。"

凯南仍不反驳，显得十分耐心地说："我说的是现在的危险趋势应该得到制止。我看制止这种趋势的唯一办法是双方的司令官进行停战和停火的谈判，人们很想知道莫斯科对于这一形势的看法，也想知道如果有什么建议的话，那将是什么样的建议。"

马立克两手一摊，滴水不漏："你知道，苏联并未介入朝鲜战场上的作战。"

凯南当然明白，一直侧身幕后的苏联，当然不会轻易将自己置于风口浪尖。但他话锋不改，态度更加明朗："美国准备在联合国，或在任何一个委员会，或以其他任何方式与中国共产党人会面，讨论结束朝鲜战争的问题。"

凯南终于摊牌了。

"是恢复朝鲜战争战前状态吗?"马立克闻言，马上变得像一只发现猎物的猎鹰，紧紧追问。

"是的，"凯南说，"各自回到战前的位置。"

"一切外国军队应该立即从朝鲜撤离。"马立克说，"立即撤退一切外国军队的问题，是没有商量余地的，但将来可以进行逐步从朝鲜撤退外国军队的讨论。朝鲜问题是同整个远东问题连在一起的，美国的政策造成了一系列严重后果，它不只是朝鲜问题，还有对日和约问题、台湾问题、中国在联合国席位问题等等，都是必须解决的。"

面对马立克连珠炮般抛出的满口“问题”，准备充分的凯南并未觉得意外，他保持着学者清晰的逻辑思维：“考虑到美国在日本和远东的一般利益，出于安全的考虑，美国不能容忍朝鲜落在和美国敌对的力量手中，同样不能同意整个国家落在共产党手中。”

凯南停顿了一下，又说：“在朝鲜停止军事行动的问题，应作为一个单独的问题来解决，与其他更广泛的远东问题无关……关于台湾和中国在联合国的席位，目前不可能谈及这些问题，包括朝鲜的前途问题在内，准备以后讨论。”

说到这里，双方均已探明对方态度，于是点到为止。马立克礼节性地提出，要对这一问题加以考虑后，尽快再次会面，凯南当然明白，马立克将在这次会面结束之后即刻请示莫斯科，于是两人相约再会。

这次庄园会谈虽然没有任何结果，却足以使艾奇逊长出一口气。果然，在凯南和马立克的第二次会面（6月5日）时，马立克做出了明确答复：苏联政府希望和平，并且希望尽快和平解决朝鲜问题；但他们不便直接参与停火讨论。马立克小心翼翼地拿捏着分寸，“倘使凯南先生愿意听听我的个人意见，美国政府应该和中国就此事进行接触”。

尽管美国政府仍未能彻底摸清莫斯科的整个意图（事实上，苏联复杂多变的外交思路几乎很少被美国完全掌握过），但杜鲁门和艾奇逊至少已经能确定，苏联的态度已经有所松动，在谈判的条件（如其他远东问题）上，显然已有讨价还价的余地。

第三节　开启和平的演讲

就在艾奇逊“像猎狗一样”四处出击寻找线索时，中国也做出了寻求停火谈判的决定。

5月下旬，中共中央召开会议，总结第五次战役得失。据聂荣臻回忆，大多数与会者都主张暂缓南下，将防线稳固在三八线，“边谈边打，争取谈判解决问题”，这是因为敌人已被赶回三八线以南，中朝方面的预期目标已然实现，不宜继续扩大战争。

最终，这一方针在会议上得以通过。

经过了长逾半年的浴血奋战，所有参战国终于在此刻形成了一种国家利益与战略目标的复杂均衡。为了尽快促成谈判，迎来和平，毛泽东立即会见了金日成。6月3日，金日成飞赴北京，经过劝说，他接受了毛泽东的谈判方案，并和高岗一道乘坐苏联派来的专机，在6月10日前往莫斯科，与斯大林达成了停战的共识。

与美国类似的是，中国也难以率先抛出橄榄枝。因为曾先后拒绝了十三国提案与五项原则，态度强硬的中国已经在联合国陷入被动，此刻如果主动要求停火，显然不是上策。因此，毛泽东在6月13日回电斯大林，向苏联提出了详细方案：

关于如何提出停战谈判的问题，我们认为现在由我们自己提出这个问题对朝鲜和对中国都是不适宜的，因为在最近两个月内，朝鲜军队和中国志愿军都在采取守势。最好这样做：

一、等待敌方提出。

二、最好由苏联政府根据凯南的声明向美国政府试探停战问题。

可以同时采取上述两种方法，即一方面由苏联政府进行试探，另一方面，如果敌方提出停战问题，朝鲜和中国将表示同意。最好请你们交换意见并同菲利波夫同志共同解决。

三、停战条件：恢复三八线边界；从北朝鲜和南朝鲜划出一条不宽的地带作为中立区。绝不允许中立区只从北朝鲜领土中划出的情况发生。南北朝鲜彼此有所交错。至于中国进入联合国的问题，我们认为，可以不提出这个问题作为条件，因为中国可以援引联合国实际上已成为侵略工具，所以中国现在不认为进入联合国的问题有特别意义。

应当考虑一下，是否值得把台湾问题作为条件提出来？为了同他们讨价还价，我们认为应当提出这个问题。

在美国坚持台湾问题单独解决的情况下，我们将作出相应的让步。

为了和平的事业，我们将首先解决朝鲜问题。请你们向菲利波夫同志提出并获得他的指示。

这封电文已经明确提出对联合国席位与台湾问题的让步，显示了中方足够的诚意。

至此，三八线两边虽然依旧剑拔弩张，但双方至少在停火的问题上找到了默契。

于是，在6月23日，全世界都听到了苏联驻联合国代表马立克发表的著名演讲——和平的代价。

“全世界各国人民都认识到，和平对人类具有最巨大的价值。自从牺牲了千百万人类生命的第二次世界大战结束以来，到现在还不满6年，而用这样高的代价得来的和平却又受到了威胁。

“美国和依赖美国的其他国家对朝鲜的武装干涉就是这样政策的最生动的表现。苏联、中华人民共和国和其他一些国家曾经一再提出和平解决朝鲜冲突的建议。战争之所以仍在朝鲜进行，完全是因为美国始终阻挠接受这些和平建议。

“朝鲜的武装冲突——目前最尖锐的问题——也是能够解决的。而要做到这一点，就必须各方有和平解决朝鲜问题的意愿。苏联人民认为，第一个步骤是交战双方应该谈判停火与休战，双方把军队撤离三八线……我认为，为了确保朝鲜的和平，这代价不算太高。”

接着，6月25日、7月3日的《人民日报》连续发表社论。社论说：“中国人民是爱好和平的，并且一直为朝鲜问题的和平解决而斗争。中国人民志愿军参加朝鲜的反侵略战争，其目的就在于求得朝鲜问题的和平解决。所以即在此后，中国人民仍然主张以和平方式解决朝鲜问题，并曾不止一次地表示支持其他国家关于和平解决朝鲜问题的合理建议。

“美国政府却依然幻想依靠它的武力来征服全部朝鲜，进而威胁我国东北，因此，使所有这些关于和平解决朝鲜问题的努力归于失败。

“毫无疑问，作为和平解决朝鲜问题的第一个步骤，马立克的提议是公平而又合理的。”

针对马立克的演说，美国对苏联的议和姿态做了详尽的评估，列出了几种可能性：

1. 当年4月，美国试爆氢弹成功，可能使苏联产生忌惮。
2. 苏联不愿意中国长期盘踞在北朝鲜，进而增强对北朝鲜的控制。
3. 通过朝鲜和谈，拖缓美日和谈的进度。

鉴于苏联和中国的官方表态已经十分明确，杜鲁门也做出了回应。6月25日，杜鲁门发表了政策性演讲，表示“愿意参加朝鲜问题的和平解决”。与此同时，他指令美国驻苏大使寇克求见苏联外交部官员，要求证实并阐释马立克演说中关于朝鲜问题的部分。

杜鲁门、艾奇逊通过凯南寻找到一扇门，和平之门。

但走过这扇门，却耗费了双方两年多的漫长时间。

中美双方在谈判伊始就存在的根本分歧，注定了谈判必将无比艰辛。

这个根本分歧，可以概括为“一方想谈政治，一方只谈军事”。

正在准备外出旅行的杜鲁门总统很快就与苏联达成共识，6月27日，苏联副外长葛罗米柯向杜鲁门答复道：“停战应在双方野战军司令之间进行商谈……应该是不涉及政治的、领土的一切事项而严格地限定为军事问题”。

如此一来，美国政府就可以确认，马立克的声明完全表明了莫斯科的立场，即板门店谈判只是为了避免战争无限升级、失控而举行的军事停火讨论，绝非政府之间的政治性谈判。

这正是长久以来美苏两国的一贯思维。从1945年划分三八线时的明争暗斗起，无论是1948年的莫斯科会谈，还是联合国朝鲜委员会的会议，美苏双方关于朝鲜问题的争斗一直无法平息，这也让双方心知肚明，只要一方不彻底退出朝鲜，朝鲜问题就看不到解决的希望。

因此，“不举行政治谈判这句话反过来说，就是双方默认都没有从朝鲜摆脱出来的打算，因而会谈得以举行”。

就这样，军人李奇微指挥着他的中将和少将们，将“政治解决”留在华盛顿，驾着军用直升机来到开城的谈判桌旁。

而在美国看来，中国坐到谈判桌旁的最初目的，却恰恰是从政治上彻底解决朝鲜问题，以及随之而来的台湾问题和新中国的联合国合法席位问题，而绝非仅仅只是停火。

这种南辕北辙的目的差异，导致了双方谈判代表无休无止的分歧与争吵，在各个环节和议题上始终难以协调，也造就了板门店谈判这一史上耗时最长的停战谈判。

6月29日,美国国家安全委员会向李奇微发出如下指示，并要他一字不差地准确执行：

奉总统指示，你应在30日，星期六，东京时间上午8时经广播电台将下述文件向朝鲜共军司令发出，同时向新闻界发布：本人以“联合国军”总司令的资格，奉命与贵军谈判下列事项——因为我得知贵方可能希望举行一停战会议，以停止朝鲜的一切敌对行为及武装行动，并愿适当保证此停战协议的实施。我在贵方对本文的答复以后，将派出我方代表并提出一会议的日期，以便与贵方代表会晤。我更提议此会议可在元山港一只丹麦伤兵船上举行。“联合国军”总司令李奇微（签字）。

7月1日，金日成、彭德怀发出回函：

“联合国军”总司令李奇微将军：你在6月30日关于和平谈判的声明收到了。我们受权向你声明，我们同意为举行关于停止军事行动和建立和平的谈判而和你的代表会晤，会晤地点，我们建议在三八线上的开城地区。若你同意，我们的代表准备于1951年7月10日至15日和你的代表会晤。朝鲜人民军总司令金日成，中国人民志愿军司令员彭德怀。

此后还有多次广播和电文往返。中朝方面发出的回应，7月1日和7月4日的是在北京起草的，后来几件是在平壤起草的，所以出现了对金日成职务称呼的不一致，先称朝鲜人民军总司令，后称朝鲜人民军最高司令官。

双方顺利达成了如下协议：

一、谈判地点：选定在三八线上的开城。

二、正式谈判日期：从1951年7月10日开始。

三、为安排双方代表第一天会议细节，双方各派联络官3人，翻译2人，于7月8日上午9时在开城举行预备会议。

四、应对方的要求，我方负责保证对方联络官及随行人员进入我控制区后的行动安全。

五、双方代表团的车队前往开城赴会时，每辆车上均覆盖白旗一面，以便识别。

双方将谈判地点定在开城，表面上看是一拍即合，只是例行公事般的寻常协商，事实上却蕴含了复杂、剧烈的冲突和博弈，可谓暗流汹涌。

在由日本陆战史普及会编辑出版的《朝鲜战争》一书中，详尽分析了定址开城背后的复杂博弈。

据记载，在双方联络小组第一次会面时，联军的肯尼上校率队直入会场，丝毫不顾及礼仪，更有甚者，肯尼“斜楞着眼看着张惶的张上校（张春山），坐在了面朝南的座位上。这似乎出乎张上校的意料，据说他明显地浮现出动摇和困惑的表情”。

肯尼的先声夺人显然是有意为之，显得深谙东亚文化中“胜者面南而坐”的文化习俗。据日方研究者分析，肯尼此举的幕后策划者应是南朝鲜代表白善烨将军，因其曾力主“共产党方面在执拗地以胜利者的立场来参加谈判，我们这方面也要经常开动脑筋抢先下手”，“我认为当初同意把谈判会场设在开城是一个明显的失败，因此要想个办法把这个失败挽救回来”。

根据《新共和》杂志评论分析，联军将开城定为谈判会场视作一个失败，是因为定址的过程充分暴露出联军对谈判的准备不足和失误。

“联合国军”所提出的将会场设立在中立国丹麦的医院船的方案遭到了中朝方面拒绝，联军同意改为在开城会谈，这原本合情合理。

“从理论上说，医院船米特兰蒂亚号是中国和北朝鲜尚未参加的联合国的领土，因此他们要是同意联合国方面的提案那才会是令人吃惊的事情”，而美方谈判代表乔埃中将也认为“他们拒绝医院船是可以理解的”，而开城作为无人区，确实可以减少很多额外麻烦的发生，因此才答应定址开城。

但是，如此一来，在朝、韩、中、日等国民众看来，联合国无异于以战败者身份，被胜利者召唤到己方的势力范围之内来“求和”，联军在社会舆论上必将陷入极大被动。

因此，在白善烨反复强调之后，美方代表团终于意识到问题的重要性，这样才有了肯尼“抢座”的行为，而在当天的会晤中，“遭受奇袭的张上校的寒暄生硬而又冷淡”，在中朝工作人员端上茶点后，美方代表也将其视作“胜者给予败者的恩惠”，为了避免“自认战败”而若无其事地予以拒绝了。

此时，距朝鲜战争爆发已有整整一年时间。对于一场现代战争而言，一年的时间已太长太久，参战国家为此付出的代价已实在太大。

朝鲜，这座充满了寒冷与苦难的远东半岛，从此彻底决裂，一分为二，南方北方割席断交，双方不但在经济水平、工业化程度上日益分化，连文化和意识形态也渐渐疏离。在长达三年的朝鲜战争中，朝鲜民众死亡超过百万，本就欠发达的经济几乎在战火中灰飞烟灭，在损伤更为严重的北方，绝大多数城市和村庄都在美军强大的空中攻势之下化为焦土。当停战协议正式签订，人们走出防空洞和丛林，回到祖祖辈辈生于斯、长于斯的家时，这片曾经的沃土已经满目疮痍，“不仅找不到一幢完整的房子，甚至找不到一块完整的砖头”。

在美国，对普通民众而言，朝鲜战争是一场没人愿意想起和了解的战争；在美国政界，这更是一场“被遗忘的战争”。两党之间无休无止的内耗，前方指挥官的连续误判和妄自尊大，使这场被规划好的“有限战争”一度失控，虽然亡羊补牢，及时进行停火谈判，但早已给美国社会造成了巨大伤痛，麦克阿瑟时代终结，杜鲁门竞选折戟，民主党近二十年的漫长统治也由此终结。

对中国而言，在一穷二白、百废待兴的时期，被卷入这场与世界头号强国的肉搏，在获得辉煌战果的同时，无疑也付出了沉重代价。外交策略上的被动，使中国被联合国宣布为“侵略国”，不但与联合国席位失之交臂，还自此遭到数十个国家的封锁、经济禁运，孤独地行走在近代国际政坛上；原本正在策划的解放台湾也被迫搁置，并长期处于美国第一岛链的军事威慑环伺中。

虽然苏联因为中国的参战而彻底消除了疑虑，收起了怀疑的眼光，不再将中国视为“第二个南斯拉夫”，也不再将毛泽东视为铁托第二，并从1952年开始加快对中国的援助速度，为中国建成现代化工业体系奠定了坚实基础。但是，片面依赖苏联，冷对整个西方，这样的发展模式也使中国的现代化之路越行越窄，尤其是在与苏联关系恶化之后，国民经济遭受了沉重打击。

中苏关系最生动的写照，就是《中苏友好同盟互助条约》。该条约签订于1950年2月14日，同年4月11日起生效，有效期为30年。

此前，国民党政府曾与苏联在莫斯科签订《中苏友好同盟条约》（1945年8月），为了在二战之后延续与南方邻国的紧密关系，苏联以旧条约为基础，与新中国签订了新的友好条约。但这并不意味着萧规曹随——新条约的几点关键性内容与旧条约相去甚远。新条约签订后不久，双方外长即宣布与国民党政府缔结的旧条约失效，苏联外长还宣布在东北自日本手中所获财产、在北京兵营的全部财产，都无偿移交中国政府——事实上，苏军在撤离东北时，几乎搬空了全部厂矿机器和器材物资。

条约的核心内容是，中苏双方“均不参加反对对方的任何同盟、集团、行动和措施”，缔约一方若被第三国侵略，另一方“即尽其全力给予军事及其他援助”。

条约有效期为30年。在《关于中国长春铁路、旅顺口及大连的协定》中，双方约定，“一俟对日和约缔结后，但不迟于1952年年末，苏联红军即自共同使用的旅顺口海军根据地撤退，并将该地区的设备移交中华人民共和国政府，而由中华人民共和国政府偿付苏联自1945年起对上述设备之恢复与建设的费用”。苏军撤退前，该地区的民事行政，由新中国管辖。大连的行政，则完全由新中国政府管辖。后考虑到朝鲜战争等新情况，1952年9月，基于朝鲜战争的实际情况考虑，双方协商之后，延长共同使用旅顺口海军基地的期限。1955年5月，驻旅顺口苏军全部撤出。

在《关于贷款给中华人民共和国的协定》中，从1950年起，苏联在五年时间内，贷款给中国3亿美元（三十五美元作为一盎司纯金），年利较低，仅为1%；这笔贷款将用来偿付苏联卖给中国的铁道、钢轨、金属与机器制造工场等；“中华人民共和国中央人民政府将以原料、茶、现金、美元等付还第一条所指的贷款及其利息”，偿还期为十年。

1963年底，刚熬过三年自然灾害的中国咬牙还清了这笔贷款。

《中苏友好同盟互助条约》的签订，使新中国在苏联支持下迅速发展了现代工业，也造就了中苏关系最为亲密的一段时期。

周恩来和苏联外长安德烈·维辛斯基在莫斯科克里姆林宫签署了这份条约。60年代起，中苏两国关系恶化，该条约名存实亡，期满即终止，没有再续约。

一直隐于后方、运筹帷幄的苏联，本应是朝鲜战争的最大获益者。它成功拖延了美国的脚步，在美苏争霸中缩短了一大段落后的距离，也建立起一个坚固的远东社会主义阵营联盟。但这位强壮的跨栏运动员没有跑赢时间——盛极而衰的自然规律并未对历史强人网开一面，斯大林在朝战末期突然逝世，导致苏联通过长期集权模式所积累起的外交方略后继无人，继任者们均不具备足够的声望、手腕和经验，并逐渐在狂热的超级大国竞争中迷失了方向。

这些为和平所付出的代价，都被用沉重的笔墨铭记在各国的史册之中。

但这些沉重的悲歌同时也是成长的代价。

正是从朝鲜战争开始，东西方的几个大国开始警惕地保持距离，并在相对和平的漫长岁月里了解对方，消解仇恨，逐渐将意识形态的巨大分歧浓缩，再浓缩，至少将其尽量剔除出民众的情感，而只留存于政府的少数决策者的笔记本里。

中国正式结束了漫长的农耕年代，更重要的是，这个新生的国家摆脱了百年来的屈辱，以昂首挺胸的姿态迎来了工业文明，并用令人艳羡的速度迅速成长为世界工厂。

第四节　集结号——开城

行于所当行，止于所不可不止。

——周恩来寄语李克农

毛泽东亲自选出了主持停战谈判的人选。

中南海，菊香书屋。

清朝康熙所题的楹联“庭松不改青葱色，盆菊仍靠清净香”显得大气庄重，使这间毛泽东的专用书房兼卧室透出别样的清幽雅致。

周恩来正一字一句凝神审视几份文件：马立克在6月23日发表的《和平的代价》演讲，杜鲁门6月25日在田纳西州所做的“愿意参加朝鲜问题的和平解决”政策性演说，以及李奇微6月30日致中朝战地司令官的停战信函。

毛泽东一根接一根吸着烟，久久凝视窗外长空，一种截然不同的新战略正随着烟雾的聚散逐渐清晰成形——“零敲牛皮糖”，放弃速胜论，改打局部战争，稳步推进。半晌，他终于起身，用力灭烟，目光坚定地说：“朝鲜战争不只要打武仗，也要打文仗了，是该派得力人员负责停战谈判了。”

周恩来点头，提笔在纸上写下了什么，递给毛泽东：“关于谈判代表，我倒有两个好人选——”

毛泽东并未接过纸条，微一沉吟道：“恩来呀，你和伍修权现在分身乏术，我不建议你俩去。李克农和乔冠华倒是合适人选。”

周恩来面带微笑，展开纸条。纸条上写的，正是“李克农，乔冠华”两个名字。

两人会心一笑。

李克农，时任外交部常务副部长兼军委情报部长，作为开国57位上将中唯一没有带兵打仗经历的“影子上将”，他的自我评价既非常形象，又十分低调：“我一生不外乎做了两件事，一是保卫党中央的‘警卫员’，二是统一战线的‘尖兵’。”但事实上，正如毛泽东公开表示的：“李克农等人是立了大功的，如果不是他，当时许多中央同志，包括周恩来这些同志，都将不复存在了。”

在血雨腥风的国内革命时代，这位充满神秘色彩的“中国红色特工之王”曾通过情报战拯救、保护多位中央领导人，不但军功赫赫，而且在老一辈中国人（尤其是军迷）心目中地位极为崇高，从一个坊间流传数十年的段子就可见一斑：“美国中央情报局获悉李克农去世的消息后，欣喜不已，宣布休假三天，以庆贺强有力的对手消失了。这个举动在中央情报局的历史上是没有先例的。”流言虽不足取信，人们对红色特工之王的敬爱却可见一斑。

李克农还是西安事变谈判、国共谈判等重要历史事件的主要参与者，他具有惊人的统筹能力，机变百出，敏锐善辩，是共和国建国史上不可多得的情报专家、谈判专家。1962年2月9日，张学良得知李克农病逝的消息，当年不听周恩来、李克农劝阻，以致被蒋介石长期软禁所产生的悔恨之情涌上心头，念及故人之情，他难过地对身边工作的林渊泉说：“李公非将非帅，但文武兼备，才思敏捷果敢，难得人才呀，可惜英年早逝，可叹！可惜！”为了纪念这位伟大的军人，张学良提笔写下：“君在此处嗟叹惜，念及彼时悔思量。若与李公抗倭寇，留下丹情慰后人。”

毛泽东和周恩来已决定，委任李克农担任代表团团长，主持朝鲜停战谈判。随即，毛泽东在菊香书屋召见了李克农。

面对这位器宇轩昂、沉稳冷静的将军，毛泽东直奔主题，言简意赅："我点了你的将，要你去坐镇开城，外交部组成一个班子，乔冠华也去，军队也要有人参加。"

"我马上准备出发！"李克农扶了扶标志性的宽大黑框眼镜，没有丝毫犹豫。

但毛泽东并不知情的是，此时的李克农已经恶疾缠身。

人们都知道，戴眼镜的李克农将军患有严重的眼疾，那是他"两眼一睁，忙到熄灯"的狂热工作习惯所致。第一个采访红区的西方记者埃德加·斯诺在著名的《西行漫记》中就描述道："李克农的一只眼睛完全失明了，另一只视力微弱，这是因为他在江西每天晚上在烛光下工作到凌晨三四点钟所致"。

但比起极为严重的哮喘和心脏病，眼疾已经不值一提了。

早在1年前，李克农就已重病复发。严重的哮喘病和心脏病折磨着这位精悍的老兵，他必须借助镇静剂才能入睡。1950年5月14日，李克农几近病危，周恩来为此向中央提交了他的病情报告，随即火速将他送往苏联疗养。

目前，他的病情只是略有好转。所以，虽然十分渴望参与谈判，但病体能否胜任，实在是未知之数，他不愿迁就一己的好胜心，以免拖累和平的进程。他向中央据实汇报了病情，并请中央据此做出备案，以备不测。

如果不是周恩来和伍修权实在分身乏术，毛泽东是绝不愿意李克农抱病上阵的。

经过艰难的权衡，李克农最终还是被任命为谈判代表团党委书记，他的搭档是年仅38岁的外交才子乔冠华，时任外交部政策委员会副主任兼国际新闻局局长。这位后来的外交部长正是从20世纪50年代起在国际舞台大放异彩，撰写了大量著名重要外交文件，他洒脱的笑容，疏朗的风度，奇捷的文采，豪壮的酒量，一度是中国外交的名片和标杆。

李克农、乔冠华受命后，毛泽东立即召见二人，进行长谈，要他们立即组织起工作班子。这个班子里有美国哈佛大学毕业的经济学博士浦山，他曾作为伍修权特别助理出席过安理会的会议，并在重回学界之后成为中国经济学泰斗；新华社的丁明（负责起草谈判发言稿，于1951年9月29日病逝于开城，时年36岁）、沈建图（中国共产党对外新闻宣传事业的开创者之一）等几位干将。李克农还特意选调了几位同志带两部可接收各大通讯社新闻的收报机，以便了解各方面的反应，并请志愿军派出一个参谋班子前往开城，使谈判班子能够及时了解战场情况的变化。

7月4日，李克农、乔冠华一行动身前，周恩来再次叮嘱,并赠以古语："行于所当行，止于所不可不止。"勉励代表团果敢行事，灵活有度，能收能放。

没有一分钟多余停顿，代表团踏上征途，奔赴鸭绿江和朝鲜战场。

此时正值夏季，李克农的夫人赵瑛细心地提醒他带上冬衣，以防哮喘复发。

"不用，到不了冬天就能回来了。"李克农显得不以为意。但谁也没想到，这场马拉松式谈判竟然持续了两年多，从1951年7月10日，硬是一直谈到了1953年7月27日。漫漫征程，在最艰难困苦的时刻，李克农几度病危，险些丧生于冰天雪地的朝鲜。

算准了天下大势、国运沉浮，却算不到一己安危。是因为对自己安危的"近视"，还是因为根本无暇考虑这些？

这期间，中央也考虑到李克农的身体的实际情况，曾派伍修权火线增援，接替他的工作，让他回国休息。

在追忆李克农时，伍修权（中国人民解放军原副总参谋长）对这位生平好友极为推崇敬重。

伍修权还清晰记得李克农主持朝中两国军队与美军的停战谈判工作的许多细节。由于工作紧张生活艰苦，他在战争年代染上的老病又复发了，严重的气管炎、哮喘病，加上不断的咳嗽，使他的工作和生活都很困难。

"中央了解到这个情况后，便派我去朝鲜接替他的工作，将他换回来休息和治疗。当年9月，我和外交部美澳司司长柯柏年同志带着几个随行人员，分乘两辆吉普车，由安东（今丹东）过了鸭绿江大桥，日伏夜行地向朝鲜前线进发。经过一片废墟的平壤，又遇到几次空袭和一次翻车事故，总算到达开城，见到了克农同志和我方代表团的同志。我们向他们表示了慰问，同时又表示了极大的遗憾与抱歉；原来我们离开祖国时，考虑到朝鲜前线生活艰苦供应困难，特地买了一批香蕉等水果，打算带来慰问他们，谁知由于天冷路远，一路颠簸又加翻车，千里迢迢带来的香蕉全都烂了。克农同志为了免除我们的不安，装作叹息地笑着说：'这事也不怪谁，只怪我们的口福太薄，

不过你们的心意我们全领了。’

“我们到达后，向克农同志转达了中央对他的关怀和指示。他听了以后，经过认真考虑，决定从党的利益出发，在他的身体还能支持的情况下，仍然在这里坚持工作，不同意马上换人。

“他的决定使我很感动，又使我不安，感到自己没能完成中央交给我的任务，便向他半开玩笑地说：‘你不同意换将，我特地一路风险，赶来朝鲜前线，不是白跑了吗？’

“他却说：‘不，你来得正好，有你在这里，我就有了后盾，万一支持不住躺下来，你可以马上顶上去，我心里也就踏实了。另外，你也可以利用这个机会，了解战争和谈判中的许多具体情况，增加各种感性知识，对工作对个人都有很大好处。你们给我们带来了党和祖国的关怀，使我们深感温暖和大受鼓舞，增加了我们的干劲和士气，所以，你们来得非常必要，我们双手欢迎！’我又说：‘不过，对于你的建议，我个人不能表示可否，得由中央决定。’

“他说：‘那好办，我们马上一起向中央请示。’

“我们就拟定了给中央的请示电报。他陈述了自己的意见，我也具体报告了他的病况和工作情况。中央很快复电批准了他的建议，同意仍然由他主持谈判工作，并让我暂时留在这里，一方面深入了解谈判进行情况，一方面继续观察他的健康状况，如果必要，再随时换他下去休息。这样，我就又获得了一个与他朝夕相处的好机会。

“我在开城观察了一段时间，见克农同志干得毫无倦意，根本不考虑换下来休息的事，就像个负伤不下火线的战士，一直在带病坚持工作。我为他这种顽强精神感动不已，也觉得应该支持他这种可贵的积极性。我看到他的病情相对缓解，不会向更坏的方向发展，就在同他商量并请示北京后，决定我还是返回国内，这里的工作可以完全托付给他，就与他紧紧握手后再次分了手。此后他在朝鲜一直坚持到停战协定签订和生效，才带着伟大的胜利成果，光荣却仍然是秘密地返回了祖国。”

初次谈判的地点是来凤庄。在遍地焦土的朝鲜，那里就是废墟中的世外桃源。

从1951年7月1日谈判开始筹备时起，中朝代表团就不断克服难以想象的困难，书写传奇。

7月4日，双方通过商议，将位于三八线上的朝鲜古都——开城确定为谈判地点。双方还初步确定了第一次接触的细节：

“为安排双方代表第一天会议细节，双方各派联络官3人，翻译2人，于7月8日上午9时在开城举行预备会议。应对方要求，我方（中朝）负责保证对方联络官及随行人员进入我控制区后的行动安全。”

留给李克农和代表团的时间，只有短短三天。

在三天时间里，李克农不仅要从无到有地搭起一支谈判经验几乎为零的“草台班子”（有的成员甚至是他在行程中临时征召入团的），还要与朝鲜方面及时沟通，制订详尽的谈判计划，甚至还要和前方联络官一起，从无到有地建起一个体面的谈判会场。

7月5日，二十余人的代表团乘当年慈禧太后的专用“御辇”（火车包厢），到达边城安东（今丹东），渡鸭绿江，一路疾行，再至平壤。7月6日，代表团马不停蹄，火速抵达根地里。金日成新的作战指挥所就设于这个距平壤东北15公里的地方。这里面朝大同江，背靠牡丹峰，是一座隐秘壮观的地下城，树木葱翠，幽静凉爽，隐蔽安全。

雷厉风行的中国代表团受到了朝鲜领导人的赞誉和热情招待。当天上午，朝鲜最高领导人金日成接见了李克农、乔冠华、倪志亮、柴成文等成员。

金日成终于见到了闻名遐迩的中国“红色特工之王”，他早已听毛泽东对这位传奇将军的描述：“李克农是中国的大特务，只不过是共产党的特务”。

正值壮年的金日成说一口带吉林口音的流利中国话，与李克农几乎一见如故。

熟悉这段历史的人都知道，李克农与金日成因为谈判工作而结下了深厚友谊，私交甚笃。金日成每到北京就要见见这位老朋友，还送些李克农最喜欢的鲜酸辣菜，作为两人深厚战友情谊的象征；而李克农与夫人赵瑛在开城驻地合影中的那一身做工考究的朝鲜民族服装，也是金日成的赠礼。

就在接见时，毛泽东的电报又及时送到了：由于美方主将李奇微所提供的3名联络官中，最高军阶不超过上校，所以请金日成指派1名人民军上校为首席联络官，指派1名中校为联络官，而中方的柴成文则以中校名义作为志愿军联络官。

金日成当场决定，由人民军最高司令部动员局局长金昌满少将以上校名义担任中朝首席联络官，金一波为中校联络官。出于保密和谈判的需要，金昌满少将改名张春山，而原名柴军武的柴成文，则是在李克农的指示下，自此改名的。

两年零十七天的马拉松式谈判，真正负责布局谋篇的是隐藏在志愿军代表团身后的由李克农和乔冠华领导的智囊团，他们的功绩，在战后长逾半个世纪的正史记载中一直不为人知；而在李克农代表团的坚强支持下、在全世界聚光灯照射下与美军代表唇枪舌剑、短兵相接的，则是中国人民志愿军代表邓华将军、解方将军，以及朝鲜人民军代表南日大将、李相朝中将、张平山少将。

1951年7月10日，中朝方面的谈判代表：左起：解方（中国人民志愿军 参谋长）、邓华（中国人民志愿军 副司令员）、南日（首席代表、朝鲜人民军 总参谋长）、李相朝（朝鲜人民军 副总参谋长）、张平山（朝鲜人民军 第一军团参谋长）。

志愿军副司令员邓华作战风格勇敢细腻，既是彭德怀依仗的左膀右臂，也是患难与共的同袍手足。第五次战役之后，彭德怀曾坦言，第五次战役是他一生中四次军事错误之一，并感叹：“不听邓华言，吃亏在眼前。”

解方则因在国民党军队官至少将，在解放军也官至少将，得了“双料少将”的雅号。这位辩才与筹谋俱佳的将军精通英、日语，被张学良称为难得奇才。他曾三次入桂，游说李宗仁、白崇禧联合反蒋抗日，舌辩之才一时彰显，有“解铁嘴”之称。

进入朝鲜战场后，彭德怀一旦遇事不决，往往粗着嗓门冲通信员喊：“叫‘诸葛亮’来谈谈情况。”彭大将军口中的“诸葛亮”，就是这位志愿军参谋长解方。

人民军方面，金日成指派南日为朝中方面的首席代表，李相朝、张平山为代表。

南日大将是苏联籍朝鲜人，也是参加过二战的老兵，风度极为儒雅。人民军总参谋长姜健牺牲后，他继任为总参谋长，后担任朝鲜外交部长、副首相。

李相朝参加过中国抗日战争，曾是活跃在中国太行山上的朝鲜义勇军的领导人之一，也是朝鲜人民军的组建者之一。

张平山1937年前往延安，后参加八路军。1945年来到中国东北，1946年回到朝鲜。

因为当时还不知道对方究竟派几位代表，所以最初确定的、对全世界公开的中朝代表团的正式代表仅此4人。

7月6日傍晚，时间已经十分紧迫。在与李克农简短沟通后，联络官张春山、柴成文、金一波等人先行火速赶赴开城，他们的任务，是在7月8日之前完成谈判会场的所有布置和安保工作，为代表团搭好舞台。

为了躲避美军战机在日间的致命猎杀，中朝军队的大部分活动都被迫在夜间进行。三人分乘三辆军用吉普车，星夜启程，为了在黎明前安全赶到开城，他们改走特殊行车线路，从燕滩、金川线一路疾驰。

极度恶劣的天气，密布弹坑的夜间险路，加上破损不堪的车辆，很快造成了险情。

张春山的车首先抛锚，他马上改为和柴成文共乘；但行不多远，柴成文的车竟然又发生故障。此时，他们已无法联系上早已远去的金一波。凛冽的夜风席卷着满目疮痍的大地，硝烟未散，不知隐藏着多少危险。

在危机四伏的前线，这无疑是个致命的残酷玩笑。

就连极其蔑视对手军备的美军，也难以想象中朝军队的军备粗陋残破到何种程度。直到1954年，几乎没有重工业生产能力的中国才借助苏联的军事援助，首次实现了全军装备的标准化、序列化；而朝鲜当时的状况则更糟，不但在正面战场上武器装备处于极度劣势，连后勤的车辆都无法保障。

幸运的是，他们截住了一辆借助夜色掩护的人民军运粮卡车。挤在粮食口袋上的几人，一路颠簸，在寂静的子夜衔枚疾进，终于在金川山沟人民军营区里调用了一辆吉普车，尘霜满面地顺利赶到开城。

7月7日凌晨，全部相关人员齐聚开城。

接下来纷乱复杂的筹备工作，对于久经考验的李克农而言，就显得游刃有余了。早在30年代的国内革命时期，李克农就在波谲云诡的情报战争中练就了令人叹为观止的统筹能力，他就像一台稳健运行的超级计算机，工作任务越繁重，他越是井井有条。随即，李克农迅速安排、分配好了所有谈判工作。

开城旧名松都，是古高丽首都，举世闻名的高丽参即产于开城。

但代表团发现，在一年的战火袭扰之后，这座原本精致小巧的名城已经遍是残垣断瓦，颓败不堪，既不符合谈判所需的宁静庄严气氛，也完全不利于安保。

开城高丽里广文洞的来凤庄为停战谈判会场。

解方带领参谋李士奇、吴克昌等人继续探寻，行至开城西北约两公里的高丽里广文洞，意外发现了一处适合之地——来凤庄。

这个寓意为“有凤来仪”的庄园，虽然略显古旧，但仍是一座气派堂皇的富宅，像一个小小的世外桃源般，幸运地躲过了战火摧残。庄园坐北朝南，房前砌有花坛，一株精致的古松挺立庭中，花草葱茏。内堂宽敞，去掉早已破旧的屏风，正好摆上一张谈判专用的长桌。

来凤庄西南的松岳山边还有几处民宅，以及一栋可用于志愿军代表团驻地的别墅，而人民军代表团则可被安排在南山中学附近的民房里。往西北行出400米，有一座白色的石砌教堂，稍作整饰，可通行汽车，用作对方代表团会间休息之所。

解方等人对这个意外收获感到十分惊喜——“来凤庄虽比不得日内瓦倚山带湖，然在战地能得此为停战谈判会址，亦十分难得。”

于是，来凤庄被选为朝鲜停战谈判的会址。从此，这个无名之地被永远载入史册。

会场一经选定，开城人民委员会就展现出令西方媒体咂舌的工作效率。开城的民众被立即动员起来，除杂草，清废物，重新粉刷墙壁，平整地面，修好道路；部队则火速完成了探雷和扫雷工作，仅一天时间，所有预备工作全部完成。

1951年7月8日，双方联络官在开城高丽里来凤庄开会，会议确定停战谈判第一次会议于1951年7月10日上午10时在来凤庄举行。

当天，南日、邓华、李相朝、李克农、乔冠华等台前幕后的核心人物全部入住。

与此同时，美方代表团首席代表特纳·乔埃中将还在与克雷奇少将反复激烈争论诸如“是搭乘直升机还是军车赶赴会场？”“如何保障谈判人员安全？”等一大堆问题的时候，李克农等人早已进入会场，各就各位，开始了紧张有序的准备工作。

入夜。朝鲜的夜风中，来凤庄显得愈发静美如画。这使舟车劳顿的代表团几乎产生了一种回家的错觉。

一切准备停当的解方率众巡视来凤庄。会场、双方代表团驻地、安全警卫全部布置妥当，他紧迫的心情彻底舒缓，这个颇负智计的将领用戏文般的话为谈判的前期工作做了总结，引发了大家轻松的欢笑：“如今好比是周瑜战赤壁，是万事俱备，只待东风乍起，好戏便可开台了。”

至此，仅用了短短三天，朝鲜停战谈判的舞台已经搭建完毕。

第三章

开城密码

战争持续一年之后，美军和志愿军将领坐到了谈判桌前。

技术力量首屈一指的美国，遇上了信奉“上兵伐谋”、“攻心为上”的中国，锋锐的西方智慧与圆融的东方哲学不期而遇。中国代表认为对方蛮霸无信，美国代表则觉得对方完全不可理喻，简直如同印第安生番。

停火谈判第一轮会议的目的是确定议题。哪些问题可以谈，哪些要避而不谈，事关双方战略利益，双方代表团由此展开了激烈争辩。

无论事先准备多么充分，谈判桌两端的双方都遇到了最难解的密码。陌生的文化、难解的思维模式、隔膜的眼神、风云变化的政治意图和军事目的，这就是使双方陷入迷宫的开城密码。

开城会场区
（1951年7月15日）

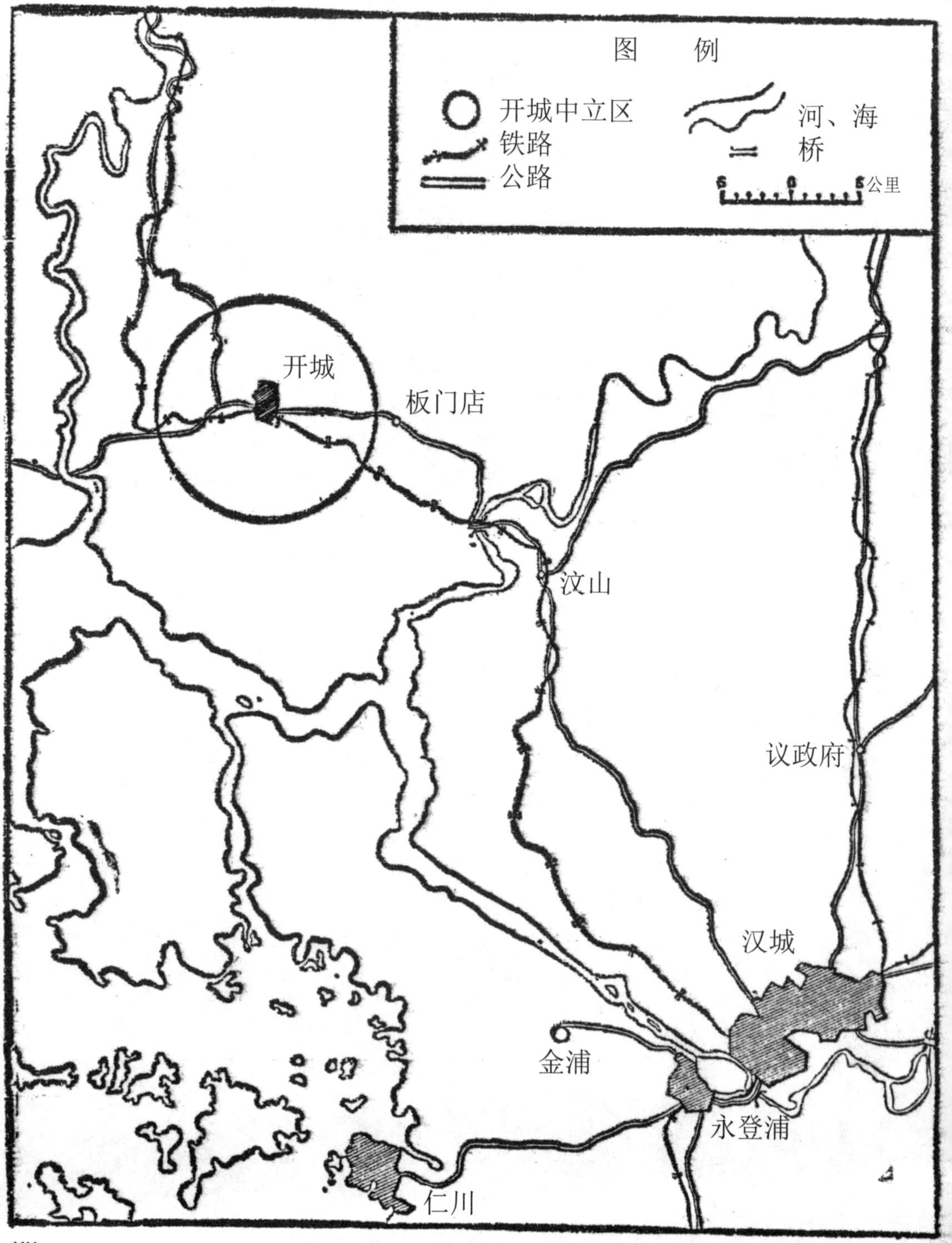

图例
开城中立区
铁路
公路
河、海
桥
5 0 5公里

开城
板门店
汶山
议政府
汉城
金浦
永登浦
仁川

第一节　红色特工之王

我不担心哪位同志会在谈判中丧失立场，担心的是多数同志年轻气盛，经不起人家的挑逗而冲动。同美国人打交道多数同志没有经验，所以参加会议的同志都要注意观察会场上每一个细节，察言观色，争取较快地摸透对方的脾气。

——李克农

美国拥有覆盖全球的情报网，其科技水平具有压倒性优势，远远领先50年代的其他国家，而其媒体的实力也首屈一指。美方关于板门店谈判的资料数量庞大，数不胜数。在卷帙浩繁的文献、著作中，对毛泽东、金日成、斯大林等国家领导人的战略思考、个人情感、权衡博弈的分析材料堆积如山，对彭德怀等杰出军人往往赞赏有加，对南日、柴成文等人的性格、能力分析更是细致入微。

但在20世纪50年代，东西方冷战的序幕刚被拉开，如何与新生的东方政权打交道？美国既缺乏历史经验，直观认识也少得可怜。对杜鲁门政府而言，毛泽东和他那些用枪杆子打出政权的战友们与蒋介石截然不同，他们简直是一群完全不按西方规则出牌、根本不在乎流血牺牲的野蛮人。

因此，无论美国多么深谙国际政治之道，其情报部门的技术力量多么雄厚，在与新中国兵戎相见时，依然是遍布盲区。美方的情报分析，往往止于敌方的高层领导人，而对正在与自己接战、谈判的重要将领几乎一无所知，直到朝鲜战争打了一小半，他们才知道志愿军的总指挥不是林彪，而直到朝鲜谈判结束，他们也不知道谈判团的团长是李克农。所以，当志愿军如潮水般越过鸭绿江、覆盖三八线时，美军还没开始溃败，他们的心理防线就先崩溃了，因为麦克阿瑟已经反复向他们保证，红色中国是无论如何也不敢介入朝鲜的。

这种混合了不解、警惕、歧视的复杂心情自然而然延伸到了谈判大厅里。

在美国军人眼里，北朝鲜军人和中国军人像机器人一样毫无幽默感，难以理喻，样貌神态如同铁石。

“李（朝鲜将领李相朝）也许像与我们的祖辈打过仗的印第安人一样，是想向白种人显示他的铁石心肠和不达目的誓不罢休的决心”。李奇微在回忆录中的调侃既充满了优越感，也透着不解之意。

对情报工作有着高度自信的美方跨不过文化障碍，无法捕捉、解析敌方思维，只能将谈判桌对面的劲敌视为生番。但他们还有更大的失误。

由于战场形势波谲云诡，瞬息万变，往往谈判桌上正在将某个地区作为喊价的重要砝码，在同一时刻，这个地区已被对方攻陷，双方不得不扔掉已经写好的协议草案，从头再谈。谈判时，美方也拥有当时最先进的记录与通讯仪器，但就和在战场上一样，中朝代表团成员不计得失、殒身不恤，工作起来不眠不休，凭借强大的人力优势，在谈判时占据了相当的主动，使美方代表团头疼不已。

这个强大团队有两位出色的领导者，他们居于幕后，指挥若定，是板门店谈判的首功之臣。助手乔冠华在战后成为新中国首屈一指的优秀外交官，活跃在国际舞台上，他那标志性的爽朗大笑被各国政府所熟悉；而团长李克农则始终侧身于共和国帷幕之后，他并非中央政治局委员，却列席中央政治局会议。在很长一段时间，在美国政府的情报人员眼中，世上仿佛就没有李克农这个人。

由于谈判地点就在两军阵前，所以，谈判双方就如同在大风天气时，坐在一堆噼啪作响的篝火旁边忘我地争论，随风狂舞的火焰随时会将人吞噬。加上美军又拥有绝对制空权，一旦需要向谈判施压，发动空袭轻而易举。鉴于此，谈判团领导人的身份就必须绝对保密，不但要隐去身份姓名，甚至在美军和媒体视线里，中方代表团只有南日、柴成文等人组成的联络官小组，根本就不存在实际的指挥官和参谋。

来凤庄会场一俟布置完毕，李克农就立即开始不分昼夜地工作。

他的第一件要务，是确定代号。

中方的代表团被称为“工作队”，“队员们”不能喊李克农首长，而必须称呼他“李队长”，称乔冠华为“乔指导员”。

极端艰苦、危险的局势，使李克农仿佛回到了阴云密布、狼烟滚滚的国内战争时期。在白色恐怖盛行的30年代，正是因为他、胡底、钱壮飞的情报工作，周恩来等开国元勋的性命得以被挽救，初生的红

朝鲜停战谈判期间，中朝代表团负责人李克农在谈判前夜。

色政权一次次化险为夷，周恩来总理因此将他们三人并称为“龙潭三杰”，意为在龙潭虎穴中潜伏隐匿、出生入死。钱、胡二人早已在长征期间殉职，作为三杰的仅存硕果，李克农继承战友遗志，在这漫长的十多年里组织构建了共和国情报体系。

7月9日，美军谈判团从东京出发，先抵达汉城，再乘直升机到汶山，李奇微亲自饯行相送。而与此同时，李克农的团队早已抵达谈判地点，并已连续疯狂工作了3天。

当晚10时，李克农召集全体中朝代表，召开了谈判前的最后一次会议。

谋定而后动，不但全团成员枕戈待旦，熟知中国文化的朝鲜代表也极为重视这次会议。各个工作小组的成员已获悉，在连续几天舟车劳顿和高强度工作之下，“李队长”的哮喘病复发，而且病况较重，只能勉强靠药物控制病情。

会议开始，先由乔冠华说明了第二天会议的详细安排，各部门分工、每个细小环节、可能发生的意外和应对方案都被列出。参会的代表团成员个个疲惫劳顿，但无一例外都是斗志高昂，聚精会神。

第二项就是李克农讲话。这位冷峻深沉的将军一旦开工，坚毅、沉着的风范就使人忘记了他的病况。

有些出人意料的是，红色特工之王并未将保密、情报、安全等本职工作作为讲话重点。在已经过去的三天时间里，李克农早已充分利用每分每秒，对这个临时组建的陌生团队的每个成员都有了深入了解，在谈判即将开始的前夜，他并未过多涉及具体工作细节，而是向这个高效的团队剖析了当前局势，做了一次鼓舞人心的战前动员。

“这次谈判，举世瞩目，我们准备提出3条原则，作为和平解决朝鲜问题的第一个步骤。它既符合全世界人民包括美、英人民的和平愿望，也是对方曾经表示过基本上可能接受的条件。这就是停火休战、双方撤离三八线以建立非军事区和外国军队撤出朝鲜全境。关于前两点，双方的意见虽有距离但不大。外国军队撤退问题，对方表示现在不可能讨论，但也答应将来讨论'逐步撤军'问题，这个问题双方的距离虽说远了一点，但总是可以讨论的，所以达成协议的可能性是存在的。但是同美帝国主义打交道，总不可能设想得那么容易，要估计可能遇到的困难。这就需要中朝双方同志在毛泽东主席、金日成首相的领导下，紧密团结，群策群力，去努力争取。"

代表团的成员多为年轻人，而且是7月份临时从各个部门紧急抽调的。这些充满革命豪情的青年骨干二话不说就投身朝鲜前线，埋头苦干了好几天，大多还是第一次听首长告诉他们，为什么谈，谈什么，也是第一次对长期而艰巨的谈判有了深入认知。

李克农将谈判方略浓缩为4点，传达给每个成员。

"首先，我们要旗帜鲜明地把我们的和平主张摆在世界人民面前，使它产生一种力量，也就是政策的威力。毛主席经常讲，我们提出任何主张都要能够振奋人心，动员千百万人民群众同我们一起，为实现这些主张而共同奋斗。我们准备提出的3条原则就是一个非常有力的武器。在会场上不要纠缠于枝节问题，首要的是争取把我们的主张打出去，使它成为全世界爱好和平人民的斗争口号，全世界人民一起来争取和平。

"其次，谈判是在我们的区域内进行，一方面较之对方提出的在丹麦伤兵船上进行在政治上对我有利，工作上对我也比较方便，但是安全问题一直让人担心。既然双方都同意在这里谈判，一般来说敌人是不会空袭的。可是，这是个新区，日本帝国主义在这里统治过36年，美国和李承晚在这里统治了6年，社会情况比较复杂，而且又正处在三八线上，战前双方在这里都埋设了不少地雷，要把这些危险物打扫得干干净净不那么容易。无论哪一方在安全上出了问题，我们都得承担责任。因此，安全第一是个大问题。开城地区的志愿军第47军和人民军第1军团要保证在安全上不要出问题，这方面请李相朝、解方同志认真检查一下，要慎之又慎，切不可大意。

"第三，谈判也是'打仗'，是打'文仗'而不是打'武仗'。政治要高屋建瓴，具体问题要后发制人。事关大局，说了的话就要算数，在谈判桌上说了的话是收不回来的，所以对外表态要特别慎重。有些话宁肯晚说一天不要抢先一分，要尽量使用已经准备好的稿子，除了主稿之外已经准备了一些小稿子备用。会场的情况同战场一样，一旦打响，就会千变万化。作为谈判代表，你们中途回来不方便，请柴成文随时回来通通气；没有把握的时候，宁肯休会商量一下也不要急。对我们的同志，我不担心哪位同志会在谈判中丧失立场，担心的是多数同志年轻气盛，经不起人家的挑逗而冲动。同美国人打交道多数同志没有经验，所以参加会议的同志都要注意观察会场上每一个细节，察言观色，争取较快地摸透对方的脾气。

“第四，也是最后一点，停战谈判一刻也脱离不开战场情况的变化。请解方同志要志愿军来的李士奇同志注意掌握战场上的情况变化，及时告诉我们。如果脱离开战场情况的变化，停战谈判是无法进行的。”

比起三天来的繁重工作，李克农的讲话十分简要，可谓画龙点睛。早已忙得有些头晕脑涨的年轻团员们，清晰明白了肩头重任的意义，不但困意全消，斗志也被激发了出来。

李克农每天的工作就如同无限循环的电脑程序。每当与美方的谈判完毕，中朝军方代表就在第一时间将谈判情况汇报给李克农等人。先由乔冠华等人迅速写成报告，再由李克农审核修改、提出下一步方案，并立即发回北京，由周恩来总理直接受理并报告给毛泽东和中央常委，然后在当夜回复给开城谈判团。

此时，已候至深夜的李克农要将回电转发给朝鲜政府，并且执行中央指示，开始布置下一步方案，由乔冠华等人准备好中朝方的发言提纲，以备南日、邓华等人谈判所需。

这样高强度的连轴转工作是一环套一环的。“克农同志仅有的休息时间，是在向北京发报到中央回电之间的一个空隙。如果是一个体格健壮的人，还可以对付，像克农同志这样体弱多病的人，可就负担太重了。我见他每天不是听取汇报讨论问题，就是埋头研究资料和批阅电报，一旦咳嗽发作起来，常常憋得气也喘不过来，不得不将止咳药片一把一把地往嘴里吞。我们住的房子是朝鲜式地炕，生火后十分干燥闷热，克农同志就每隔一会儿到外头去呼吸一点新鲜空气，回来又继续埋头工作。他见同志们工作都很紧张，又常为他的健康担心，就一边喘气一边给大家说笑话，使代表团在严肃工作的同时，又充满了活跃的气氛。”

志愿军是极为重视情报机要工作的。在谈判初期，代表团机要室的主要工作人员有程正良、张松峰、潘中元、齐天印、孙爱群、凌青几人，他们的工作是机要文件的打印、校对、整理。海量的机要文件被他们分为四类：请示报告，简报，指示电报和动态电报。

请示报告，指的是中朝代表团在每次会谈之前，都在中方代表团总部小会议室由中朝双方主要领导认真密议，分析研究，提出对策，然后直接向毛泽东、周恩来等人发出报告。这种请示报告尤其复杂，往往要对一个问题或一次会议提出3～4种对策和发言稿。

简报的办理流程则十分繁琐，每次与美方开完会，乔冠华会先草拟一份简报。机要处人员已经习惯了乔指导员偏小的字体和删改的风格，并由潘中元、张松峰复写三份，加大字体，最后由李克农审阅签发，直接报呈毛泽东、金日成。

然后，毛泽东会审阅请示报告和发言稿，并以指示电报的形式告之修改意见。据程正良回忆，在某次的指示电报中，毛泽东亲笔写下的修改意见是“要加上一个逗点”，重视程度令程正良终生难忘。

至于动态电报，则是五花八门，无所不包，需要分门别类，归档存留。

当时干工作是不分白天黑夜的，也没有休息日，有时夜里没有电灯，就点上蜡烛，一切以保证完成任务为目的——程正良如是说。

第二节　局外人

停战谈判的这一天还是来了，交战各方迫于各自的压力走到了谈判桌前。此次的停战谈判在世界战争史上是绝无仅有的，双方为了争取谈判的筹码，在后方战场展开了鏖战。但此时的美军已经无意再战，毕竟朝鲜半岛是否能够统一与他们没有丝毫的关系。

——白善烨

1951年7月初，31岁的韩国少将白善烨突然接到美军第八集团军司令范·弗里特的电令，令他一头雾水的是，会面地点不是军部办公室，却被安排在杆城的海边。

作为一位恪尽职守、身先士卒的杰出军人，白善烨并不一味顺应集权政府的种种运动、潮流，而是怀着深沉的责任感与忧思，反思着自己亲历的这场战争。他不但被视为朝鲜战争的活化石，也是韩国近现代历史的缔造者之一。

第五次战役结束之后，在战争中积功急升至少将军衔的白善烨，已成为具有实际指挥权的韩军最高级别军官。尤其是当李奇微撤销韩国第三军、取消韩国陆军司令部对部队的指挥权后，白善烨已是获得美方认可的最重要的韩国军队将领。

心思细密的白善烨预感到这将是一次极不寻常的谈话。果不其然，在午餐时，范·弗里特一边擦嘴，一边突然问他是否听到有关停战谈判的新闻。

白善烨当然不会对此一无所知，但身为军长的他自然无暇考虑停战。可当美军高官当面问起这个敏感问题，他不由得既紧张又茫然，他最担心的是，无论是美国中了中朝方面的缓兵之计，或是美国已打算从朝战泥潭中抽身，韩国都将面临被抛弃的危险。

范·弗里特始终没有吐露真实意图，只是询问了白善烨是否懂汉语，然后心事重重地离开了。

第二天，白善烨就接到陆军参谋长李钟赞的电话。原来，“联合国军”已经决定与中朝方面进行停战谈判，精通英语和汉语的白善烨已被确定为韩方代表，即将与美军谈判代表团一起奔赴开城。

美国人真的要和中国人谈判了！

于是，心乱如麻的白善烨乘坐轻型飞机，在7月8日赶到了釜山景武台，面见总统李承晚。

李承晚此时已犹如困兽。长期的流亡经历、傀儡政权的尴尬地位、豪赌般的战争动机，使这位垂暮老人显得异常焦躁。

“中国百万大军压境，美国人却想停战，这说得过去吗？我是坚决反对的！”

白善烨保持着职业军人的冷静与原则，对李承晚承诺：“总统阁下，我是一名军人，虽说参谋长命令我去参加停战谈判，但如果您反

在开城谈判期间，美方代表休息的地方。在来凤庄的西北，距会场约一公里。

对的话，我是不会去的。”

停战谈判势在必行，李承晚无疑是最明白这一点的韩国人。抱怨几句之后，他不无苦涩地对白善烨放行了：“美国人点名要你去，你不能不去啊。你还是去吧，就当是协助美国人工作了。”

此时，眼看谈判已势在必行的李承晚极为沮丧。早在7月3日，韩国陆军参谋长李钟赞将白善烨被选为谈判代表的消息报告给李承晚时，李就大发雷霆：“美军如果是厌战的话，就让他们回国吧！干吗非要谈判？就算是谈判，也应该是我和北韩的金某对话，而不干美军什么事。”

于是，白善烨踏上行程。从大邱，到汶山，白善烨透过飞机舷窗俯瞰朝鲜大地，他苦涩、复杂的心情难于言表。“汶山，我曾从这里撤退过，也曾在这里同对方军队发生过无数次的激战，成千上万的战友在这里献出了他们年轻的生命。可我这次来到这里，却是为了停战谈判，这让我心里五味杂陈。特别是这次前来，连个政府或‘联合国军’方面的任命也没有，只是一道口头命令。”

在位于汶山以东的一座溪边的苹果园内，白善烨与趾高气扬的美军谈判团会合了。令他稍感欣慰的是，与他交情甚笃的美军少将勃克也入选了谈判团，而在一周前，接到秘密紧急军务而匆忙调去东京的勃克还曾与白善烨依依惜别，两人均以为将一别永隔，不承想还能在谈判桌旁并肩战斗。

与中朝一样，“联合国军”谈判团的代表也是5人，分别是谈判经验老到的美军远东海军司令乔埃中将，朴实直率、总是叼着雪茄的第八集团军参谋长霍治少将，精于分析的远东空军副司令克雷奇少将，远东海军参谋长勃克少将，韩军少将白善烨。除此之外，联络小组则由美国空军上校肯尼、海军陆战队上校莫雷、韩军上校李树荣组成。

仔细分析谈判代表团的人员构成，可以清晰看到，联军的五人代表团分别来自海军（中将乔埃，少将勃克），陆军（少将霍治，少将白善烨），空军（少将克雷奇），显然是从海陆空三军以及美韩双方平均选拔产生，均为军中精英，但也是缺乏政治履历的纯职业军人。这是因为美方已明确将谈判限定在军事范畴之内，决心避免涉及政治问题。

与之相反，中方是将谈判作为一项重大政治任务来开展的。所

朝鲜停战谈判第一次会议，美、韩方出席代表。

以，中朝代表团成员虽然也出自军旅，但显然都是具有丰富政治经验的参谋型角色。首席代表南日是北朝鲜总参谋长，并随后长期担任外相；李相朝中将长期在中国从事独立运动，曾担任商务次官、驻苏联大使等；而毕业于日本陆军士官学校的解方更是著名的智将，在1936年西安事变中扮演过举足轻重的角色，政治阅历不可谓不深。

而且，相比之下，美方基于实际指挥权，指定美军中将担任首席代表；而中朝则基于照顾民族感情的成分，由北朝鲜人员担任首席代表，这也反映出双方微妙的战略差异。

日本学者儿岛襄在其著作中对解方给予了极高评价：

“其中南日大将是北朝鲜的重要人物，他曾在苏联留学过，能熟练说汉语和俄语，烟瘾很大。但根据乔埃中将的观察，中朝方面的实质上的首席代表是中国方面的解方少将。他表达意见时，不像其他人那样会留意同伴的意见。

“解方少将曾在日本留学，曾在1936年张学良软禁蒋介石的西安事变中扮演过重要角色。”

美国政府为谈判所做的准备不可谓不充分。在这座被称为“和平村”的苹果园内，白善烨颇为惊奇地看到了100多名国际法专家组成的庞大顾问团。在白善烨眼中，美国人永远乐观豁达，而在耿直的军人群体里，这种过度的乐观就更为明显——大多数美军军官都认为，不出10天，谈判就会圆满收场。虽然白善烨一再提醒美军，千万不能把谈判想象得太简单，但压根就没人在乎白善烨的忠告，即使他是唯一同时熟悉美韩军队、中朝军队，且兼擅朝鲜语、汉语和英语的专家，绝大多数美军军官都对韩国军人十分轻慢，在他们看来，韩国代表只是个吉祥物，徒具象征意义——既然战场上是美军说了算，谈判桌上毫无疑问也轮不到节节败退的韩国人发言。

临行前，乔埃曾向李树荣询问："北朝鲜军官和你们说一样的语言吗？"

李树荣和白善烨只能对这种大大咧咧摇头叹息，更使韩国代表徒呼奈何的是，美军的联络官和代表所持有的出征证，时限只有短短三周，看来美国大兵把这场注定异常艰难的谈判误当作一次轻松的旅游了。

当中朝代表团通宵达旦地在干燥闷热的窑洞中辛苦工作，为即将来到的谈判做足准备时，意气风发的联合国谈判代表团在7月10日早晨搭上了飞赴开城的直升机。联军总司令李奇微亲自饯行，临别赠言言简意赅，"拿出世界强国的气势来，要底气十足地完成这次谈判。"

无论事先表现得多么大气从容，一旦坐到谈判桌边，李奇微和乔埃才终于体会到东西方战略思维的巨大鸿沟。在精心准备的中朝代表团面前，过于自信的美方代表一度吃尽了苦头，尤其是在谈判初期，频频陷入被动。

多年后，当回忆起那段历时两年的谈判岁月，李奇微仍然耿耿于怀。他在回忆录中既沮丧又不甘地描述了谈判时的感受：

"对于从未领教过共产党谈判手法的西方人，可以说，要想事先想象出事实真相被歪曲到何种程度实际上是不可能的。同共产党谈判要有极大的耐心，而这一点就连约伯也会感到无法忍受的。

"谈判伊始，我们就作了一次让步。不久，我们又为此感到懊悔。在我第一次提出开始会谈时，我们曾建议将会谈地点设在一艘预定在元山港停泊、悬挂着丹麦国旗的'日德兰迪亚'号医院船上。当时看来，这种'中立区'虽处在双方大炮射程之内，还是能够为双方欣然接受的。可是，共产党根本没有理睬这项建议。他们针锋相对地提出把开城（从理论上讲，开城是一座位于三八线以南'无人区'城市）作为会谈地点。华盛顿指示我立即接受这项建议，以便为早日结束战争并证明我们的诚意而做出进一步的努力。

"可是，谈判开始后，根本就没有中立的气氛。开城掌握在共产党的手中。他们的武装警卫人员布满了谈判区。”

鉴于初会时的受挫，李奇微立即向谈判团首席代表乔埃提出了警示。

“谈判之初，我曾在给海军中将乔埃的信中指出：‘对共产党人来说，你的客气就等于是让步，而让步则又是虚弱的明证。我建议你掌握好发言的分寸，使用奸诈的共产党人不会产生误解的语言和方式，建议你不要轻易表示谅解和尊重。’”

在战场上沉着冷静、卓有创见的联军总司令李奇微改进了麦克阿瑟盲目自大的作战方式，通过仔细研究中朝军队的补给模式、战术习惯，有效地挽回了战争初期的败势。但是，一旦战场从那些致命的山谷、旷野、密林转换到了谈判桌前，李奇微就沿袭了前任总司令的缺陷，直到1952年，他被继任者克拉克将军取代，停战谈判的路障都未能全部清除。

第三节　议程难产

（如果朝鲜战争在此时结束）美国就很难拒绝北京参加对日本的媾和，也无法说服其盟国同意继续在日本驻军和重新武装日本。

——I. F. 斯通

古都开城是高丽参的产地，在公元918年至1392年的四百余载岁月，它一直是高丽王朝的名都。

1951年的7月10日，出现了当年入夏以来少有的好天气，人们早早将街巷打扫得干干净净，等待双方谈判代表团的来临。

上午9点，两架直升机轰鸣的引擎声划破了开城宁静的天空。美方首席代表乔埃中将率领团队，驾临来凤庄。

多年后，白善烨依然清晰记得谈判第一天的情景。他的上衣口袋里装着一面小镜子，那是临行前发给每一个联合国代表团成员的，用于在遇险时发出反光信号，以便呼唤空中支援。战场上强大的空中优势不但未能换来谈判桌前的利益，反而使霸道的美方不得不做出让步，答应将谈判地点选在由中朝实际控制的开城，这种尴尬的状况不由得让人苦笑。

没有任何礼节性的寒暄，甚至连握手也省略了，双方在10点步入会场坐定，互阅证书，历史性的谈判就这样开始了。

谈判大厅内，狭长的绿色条形桌东西向摆放，联合国代表团在长条桌南面依次坐下，与对面的中朝代表相对。白善烨坐在乔埃的右手边，双方的首席代表乔埃、南日都是居中而坐。双方代表的背后是人数相当的参谋、翻译和记录人员。

第一天谈判的目的并非讨论如何停火、撤军，而是确定谈判的议题。哪些问题将在这次谈判中被提出、争论、解决？虽然双方心中都有一笔账，但对方能在多大程度上接受本方的意图，实在是未知之数。因此，关于议题的磋商，就成了双方第一次试探性的交锋。

谈判的形式很像一场美国NBA篮球赛，表面上崇尚球星个人英雄主义，实际上需要繁复的团队运作的，虽然双方各有5名选手，但主要由首席代表发言；其他代表和工作人员看起来只是列席，实则要担负繁重的辅助性工作。

这还是一次不设“主席”的对等谈判，按照国际惯例，因为会场位于由中朝实际控制的开城，所以应由中朝方面先发言。

这时，美方的首席代表开始展示他老练的谈判技巧。

乔埃试图先发制人，他出人意料地发起抢攻。在简单强调了谈判的重要性之后，乔埃话锋一转，向中朝代表团提到，停战协定生效之前，战争仍在继续，延迟达成停火协议将会延长战斗，增大伤亡。

乔埃这番言论本就是世人皆知的常识，他硬要抢在谈判开始时刻意提出，虽然语气并不严峻，却使中朝代表们察觉到隐隐的威胁意味。

见对方并未立即针锋相对，乔埃适时结束了抢攻，并提出了一个议题：“我们谈判所讨论的范围仅仅限于有关韩境纯粹的军事问题，如果你方同意，请就此签字作为我们谈判的第1个协议。你同意吗？”

这个议题里包含着一个极大陷阱：所有美方不愿意接受、不愿意谈的问题，都可以归之于“不属于纯粹的军事问题”而予以拒绝，例如撤除所有朝鲜境内的外国军队，就被美方认为是“牵扯到政治”，不应由军人在会谈中讨论，而反复被美方否决。

乔埃的这番发言先声夺人，语气平和却绵里藏针，而且隐含陷阱，可谓反客为主，已为美方占得先机。

但中朝方面的应对却使乔埃精心准备的战术付之东流，简直让美方代表团目瞪口呆。

南日根本不管乔埃说了什么。

这位北朝鲜大将仿佛根本没听到乔埃的精妙言论，直接对美方的问题置之不理，他说他的，我说我的，大有“他强由他强，清风拂山冈，他横任他横，明月照大江”的意境。

乔埃话音一落，南日就侃侃而谈：朝鲜人民历来主张，现在仍然主张朝鲜战争应该迅速结束，因此赞成苏联驻联合国代表马立克先生6月23日提出的建议——交战双方应该谈判停火与休战，并且双方把军队撤离三八线。

目瞪口呆的美方代表的尴尬可想而知。

正如李奇微在其回忆录中记载的：“共产党谈判代表们的个性、特点立即就引起了我方代表的极大兴趣，我方代表在此之前大都从未与共产党领导人面对面地打过交道。共产党代表突出的一点是几乎毫无幽默感。他们的脸上不露一丝笑容，只是当他们在争论中占了便宜时才会发出几声轻蔑的冷笑。很明显，没有哪个共产党谈判代表敢于放声大笑。即使有一次一位美国军官（实为韩国联络官李树荣中校，作者注）坐的椅子被压垮了，人摔倒在地板上，这些共产党的代表们也未敢大声笑出来。这就是说，在共产党的领导人之中，尤其在北朝鲜人之中，没有欢声笑语。他们显然决心要比克里姆林宫的共产党更加共产党化。但是，中国的联络官柴上校却常常难以抑制自己的笑声。当美国军官突然一屁股坐空时，他倒是不禁哈哈大笑起来。表现得最有自制力的人无疑是北朝鲜的李相朝将军，他那铁石般的相貌使我方下级军官看得入神。一天，几只苍蝇落到了李的脸上，其中有一只爬过了他的眉间，尔后继续顺着鼻梁往下爬。

“可是，李脸上的肌肉纹丝不动，他的眼睛和嘴巴仍然毫无反应。‘他到底想显示什么呀？’我们的军官相互问道。李也许像与我们的祖辈打过仗的印第安人一样，是想向白种人显示他的铁石心肠和不达目的誓不罢休的决心。不过，现今这个时代的西方人已经变得非常老练，再也不会为之所动了。”

李奇微所记载的“摔倒事件”颇有典型性，完全可视作冷战时期东西方文化障碍的经典案例。事情发生在7月8日，在5人谈判小组正式会面之前，双方的联络官小组先行会面，以便交换代表团名单、约定通勤方式、商谈安全保障。双方联络官正在激烈争辩，身材高大的南朝鲜中校李树荣一时不慎，失去平衡，轰的一声巨响，连人带椅摔倒在地，极为尴尬。

不知是出于爽朗的天性，还是对韩方军人出丑觉得事不关己，在场的几个美国军官都笑出了声，甚至连面红耳赤的李树荣都在羞赧半晌之后，讪讪赔笑，自我解嘲；反倒是中朝联络官出于礼貌，故意视而不见，克制住笑意，这自然并非李奇微所述的“未敢大声笑出来”。

直到东西方冷战结束之后，西方人才开始将东方式的礼仪与交际方式看作是一种神秘而陌生的东方哲学；但在麦卡锡主义兴盛、冷战思维成为主流的20世纪中期，令西方军人琢磨不透的东方思维可就没有什么朦胧美可言了，对心高气傲却束手束脚的美方代表而言，这群无法理喻的东亚人简直形同百年前的印第安人——既打不死，也说不通。

无论如何，美方第一轮发言的炮火已经全部偏离了目标。南日大将正式提出3条原则建议：

第一，在相互协议的基础上，双方同时下令停止一切敌对军事行动。（他着重加了一句，“双方停火不但可以减少生命财产的损失，而且是扑灭朝鲜境内战火的第一步。”）

第二，确定三八线为军事分界线，双方武装部队应同时撤离三八线10公里，并于一定时限内完成以双方撤离的地区为非军事地带，这里的民政恢复1950年6月25日以前的原状。同时立即进行交换战俘的商谈。

第三，应在尽可能短的时间内撤退一切外国军队。外国军队撤退了，朝鲜战争的停止与朝鲜问题的和平解决便有了基本保证。

南日结束发言后，紧接着是志愿军代表邓华将军致词。

邓华言简意赅——商讨在公平合理的基础上实现在朝鲜境内停火与休战，这是和平解决朝鲜问题的重大一步。在朝鲜作战双方停火、确定三八线为双方军事分界线及撤退一切外国军队是符合朝鲜人民、中国人民以及全世界人民的愿望和要求的。中国人民志愿军完全支持南日将军所提出的3项原则建议。

与美韩截然相反，中朝两方曾商定，朝鲜是主，中国是客，决不能喧宾夺主。因此，在历时两年多的谈判过程中，谈判桌上的主将都是南日，而邓华这次的发言是特意安排的，因为全世界人民都清楚，在开城谈判桌上，美国人找的就是中国人，如果中国人民志愿军的代表一言不发，美国人不会放心。

会场上，双方发言均由翻译口头译成两种语言，中朝代表的发言译成朝语和英语，对方的发言译成朝语和汉语。这样对双方与会者都有好处，可以利用翻译的时间思考，商量如何应对对方的发言。

但是，在开始时，也许是由于紧张，也许是由于忽略，也许是有意为之，乔埃在发言中几次在恩德伍德译完朝语后，不等中文翻译就接着往下讲，只是在中朝方面提出抗议后才恢复正常。

双方未设共同的记录，各记各的。美方使用速记机，效率较高，记录员也轻松；中朝用笔记录，颇为繁忙紧张。

美方翻译恩德伍德自小随着传教士父亲来到南朝鲜生活，是个严谨细致的人，在长时间紧张的口语翻译中，他每吸一支香烟都要在自己的小日记本上记上一笔，几点几分吸了第几支烟。

凯瑟·吴是美籍华人，年轻精悍，有正义感，谈判过程中语文水平提高很快，中朝工作人员对他颇有好感。但是，在谈判初期，吴的中文也不适应谈判要求，譬如他把“中途相遇”翻译成“两辆汽车就在马路上相撞了”。有时候对方在辩论中逻辑明显说不通的时候，他也只好硬着头皮翻，翻译后无奈地看着中朝代表的表情。

以常理而言，像这样仓促的停战谈判，如果双方都明确列出各自的要求清单，肯定共同点，然后就不同点进行逐条讨论，谈判的效率无疑会高得多。这样看是有根据的，因为在凯南的谈话同马立克的声明中已经有了大部分的共同点和接近的东西。可是美方在听完中朝的发言后，又提出了一个包含9项议程的、更为复杂的草案：

1．通过议程。

2．战俘营地点和准许国际红十字会代表前往访问。

3．会议所讨论之范围，只限于有关韩境纯粹的军事问题。

4．停止韩境武装部队之敌对及军事行动并商定保证敌对及军事行动不再发生之条款。

5．议定韩境之非武装区域。

6．韩境停战监督委员会之组织、权力及职司。

7．协议设立军事观察小组在韩境视察之原则，该项小组隶属于停战监督委员会。

8．以上小组之组织及职司。

9．关于战俘之处理。

中午休会的时候，中朝代表们捧着饭碗，边吃边琢磨对方议程草案的措词。

显而易见，美方所提的第1项只是个程序，第2、第3两项则明显是硬塞进去的——没有必要在这里讨论国际红十字会访问战俘营的问题，之所以刻意强调“韩境”，据中朝代表团分析，多半是美方为避免牵涉到台湾问题和中国在联合国的席位问题。

第4项是停火问题，第5项为非军事区问题，这当然需要讨论，但他们却对军事分界线的划分问题避而不谈，没有军事分界线就失去了确定非军事区的依据，第6、7、8项以及第4项最后一句，都是停战监督问题。第9项是战俘问题。对方提出了9条，而真正要讨论的问题实际上都已包括在中朝方面的3项原则建议之内。遗憾的是美方没有提撤退外国军队，也没有提自三八线撤退问题，而这些又恰恰是需要谈判解决的要害问题。中朝代表团发现，对方的立场似乎有了变化。

李克农敏感地察觉到，此时的美方，已完全不像凯南会见马立克时那样急迫了，美方代表团手中似乎又掌握了某些重要砝码。

究竟是什么，使得原本迫切寻求谈判的美方变得从容不迫？

根据战后的史家研究，造成美方态度变化的主因有两个。一是通过第四次、第五次战役的反击，美军扭转了败局，已在战场上与中朝军队形成均势，虽然绝不愿在朝鲜半岛长期消耗下去，但毕竟不像前三次战役时那么惶急窘迫；二是美国政府已确定要与日本媾和，将战后的日本变为美国在远东的重要基地，基于此，主动拖延谈判进程就十分必要了——如果朝鲜战争在此时结束，美国就不可能拒绝中国参加对日本的媾和，杜鲁门也无法说服其盟国同意美国继续在日本驻军。

出于这个目的，美国在高姿态地促成开城谈判之后，就不断制造事端，或是纵容李承晚政府闹事，最终使开城谈判于8月23日被迫中断。

经过紧急分析，大家决定以不变应万变，按彭德怀所指示的“打的坚决打，谈的耐心谈”，不能随便让步。

在下午的会议上，中朝方面也提出了一个5项议程的对案：

1．通过议程。

2．以北纬38度线为双方停战的军事分界线，并设一非军事区，作为停战的基本条件。

3．撤退一切外国军队。
4．实现朝鲜停战的具体措施。
5．关于战俘的安排。

在这样的各执一词中，第一天的谈判结束了。

此时的白善烨形同局外人，在参与谈判的四方中，中、美双方是战局的决定者，北朝鲜的南日在谈判桌前与美方直接抗衡，而白善烨所代表的韩国根本没有发言权，形同虚设。

“我的任务只是坐在那里紧盯着对方，因为对于会谈进行得顺利与否，我既高兴不起来，也失落不起来，但我感觉到会谈内容好像严重地偏离了韩国政府的立场”，这位落寞的韩国将军在回忆当天的情景时，这样说道。

据记载，当天夜里，在汶山的美军记者俱乐部中，一种乐观的情绪在蔓延。记者们打赌，认为充其量只需两三个星期，就能“达成协定的问题”，以至于有人悲观地预测“需要6周时间”时，引起了在场者的哄笑。

相比之下，谈判代表就不那么乐观了。肯尼上校对他们的谈判对手几乎不抱什么好感和希望，他描述道：“南日将军好像是一个神经质的人，慌慌张张的不那么稳重……他一次也忘不了把他自己的发言译成中国话。

“南日将军爱使用‘世界一切爱好和平的民族’这样的语言，这虽是老一套的词句，但其意味着说北朝鲜是爱好和平的民族，而西欧各国是其敌人。”

南日大将的烟瘾很大，这一点众所周知，在剑拔弩张的紧张气氛下，他抽起烟来几乎不停。有一次，由于手里的火柴受了潮，南日连划十多根火柴都没点燃一根烟，他随手掏出一个ZIPPO打火机，终于点着了那根烟；但随即又意识到不该使用美国打火机，皱了皱眉，一把将打火机扔出窗外。

第四节　新闻自由

新闻自由固有其莫大的重要性，但在此处则不完全恰当。那一次的意外事件，我方是利用当时双方享受平等待遇的现实问题，迫使共方摊牌，其中包括整个会谈区域的中立问题，在该区域的自由进出的问题，双方统帅对于代表团的组成有毫无保留之决定权问题。

——马修·B. 李奇微

不同于在联合国舞台上不对等的较量，在开城，中美双方在相对公平的条件下，都极为重视并巧妙借助了舆论力量，从谈判场外向场内施加了强大压力。

美方代表于驻地由首席代表乔埃主持内部讨论问题。

第一天谈判结束后，一种强烈的压抑感如同病毒，传遍了“联合国军”代表团。乔埃等人原本意气风发，一旦进入谈判大厅，这群信心十足的美国军人就感到寸步难行，对手不但在谈判桌上寸土必争，几乎在每个场外的细节上，他们都精打细算，使美方陷入深深的被动。

乔埃中将在称呼对方代表或政府时，自然而然是依据联军的习惯称呼，如“共产党军方面代表”、“共产党方面”等，但这种称呼立即遭到了南日的严正驳斥：

“贵官不是和共产主义者，而是和朝鲜人民军与中国人民志愿军在进行谈判。在这里使用‘共产主义者’这样的言词是不适当的。”

联军代表认可了南日的看法，很快更改了称呼。但令他们始料未及的是，中朝代表却拒不接受他们的相应要求。例如，中朝代表坚决不接受韩国和台湾国民政府的称呼，而始终称其为“杀人犯李承晚”、“贵官方面在台湾的傀儡”。

在一次颇为剧烈的争论中，北朝鲜的某一代表直斥白善烨为“美国的爪牙”、“走狗”，导致白善烨愤而起身离席，但终于还是强压怒火，默默回到谈判桌旁。

“因为考虑到北朝鲜代表并不是在人格上就那么粗野，而是从战术出发采用这样的言论，因此，联合国方面唯有坚持‘一个忍字’来进行这种决不愉快的长时间的谈判。”

很快，联军代表就因为疏忽而栽了个大跟头。

坐镇东京的李奇微很快在日本报纸的头版看到了前方的照片。在威严的中朝卫兵管控之下，“联合国军”首席谈判代表乔埃中将乘坐插着白旗的吉普车，神情漠然，与精神昂扬的中朝卫兵形成鲜明反差。

不了解东方文化的李奇微觉得十分诧异，他不明白的是，为什么众多媒体都重点刊登了这张照片。在询问了专家后，李奇微得到了令他十分愤怒的答案。挖下这个大坑的人，其实正是李奇微自己，正是因为在7月3日的沟通中，李奇微向金日成与彭德怀提出“为了保证有效地安排关于第一次会议的许多细节，我建议……所组成的车队，沿自汉城至开城的大路前进，每辆车上将悬挂大白旗一面”。

在李奇微的观感中，白旗的全部含义就是“停火”，他根本没有想到，在东方文化中，白色代表着丧葬、哀悼。乔埃插白旗的照片自然不会引起西方媒体的格外兴趣，但一旦被中国、朝鲜、日本这些东方国家的记者捕捉到，那自然是头版的不二选择。

“乔埃打着白旗来谈判”，许多亚洲媒体都使用了类似标题。在东方人看来，沮丧的美军就是来妥协、退让，甚至投降的。

而当西方社会从东方媒体的报道中了解到美方代表由于粗疏导致的笑话后，更大的舆论压力就会压到杜鲁门、李奇微肩上——还没开始谈判，美国军人已经出了洋相。

李奇微的愤怒远未消退，因为美军在第一天谈判中的“收获”还远不止于此。他继而了解到，在谈判桌前入座时，“联合国军”代表的方位是“坐南朝北”，对于中、朝等国而言，这样做完全符合臣子向君主朝拜的礼仪。

其实美方也在事先做了充分准备，当双方代表入座，美方就抱上来一面联合国旗帜，使未作准备的中朝代表大感诧异。但美军在礼仪方面的优越感仅仅维持了小半天，当天下午，一面大得夸张的朝鲜民主主义人民共和国旗帜就被摆上了谈判桌。这个举动不仅使美方代表愕然，在媒体的镜头里形成的巨大反差更自不待言。

意识到棋差一着的美方代表有些按捺不住。来自海军的勃克少将有个绰号，叫做“31节勃克”，这个著名称号源自他在二战期间担任驱逐舰舰长的军旅生涯：驱逐舰的最高时速是30节，而勃克总是下令“以31节的速度突进”，足见其刚猛的军人作风。

“31节勃克”挺直了腰，想拍案而起，却被乔埃低声制止：要有忍耐力，别被激怒！

此外，中朝代表所坐的椅子也较“联合国军”代表为高，无论警卫、工作人员，还是记者，都是中朝方面的。

日本学者儿岛襄在著作中记载了颇有趣味的一幕：

“乔埃了解到中国有胜利者优先在谈判中发言的习惯，决定要抢到首先发言的权利……立即，乔埃做起开会辞来，说完后微笑着坐下去注视着对方的反应。

“然而露出愕然表情的反而是乔埃一方，南日等人冷冷地注视着‘联合国军’代表，他们的脸的位置处在高位，形成了俯视乔埃等人的架势——椅子矮了。

“中朝方面的椅子比乔埃他们的高4英寸（10厘米）。

“南日挺直了腰板，看上去更是居高临下。

“乔埃理所当然地提出抗议，要求更换椅子，中朝方面答应了，等新椅子搬来，中朝方面的记者已经把‘上下关系’的双方姿态拍了个遍。”

将中朝视为生番野人的美军，无论如何也没想到会受此挫折。不但整个亚洲都将美军看成是前来投降的败军，兴致勃勃地期待着美军闹出的下一个笑话，在谈判场内的处处掣肘，更使李奇微“简直宁愿回到战场上去作战”。

黄连已经吞下，但李奇微是不能做哑巴的。

“正式谈判的时候，一开始‘联合国军’方面的代表们就感到了这将是一场极其艰难的谈判，原因是中国人实在是一群充满东方智慧的人。先是桌子上的小旗子，你摆上了一面，他们就立即摆上一面比你高大得多的，旗帜的大小和旗杆的高低的比赛持续了好一阵子。然后就是椅子，共产党方面给‘联合国军’代表准备的椅子至少比他们自己的矮一半，‘联合国军’代表一坐，就好像陷入了地下找不到了。再有就是协议上规定的‘为了安全在车上覆盖白旗’，殊不知悬挂白旗，在东方人的眼里是来投降的意思，等‘联合国军’知道了，白旗已经挂了好几天了，而且他们盖着白旗的照片早就登在所有共产党国家的报纸上了。”

很快，乔埃向中朝方面提出了新要求，由联合国派出20名记者，进入开城会场采访。

7月12日上午6时3刻，中朝联络官即向美方做出了答复：我方赞成双方记者在适当时机前来开城进行采访活动，一俟停战谈判达成某项协议，我方即欢迎记者前来。

缺乏应对各国媒体经验的中朝代表团动机比较单纯，在他们看来，对媒体发布信息，就如同向政府或军队机构传达文件一样，既然尚未确定议题，那就不用急着发布。

实际上，美方所预料并期待的，正是中朝方面这种模棱两可的答复。当天上午7时45分，开城东中朝方面板门店防区就出现了一支庞大的车队。中朝卫兵拦下了这支车队，因为，这支由20名西方记者和65名代表团人员组成的车队，浩浩荡荡，明显比前两天的数量多出了太多。

面对这种闯关行为，中朝卫兵当然不可能对记者予以放行。

乔埃十分愤怒，当即大声抗议——他当然很期待这种结果。随即，“联合国军”代表团调转车头，全体返回汶山，宣布休会。

就在当天，乔埃的抗议信送到了南日手中：

一、1951年7月12日9时30分，载有我在会议地点所需人员沿汶山、开城路上行驶的我方汽车队，被贵方的武装卫兵拒绝通过贵方岗哨。二、我已命令这个车队驶回“联合国军”前线。三、在接获贵方通知携带我所遴选的人员，其中包含我认为必须的新闻代表人员，将不受阻拦而到达会议地点时，我准备偕同我的代表团重来，并继续昨天休会了的商谈。

这时，没跟西方媒体打过什么交道的中朝代表团意识到了问题有多严重。朝鲜停战谈判是全世界焦点所在，世界各大新闻机构争时间抢新闻、抢镜头、抢发稿就成为自然，早发一分钟和迟发一分钟的新闻价值确实截然不同。更让对方无法释怀的是，在谈判第1天上午，中朝方面倒有一名摄影人员进入会场，并拍摄了照片，虽然被立即请出场外，但不管怎样，总是中朝的记者拍照了，美方连拍照机会都没有，在记者问题上，中朝方面的敏感度确实不足，并为此交了学费。

7月13日早上，南日向乔埃回信：

你的来函收到了。答复如下：

一、我们12日上午7时45分并未阻拦你的代表团前来开会。至于随车同来的新闻记者，因为双方并未达成协议，自然不能允许他们来谈判地区。你们的代表团因而拒绝到会，是没有道理的。二、对于新闻记者及新闻代表人员采访问题，我们的意见是：未得双方协议，任何一方的新闻记者与新闻代表人员，均不能进入谈判地区。三、我们建议：今天上午9时（平壤时间）继续开会。

一次小小的施压，并不能使精于谋略的李奇微满足。既然已成功在中朝谈判团的防线上撕开了一个小口子，美方当然要继续扩大优势，以期全面攻陷对方防线。所以，“记者问题”当即被继续放大，甚至升格到双方司令官一级，并把它提到双方在会场区享受平等待遇问题的高度。

7月13日，李奇微已经亲自向金日成、彭德怀致抗议函了：

6月30日，我曾建议在丹麦伤兵船上会晤，因为那样可使双方都有同等的出入自由，包括属于任何一方的新闻记者这种人在内，这种地点可以有一种完全中立的气氛，不致有任何一方的武装部队在场而产生威胁的作用。当我接受以开城为会晤地点时，原以为开城能完全具备上述条件。7月8日的联络官会议上，我们曾建议沿着金川—开城—汶山公路建立一道10英里宽的中立区，双方武装部队让出开城，遭你方联络官拒绝……但自从谈判以来，事实证明双方的待遇是不平等的。

在抗议函结尾，李奇微亮出了底牌：划一个圆形地区为中立区，以开城的中心为圆心，半径为5英里，东面以板门桥为界。在整个会议期间，在中立区内不能从事任何敌对行动，会议区和双方代表团人员前往会场区所经过的公路不驻扎武装人员。并建议各方代表团在中立区内的人员总数任何时候最多不得超过150人，在上述限度内各方代表团人员构成完全应由该方司令官决定。

“如果你方同意这些建议，目前休会即可终止，会议即可恢复，不致迟延，而且可望有所进展”，李奇微彬彬有礼的致辞，将“以退为进”的策略发挥到了极致。

第2天，金日成、彭德怀复函：

李奇微将军：

你的7月13日的来信收到了。为了扫除在一些枝节问题上的误会和争论，使和平谈判工作得以顺利进行起见，我们同意你所提的将开城地区划为在会议进行期间的中立区，在此区域内双方停止任何敌对行动，及将武装人员完全摒除于会址区域及你我代表团通往会址区域的通路之外的建议。至于这个会址区的大小及其他有关的具体问题，我们建议交给双方代表团在一次会议上去解决。关于引起这次休会原因的新闻记者问题是和划中立区问题无关的。后一个问题自从贵方联络官提过一次之外，贵方的代表团再也没有提出过。而联络官的任务是讨论细节问题的，无权讨论像划中立区这样性质的问题。此次引起停会原因的新闻记者问题是一个小问题，值不得为这个小问题引起停会，更加值不得为这个问题而引起会议的破裂。贵方代表团曾经在会议上提出这个问题，我方代表团当时认为在会议还没有任何成就，并且连议程也没有通过的时候，各国新闻记者来到开城是不适宜的，这个问题因而没有取得协议。

我们坚持一切问题必须由双方协议才能执行的原则，我们认为这个原则是公平的，无可辩驳的。新闻记者既然没有达成协议，就不应当由贵方一方片面地强制执行。为了不因这件小事而使会议陷于长期停顿或破裂起见，我们现在同意你的建议，即将贵方新闻记者20人作为你的代表团工作人员的一部分。我们已命令我方代表团在这个问题上也给贵方以便利。

谈判恢复了。

由于在处理记者问题上的不妥，中朝陷入了短暂被动，拱手送给美方一个借题发挥、扭转被动的良机，李奇微敏锐地抓住机会，扳回一城。多年后，乔埃在回忆录中解析了美方的战术意图："因为牵涉了新闻记者，有人遂下结论，以为问题的焦点是在新闻自由。新闻自由固有其莫大的重要性，但在此处则不完全恰当。那一次的意外事件，我方是利用对于当时双方享受平等的待遇的现实问题，迫使共方摊牌，其中包括整个会谈区域的中立问题，在该区域的自由进出的问题，双方统帅对于代表团的组成有毫无保留之决定权问题。"

因为这次事件的被动，周恩来专门批评了代表团：将双方代表团的安全问题都压在己方，不但负担过重，反而容易授人以口实。

谈判桌上的战斗很快就进入白热化，而首次参加国际竞争的中国记者也在激烈的明争暗斗中迅速体验、学习了国际规则。

时任《东北日报》副总编辑的张沛在回忆文章中记载了当时的一段轶事：

"谈判桌上唇枪舌剑，谈判桌下，双方的记者也在'明争暗斗'。'竞争'最激烈的要算摄影记者了，起初我们的记者经验不足，行动不够大胆，而对方记者却随心所欲，像足球守门员一样或立或卧噼噼啪啪拍个不停。后来我们的记者也学会了'不客气'地抢镜头，钱嗣杰本来就是战地记者出身，身上还有功夫，真挤起来没人是他的对手。

"钱嗣杰后来曾担任毛主席的随行记者，先后随党和国家领导人去过42个国家，70年代，他随同乔冠华参加联合国会议，一位美国记者突然用生硬的汉语对他说：'板门店见过，中国记者。'原来这位美国记者也曾采访过板门店谈判。"

在中国的赴朝记者团中，还有四位白皮肤的"外援"，他们是法国巴黎《今晚报》记者贝却敌，英国伦敦《工人日报》记者阿兰·魏宁顿，匈牙利《自由人民报》记者米莱伊和波兰记者布拉茨基。

其中，贝却敌和魏宁顿都是享有国际盛名的明星记者。早在中国解放前的1948年，阿兰·魏宁顿就来到中国，并在新华社对外部工作。1949年7月，他携带毛泽东致英国共产党总书记波立特的信返回英国，为中英两国共产党搭起了重要桥梁。

在板门店谈判结束之后，魏宁顿出版了《背信弃义》等著作，斥责美军罪行，因此被英国政府定为叛国罪，吊销了他的英国护照。

无法返回祖国的魏宁顿来到了北京，他在新华社对外部继续工作，并和一位中国女子结婚，之后定居挪威，于20世纪70年代末去世。

第五节　风语者——战地翻译

1948年，过家鼎从上海圣芳济中学毕业，顺利考入了心仪的复旦大学外文系。新中国成立后，像千千万万新中国青年一样，17岁的过家鼎对浴火重生的新中国充满了自豪——“我的志愿就是通过学习和掌握外文来报效祖国”。

千千万万个这样的小小梦想，汇成了50年代激情飞扬的巨大中国梦。

1952年4月，朝鲜停战谈判已进行了大半年，越来越多的年轻人奔向朝鲜，加入如火如荼的谈判工作。作为政治上可靠的英语干部，过家鼎也在此时接到了入朝通知——参加翻译工作。

在由十几名精英学者组成的这一批入朝队伍中，过家鼎是最年轻的一个。接到任务的过家鼎心中有些忐忑：“我们的任务都是当英文翻译，但实际上我们这些人都不是专职翻译，尤其是我们这几个小青年，都是刚刚出校门的学生，从未干过实际工作。我本人连外国人都很少接触，更不知道翻译是怎么回事。”

但在那个理想燃烧的年代里，年轻人踏上梦想之路，真的就是一场说走就走的旅行。过家鼎和同伴们写完给家里的信，就穿起新发的志愿军棉军装，只带上一点随身行李，跨上了火车。

从北京到安东的火车上，空气中处处飘荡着“雄赳赳，气昂昂，跨过鸭绿江”的激扬旋律，大家脑中所幻想的画面，都是一首首激昂崇高的革命史诗。但当过家鼎亲身跨过鸭绿江后，这个年轻人立即被朝鲜半岛的惨状惊呆了。

“一过鸭绿江，眼前便似换了天地。那里是一片废墟，美侵朝战争已将朝鲜北方的城镇夷为平地，地面上没有一座完好的房屋。”

十几位知识分子默默无语，连人带铺盖，上了敞篷军用大卡车——这就是他们穿越火线、遮风避雨的移动房间。

为了避开美军飞机在日间的全方位扫射，志愿军的运输线全在那些崎岖而隐秘的山路上。白天走走停停，夜间冒险疾进，过家鼎很快适应了这种战场上的生活节奏。

其时，在夜间吃够苦头的美军已摸清了志愿军的行动模式。美军手握制空权和先进炮火重器，他们已不再以身犯险，在晚上与志愿军贸然交火。从战争中期起，美军就利用技术优势创造了一个奇观。

一旦入夜，美军就大量使用照明弹、大功率探照灯。在许多重要的阵地、交通线上，美军的照明器材简直好像用不完。

美国人将朝鲜的夜晚变成了白天。

“我还记得，为了获得更多的战场照明器材以便在夜间也能瞄准敌人射击，我曾做出了不懈的努力。照明弹使用得越来越多，因此，我们试用了各种可用以照明的器材，其中包括大功率探照灯。这种大功率探照灯可以借助低垂的云层将光线反射下来。第二次世界大战中，我们在欧洲战场就曾采用过这种办法，收到了很好的效果。总之，这些措施减轻了防守在孤零零的前哨警戒线上的士兵们的负担。因为，他们常常要一连熬上好几个小时凝视着夜暗中影影绰绰、不可名状的东西，而且，他们有时在花岗石山岭上所得到的防护较之几个松垮无用的碎石堆好不了多少。中国人的夜间进攻特别神秘莫测，不可思议。”

过家鼎乘坐的卡车也不可避免地遇到了照明弹。

在漆黑、静谧、寒冷的夜里，一颗炫目的照明弹绽放了，短短的刹那之间，仿佛死神向过家鼎眨了眨眼。

大家还没反应过来，经验丰富的司机已刹停卡车，拼命连拉带拽，几乎是将这十几个还在发愣的人全部扔下了卡车，然后带头趴在路边的斜坡上。

司机按住身边的人，大家全都一动不动。

过家鼎趴在地上，略略抬了眼。

飞机巨大的黑影正掠过他们头顶，随着尖锐的呼啸声，弹雨降临了。

卡车周边的土地，就像暴雨中的湖面一样，被激起的尘土如同雨柱。

随着照明弹的余韵散去，暴雨也止歇了。

早已视空袭为家常便饭的卡车司机第一个站起身，吹了声口哨，掸了掸身上灰尘。还有些茫然的过家鼎和众人一起，也拍拍灰，跟着司机赶紧回到车上，继续前进。

短短的路程，一行人花了两天一夜才走完。

过家鼎终于来到了中国人民志愿军停战谈判代表团总部。出于安全需要，这群战地翻译被安排在朝鲜老乡家里住宿，办公室也是向老乡们借用的房子。身处中立区的过家鼎如同住进了一个巨大的轰炸训练基地——美军飞机时常在这些房子上空盘旋，并不时在远处的无人区扔下炸弹，这种游戏确实能让美军找到杂技表演的快感，因此他们热衷于把中立区想象成杂技舞台上那个被飞刀扎满身边却毫发无损的小丑，显得乐此不疲。当然，这种运斤成风的游戏常将翻译们震得头皮发麻，无可奈何。

但是，一旦入夜，中美双方就都无法确保这种擦枪行为不会走火了。因此，在严格的晚间灯火管制之下，过家鼎要先拉上防空窗帘，然后借助微弱的灯光（多半时候是烛火）彻夜工作，即使是在闷热的夏夜，也不能拉开窗帘透气。

起初，刚走出象牙塔的过家鼎无论如何适应不了这样的生活和工作节奏，“有时，深夜敌机飞越我们上空，我们一听到空袭警报，就要抱着文件和公文包，跑到房后的防空洞里躲避一会儿，等警报过后再出来继续睡觉或工作。开始时，我们对这样的生活和工作条件不大适应，但过了一段时间也就习惯了。”

当过家鼎的生物钟与朝鲜战场合拍之后，这个初出茅庐的大学生很快就成长为一名优秀的战地翻译了。晚饭后，他常和战友们一起散步，在山顶席地而坐，眺望远方的战火硝烟。

在谈判中，双方的一切重要言论和协议都要经过翻译准确、及时译出，一句关键言语的错漏，都可能使谈判工作和舆论阵地陷入全面被动，因此，双方翻译之间的较量，实际上也是一场激烈无比的战斗。作为新中国外交战线上的杰出翻译人才、先驱，过家鼎和同伴们在战斗中拼命学习，在学习中急速成长，为新中国的对外翻译工作开辟了一片新天地。

他们遇到的第一个难关，是录音机。

美国的科技优势不仅体现为武器，还体现在谈判大厅里。当美方把当时最先进的钢丝带录音机搬到会议室，要求用机器来记录双方发言时，中方的翻译们才难以置信地见到了传说中的录音机——这也要“归功于”美国对中国大陆发起的长期封锁禁运。

美方当然清楚，中方翻译既没有、也不会使用录音机，他们马上建议，由美方提供录音机，录下双方发言，并由他们负责整理英文记录，然后向中朝方面提供。

这样“好心”的建议被中方翻译断然拒绝了。显然，这是一场针锋相对的谈判，双方发言都带有高度原则性、政策性，必须保证绝对的完整、准确，如果交由一方全权记录，则无异于缴械投降，甚至引颈就戮。

在中方严正抗议之下，录音设备被双方弃用了。所有谈话均由翻译们通过文字记录。

即使扔掉一张好牌，美方手上的好牌依然多的是。对于美方而言，英文记录自然没有半点难度。很快，一批专职的专业速记员就坐进了会场——其中还有人在使用刚发明的速记机。

这样一来，过家鼎在入朝之初的不安终于变成了现实：中方连英文翻译人才都不充裕，虽然大家咬着牙在实战中学习，但现在又去哪里找英文速记员？

虽然从翻译中抽调人手兼做英文速记，但毕竟隔行如隔山。于是，过家鼎等几个最年轻的翻译接到了一项艰巨的任务——从零开始，立即学会英文速记，而且要在准确性和效率方面赶上、超过以英语为母语的美方的专业速记员。

在和平年代看来，这样的政治任务简直如同一个浪漫的神话。

但在战争年代，在崇高理想的驱使下，人们一咬牙，真的就这样让一件件不可思议的事情成真了。

在压倒性的困难面前，过家鼎只是稍一犹豫，就将畏难情绪远远抛开了。他想起，在战场上，随时能见到流血牺牲的志愿军战士，他们殒命尚且不惜，那么自己流汗更不在话下了。

几天后，一批英文速记课本和速记字典从国内运到了开城，年轻的翻译们开始挤时间自学。弄清原理，模写速记符号，协助练习，一周之后，过家鼎摸清了英文速记的门道，但他也更加明白了速记之难——速记的原理易懂，但要娴熟地在会场进行实践，却绝非易事，速记靠的是长年下苦功。

临阵磨枪，不上也得上。这群初学乍练的新速记员一经登场，谁都未能熟练使用速记技巧，于是，人海战术就被采用了。4个人一起记录，散会后再碰头，像几个刚结束高考正急着估分的学生一样，一起回忆正确答案，一起做拼图。

几个年轻人豁了出去，手忙脚乱，堪堪应付局面。即便如此，每次会议结束，过家鼎都会精疲力竭，如同大病了一场，高度紧张的脑子一片空白。一开始，他们的记录速度只能达到每分钟70～80个字组，这当然远远跟不上美方念稿的每分钟120～130字组的速度。时不我待，过家鼎全心全意琢磨美方代表的常用字，还把远东美军的英语广播当教材来练习，吃饭时练习，睡觉前练习，即使在梦中，也是满脑子速记符号，“时常为追忆一个难字而惊醒”。直到很久之后，过家鼎的速记技术完全成熟，这种长期伴随他的极度紧张感才消失了。

幸运的是，漫长的停战谈判曾几度陷入僵局，会议次数时而减少，临阵磨枪的年轻速记员们才得以喘息、充电，循序渐进，水平渐长。1953年初，谈判进度大大加快，会议频率明显增大，羽翼丰满的速记员们终于一展长才。由于人手不足，他们索性放弃人海战术，多数时候独当一面，同时还带着新同志做徒弟，由此培养出一支精锐的翻译、速记部队。

停战协议正式签订后，由于在朝鲜还有大量善后工作需要处理，过家鼎压抑住归乡的渴望，作为军事停战委员会的翻译和记录员，继续在板门店度过了五年左右的漫长时间。在这段清苦的岁月里，过家鼎从未停止速记练习，最高速度达到了每分钟140字组，在协助中立国监察委员会整理英文记录时，中朝方面记录的完整准确程度超过了美方。

第四章

飞机大炮的辩论

在一千八百年前的三国时期，志在混一宇内的枭雄曹操试图在长江流域封锁敌人，他将巨大的战舰用铁索串连，形成了一条几乎遮蔽长江的巨型“锁链”。

1951年，美国驻联合国代表杜勒斯提出了“岛链”概念。

在宽广的太平洋上，美国先后划出了三条岛链。第一条北起日本群岛、琉球群岛，中接台湾岛，南至菲律宾群岛、大巽他群岛的链形岛屿带。

正是为了铸造这条岛链，美国不惜“让飞机大炮去辩论”，强行延缓了朝鲜停战谈判进程。

杜鲁门的锁链不是用战舰构成，他使用的材料是国家和岛屿。这条硕大无朋的岛链横亘在太平洋的波涛之间，将苏联、中国等东方社会主义大国与美国远远隔开，在长达半个世纪的时间里，几乎密不透风。

第一节 军警误入中立区

“显而易见，共产党人不想中断谈判。为了防止谈判破裂他们曾三次让步。但很显然，他们不想在停火线问题上做任何让步。”

——《纽约时报》，1951年8月12日

朝鲜战争发生之前，作为战败国，日本还在接受国际社会的制裁，为二战的罪行赎罪。

朝鲜战争结束之后，日本的面貌焕然一新。原本千疮百孔的经济枯木逢春已得到大大改善。甚至凭借这一时期的积累，日本飞速崛起，成为世界第二经济体，几乎威胁到美国的宝座。

《旧金山对日和平条约》通称《旧金山和约》，1951年9月8日签订于美国旧金山，于1952年4月28日正式生效。

《旧金山和约》的签订，解决了日本作为战败国的领土和国际地位问题，美国为了促成该条约的签署，曾在朝鲜战争停火谈判中尽力拖延，以维持远东地区的紧张形势，直到此条约正式签订，才重启停火谈判。

根据条约，日本承认朝鲜半岛之独立，放弃台湾、澎湖、千岛群岛、库页岛、南沙群岛、西沙群岛等岛屿的主权。

二战战胜国中，有48个国家在条约上签了字。

在《旧金山和约》签订之后，日本成为美国的远东基地、兵工厂，经济得以迅速恢复，并于20世纪70年代成为世界经济强国。

由于尚未恢复联合国合法席位、被美国等国排挤等，中国政府拒绝承认《旧金山和约》。

苏联、波兰及捷克因北方四岛的主权归属存在争执，也拒绝签字。

1952年，台湾与日本签订了《台湾与日本国间和平条约》，承认《旧金山和约》中关于台湾的条文内容。随着日本在1972年与中华人民共和国建交，日本单方面宣布“台北和约已经失去意义”。

对于日本人民而言，《旧金山和约》的签订也是一种充满争议的历史性事件。2013年，日本政府将《旧金山对日和平条约》生效61周年的4月28日作为日本“主权恢复日”，并举行纪念仪式。此举引发了民间不少反对的声音，在美军大量驻扎、军民冲突频繁的冲绳县，条约签订的这一天被视为“屈辱日”。

无论如何，正是源于美国在朝鲜战争期间坚决促成的这项条约，日本崛起了。

凭借这项签署于1951年9月8日的重要和约，日本暂时摆脱了各种纠缠已久的领土争端，成功将苏联势力清除出日本，并得到了美国的全力扶持，实现了双赢——“原定用于战争赔偿的850座工厂正式交还日本，其中有飞机制造厂314座、军火工厂131座、武器研究所25个。朝鲜战争期间，日本作为美国在远东的‘兵工厂’，为美军提供了大量武器弹药，价值1.1亿美元”。

实际上，美国政府全力以赴促成的对日和约，终于使其远东战略的最后一块拼图被嵌入图板。层层叠叠的岛链、防御圈不但锁住了社会主义阵营的东进路线，也给远东地区埋下了无休无止的冲突种子。

对于朝鲜战争停战谈判而言，正是由于美国为了抢在朝鲜战争结束之前，绕开苏联与中国签订《旧金山对日和平条约》——如果朝鲜战争在此时结束，“美国就很难拒绝北京参加对日本的媾和，也无法说服其盟国同意继续在日本驻军和重新武装日本”。

于是，直到《旧金山对日和平条约》在9月8日完成签订，美国一直使用着各种策略，不遗余力地拖延着朝鲜战争停战谈判的步伐。

与之针锋相对的是，为了支援开城谈判，苏联也在同一时间发起了主张缔结五大国（美英苏法中）和平协定，以及禁止核武器条约的活动。

显而易见，五大国如果缔结了和平协定，也就是在实际上承认了新中国的国际地位，并同意其加入联合国，有可能间接促成朝鲜和台湾问题的解决；而禁止核武器则显然是为了削弱美国对朝鲜战场的核威慑。

开城。

身份尴尬的白善烨一直处于煎熬中，他既担心美方罔顾韩方利益，与中朝妥协，又不得不忍受着龟兔赛跑式的等待：美军拥有最先进的通信车，能将谈判团的电文内容实时传输到华盛顿和东京的大屏幕上，信息往来极为便利；但正因为美方的迅捷，使他们不得不苦苦等待中朝方面：缺乏先进通信设备的中朝谈判代表每次向政府请示并得到批复，往往要耗费漫长的好几天时间。

令白善烨感到压抑的还不止于此。

谈判开始前，韩国外交部长卞荣泰曾向美方申明了韩国政府的五点立场：

1. 中国志愿军应完全撤出朝鲜半岛，并保证不损害朝鲜非战斗人员的生命和财产安全；

2. 解除朝鲜傀儡武装；

3. 联合国应采取措施防止第三国对朝鲜提供军事、财政及其他形式的援助；

4. 与韩国问题有关的所有国际会议及活动必须有韩国正式代表参加；

5. 维护韩国的主权和领土完整。

韩方摆明了立场，但随即就重重地碰了壁，而且是两次。

白善烨未承想到，韩国政府的立场不仅遭到中朝的反对，居然连“联合国军”方面也表示难以接受。

他不得不奋起力争。

首先，他向美方代表强烈抗议国号问题——所有文件上的“南朝鲜”必须改成“韩国”。

然后，他通过私交甚笃的勃克少将找到了乔埃中将，直率地告诉这位首席谈判代表：“我国政府立场与美国相差太远，作为韩国代表再继续参加下去，会让我很为难。”

乔埃难以置信地看着白善烨，感觉像被将了一军，这个当口，美方代表团正在与中朝唇枪舌剑，这个看起来十分不满的韩国军官似乎随时要撂挑子走人了。

但是，仅仅三天后，白善烨的皮球又被踢了回来。

总统李承晚在亲笔信中要求他与“联合国军”通力合作，继续完成谈判工作。

美方显然轻而易举地向韩国总统进行了有效施压。白善烨更加沮丧了，但凭借军人坚韧不拔的意志，他已下定决心，要将韩国政府的

朝鲜古都——开城，位于三八线附近的松岳山旁。

立场贯彻到底。

从此，李奇微只要从东京飞往开城视察，就会被执着的白善烨缠住不放，他走到哪里，执着的白善烨就跟到哪里。无论如何，美方和韩方毕竟是同一战壕的盟友，至少在如何重新划定三八线的问题上，韩国政府与美方渐渐达成了一致。

经过漫长、反复的舌战，开城谈判终于有了第一次重要成果。7月26日，谈判通过了五项议程：

1．通过议程。

2．作为在朝鲜停止敌对行为的基本条件，确定双方军事分界线以建立非军事地区。

3．在朝鲜境内实现停火与休战的具体安排。包括监督停火休战条款实施机构的组成、权力与职司。

4．关于战俘的安排问题。

5．向双方有关各国政府建议事项。

这些，就是双方接下来需要谈的、最重要的问题了。

为了达成这来之不易的协议，双方都表现出了足够诚意。“联合国军”代表团放弃了“探视敌方战俘营”的要求，中朝则未坚持提及“三八线”和“撤出外国军队”的条件。

在此期间，各种意外事件频发，使双方的神经都绷紧到了极致。

首当其冲的是开炮事件。

7月16日，中朝方面提出公开抗议，谴责“联合国士兵从东侧丘陵地区对板门店分哨开炮射击。虽未造成损害，但这明显的违反了中立化协定”。

此时正值谈判出现实质性进展的关键时刻，联军马上展开了慎重调查。取证的结果是，当日在板门店附近确实听到了枪炮声，但区域恰好在中立区之外，因此难以追责。

中朝接受了联军的调查结果，并未深究。

7月20日，当联军谈判代表团到达板门店时，清晨的暴雨冲走了砂川上的木桥，阻碍了代表团前行。

于是，美方翻译涉过齐胸深的河水，找到了中朝的前哨卫兵，翌日早晨，桥被中朝方面修复。这件事同样引起了联军的疑虑和猜想：中朝方面不可能不知道桥被河水冲走，是否以此向联军暗示某种态度呢？例如拒绝接受前一天的某些提案。

无论如何，谈判依然继续进行。这座被修好的桥，后来被用于正式停战后的交换战俘，即历史上大名鼎鼎的“不归桥”，半个多世纪以来反复出现在各种电影、媒体图片中，成为朝鲜冲突的一个经典缩影。

“不归桥”刚刚修好，新的意外又发生了。7月21日，肯尼上校又收到了张春山的严重抗议，内容是“‘联合国军’的飞机在黄州和沙里院之间攻击了带有规定的白旗标志的代表团补给车队。”

肯尼还未及处理此事，南日就在正式谈判会上谴责了联军，且不容置辩地提出：“关于撤出外国军队的问题，双方要说的都已说完了，因此双方都需要再进行考虑的时间。我方要求休会4天。”

中朝方面的强硬态度，使联军代表十分担忧谈判破裂，但也绝无可能对中朝示弱。

于是，在乔埃勉强同意休会的同时，李奇微立即将中朝的态度视为谈判破裂的信号，在当天就下令第八集团军准备进行有限度的攻击，还命令第五空军做好准备，随时空袭平壤。

一时间，战火似乎又要重新炽烈燃烧起来。

至于导致这次冲突的起因，即联军袭击补给车事件，联军在调查后给出的解释是，“没有收到中朝方面关于补给纵队通行的任何事先通告”，因此将其定性为“这是不得已的事件”，拒绝承担责任。而且，为了防止中朝方面利用专用补给车运送其他军用、民用补给品，李奇微甚至训令乔埃：“再一次进行警告，未收到事前通告的纵队一经发现将会立即遭到攻击。”

在一系列波折之后，双方终于在7月25日复会，并在7月26日通过了前文所述的五项议程，为第一次谈判画上了完满句号。

议程的通过，在南朝鲜政府和民众中引发了反对浪潮。对于政府而言，南朝鲜代表提出的谈判条件不但未被中朝接受，甚至遭到了美方的搁置；对于南朝鲜民众而言，确立军事分界线、设置非军事区无疑会将朝鲜半岛永远分裂。于是，一种被美国放弃甚至出卖的观念开始蔓延。大量的美国公开史料都记载了当时发生在各地的大规模游行事件，南朝鲜民众在街头发表反对演说，“为了阻碍代表团往返于谈判会场，在道路上撒了很多障碍物”。而长袖善舞的李承晚更是以此为砝码，要求将南朝鲜军队增加10个师，“做到这一点，美军撤兵也行”。

无论如何，谈判总是取得了实质性进展。

但是，令人始料未及的是，刚取得一次重大进展，谈判却旋即陷入僵局。一连串意外事件的突发，加上战场局势的反复变化，使谈判再次中断了。

第一件突发事件，源于中朝卫队的一次失误。

将战场主动权视为生命的李奇微有着猎犬般的敏锐嗅觉，在这位联军司令眼里，“这个谈判地点的气氛还是从未令人满意过”。很快，李奇微就又捕捉到了一次机会。

根据白善烨的回忆，“‘联合国军’方面也曾于8月4日以‘中国志愿军一个连的兵力出现在会场周边的中立地带’为由中断过和谈。8月4日的午饭后，我同代表团一行人在人参馆入口的台阶上休息。突然发现距我方300米处有一队肩扛着迫击炮和机关枪的中方武装人员经过”。

这些警卫人员隶属于中朝负责警卫开城地区的139师的1个连，他们在前往高丽洞广场集合开会的途中，不慎误入了离开城5公里之内的中立区会场。

从白善烨平和的记录文字中可以看出，这支警卫部队绝没有耀武扬威的威胁行为；但美方并未浪费掉这一良机，这件偶发事件就被当作把柄，被反复用于向中朝施压。

当天下午，乔埃中将就此事提请中朝代表团注意。鉴于对美方借题发挥的抗议手段已有充分领教，中朝代表团没有半分轻忽，先是立即上报志愿军、人民军联合司令部，然后再次严令所有警卫人员不得进入会场区，最后在8月5日清晨向美方通报了检查结果，并保证此类事件不再发生。

扯足顺风旗的美方不依不饶，当即宣布休会。“此事件获得满意解释和不再发生类似事件的保证时，即准备继续谈判”，李奇微在致金日成、彭德怀的信中如是说道。而在他的回忆录中，这件事更是被描述得曲折离奇。

这支部队携带的既是枪又是60毫米追击炮，他们径直从我们的吉普车前穿过。在这以前，我曾中止过谈判，直到赤色分子答应使谈判地点周围实现非军事化我才恢复谈判。所以，这次事件是对协议的公然破坏。海军中将乔埃立即提出了抗议，但得到的答复是，违反协议的那支部队只不过是个宪兵连。要我们相信宪兵连必须配备机枪和60毫米追击炮进行巡逻，这未免也太荒唐了。因此，我立即广播了一份声明，指出：我已下令中止谈判，直到我们能达成一项有关非军事化的、令人满意的协议为止。

无论美方如何借机施压，这次事件毕竟是由中朝卫队的失误而起。毛泽东迅速做出批示：不管对方如何，只要是双方达成的协议，我们就要坚决执行，决不可轻言寡信。如有违反，只要是我方的责任，我们就应实事求是地承担并予以妥善解决。事关国际信誉，说话算数，这是新中国的外交风格，这样才能站得住脚，才能永远立于主动地位。

金、彭二人于8月6日向李奇微复信：“关于我方开城中立区的警卫部队违反协议误入会场区一事，我方首席代表已命令他的联络官张春山上校于5日晨9时30分通告你方代表团有关此次违协事件发生的经过，以及我方首席代表已再度命令开城中立区警卫部队负责人员切实注意警卫部队不得进入会场区的规定，并保证严格执行该项命令，以使这类事件不再发生。为了使我们的会议不致因这类偶发的枝节事件而受到阻碍，我们已再度命令开城中立区的我方警卫部队，严格遵守7月14日的协议，并保证不再发生违反协议的事件。”

可是，占据主动的李奇微仍不打算善罢甘休：“共产党人坚持了五天，最后，还是答应采取适当警卫措施，要我们恢复谈判。可是，我很快又获知，他们的英语广播报道的是‘请求’我们恢复谈判，而其日语广播用的却是‘要求’我们恢复谈判。于是，我宣布，我发觉他们的答复含糊其辞，因此拒绝授权恢复谈判。”

宣传用语本就是双方从各自立场出发所使用的“广告语”，无论中朝还是美韩，都会在宣传用语中维护本国利益。李奇微继续借题发挥，在8月7日的来电中继续拒绝恢复谈判。8月9日，金、彭再次复信，针对对方的过分要求严正指出：“除非对方有意制造事端作为终止停战谈判的借口，就不可能设想我们仍有不能履行协议的情况发生；如对方发生类似事件，我方也决不会不经过抗议、调查、协商解决等程序，便轻率中止谈判。”

李奇微锱铢必较，华盛顿则想见好就收。陆军参谋长柯林斯事后回忆说：“冷静地回顾停战谈判，可以注意到双方花了大量时间进行像孩子一样幼稚的对立。例如比旗子的高度等等，造成这种对立的原因是在共产党方面，而我方也受到他们刺激做出了类似的举动。这次事件，‘联合国军’方面的反应似乎就有些过度了，同以后发生的事故以及开枪事件相比，这次仅仅是士兵从眼前走过而已，一直纠结不停也不合适。”

至此，漫天要价的李奇微终于决定见好就收。乔埃于8月10日通知南日，说他“已奉命复会”。

中朝方面的诚恳态度令白善烨“相当意外”。事实上，白善烨对北朝鲜代表多少怀有一些敌对情绪，但对风度翩翩的中方代表倒是颇有好感。

在白善烨印象中，和谈恢复后，北朝鲜的几名代表一直表情冷淡如冰，南日自然是一如既往地板着雕塑般的脸，一支接一支地点燃、熄灭香烟，李相朝则更是沉默如铁石，只在当天谈判发生冷场时，突然冷冰冰地插问了一句“贵方就没有什么好说的吗？”就又陷入了无尽的沉默。

白善烨始终认为，与朝鲜代表形成鲜明反差的是，解方和邓华两位将军则显得从容大气、有礼有节。“中国式的微笑”使本就对朝鲜代表怀有复杂情感的白善烨愈发对中国军人青睐有加，他和美方代表都将解方视为中朝代表中的实权人物，为此，克雷奇少将还向精通汉语的白善烨学了几句中文问候语，每次进入会场，在落座开始“搏杀”之前，克雷奇总会向解方问好，解方则点头微笑。这两位将军也是停战谈判中仅有的两位互致问候的代表。

第二节　真实的谎言——军警姚庆祥遇害

谁能相信，在朝鲜战场上拥有绝对制空权的联军会对这架不明身份的飞机不闻不问，视而不见，任其飞过自己的阵地？

——I. F. 斯通

经历了“误入会场中立区”事件后，不但该部队的指挥官受到纪律处分，无论志愿军还是人民军，中朝警卫部队都将中立区视为雷池，小心翼翼地绕道行走。

朝鲜战争已进入第二个年头，入秋。

8月19日是星期日。这天清晨，志愿军排长姚庆祥带领的一支9人警卫小分队正在山间巡逻。

18岁时，姚庆祥瞒着母亲参军，抗日打鬼子，如今已是军龄6年的老兵了。

初秋的朝鲜半岛寒意渐浓，警卫们行经之地又都是险峻、易于埋伏的崎岖山路。晨雾弥漫，姚庆祥和战友们沿着甑山洞、松谷里、钵山里山岭向东正常巡逻，行至松谷里和钵山里之间的山道时，影影绰绰的密林中突然人影攒动。

姚庆祥和战友们都端起了武器，他没忘记提醒战友，“不得在中立区进行敌对行动”，这是中美双方的协议。

正当姚庆祥布置战士们布防时，早已埋伏在密林中的三十多名枪手急速紧逼，根本没有发出任何威胁或警告，直接向中朝警卫部队开枪扫射。

电光石火的一瞬间，姚庆祥身形一晃，他发现自己的左腿已失去知觉，仿佛已不属于他。同时倒下的还有王仁元，其余战士不能开枪，只有陆续后撤。受伤较轻的王仁元忍痛匍匐，他越过了死亡的边界，在不远处的朝鲜老乡家幸运获救。

姚庆祥伤势较重，根本无法移动。战士葛文举不顾一切地跑到排长面前，试图背起排长撤退，但虚弱的姚庆祥冲他无力地摆摆手，“走，走，你快隐蔽起来……”

愤怒的泪水模糊了葛文举的视线，他抬起头，敌人已逼近到十几米远的坡下，面目清晰可见。

很快，小心翼翼的敌人就登上了高地西坡。紧握手枪的姚庆祥怒视对方，从始至终，他一枪未发，哪怕遇害身亡，也未给美方任何违背中立区协议的口实。

一名敌人走到姚庆祥跟前，冰冷的枪口贴上了他的额头。

两声刺耳的枪响，回荡在松谷里上空。

苍凉的灰色长空映在姚庆祥渐渐褪色的瞳孔中，他永远地躺倒在这片异国他乡的冻土之上。

在逃窜之前，敌人取走了姚庆祥的手枪、手表、钢笔、日记本和鞋子。

这就是震惊朝鲜半岛内外的枪杀中立区军事警察姚庆祥事件。

为了遵守中立区协议，中朝战士付出的是生命；而李奇微给出的，则是滴水不漏的辩解和外交辞令。

然而，此后不久，事情又弄到不可收拾的地步。中国的一支警戒巡逻队在中立区遭到伏击，队长被打死。赤色分子坚决要求我们惩治肇事者并赔礼道歉。我方调查的结果表明：这次伏击确有其事，但开枪的部队着装杂乱，未戴钢盔，显然是不受“联合国军”控制的非正规游击部队。我们拒绝了赤色分子的要求。

直到多年后，在回忆录中，李奇微依然在撇清美方与韩军的关系。

美方的逻辑十分明确，伏击确有其事，但罪犯却不是身着军装的美军；中朝固然谨遵了中立区协议，而美军也并未破坏协议。

这确实是一种巧妙而真实的谎言。

当天上午，在中朝方面的严肃要求之下，双方联络官赶到现场，在新闻记者代表目睹下进行调查。铁证如山，美方联络官无言以对。据此，中朝方面联络官向对方提出强烈抗议，并等待对方的答复。联合调查结束后，姚庆祥遗体被安放在代表团的驻地。

下午2时，谈判结束，李相朝、解方随即赶到姚庆祥遗体停放处致哀。李相朝向在场的中方人员说："姚庆祥烈士为保卫和平谈判而牺牲，他永远活在我们朝鲜人民心中。"解方说："姚排长为保卫世界和平献出了宝贵的青春，这一事件必将激励中国人民志愿军全体将士战胜敌人的决心。"

姚庆祥被害的消息传开，轰动古都，震惊半岛。代表团准备举行追悼会，并正式通知了美方。灵堂设在开城南门里高丽小学残存的教室里，灵堂两侧悬挂着两条大幅挽联，上联是"为保障对方安全反遭毒手"，下联是"向敌人讨还血债以慰英灵"。

一直隐于指挥部的李克农和乔冠华便衣简从，亲临灵堂悼唁。李克农看着灵堂的遗像、花圈、挽联，沉默了很长时间。在向烈士致以哀思后，回头向乔冠华说："老乔，还是你想想，是否再写一副更醒目的挽联。"

同样愤懑的乔冠华明白老战友的意思：墙上的挽联虽然慷慨激昂，却没有揭穿敌人的用心。这位瘦削高大的才子紧锁眉头，走了几步，吟出一副挽联。

世人皆知李奇微，举国同悲姚庆祥。

灵堂虽然不大，但被各界人士、中朝代表团成员、开城中立区军事警察部队官兵，以及各国新闻记者挤得满满的。美方代表团也有几位工作人员到会，一直立于门外，没有进场。

追悼会由开城中立区军事警察部队、志愿军第47军139师政治委员袁福生报告姚庆祥烈士遇难经过，并介绍烈士生平事迹。与会者无不泪下。

姚庆祥牺牲后，朝鲜松古洞村的乡民坚定地和烈士站在一起，他们绝食一餐，以示抗议。在朝鲜开城善竹桥附近，立起了姚庆祥纪念碑。中国人民志愿军政治部也于1953年1月追认姚庆祥为一等功臣，并授予“和平战士”称号。山东省人民政府、山东省抗美援朝分会于1954年10月25日在他的家乡修建了“姚庆祥烈士祠”。

虽然事实俱在，乔埃还是在8月21日复函说，根据他们的初步报告，不能证实中朝方面对于杀害姚庆祥一事的指控。当中朝代表再次抗议后，他又在22日表示：“‘联合国军’方面不能对游击队的活动和有关治安问题负责。”东京美军总部广播甚至说，姚庆祥之死“可能是北朝鲜或者南朝鲜非正规部队所为”。

在人类战争史上，没有哪场战争像朝鲜战争这样，边打边谈，旷日持久，总历时3年。复杂的大国关系变更、国内外形势影响、国际舆论压力，太多太快的形势变化，使谈判过程充满种种坎坷与波折。

姚庆祥遇害事件的余波尚未平息，新的事件又发生了。

8月22日夜晚，漆黑浓厚的云层忽然裂开了一个小口，一架美军轰炸机冲出夜色的掩盖，盘旋而至，4枚汽油弹轰然投下，冲天而起的火光将来凤庄映得如同白昼，随后是连续投下的12枚杀伤弹，其中3枚落于代表团住所西北约200米的山坡上。

敌机过后，李克农当即命令保护现场，要求美方立即到场，共同

1951年8月23日，双方联络官就美方轰炸朝中代表团驻地事件赴现场调查。

调查。22时35分，中朝方面联络官即以无线电话通知在汶山的美方联络官，促其速来开城进行现场调查。

零时25分，美方联络官肯尼上校、穆莱上校来到案发现场。在小雨中，调查组清晰看到当场有6枚杀伤弹、3枚汽油弹投在代表团驻地附近，连南日乘坐的吉普车上都落了1块弹片，还有1枚汽油弹正好落在谈判会场通往对方代表团休息处的路上。

在查勘一个弹坑时，周围有弹片，弹坑中还存有弹翅，肯尼拾起弹片检查后说："见过炸弹的人是不会相信这是炸弹，现在天黑，又下雨，天亮的时候我再回来看。"

"我们应该现在就进行详细的调查，现在调查有什么不好呢？既然下雨，这些证据就可能变色，也可能被雨水冲掉。我们可能要取一些油回去分析一下。"中朝联络官说。

"我等天亮后再来调查。"肯尼决不让步。

"我不愿失去时间。雨水可能冲去一些证据。"中朝方面联络官也坚持说。

"钢铁是不会被冲走的。"

"那么，油呢?"

"油是不会与水混合的。"

在中朝方面的坚持下，调查继续进行。

中朝联络官说："面对美国飞机轰炸开城中立区的事实，你方还能抵赖吗？"

"你说飞机轰炸，谁看到了飞机?"

"我们面对如此大量的物证，这不是你方飞机所为是哪里来的？"

"既然飞机来了，你说飞机有几个发动机？"

"美机午夜临空，又夜黑如墨，怎么可能看清有几个发动机？"

现场调查毫无结果，肯尼答应第二天再来调查，然后返回美方驻地。但中朝联络官并未再次见到前来调查的肯尼，而是看到了美方抢先发表的"调查报告"。

李奇微曾详细描述了这次事件的经过：

刚过五天，在一个大雨瓢泼的深夜，中国人又要求我方联络官立即前去核实一架"联合国军"飞机轰炸中立区的事件。我方的首席联络官美空军上校安德鲁、肯尼及其助手陪同敌联络官前往遭受所谓轰炸的现场，并借助手电检查了证据。肯尼发现地上有一些像是由埋没的手榴弹大小的爆炸物炸成的小窟窿，还发现一些看上去像是飞机机体的金属碎片以及一个可能是飞机副油箱的扭曲变形的金属物体。然而，地上并没有弹坑，也没有烧焦的痕迹。如果使用过凝固汽油弹是会留下这种痕迹的。在赤色代表住所西北面的地上还发现一枚火箭的尾翼。总之，没有伤亡，没有损失，也没有烧焦的痕迹，有的只是曾经有一架飞机用着陆灯对准下方照射、“袭击”了该地区的谎言。“联合国军”的飞机没有到过这个地区，而且，对方所用的证据也实在不值一驳，根本不能作为抗议的凭据。可是，共产党代表却拒绝等天亮再作较深入的调查。他要我们马上“认罪”和道歉，企图向全世界表明“联合国军”的“罪行”。这一要求被我方拒绝。

美国作者I. F. 斯通在《朝鲜战争内幕》一书中揭穿了李奇微的谎言。

这位敏锐而执着的记者从李奇微大段的叙述中找到了不少自相矛盾之处。美军东京司令部否认投弹飞机属于联军，只说“第五空军部队报告说，21点30分，雷达在开城西部观测到一架国籍不明的飞机”，但谁能相信，在朝鲜战场上拥有绝对制空权的联军会对这架不明身份的飞机不闻不问，视而不见，任其飞过自己的阵地？何况中朝飞机活动基本只局限于东北前沿和鸭绿江上空，根本没有能力在联军阵地进行挑衅。

更为自相矛盾的是，联军调查官员认为，开城现场的弹坑可能是由“共产党一架飞机投下小型凝固汽油弹或手榴弹”而造成的，如果真的如此，这架飞旋在联军阵地前沿上空的“共产党飞机”即使没被联军拦截，也必然会引起军部哗然，必须彻查清楚。

美军是否真的通过制造事端来拖延谈判？最关心这个问题的，是美国国内爱好和平的民众，以及杜鲁门的反对党们。一想到民主党政府可能利用战争作为政治筹码，凭借着一个又一个谎言，在增加军费、争取更多选票的同时，将更多无辜的美国士兵生命葬送在遥远的朝鲜半岛，记者们，尤其是斯通这样的左翼记者，就无法停止对真相的探寻。

“别忘了你们的立场。”弗兰克·A. 艾伦准将在被纽约《先驱论坛报》和哥伦比亚广播公司的记者追问相关细节时，发出了这样的警告。

经过空袭事件后，缺乏防空手段的中朝代表团转变了驻扎方式。在邓华的劝说下，李克农、乔冠华和部分人马上转移到开城西北山沟里的双爆桥，其他成员也陆续迁往别处，有的住在青云洞，有的住在开城北郊中立区边缘的一个山顶草房里；电台的天线架在牛圈旁的树杈上，以保证新闻接收机及时收到世界各大通讯社的新闻，使代表团能掌握情况的变化和发展。这时的代表团，除了张春山、柴成文带着同对方通话的无线电报话机仍留开城以外，其余均已转移，实际上已无法正常工作和生活。他们像逐草而居的游牧民族一般，“打一枪换一个地方”。

在接二连三的案件干扰下，谈判已经无法继续了。

8月23日，金日成、彭德怀向李奇微提出严重抗议，并宣布休会：

牺牲在你方武装人员的非法谋杀下的我方英勇战士姚庆祥排长的血迹未干，你方飞机竟又于8月22日夜10时20分非法侵入开城中立区会场区上空，以我方代表团住所为目标，施行轰炸和扫射，我方代表团虽愤慨填膺，但为使事件之真相大白于天下，并解除你方将事件之起因归咎于偶然性之一切借口，仍于8月22日夜10时35分通知你方派员进行调查。你方派来的联络官目睹你方飞机所投炸弹的弹坑、碎片及其为数小时前投掷的各种证据，亦只能哑口无言。其实纵使无你方联络官的共同调查，我们所持有的人证、物证业已充分证明你方无可抵赖的挑衅行为。

你们之所以敢于这样肆无忌惮地继续进行挑衅，就是因为你们错误地把我们争取和平的耐心当作一种示弱。你们以为无论如何我们是不会在这类问题上愿意使谈判破裂的，因此你们不惜初而射击板门店，再而谋杀我方军事警察，最后甚至想谋杀我方的代表。我们要告诉你，你这种想法是错了。诚然，我们的态度从来就是为谋取和平停战而持以极大忍耐的，但我们的忍耐是有限度的，而且我们更深知单是我们片面要求和平，和平总是不可得的。

你们在会外既如此肆无忌惮地进行挑衅，在会内又一贯坚持你们把军事分界线推进到我方阵地之内的狂妄主张，以拖延谈判的进行，因而你方对于停战谈判的诚意如何，实已昭然若揭。我们是希望你我双方的停战谈判能够顺利进行，并获得双方都能接受的公平合理协议的，但你方于谋杀我方军事警察之后，竟又以我方代表团为目标施行有目的的谋杀轰炸。这样的希望如何能够实现呢？因此我方代表团不能不从8月23日起宣告停会，以等待你对于你方这一严重的挑衅事件做负责的处理。

1951年8月，正是美国政府全力以赴争取签订对日和约的关键时期。为了拖延谈判，在杜鲁门和艾奇逊的支持下，李奇微和乔埃不遗余力。一边在8月18日发动“夏季攻势”，进一步扩大战争；一边在谈判桌周围不断生事。所以在李奇微总部发表了“调查报告”后，杜鲁门亲自出马发表声明支持李奇微，一唱一和。对于金、彭8月23日的严重抗议，李奇微竟索性把过去的所有事件一律推翻。他8月25日复信称：

这个最近添制的所谓“联合国军”方面造成的事件，是如此虚假透顶，如此荒谬绝伦，显然是为了你方自己值得怀疑的目的而制造的，其本身就不值一复。你方所举的“联合国军”蓄意破坏开城中立区及其他事件也不值一复。这些事件如果不是你方为了你方自己的宣传需要而制造出来的话，也已证明这是与我的控制下的任何部队或机构没有一丝一毫公开的或秘密的关系的非正规队伍的行动。

你方最近几次照会中说到所谓射击板门店事件，所谓“联合国军”队在8月19日进行伏击的事件，以及所谓8月22日星期三晚间的轰炸扫射事件这种说法已被毫无保留地斥为完全没有事实根据的恶毒谎言。

一旦谈判中断，美方的挑衅事件就一发而不可收拾，更加肆无忌惮。

8月29日凌晨2时50分，美军飞机飞临开城中立区低空盘旋，投下携带照明弹的降落伞，两枚照明弹燃烧着光焰。美方予以否认。

8月30日，中朝方面军事警察、人民军战士郑重男、杨显泽、张仁风3人在开城中立区以内炭洞里休息时，遭侵入中立区的南朝鲜部队10余人（均身着军服）的袭击，郑、杨、张3人被拖向对方阵地；

行至开城至汶山间铁路附近小山上时，南朝鲜部队开枪杀死了杨显泽、张仁风，郑重男负重伤逃脱。

当中朝方面军事警察追击时，对方侵入开城中立区内的另一部分武装人员以机枪射击掩护南朝鲜部队沿铁路向东南方向撤退。

9月1日零时30分，美军飞机飞临开城上空，投掷两颗炸弹，并以机枪扫射。这两颗炸弹落在距冰库洞南日将军住所500米处。

违协事件不断升级，手段恶劣，一直发展到轰炸中朝方面首席代表的驻地。对每次事件，都要进行现场调查，提出抗议，而对方总是一味否认甚至反诬。有一次，平时口才极佳的乔冠华竟然气得说不出话，半晌才斥道："无耻之尤!"

美方将中方的一切抗议，都归为"宣传战术"。李奇微说：

他们抓住我们的各种失误所进行的宣传，对他们是大有好处的，尤其在亚洲人之中进行这种宣传，他们所获得的好处就更大。我想，时至今日，我们的文武官员们总该有了前车之鉴，总该在思想上有所准备了。当然，我指的是这样的官员，即那些今后有可能不得不在谈判桌上听任敌人散布简直使人不堪忍受的长篇谎言与诽谤的官员。

我在远东司令部任职的最后一个时期，大部分时间所关心的主要是与共产党方面的谈判。这些谈判单调乏味，啰嗦重复，气氛沉闷，令人生厌和恼火。所以，我很快便对早日结束这场互相残杀的战争丧失了信心。设在汉山（临津江畔距板门店仅十四英里的一个小村庄）郊外一个苹果园内的基地兵营改建成了一座永久性的设施。那里有一个排球场，一个棒球场，几个掷蹄铁游戏场，甚至还有一个飞靶射击场，有一顶演电影的帐篷，一所社交俱乐部，还有几所分别供士兵、初级军官和高级军官用膳的食堂。新添了一个直升机简易机场和一顶供会议使用的帐篷。新闻记者安置在一列停在一英里之外铁路侧线上的"新闻列车"上。有时，人们觉得，这些设施大概会长年累月地使用下去。

美方的战略既然改变，谈判就只能变得遥遥无期了。于是，中朝代表团也相应进入了调整期。

一座座防空洞得以建起，防空窗帘挂在了住房的窗户上，体育器材也从国内运到了开城驻地。

在志愿军谈判代表团中，多数同志是从外交部等机关部门抽调而来的文职干部，即便经历过战争，也毫无作战经验，不会开枪，不会投弹。

以秘书处为例。“秘书处有两个明显的特点：人数众多，知识分子成堆，戴眼镜的不少。这两个特点是朝鲜停战谈判的性质决定的。其一，这是一场马拉松式的敌我谈判。美国人横生枝节，故而涉及的问题多，方面广。根据朝中双方高层的协议，志愿军方面还肩负谈判桌上的后援重任。远在国外，客地作业更是增加了我们的困难。没有充足的人力不足以担负这一繁重的任务。其次，这是一场军事和外交互为补充、交叉进行的斗争。文武结合要求众多的书生参加。这些书生，虽然文弱，不会打枪和扔手榴弹，却有钢铁般的意志。在代表团党委的坚强领导下，他们辛勤劳动，恪尽职守，做出贡献。”

既然要在前线长期驻扎，进行适当的军事技能训练就变得十分必要了。李克农组织大家按照班、排、连编组，练射击，练投弹，练紧急集合，练夜行军，实行军事管理，组织越野、爬山比赛。有一次，新闻组组长沈建图、警卫科侯科长和李克农的秘书凌青、新闻组工作人员段连城竟一口气爬上了松岳山的最高峰。

一张一弛，文武之道，军训之余，乔冠华会组织大家到古都开城附近观光览胜。既增广见闻，又缓解情绪，还能借机了解社会风貌，一举三得。乔冠华是国内第一流的才子，后成为蜚声国际的杰出外交家，他身材高瘦，敏捷奔放，那洒脱不羁、仰天大笑的表情，是中国外交史上的经典符号。

负责把关一切稿件的乔冠华还颇有李白遗风。据代表团成员杨冠群回忆：“他有自己特有的工作方式：猛吸着烟，昂首沉思，来回踱步，时而嘬口茅台，口述发言稿的内容。浦山则是伏案疾书，有时指出措辞上的修改意见。小稿草成后，由乔过目初步定稿。”

作为谈判团的智囊、参谋，秘书处对瞬息万变、纷繁复杂的战局和政局做着抽丝剥茧的工作。杨冠群在回忆文章中记载了这样一次事件。

朝鲜停战谈判期间的乔冠华。

美军仰仗其空中优势，对北朝鲜进行狂轰滥炸，这是众所周知的事实。但更不能容忍的是，谈判伊始，美国飞机就把炸弹扔到了中立区里的朝中代表团的住地。对于这种公然的挑衅，中方做出了强烈的反应，指出这是蓄意破坏停战谈判。谈判被迫中断，事态稍平息后，秘书处的务虚会议上，众人分析，事件发生在谈判正进入实质性讨论之际。美方如要破坏谈判，方式很多，何必采取这一十分愚蠢的办法。再者，开城中立区划定前后，代表团住处附近多次有地方小飞机来投弹和扫射。有几次地面上还有特务释放信号弹策应，说明有些飞机是南朝鲜派来的，反映美韩大的一致下的小矛盾。我们抓住轰炸我代表团事，敲打美方，对我十分有利；但如始终咬定美方的意图就在破坏谈判，美方难以转圜。考虑中央关于促成朝鲜停战的大局，并根据有理、有利、有节的方针，务虚会提出似乎可在宣传和来往信件的行文上适当克制，给美方一个台阶下。后来事态的发展正如所设想的，美方在其“夏季攻势”严重受挫的大背景下，不得不重新回到谈判桌旁。1951年又发生美机袭击事件，但事后美方承认，并表示“遗憾”，中方便不再坚持讨论恢复停战谈判的条件。谈判于中断63天后复会。

而由于停战谈判的特殊性，实际的领导者李克农、乔冠华是不在会场露面的，这就对秘书处的记录工作提出了艰巨要求。同时，由于谈判双方的敌对意识很强，常常陷入剧烈争吵，在谈判濒临破裂的阶段，代表们的发言往往十之八九是在争吵、骂人，秘书们就需要打起十二万分精神，像沙里淘金一样，不放过一星半点的蛛丝马迹，从铺天盖地的谩骂中敏锐捕捉到可能有用的只言片语。

当年轻的工作人员们还在为异国他乡秋冬季节的别样风情感到新奇不已时，深谙国际斗争残酷性的李克农和乔冠华已做好了持久战准备。

战地的物质条件是极为艰苦的。蚤虱肆虐自不待言，因为换洗不便、条件恶劣导致一个冬天不能洗澡也不是新鲜事。至于谈判初期的伙食只有罐头和干货、节假全无以致秘书们甚至忘了星期日，都被大家习以为常了。但谈判团成员们依然延续了革命时期的乐观情怀，他们自己种茄子、种萝卜，开展文体活动，自娱自乐。

实际上，谈判工作的艰巨性也有些超乎李克农想象，他和大多数团员一样，都没带御寒衣物。为此，热心快肠而才华横溢的乔冠华向外交部办公厅主任王炳南寄诗一首，向这位老战友催讨寒衣：

炳南仁兄左右：开城秋深矣，冬装尤未至，东北在咫尺，奈何非其事，既派特使来，何以不考虑？吾人忍饥寒，公等等闲视，口惠实不至。难道唯物论，堕落竟如此？

日日李奇微，夜夜乔埃事，虽然无结果，抗议复抗议。苦哉新闻组，鸡鸣听消息，嗟我秘书处，一夜三坐起。还有联络官，奔波板门店，直升飞机至，趋前握手见。又有新闻记，日日得放屁，放屁如不臭，大家不满意。记录虽闲了，抄写亦不易，如果错一字，误了国家事。警卫更辛苦，跟来又跟去，万一有差错，脑壳就落地。

千万辛苦事，一一都过去，究竟为谁忙，4点75亿，遥念周总理，常怀毛主席，寄语有心人，应把冬衣寄。

第三节　范·弗里特弹药量

那就让飞机大炮去辩论吧。

——特纳·乔埃

1951年8月18日，几乎在姚庆祥事件发生的同时，美军悍然发动了猛烈的夏季攻势。

北汉江以东至东海岸狭长的防御线上，驻扎着朝鲜人民军第2、3、5军团。虽然人民军一直枕戈待旦，但美军的攻击规模还是超出了他们的预料。

在浪涛般的强大炮火辅助下，美军的3个师正面强攻人民军阵地。这样令人窒息的攻击足足持续了七天七夜。人民军终于在8月24日瓦解了敌人的攻势，随即发动反攻。

同样为期一周的反攻结束后，盘点战况，人民军第5、第2军团阵地被敌人突入了2至6公里，第3军团阵地则屹立未动。

这些在谈判期间发动的进攻，都被进行了严格的新闻管制。“直到昨天晚上，新闻审查机关才允许记者在报道中说除南朝鲜军队之外，其他国家的军队也投入了战斗。3周之前，在汉城的记者们被告知，军方不想让他们把美国军队介入攻击的消息告诉美国人民。因为攻击是在和谈之际进行的，所以这一消息不免要使国内公众震惊。”

在此期间，第八军司令部一直对国内宣称，这些攻击完全是由南朝鲜军队发动的、“有限制的进攻”。

以“范·弗里特弹药量”闻名遐迩的范·弗里特将军是一位作风彪悍的进攻型将领。在9月12日的记者会上，他的声明使他听起来就像是被迫发动战争的受害者，“我对和平的希望是根据联军的实力而言的。目前敌军伤亡惨重，冬季结束之前我们还要给敌人以更大的打击，这样他们就渴望和平了。不论他们在冬季是要发起进攻还是要固守，他们都将如饥似渴地期待和平”。

即使是在砌词，这位勇武的将军依然没能成功掩饰住他的高傲。

从9月9日起至14日，美军调整部署，转入重点进攻。美陆战第1师两个团、李承晚军第8师全部和第11师1个团共6个团的兵力，正面进攻人民军第3军团。敌军在猛烈炮火和航空兵配合下进犯，人民军第3军团的每一个阵地都遭受到7至8次的攻击，有的阵地甚至达18次，但美方均被击退；与此同时，人民军部队也利用可能的机会进行反击。

美军的夏季攻势持续了整整一个月。

当范·弗里特在朝鲜肆无忌惮地倾泻炮火，并以五倍于美军作战规定允许限额的弹药消耗量，实践着自己“唯火力制胜论”的信条，美军急速增加的伤亡人数引起了国内注意，范·弗里特不得不强忍着对批评家的怒火，耐着性子进行解释。

在发觉自己所谓的“攻打山头”并非一条有力的作战理由后，范·弗里特又找到了一条新的理由：“第八军迫切需要积极采取行动，以阻止僵局带来的可怕的软化过程……我不能容许我的部队软弱和涣散……这些战斗一方面削弱了共产党侵略者的力量，另一方面使联军成熟了……吸取了经验教训，学会了战斗的技能，第八军越来越成为战斗学校了。”

这条使范·弗里特颇为自得的理由，成了美国国内舆论、媒体责问军方的重要把柄。

“范·弗里特将军把战场上牺牲的士兵比作建造防海大堤的‘载入史册的英雄青年’，这一比喻可不怎么恰当。如果那些荷兰青年是范·弗里特，那么他们肯定会在大堤上捅几个洞以使防洪队员避免‘僵局带来的可怕的软化过程’。”媒体如是讽刺道。

9月14日以后，美军开始无限发动“有限制的进攻”，频率有增无减。每天，5个营左右的兵力会轮番向人民军阵地进攻，但收效甚微。从8月18日开始，直到9月18日结束的夏季攻势里，美军突入人民军阵地2至8公里，占领土地179平方公里，伤亡数字则达到78 000人。

最典型的战例发生在9月初。在文登里东南3公里的851高地及其以南一线高地，美军再次发动“有限制的进攻”，企图夺取这一带的高地，以改善防御态势。经过1个多月的争夺，李承晚第1师、美军第2师和陆战第1师损失惨重。据美方报道，仅在一次争夺战中，死伤就超过1个营的四分之一，其中1个排在冲击中剩下13个人，当最后冲过人民军火力封锁地区的时候，只剩下3人了。

在这个地区战斗的美军士兵把851高地叫作“伤心岭”。在随后的“秋季攻势”中，美军第2师在航空兵配合下，又以50辆坦克发起了“结束伤心岭战事”的攻击。结果，正像美联社记述的“美军再次被手榴弹和步枪火力挡住了”，851高地岿然不动。

在1951年夏秋季节，美军的袭扰频率达到极致。

战略上的均势已经形成；出于政治需要，杜鲁门政府无论如何不愿在此刻熄灭战火；美军的空中优势又十分明显。这一切，使得美军抱着予取予求的心态，几乎是肆无忌惮地反复发起“有限制的进攻”。

美军地面部队的“夏季攻势”锋锐未减，空中的“绞杀战”也如火如荼。

进入夏季后，朝鲜的雨水渐渐丰盈起来；但一季的风调雨顺并未如愿来临，人们迎来的，是40年不遇的特大洪水。

这是朝鲜半岛的哭泣。但泪水无法浇灭战火，泛滥的洪水给志愿军和人民军的补给造成了实实在在的困难。

经过一年的营造，中国铁道兵已在朝鲜北方修筑起纵横交错的运输补给线，即使在美军高强度的轰炸之下，这条志愿军的生命线依然能迅速修整，重新运营。

李奇微曾和美军远东空军总司令斯特拉斯迈耶中将算过一笔账。

在朝鲜战场，美军飞机虽多达1600架，但朝鲜境内铁路约有1000多公里，公路万余公里，如果平均计算，每架飞机需轰炸1公里铁路、10公里公路。而在漫长曲折的朝鲜交通线上，志愿军已一共布置了4个铁道兵师、4个高射炮兵师，以及工程兵、警卫兵、兵站、游动哨、对空监视哨，后勤兵力达到22万，对交通线所做的警戒相当严密，即使是美军飞机也不敢轻易低飞袭击。

更令人叹为观止的是，即使铁路、桥梁被美军炸断，只要飞机一撤离，志愿军和人民军的后勤部队就会像工蚁一样冒出来，几小时之后，路桥就恢复如初了。

李奇微转而在地图上寻找关键路段。

在鸭绿江，共有三条铁路与中国接轨，分别始于西线的新义州、东线的满浦、中线的水丰电站。

李奇微和范·弗里特找到了关键点。

于是，从8月中旬起，在朝鲜半岛北部，整日浸泡在水渍中的中朝铁道兵们除了遭受暴雨袭击，还要随时防范敌机倾泻的炮弹。

这种被命名为“绞杀战”的凶狠空袭持续了整整十个月。

这期间，敌之各型飞机已由战争开始时的553架增加到1700余架，其中用于轰炸破坏中朝军队后方的过半。这些钢铁鹰隼有着明确的攻击目标：中朝军队集结地域、补给基地、公路和铁路桥梁、交通枢纽。

仅在北方新安州、价川、西浦三角地带铁路运输枢纽地区，美军平均日出动5批100余架次飞机集中轰炸；此三角地区几段仅长73公里的线路上，4个月共中弹38 186枚——平均每两米中弹1枚。

为了寻求谈判，志愿军早已停止了主动进攻，将整体战略转为全面防御。于是，70%的高射炮兵被布置在了铁路运输线上，铁道兵、工兵就像一群工蚁，冒着倾盆而下的炮弹之雨，奔忙在燃烧的、近乎废墟的铁道线上，抢修路桥，分段倒运，将损失降到最低。

9月12日，随着中国人民志愿军空军进入朝鲜天空，美军轰炸机毫无顾忌地轰炸得以被遏制。直到1952年6月底，美军难有成效的“绞杀战”宣告结束。

美军也意识到，空袭并未取得理想效果，“在现代化装备同原始化人力对抗中，空军虽然大大削弱了敌人前线部队的进攻能力，但未能按预料那样彻底切断敌人的补给，对谈判和作战没起什么作用。”

美国从事战史研究的著名学者拉塞尔·韦格利教授曾对李奇微这段战略行动作了一番描绘，他说，在这种情况下，“如果‘联合国军’司令部决意寻求决定性的胜利，那么唯一可用的方式就是跟中国和北朝鲜军展开激烈的歼灭战。这场歼灭战势必要求‘联合国军’付出极大的代价，从而使得这场努力与其说是‘胜利的’，还不如说是‘悲壮的’了。”

开城谈判之前，艾奇逊等人为找到谈判之门，急得“像一群猎狗那样到处去寻找线索”；但当谈判刚刚达成议程协议，马歇尔却在参议院外交委员会上埋怨说，“马立克的停战建议，已严重影响了美国的防御计划”。

这并非美国政府健忘。实际上，在艾奇逊一手炮制的《国家安全委员会第68号文件》（NSC68）生效之后，美国政府正按照这位精明的国务卿制定的扩张攻略，按图索骥，利用朝鲜战争形成的紧张局势，“以尽可能快的速度扩充自由世界的政治、经济和军事力量”。

显然，开城停战谈判所引起的缓和气氛与此战略相悖。

此时，在所有政治因素中，对杜鲁门最为重要的是《旧金山对日和平条约》。

新中国的建立并与苏联结盟，苏联掌握了原子弹技术，这两件事是杜鲁门最大的心病。为适应这一新的战略形势，杜鲁门和艾奇逊制定了新的战略扩张计划（NSC68号文件），巧妙绕开了反对党的层层阻挠，为军事扩张偷偷打开了一扇大门。

在远东重新武装日本成了当务之急。为此，美国不顾苏联的反对，不顾印度、缅甸等和平中立国家的拒绝，于4月单方面制定了对日和约草案，6月就策动吉田茂宣布“解除”对68 900名日本军国主义分子的整肃；7月12日同英国政府公布对日和约修正草案；7月20日发出邀请，邀请49个国家的代表到旧金山参加对日和约的会议。杜勒斯的想法是不管苏联参加与否，对日媾和都势在必行，而且最好是苏联拒绝参加。

出乎预料的是，苏联竟于8月12日通知美国，决定参加旧金山对日和会，并且提出了一套方案。看来，苏联是决心要在会内同美国掰一掰手腕了。当时，英国政府虽然在美国的压力下基本接受了美国搞的对日和约草案，可是它对美国向东南亚的渗透一直抱抵制态度。就在当年3月间，英国政府为了讨论抵制美国向东南亚的渗透，还专门在伦敦召开过驻远东各地的使节会议。

在杜鲁门和艾奇逊看来，他们最需要的武器是“紧张”，只要国际局势是紧张的，和约就一定能通过，远东战略就能成功执行。

1951年9月5日，旧金山当地时间上午10时，对日和约第1次会议在艾奇逊以代理主席资格主持下开幕。

苏联代表首先发难：没有中国代表参加就不能讨论对日和约，应尊重中国人民的正义要求。在遭到美国拒绝后，接着，苏联代表又提出了修改和约草案的建议，这个建议同美国的主张针锋相对，其中包括：应该明确日本所放弃领土的归属问题；媾和后，全部占领军立即撤退；限制日本的军备；日本不得加入以任何原交战国为对象的军事同盟等等。

但美国拒绝讨论苏联的建议。

9月8日，签字仪式顺利完成。美国如愿以偿，把日本建成远东岛链的核心。

在美国国内，杜鲁门政府同样需要“紧张”。

国防部长马歇尔的防务计划的主要目标是“建设并维持能在一个相当长的时期内保持某种实力地位的军事力量”，并且“要大幅度提高美国工业和人力迅速进入充分动员的能力”。马歇尔主张创造能快速动员进行全力以赴的战争的工业和人力的基础。他说：“这是可使我们处于一种强有力地位的一步棋，从这种实力地位出发，我们就能够迅速达到需要走到哪一步就可以走到哪一步的那个程度。”

为了建立这种适应总动员的工业基础，马歇尔就像一个精明能干的大商人，他长袖善舞，寻求在可能范围内最大数量的供应商中分配当前急需的国防订货，以便“不仅尽快得到当前集结所需的物资，而且可以装备加设的工厂和装配线”。他想发展一个尽可能宽广的国防供应专家与力量的基础，以便能快速动员以进行另一场类似第二次世界大战规模的战争。

为了达到预想的战略规模，马歇尔还重提了他的普遍军训计划。1951年6月，受制于《国家安全委员会第68号文件》的国会勉强通过了普遍军训计划和兵役法。可是朝鲜停战谈判却不期而至，无法避免。于是，本应立即生效的选征兵役制度遭到搁置，从而延缓了普遍军训计划的实行。

这才是马歇尔为什么说马立克的停战建议“已严重影响美国防御计划”的缘由。

随着《旧金山对日和平条约》在9月8日签订，艾奇逊大功告成，远东岛链成型，国家防御计划得以继续，美国的扩张策略进入了全新时期。

于是，杜鲁门政府再也不用顶着国内外的停战压力，在战场上耗费心力罗织说辞、自导自演。对日和约一经签订，美军立即重新寻求谈判。

第四节　满月里转机，板门店承诺

谈判几乎刚一恢复就被“联合国军”飞机对板门店的一次空袭破坏了。这一次不是编造的空袭，而确实是一次误炸事件。为此，我们承担了责任并表示了歉意。

——马修·B. 李奇微

9月10日凌晨，月明星稀。

一架美机像幽灵般穿行在夜色中。月光皎洁，战斗机划过了开城的星空，在满月里区域洒下了一大把火花。

被击中的是一些民房，没有人员伤亡。

在中朝代表的强烈要求下，双方联络官一起赶赴事发地点调查。

中朝联络官张春山觉得有些意外，因为对方参与调查的不是以往那位作风蛮横的肯尼上校，而是换了一位名叫戴罗的陆军上校。此人沉着、冷静，他观察每一处弹痕的角度，仔细听取房屋主人的证词。他怀疑可能有人上房射击，便爬上屋顶，拿出皮尺左量右量。

张春山说："人证、物证俱在，你方违反协议的事实不是很清楚了吗？"

"现在还不能肯定。"戴罗显得十分沉稳、老练。

张春山说："那么这些证据还不够吗？"

"我没有看见是我们的飞机。"

张春山有些不悦，不无讽刺地说："如此说来，你只有跟着这架飞机到达这里，从空中掉下来才能证明是你们的飞机啦。"

戴罗不回答，也不辩解。

事有凑巧，恰在这时，远方传来飞机的轰鸣声，由远而近，震耳欲聋——美军轰炸机、战斗机编队正保持着战斗的序列，从中朝联络官上空飞过。

张春山指了指天上的飞机。

戴罗依然没有说什么，但表情已十分尴尬。

"满月里事件"的当晚，美军总部电台广播承认，此次事件是"联军"飞机所为；第二天，即9月11日，对方首席代表乔埃正式致函南日，承认满月里事件是美方飞机造成的，并表示遗憾。

自两军停战谈判以来，美方代表像这样的"认真调查"，"表示遗憾"还是第一次。9月17日，"联合国军"总司令李奇微又主动给金、彭来信，承认此次事件的责任并表示遗憾。

李奇微的来信给了中方一个明确信号。

之前的美方，无论如何事故频出，都拒不承认，极力拖延谈判进程；但这次却爽快承认，甚至给人一种强烈的感觉，即美军是在借这次未造成伤亡的空袭，制造一个"表示遗憾"的机会，适当平息中朝的怒火，以便重启谈判。

中朝代表团马上召开了紧急内部会议。种种迹象足以表明，对方有可能重新回到会场上来。特别是美军在其"夏季攻势"中伤亡较重，与其一意孤行继续扩大战争，不如回到谈判桌上来才是正路。中朝代表还发现了一个极有价值的信号：早在9月2日，李奇微总部任命李亨根接替白善烨为谈判代表。既然谈判中断了，为什么要任命新的代表？

答案只有一个，即美方在对日和约即将签订之前，就已经开始筹划重开谈判之门了。

善于在媒体面前和回忆录里将自己描述成被动一方的李奇微，成功做到了谈时想打，打时想谈。

无论如何，谈判时机总是重新出现了。9月19日由金日成、彭德怀致函李奇微：

鉴于你方已经对最近一次“联合国军”破坏开城中立区的事件表示遗憾，并愿对于开城中立区协议的破坏持负责态度，因此，为了不使上述那些未了事件继续妨碍双方谈判的进行，我们建议你我双方代表应即恢复在开城的停战谈判。

金、彭给李奇微致函的第二天，杜鲁门也公开表态：美国“愿尽一切努力促使朝鲜冲突获得和平解决”。

此时，南方总统李承晚循例发表声明：除非中国人撤出朝鲜，否则，和平不能恢复。

照例，李承晚的强硬没有得到中美双方的重视。3天后，李奇微答复中朝，要求先恢复双方联络官的会晤，而非正式谈判；通过联络官的商谈，为正式谈判做准备。

李奇微的态度又引起了新一轮麻烦。

李奇微在讨论恢复谈判的来信中，仍不想失去主动权。他不但推卸历次事件责任，并将拖延谈判之责诿之于中朝方面，进而提出更换谈判地址事，建议双方联络官于9月24日在板门店会晤，讨论双方满意的复会条件。

9月24日，不单有双方的联络官会面，还有金日成、彭德怀致函驳斥李奇微拒绝承认美方破坏开城中立区协议的各次事件。

人所共知，你方所造成的8月22日的挑衅事件及其以后一连串的同类事件，是使开城谈判无法继续进行的直接原因，其责任当然属于你方。我们已命我方联络官于9月24日上午10时与你方联络官会晤，以洽谈在开城恢复谈判的日期和时间。

当天，双方联络官奉命在板门店会晤。

这时的板门店，放眼望去皆是旷野，只在路边有一座朝鲜式的草房，代表着两支世界最强部队军威的双方联络官无可奈何，只好稍作寒暄，然后就风尘仆仆地站在路边的风沙中大声交谈。

中朝联络官提出请对方来开城开会，现在要讨论的只是恢复谈判的日期和时间，对方则坚决要讨论改变会址，而中朝联络官认为只有通过双方代表举行的会议才有权处理改变开城中立区的协议。为此争执不下，9月24日至27日多次会晤均无结果。

9月27日，李奇微再次来信，要求更换会址，把会址迁到一个不在任何一方单独控制之下的地区，并具体建议设在板门店以东的松贤里。

10月3日，金、彭复函李奇微，指出，改变谈判地址没有任何理由，再次建议立即在开城恢复谈判。

次日，李奇微复函，以退为进地提出："既然你们拒绝了我所提在松贤里开会的建议，我建议我们的代表团在一个你们所选择的，而为我们能接受的大致位于双方战线之间的中途的地点会晤。"

"联合国军"和志愿军指挥官互不相让，这种强硬的态度使谈判再次陷入僵局。

停战谈判要恢复而又不能恢复的状况，引起了国际舆论的不满。面对汹涌的舆情，布雷德雷在接见记者时不得不安慰说："共产党拒绝把停战谈判搬到一个新的地点，不一定是会谈达成停战希望的破灭。"

可是杜鲁门、艾奇逊等又无法说服李奇微向共产党低头让步，所以他们不得不又一次求助于苏联。10月5日，美国驻苏联大使寇克拜访苏联外长维辛斯基。寇克说，他是奉美国政府之命，请求就朝鲜局势和苏美关系的声明通知苏联政府，并请斯大林大元帅予以注意：

朝鲜问题是目前最尖锐、最危险的、需要立刻解决的国际问题，希望苏联帮助朝鲜谈判圆满结束。如果谈判结局不利，可能在美苏之间造成不良影响。美军司令部反对在开城讨论关于停战的问题，它认为这是政治性的问题。然而，共产主义集团没有表示出愿解决国际悬案的意愿，苏联在许多国际问题上坚持不可调和的态度，这种态度使美国和其他国家惶惶不安。

苏联外长当即指出，美国所表明的立场和观点根本就是自相矛盾，并不利于国际局势的缓和；但苏联政府还是将这一情况通报给中国和朝鲜政府。

10月7日，金、彭向李奇微致函，指出对方破坏开城中立区协议的事件决不是迁移会议地址所能抹去的，对方对于这类事件所应负的责任也不是迁移会址所能逃避的；同时指出，目前的问题应该是立即恢复停战谈判，并在双方代表团的会议上严格规定关于会议地区中立化及会场安全保障的协议，使过去对方这类违协事件不再重犯，尤其是要使双方对这个协议负责，再不容许像过去那样只用来约束我方而对方可以借口对该地区没有责任而肆意破坏和抵赖。

为此，中朝代表团建议："停战会议地区中立范围，应该扩大成为将开城和汶山都包括在内的一个长形地区，而将会场地址移至板门店，并由双方负责保护这一会场地址。"

10月8日，李奇微来函同意会址设在板门店，建议双方联络官在10月10日会晤，讨论恢复谈判事宜。

10月10日的会晤转眼就到。

晴朗的天空之下，板门店的路边搭起了一顶绿色帆布帐篷，空旷的野地里，这顶帐篷就像黑色湖面上一片孤单而突兀的荷叶。在荷叶的遮蔽下，双方联络官终于能以较为舒服的状态开会了。

由于已经确定了会址，这次会谈原本被认为是一次轻松的例行公事，双方联络官也显得十分放松，未承想，这次谈判一开始，双方就爆发了激烈争执。

美方只肯保证，新的会议地址周围一个小的中立区和开城、汶山通往板门店的公路不受攻击。

在中朝联络官看来，美方的意图再明确不过，无非是仍要保留对中朝代表团驻地的空中威胁。鉴于以往事件的教训，中朝绝不退让，坚称开城、汶山间中立区范围应予扩大，以保证停战谈判得以在不受干扰的情况下进行。

联络官会议进展非常迟缓，并不断受到阻挠。

就在会议开始的第二天，又发生了对方飞机向会议示威的活动。

当10月11日会议正在进行时，板门店上空飞机轰鸣，机枪声起，美军飞机又飞临会场上空盘旋。

随后，悲剧终于发生了。10月12日下午会议结束后，美方终于擦枪走火，酿成惨剧。

当时，中朝联络官回到开城正在整理记录，忽然响起凄厉刺耳的警报声。人们有条不紊地纷纷进入防空洞，有的躲进单人掩体。美军飞机绕行了几圈，反复用机枪扫射，一时间，开城之内烟尘弥漫。

防空警报解除后，清点损失的人们发现了一个噩耗：敌机在板门店会址帐篷附近扫射时，一个12岁的儿童当场遇袭死亡。

当晚，双方联络官进行现场调查。事实俱在，对方联络官答应回去报告调查结果。调查将要结束时，死者的父亲拨开人群，冲到对方调查员恩德伍德面前，悲愤地抓住对方，哭诉："你们打死了我的儿子，你们有罪！我要儿子!"

早在10月11日，《纽约时报》的社论就写道："共产党通过捏造事端使和谈中断几星期之后，现在又同意在一新的中立地点和谈了。这一新的中立地点还有新的中立措施"，而在新的空袭发生之后，《纽约时报》又报道说："（联军联络官）在对这名12岁儿童的尸体进行了初步检验之后，不能确定共产党的指控是否属实……共产党人很可能利用这一事件——无论是否属实，要求对中立区实行更严格的保护。"

一贯立场坚定的《纽约时报》这次却没跟上军方的节奏，完全踩到了相反的节拍上。

就在《纽约时报》坚决否认的同时，李奇微承认了这次事件。

10月14日傍晚，李奇微致电金、彭，承认12日发生的事件。电文中承认，在当天下午，3架美军喷气式战斗机在返航时"违背了避开中立区的指示"，对中立区进行了两次袭击。第二次空袭时，"飞机用机枪扫射了板门店附近的道路"，打死一名男孩，打伤他两岁的小弟弟。这次电文的措辞很缓和，没有辩解的词句，不仅承担责任，还表示要采取迅速而合适的纪律制裁，接着，美方发表声明，公开表示道歉。

从此，联络官会议的效率大大提升。中朝人员工作相当紧张：每天上午早饭后在团内听取指示，研究方案，然后按时驱车赴会，进入会场就是一场面对面的激烈争辩，散会赶回驻地，立即汇报……

经过漫长、冗繁的争论，在10月18日的会议上，美方终于提出以开城中心为圆心、3英里为半径的圆形地区为免受攻击的区域，中朝予以接受。

中朝则提出由开城至板门店、汶山的通道宽度改为400码（约366米），联军也表示同意。

10月21日，双方联络官商定的几个协议文本全部达成，于10月22日上午10时草签。多日不出面的肯尼上校也出席了，并由张春山和他在协议上签字。

这时，双方大批新闻记者拥进帐篷，双方联络官也终于展颜微笑。肯尼还主动提出要在帐篷内安装地板和汽油炉子，以便减轻中朝方面布置会场的负担，还建议在会场区周围安装气球，以避免飞机误入。这些建议都是以商量的口吻提出，并与中朝联络官讨论的。

双方联络官耗时将近半月，总算为了双方代表团的安全和保证停战谈判顺利进行，达成了这个《关于双方代表团复会事宜的协议》。它的主要条文是：

一、代表团在板门店附近复会的具体地点。

二、会场区是以会场为中心，以1000码为半径的圆形区域。

三、对于如上规定的会场区，双方一切武装力量，包括陆、海、空军的一切正规与非正规部队武装人员，均不得进行任何敌对行动。

四、双方武装人员除规定的军事警察外，不得进入会场区。会场区内的安全与秩序的维持，由双方指定的军官共同负责。代表团人员在会场区内期间，由双方各派由两名军官和15名士兵组成的军事警察队，协助此项任务的执行。代表团人员不在会场区内期间，双方的军事警察在会场区各留驻1名军官与5名士兵。军事警察所佩带的武器限于小武器，即手枪、步枪、卡宾枪。

五、双方代表团及其组成人员，得自由进入板门店会场区，并在区内自由行动。双方代表团的组成，各由其首席代表决定之。

六、关于谈判会议及会场区所需的物资设备及通讯与行政事务的安排，由双方联络官协议之。朝中代表团方面负责供给适当的共用设备，以作双方代表团、会议场所之用，并负责会议室内之布置。除此之外的设备，由双方代表团自备。

七、对于以开城交通中心为圆心、3英里为半径的圆形区域，与以3英里为半径、圆心位置如附图所示的圆形区域内的“联合国军”代表团驻区以及开城、板门店、汶山通道两侧各200米的地区（如附图所示），双方一切武装力量，包括陆、海、空军的一切正规与非正规部队与武装人员，不得进行任何敌对行为。

八、双方代表团复会日期与时间，由双方联络官协商决定。

在达成上述协议的同时，双方还达成了《双方联络官的共同谅解》，这个“谅解”共有5条，即：

一、协议中武装力量一词，仅包括双方控制下或公开暗地唆使的武装部队与武装人员。当双方调查中所发现的事实在合理的范围内无可置疑地证明了任何一个案件的负责人员属于一方控制下或为一方所公开或暗地唆使者，该方不得推诿其责任。

二、对于报称违反协议事件的调查，将按过去联络官的惯例进行。

三、双方联络官间关于双方代表团复会事宜所达成的协议，将作为双方代表团所将确定的整个停战谈判期间的全面安排的协议的有关部分的草案。

四、整个停战谈判期间安全安排的协议，经由双方代表团决议后，将代替一切既往的安全协议及关于开城会场区和中立区的协议。

五、除在气候条件与技术条件无法控制的情况下，双方军用飞机均不得飞越板门店会场区上空，“联合国军”军用飞机不得飞越开城区及开城区至板门店会场区通道区域的上空，朝鲜人民军及中国人民志愿军的军用飞机不得飞越汶山区及汶山区至板门店会场区通道区域的上空。

这个“谅解”的第一和第五项宣告了美方两个多月来抵赖违协事件的拙劣手段的彻底破产。这是中朝联络官艰苦斗争的一项胜利。

双方首席代表交换信件批准了上述协议与谅解的文件。

对这一系列事件背后的复杂博弈，中方代表解方少将在回忆文章中做了分析：

在战场上“辩论”的结果也不行，还得谈判，美国自己内部也有压力，他们是死不起人的，机关枪、飞机、大炮都可以受些损失，消耗大点也不要紧，可是人他死不起。美国最怕的就是死人，死了人，家属可以向政府提要求，他们得给人家赔偿的。所以各方面的压力，逼得美军不得不回到谈判桌上来。这就形成了军事斗争与政治斗争交织的边打边谈的相持局面。对这种局面，在谈判之初彭总就预料到了："我们决不能指望敌人放下武器，立地成佛。要立足于打，以打促谈。"

为了恢复谈判，美军用了一种"办法"——派飞机违反协议。这回打的不是代表团驻地，而是在板门店扫射一辆朝鲜农民的牛车（本书作者注：指满月里空袭事件）。敌人一扫射我们就提抗议了。美军趁机提出双方联络官会晤。原来双方都中断了接触，这下用违反协议的办法又把钩挂上。当时，我们开玩笑说："你别看美国人个子大，他要弯腰的时候也很灵活哩！"双方联络官见面以后，美军的态度比以前好些。我们的联络官对打牛车一事提出抗议，人证、物证都摆出来了。他们说："这完全是误会，我们错了，对不起。"当场就口头道歉，并建议双方代表团会谈时解决这个问题。就这样，中断了63天的谈判于10月25日在双方商定的新会址板门店又恢复了。

至于美军方面，李奇微则没有同意在开城重开谈判。这是因为"中朝方面的回信中对于联合国方面在以前作为重开谈判的条件所提出的改变谈判地点问题采取了不予理睬的态度。李奇微上将和乔埃代

1951年8月23日，停战谈判中断。后来双方停战谈判会议地址由开城移往板门店。图为1951年10月25日在板门店开会时的会场区。

表也都看清了‘在开城谈判只是被对方玩弄，在宣传上被利用，谈判到什么时候也不会取得进展。而且是有被强加给不利的条件和发生难以挽回的事故的可能性’”。

至此，中断了63天的停火谈判，终于重起炉灶。

李克农和乔冠华的团队在厉兵秣马两个月后，终于要再度开始战斗了。

他们要面对的，除了日益错综复杂的谈判桌，不停变化的国际形势，还有失去战友的痛楚。

9月下旬，随团工作的新华社骨干丁明正在熬夜工作，突然间腹痛难忍。当场倒下的丁明很快被确诊，他的病因非常简单：阑尾炎、胃穿孔，导致了肠麻痹。

积劳成疾的丁明未能像往常一样坚强地从病床上站起。在1951年，开城前线的医疗条件之简陋可想而知。虽然紧急从志愿军65军、东北军区卫生部调来专家，火线救治，依然于事无补。

在开城前线昏暗、闷热的治疗室里，丁明的阑尾手术简直无法进行。执刀的医生切开丁明的腹部，竟然无法找到阑尾。医生泣不成声，一边哭，一边把切开的部位原封不动地缝了回去。

据通信战士范海保回忆：

由于手术大量失血，发高烧，病情非常危急。尽管为丁明输了血，而且他神志还很清楚，但我看到，他表情很痛苦，脸色灰白，嘴唇颤抖着说不出话来。当时开城医疗条件较差，李克农忧心如焚，要医务人员不惜一切代价抢救丁明同志生命，并通过我驻朝使馆紧急发电，请志愿军卫生部吴部长前来诊治。

吴部长赶到开城后，李克农亲自为他介绍了丁明病情。然而，第二次切腹发现阑尾并未发炎，而是腹腔有炎症，胃部已穿孔，诊断为胃溃疡导致胃穿孔。做了技术处理后，准备进行综合保守治疗。不料，病情迅速恶化。

就这样，在9月29日，积劳成疾的丁明病逝于开城，魂安友邦。

第五章

重划军事分界线

重划军事分界线，战俘遣返，这是朝鲜停火谈判的两大难题。

仅划线一项，从1951年7月26日开始谈判起，耗时120天，争执不休的谈判双方才终于达成共识，决定以双方实际接触线为准，重新划定分界线。

但众所周知的是，“边打边谈”的朝鲜战争总共持续了漫长的三年时间，双方的战线就像不断变化的心电图般，一直南北波动，几乎从未定型；往往双方谈判代表刚在地图上仔细划定了一段界线，前线就传来阵地易主的消息……

因此，在确定“以实际接触线为准”的准则后，双方代表又在谈判桌前进行了三次“划线战争”，直到1953年7月24日才敲定方案，赶在停战协定正式签字前三天完成了分界线的划定。

第一节　静默战争

谈判桌上得不到的东西，我将从战场上得到，而且要得到更多。

——马修·B. 李奇微

1951年10月25日，中断已久的谈判重启了。

和中方代表一样，美方首席代表乔埃也感慨万千。谈判中断63天，代表们已恍如隔世：不仅国际形势几经变更，连代表团成员都几度易人，韩国代表白善烨此时已重返战场，接替他继续谈判的是李亨根；而中朝代表团的邓华与张春山同样也返回军部，取而代之以边章五、郑斗焕。

乔埃十分清楚，经过三个多月的当面交锋与隔空喊话，关于如何划定一条更靠近北方的分界线，美方手中握着的砝码其实所剩无几

板门店谈判时的会议帐篷。

了。

为了确定划线的准则，双方已进行了多次论争。

早在7月10日，双方代表第一次坐在谈判桌边时，中朝代表南日大将就明示：应以三八线为军事分界线，双方武装部队同时后撤10公里，并尽快将此地区确立为非军事地带，将当地民政恢复到1950年6月25日前的状态。

南日的提议并非临场发挥，而是据苏联副外长马立克在“和平的代价”演说中提出的“双方军队撤离三八线”的建议而生——正是由于马立克的这次演讲获得了中朝和美国的共识，停火谈判之门才得以开启。

美方既不愿放低身段、轻易让步，也怀着筹备签订对日和约的目的，极力给谈判制造障碍。于是，在当时，乔埃针尖对麦芒地抛出了美方的方案：把军事分界线建立在中朝军队阵地的大后方——中朝军队在临津江以东从现有阵地后撤38到53公里，在临津江以西从现有阵地后撤约68公里。

根据这个方案，美方不费一枪、不伤一人就可净赚12 000多平方公里。在乔埃看来，这样的狮子大开口似乎并不荒谬，因为它“是以战场实际为依据的”。

但在李奇微和艾奇逊心中，这种违背了马立克与凯南协议的做法，自有深意——

当我们在开城表示坚决要把不接受三八线为停战线作为一项主要原则时，（对方）很可能感到惊讶和懊恼，并且觉得是受了骗。

他们之所以可能有这种感觉，有几个原因。第一，凯南同马立克谈话时，第八集团军还只是刚刚越过三八线，它的西翼确实在三八线以南。虽然凯南只是含糊地提到了一条停战线，但马立克却在他的广播演说中十分明确地提到“双方把军队撤离三八线”。而且我们最初提出的议程规定“讨论仅限于有关朝鲜的纯军事问题”，同时，从日本投降以来，我们一直坚持三八线完全是一条军事线，别无政治上的意义。因此，现在要变更它，在共产党看来，就很可能具有政治意义了。

据我看来，事情很可能是这样：他们代表俄国人和中国人出席会议时，原来认为谈判是为了要恢复“以前的状态”，而在一开始他们就发现我们提出的是一条有利于我们势力范围的新界线，它不仅具有更重要的军事意义，而且势将使他们大大丧失威望，这就使他们大为震惊。他们决不会想到，这经过看来好像是在玩弄诡计，实际上却完全是由于我们方面的粗心大意。而这恰恰又是他们喜欢玩弄的一种策略。

多年后，在回忆录中，李奇微就这样以“粗心大意”为由，解释了美方前言尽弃的根本原因。

这样的提案，中朝代表自然不可能接受。于是，南日大将，这位在李奇微和乔埃眼中如同百年前与美军对峙的印第安人一样的“古板”将军，坚决而不厌其烦地重申着中朝的主张：三八线是国际上承认的分界线，战争爆发前也是双方的边界，因此停战线理应以三八线为基准。

南日大将（左）和李相朝中将在会场交谈。

看起来，再也没有比沿着三八线停火更为合理的方案了，朝鲜战争始于三八线，所以也该终于这里。更何况由于前线冲突犬牙交错，双方阵线不断剧变，唯有在三八线停火才可能是最合理的方案。

这个方案是由毛泽东、金日成等中朝领导人拟定的，但毛、金同时也清醒认识到，现地停战更可能将是朝鲜战争的最终结果。

“在战场上失去的，别想在谈判桌上再夺回去。”乔埃每次都会用同一句话做回应。

乔埃当然清楚，这种威胁之语可以增强辩论气势，但无法代替论理。

于是，“海空优势补偿论”与“防御阵地和部队安全论”就新鲜出炉了。

似乎是担心对手难以领会，乔埃点起香烟，极为耐心地阐释了这两种战略思想。

除了地面战线，还存在着海空战线；地面战线只不过是双方地面部队力量的反映（当然，双方的地面实力是旗鼓相当的）；而“联合国军”的海空力量占绝对优势，这是毋庸置疑的。既然要划定军事分界线，当然要综合全局，整体权衡，海空优势必须在划线时得到补偿。

至于“防御阵地和部队安全论”，则是基于三八线上美军无险可守，中朝军队大可随时进犯，因此必须将军事分界线划在美方认为可以确保防御阵地和部队安全的地方。

乔埃的理论一出口，中朝代表当即拍案而起。

中朝代表们几乎难以相信自己的耳朵：美方明明是依靠海空优势，才弥补了早已溃不成军的地面战线，并重新形成了三八线附近的均势局面，在乔埃口中，却成了双方在地面势均力敌，只要美军发挥海空优势，就可将中朝军队赶到鸭绿江。海空优势补偿论是偷换概念，防御阵地和部队安全论更是滑稽——既然美军地面部队与中朝军队旗鼓相当，海空优势明显，那么，要保障防御阵地安全的，应该是中朝方面才对。更不可能由美方单方面主导，它认为何处安全，就在何处划线，否则的话，要是乔埃认定鸭绿江安全，岂不是要将朝鲜全境都划归美方？

乔埃的豪言壮语当天就传到了北京。

次日凌晨，毛泽东、周恩来致电李克农并告金日成、彭德怀：

一、乔埃发言，狂妄荒谬，完全是战场的叫嚣，并非在谈判停战。你们准备的发言，必须首先质问其有无谋和诚意，是谈判停战，还是在准备扩大战争的根据，然后再驳斥其所谓海空军给予地面作战的影响及地面停战而海空不停战的奇谈……

二、从乔埃的发言看来，我方在目前必须坚持以三八线为军事分界线的主张，并以坚定不移的态度，驳回其无理要求，才能打破敌人以为我可以一让再让的错觉。对于这一点，可以让它争论下去，也许要僵持几天，敌人才会重新考虑。如果敌人决心在这个问题上破裂，发表出去，他将完全陷于被动。

这份电报由周恩来起草，毛泽东审定后发出。

在谈判开始之前，中朝代表就对在联合国翻云覆雨的美国政府有充分的心理准备，料到美方代表必然十分盛气凌人，但想不到这群看起来不拘小节、大大咧咧的美国军官胡搅蛮缠起来一点也不含糊。

再也难以压抑怒火的南日怒极反笑，他冷笑着将一大堆斥责劈头盖脸地甩给了翻译。

朝中联军的海空军力量确实逊于美国，但只要稍有军事常识的人就懂得，地面战线是陆、海军联合作战的结果，如果朝中方面的海空军力量占优势，或者与美国海空军力量相当，地面战线不是就推到更南方了吗？

至于谈到防御阵地和部队安全，难道你的防御阵地和部队需要安全，我的防御阵地和部队就不需要安全？为什么不把军事分界线划到美方阵地的后方呢？

沉稳老练的乔埃并不是寻常的美国老水兵，他有着丰富的谈判经验，几乎从不会被怒火冲昏头脑。他一边听着翻译将愤怒的朝鲜人口中那一连串机关枪炮火似的责难逐词译出，一边飞速调整这次辩论的策略。透过从自己口中袅袅升起的烟雾，面似闲暇的乔埃心中多半也和中朝代表一样，既好气又好笑——朝鲜代表的狮子大开口似乎并不逊于美国代表，谈判桌上，一方可以漫天要价，另一方当然也不会任人宰割。

但是，对面这群满目怒火、看起来毫无思想的“原始土著”实在不讨乔埃喜欢，这简直是一群完全不懂得西方现代文明礼仪、被红色思想洗脑的榆木脑袋嘛。

于是，乔埃就像李奇微所说的那样，要“拿出大国的气势来”——他毫不退缩地和南日吵了起来。

在战场形势未变、双方的根本目标尚未能协调之时，谈判代表们是不可能把划分军事分界线这样的重大问题辩出什么结果的，多数情况下，双方只能为了争吵而争吵。

南日和乔埃的辩论一直没有停止——直到第一次谈判被迫中断。

现在对于李奇微和五角大楼来说，这一点都是不可接受的……美国人完全改变了原先的公开立场……这就反过来增加了中国人的怀疑……因此，双方以尖锐对立的立场进行谈判，必然会发生冲突。美国坚持在停战谈判过程中，不停止敌对行动，这使冲突更趋激烈。结果，战场上的军事指挥官为谋求停战而进行的谈判就此中断，会场也成了双方针对对方的激烈宣传战的阵地。

美方高层也在此时与李奇微产生了尖锐分歧。已渐渐失去耐心的李奇微向参联会要求，一定要对共产党“强硬”起来，那种字斟句酌、小心翼翼的外交辞令对中朝代表根本毫无用处。8月6日，他向参谋长联席会议抱怨说：“同这些人坐在一起，将他们看作是开明的人，等于嘲弄我们自己的尊严，结果其背信弃义的行为给我们造成了灾难。”李奇微非常固执，坚持要“以夷制夷”，以牙还牙，来对付这些“背信弃义的野蛮人”。参联会的高层费尽口舌，才平息了这位指挥官的不满。

在南日与乔埃殚精竭虑的激辩中，6天很快过去了。7月31日，李克农眼见无望谈妥，遂两次电告毛泽东，描述了会场里的僵局。他估计，这两位首席谈判代表就算再争执两三天，也划不出分界线来；最终的结果很可能是双方不得已搁置争议，直接跳转到下一个议程。对此，李克农建议发动国际舆论，批判诚意不足的美国。

8月1日，经周恩来起草，毛泽东审定后复电李克农并告金日成、彭德怀：

关于确定双方军事分界线的争论已达六日之久，我方理直气壮，南日同志的发言甚好，已取得有利形势，估计敌人可能企图利用此僵持状态，逼我于双方争持的两条线外提出一条新线来与他协商，或由他提议先行讨论第三项议程以求补偿，同时，也便于敌人进行内部动员和应付内部矛盾。我们对此，应不管敌人企图如何，仍坚持依照程序首先解决以三八线为双方军事分界线的问题，即使继续僵持下去，也仍然对我有利。因为我方主张以三八线为分界线是公开的、合理的，而且是这次停战谈判的基础，敌人却不敢公开自己的提议，而只能消极地反对三八线。如果僵持久了，敌人以原有阵地以北作为分界线的提议公布出去，极大可能会引起世界多数舆论的惊异和责难，在这点上，敌人是有顾虑的。因此，只要我们继续坚持，敌人或者自行转弯，或者进行拖延的宣传战，关于这两种情报都有，但拖延久了，除非敌人准备破裂，否则，总要转弯的。

根据以上分析，我们同意你们对记者报道的指示，并望考虑如何经过双方记者透露敌人的无理提议，以配合会内斗争。

北京方面，今日已广播彭德怀同志的文章，这在宣传方面是会起影响的。今后当根据开城记者报道，着重批评敌人提出无理要求、拖延谈判为对和平无诚意，并照我方的合理主张与谋和诚意。报道及宣传文字均应着重说理，以争取舆论。平壤方面，请金首相考虑，亦作适当配合。

与之呼应，媒体攻势很快发动了。8月1日，北京中央人民广播电台发表了《中国人民志愿军是不可战胜的力量》一文，尖锐质疑了诚意不足的美国政府。

8月上旬，除了国内的新华社与《人民日报》，纽约的《工人日报》，英国路透社等媒体也开始纷纷吐槽：“（美方的行为）已经一脚踢开使谈判得以开始的马立克原先的建议。”

这一波立体攻势十分奏效，乔埃一下掉进了坑——一个由美方自己挖下的大坑。百口莫辩、无法自圆其说的乔埃显然对中朝方发动媒体的能力有所低估，只能勉强应付，称其从未建议在朝中军队的领土上建立联军阵地。未承想，紧随其后的李奇微和联军总部刹车不及，跟着掉进了坑。原来，联军总部刚在7月31日定下了李奇微的声明，表示联军主张在鸭绿江上的海空战线与地面战线中的某处划定分界线，并于8月4日对社会公布了声明内容，恰与乔埃当天在谈判会上的洗脱之辞自相矛盾。

在西方媒体面前没法下台的美方代表团只好公开“辟谣”，李奇微的尴尬可想而知。

一路高歌猛进的美方谈判代表团正在信马由缰，却惊觉四周遍布陷阱，一时间进退维谷。

但是，恰在此时，8月4日正好发生了中朝军警误入中立区事件。这个天赐的珍贵馅饼拯救了李奇微。扼在李奇微解颈项上的手指甫一松开，他就抓住了反戈一击的良机，以此大做文章。

之后，在8月12日的会议中，美方更进一步，试图将拖延谈判的黑锅甩到中朝一边。

至此，毛泽东所预料的最坏局面已经形成，即美方绝不接受以三八线为界停火；至于之前响应马立克停火呼吁时的满口答应，不过是为了树立高姿态的国际形象。

当谈判在8月10日重开时，乔埃刚在会议室坐定，轻松地点燃一根香烟，一抬眼，不禁苦笑起来：他面前又出现了南日那熟悉的、不依不饶的、执着如铁的坚硬面容。

果不其然，南日一开口就再次严厉批驳美方的“海空优势补偿论”和“防御阵地与部队安全论”，会议室大厅里回荡着北朝鲜将军铿锵的音调。

乔埃两手捧腮，平静而沉默。

关于美方理论的荒谬，朝鲜代表在以往的辩论中已斥责了多次。这一天，当南日再次指出，对方没有任何理由拒绝以三八线为军事分界线的时候，一向顽固的乔埃没有进行任何反驳。

事实上，乔埃根本一言不发。

当南日提出质问，等待乔埃回应时，乔埃正微微低头，右手拨弄着面前的铅笔，仿佛正百无聊赖地等待一场与己无关的沉闷电影结束放映——对面的南日就是电影屏幕上的角色。

在诧异中，时间缓慢流逝着，空气中充满烟雾和尴尬的气氛，浓稠得好像凝固一样。中朝代表发现，美方的全体代表都集体噤声，他们或抽烟，或用笔在纸上随手涂抹，要么就是与中朝代表对视。

1分钟，2分钟，10分钟，半小时。

会议室内一片寂静。

南日嘴里叼着象牙烟嘴，双眼像枪口一样直直瞪视着乔埃。

乔埃显得有些无所事事，他偶尔与南日目光相触，就随即避开，点燃一根香烟，自顾自喷吐，但始终不发一言。

邓华、解方和张春山都不抽烟，就冷眼而坐，李相朝则低着头用红色铅笔涂涂抹抹。

原本积蓄了大量“炮弹”，应该猛烈“交火”的双方，全都陷入了憋闷的沉默中。

这就是朝鲜战争停火谈判中最著名的静默谈判。

时间已过去了将近一小时，眼看南日的怒意和鄙夷已经接近极限，坐在参谋席位上的柴成文按照分工离开会场，回到离会场仅有百米之远的“工作队”的“前指”（这是李克农为及时了解会场情况临时在那里工作的一间民房，同时在那里的还有乔冠华和中朝文翻译安孝相），向李克农汇报了会议室里的奇观。

对于美方的古怪策略，李克农显得不以为意。美方显然是不打算谈出什么结果来了，一言不发无非是意图激怒对方，使对方出丑。

他直接向柴成文指示：就这样“坐”下去。柴成文回到会场后在纸条上写了“坐下去”3个字交给解方，他看后依次传给了邓华、南日、李相朝和张春山。

美方代表发现，对面的中朝代表脸上的怒意渐渐消失了。现在，对面的5个人一脸轻松，看起来一点也不像是来这里进行一场关乎几个大国命运的重要谈判。

是那些不知劳累的红色通信兵又在第一时间获得了战场上的重要变化吗？

于是，美方代表倒显出了些许烦躁。

但是，双方依然坚持沉默，谁也不率先开口。

这场“静坐”一直僵持了132分钟。

“我建议休会，明天上午10时继续开会。”

最后，乔埃终于按捺不住，放弃了沉默。美方代表如释重负，一起离开了会场。

中朝代表注意到，乔埃的措辞是“继续开会”，不是继续“静坐”，这实际上等于承认美方施加压力“战术”的失败。

谈判形势瞬息万变，优势几经易手，在双方谈判代表看似冗长、意气用事、甚至荒诞的激烈争吵背后，是顶层决策者复杂冷静的测算与布局。

8月11日、13日，由周恩来起草，毛泽东电告李克农、彭德怀等，嘱咐他们紧密观察敌方态度：

根据敌人这些天在会内会外宣传的矛盾情形看来，敌人所不愿接受的是三八线，但他也不敢公开他所提议的深入我阵线以内的军事分界线及非军事区的具体主张，而只含糊其辞地表示愿就现有战线及军事形势讨论军事分界线及非军事区问题，并作可能的调整。由此可见，敌人原来的提案只是为的换取我在三八线的主张上让步。至于敌人的真正盘子，就地停战加上不大的调整固然是他所求，但如果依地形及军事形势划一条线在三八线南北附近，即临津江移动划在三八线以北，临津江以西划在三八线以南，南北地区大致相等，而名字就叫军事分界线，大概敌人也就有可能准备接受，不过敌人不会自己提出，总想引我方提出对三八线的修正案以利讨价还价，故他在八月十日公报上，说我们拒绝讨论三八线以外的任何分界线，暗示他并不拒绝讨论。关于这样一种设想，现在还不能肯定，望我方谈判代表团加以研究，并请金首相予以考虑。

由周恩来起草，毛泽东8月13日再次电告李克农，并转彭德怀、金日成：

关于目前谈判的策略，你们应该针锋相对地将谈判的重点放在反对敌人的原有方案上头，而少提自己的主张，逼使敌人不能不答复你们的问题。在争论中，也可不再重复自己的主张，而着重批驳敌人的方案及其含糊其辞的主张。其目的，在引出敌人放弃或修改其原来的方案……很可能，敌人仍不会接受，但我们在争论中就应该将三八线与现有战线联系起来，并将军事分界线与非军事分界线也联系起来，以便为下一个原先商定的折中方案做伏笔文章。采用这样谈判策略，引致敌人接近我方所设想的方案，敌人在宣传上将失去主动。

基于此，8月17日，毛泽东在新的电文中更进一步，建议金日成不再提“三八线”字眼，而改用“军事分界线”，巧妙地将军事分界线与非军事区结合在一起，绕开了美方所纠结的死结，也“不束缚将来朝鲜问题的政治解决”。

但在随后的谈判中，美方并未就此作出实质性的协调。因此，中朝谈判代表团向毛泽东和金日成提议，以就地停火划线的方案为主，并得到了毛、金同意。

关于划线的谈判一直僵持着。直到8月15日，双方另谋它途，转而召开小组会，继续探索可能打破僵局的途径。开小组会是美方的建议，即各方指派两名代表进行小组讨论。中朝方面由李相朝、解方出席，对方由霍治、勃克出席。这种会议形式比大会灵活一些，可以不用讲稿，达成协议后提交大会批准。

小组会连续开了两天。在谈判毫无进展、陷入僵局的同时，李克农同邓华、解方、参谋人员反复研究了多次，在8月17日召集全员，又开了一次代表团讨论会。

这次讨论的焦点集中在“实际接触线为军事分界线”同“以三八线为军事分界线”的差别到底有多大？经过测算对比，代表团发现，在东线，对方已推进到三八线以北，其所占领的面积要多于中朝在西线突进到三八线以南所取得的面积；但东线多是山区，交通不便，人口少，耕地不多，而西线中朝军队在三八线以南所占地区，多是平沃广袤的原野，交通发达、人口众多、产粮丰足，连盛产高丽参的开城也在其中；从面积上讲，瓮津半岛加上沿海岛屿虽比东线略少一些，但保住了开城这个正在进行谈判的古都；从政治上讲，如以三八线为停战的军事分界线，停战后中朝军队再退出开城，开城人民难以接受，政治心理影响较大。因此，无论从经济、面积，还是从政治上讲，如果无法以三八线为界，转而以实际接触线为军事分界线，对中朝方面也并无不利。

在讨论中，大家还注意到了李奇微14日在记者招待会上的讲话。在这个讲话里，他表示美军为了防御的需要，“坚持大致依照现有战线来划定军事分界线”。如果他这个声明是诚恳的，那么中朝方面提出以实际接触线为军事分界线的建议，就有可能为对方所接受。

8月18日，为了避免陷入率先发言的被动，已各自备好提案的谈判双方都不愿意先提出方案，不约而同地制定了“后发制人”的策略。小组会议一度陷入僵局。

李代表（李相朝）……深切地等待联合国方提出方案。但联合国方面却希望让中朝先提，这是因为根据直至今天为止的经验，经常是一表示做稍微的让步，就会要求对方做比这要大得多的让步，因此让对方先提出方案已经成了不变的规律和经验。

这时，霍治出乎双方意料地说：“我建议咱们现在丢硬币，各自选择一面，以丢硬币的结果来确定谁先走下一步。”

联军代表纷纷对霍治的提议表示“感到亲切”，因为按照西方习惯，抛硬币无疑是个公平合理的好办法，由猜输的一方先提提案，双方都不会有怨言。

但一贯严谨的中朝代表显然对这种赌赛方式闻所未闻，感到既惊奇又好笑，对霍治的提议感到不可思议——毕竟，在那个年代，这种牛仔式的作风确实会显得不够庄重。

不过，无论如何，双方原本剑拔弩张，此言一出，代表们闻言都纷纷微笑，会场气氛倒也因此松弛下来。

随即，中朝反对了霍治的提议，并率先提出了本方的方案。中朝的方案使联军明确感到了谈判在向积极的方向发展，因为中朝表示愿将一直坚持的方案作出微调，虽然对双方的实际占领面积没有明显变化，但显然增加了对于双方军队实际接触线的考量；更为重要的是，中朝代表的态度似乎也不像之前那样毫无商量余地了。

但是，即便如此，这样的方案也不是联军愿意接受的，依然与其预想中的分界线相差甚远。于是，霍治当即拒绝了这个提案。

见美方不予接受，李相朝将新画的地图也收了起来，态度恢复了一贯的强硬：“是不是双方都恢复原状，重新加以考虑呢？”

会议又回到了激烈的论战和争吵。

会后，联军谈判团的参谋们得出了一致结论：“中朝方面似乎有从三八线案后退的思想准备，假如联合国方面开口提出新提案的话，是不是能以此为基础进入有成果的谈论呢？”

这个分析，确实符合中朝方的真实意图，会后，李克农与南日、李相朝复议，三人一致同意以实际接触线为军事分界线的建议，并向毛泽东提出了这个建议，并且很快得到批准。但遗憾的是，8月19日就发生了枪杀中朝军事警察姚庆祥事件，8月22日美军飞机又轰炸了中朝代表团住所，停战谈判被迫中断，这个具有突破性的方案也被搁置了。

第二节　笔尖下的疆土

美国谈判代表愈来愈明白，联军已真的不能再用继续作战的办法来获得进一步的利益了。

——《星期日泰晤士报》，1951年11月18日

44天谈判，32次代表团大会和小组会，除了一个5项议程和悬而未决的划线方案外，没有任何进展。

现在，中断了63天的谈判在板门店复会了。

10月25日，双方的车队分别从汶山和开城出发，同时踏入了板门店。

此前的一段时期，极为重视开城战略地位的李奇微曾想将开城划入联军版图，但联军一直倾向于“以实际接触线划分界线”，所以李奇微一直得不到支持。

李奇微彻底放弃这一方案，是因为联军的夏季攻势和秋季攻势均未取得预期战果。

敌人的“秋季攻势”被志愿军击败后，毛泽东在10月23日指出：

我们很早就表示：朝鲜问题应当用和平方法予以解决，现在还是这样。只要美国政府愿意在公平合理的基础上解决问题，不再如过去那样用种种可耻的方法破坏和阻挠谈判的进行，则朝鲜的停战谈判是可能成功的，否则就不可能成功。

有了前面这样一些背景，再回到10月25日以后的谈判桌上，许多问题就很容易理解了。

重新恢复的讨论第2项议程的小组会的气氛比较平和，双方都在试探对方下一步如何出手。

当霍治重提“海空优势”，解方说：“我劝你还是不要再谈那套刺激感情的什么补偿论吧！如果一定要谈，那么地面部队的优势难道不要补偿？现在的问题是，你们不同意以三八线为军事分界线，我们决不能接受你方的无理主张，难道我们就这样僵持下去，无所作为吗？”

霍治的确是一位不善辞令的将军。在一次小组会上，他曾十分认真地说：“如果以三八线为军事分界线，根据地形，我方在东线后撤之后难以重新攻取；而你方在西线后撤之后，则易于重新攻取。”

中方的铁嘴解方立刻抓住了霍治的漏洞：“我们在这里到底是在讨论停止战争、和平解决朝鲜问题，还是在讨论停火一下再打更大的战争呢？”

霍治一时语塞。

全世界人民要求和平。世界和平理事会正在开会，联合国第6届大会正在开会，朝鲜问题是重大议题。这是推动谈判进展的好时机，李克农、乔冠华深知，此时此刻不能让对方如此拖下去。

于是，经过几天试探，10月31日，中朝提出一个就地停战、稍加调整、确定军事分界线的方案。“稍加调整”的提出，已是为了顾全大局而做出的让步，是为了照顾对方经常强调的“要有可守的防御阵地”的主张，是中朝方面为和平大局做出的妥协。

但难题依然难解。在讨论中，如何“调整”却是个复杂的问题，难住了双方。

争议的焦点之一，是开城的归属问题。

联军所提出的划线方案，大致是依循双方军队的当时的实际接触线，但在西部则从礼成江东岸北上面通过了开城的北侧，在中部的金城和东部的高城也被划到了战线以南。联军的目的十分明确，他们对夏季攻势和秋季攻势的战果有着积极的期待，并意图以金城和高城作为砝码，与中朝进行兑换。

对开城的志在必得，绝不仅仅是基于联军对建立纵深防线的军事需求，更为重要的是，从政治上讲，高丽参的集散地、古都开城对于南朝鲜政府和人民都有着重大意义，而且在战前隶属于南方，如果拿不回开城，南朝鲜是无论如何都难以接受的。

中朝方面对开城的重视程度绝不亚于联军。在和霍治等联军代表连续争论了几天，为开城的战略意义反复激辩后，中朝的参谋们已经读懂了联军的真实意图，并由此开始对霍治的提案置若罔闻。

开城对于联军的政治意义极为重要，对于中朝而言又何尝不是。之所以选择开城作为谈判地点，正是蕴含了明确的政治象征意义。

关于这一点，联军的参谋们也是心知肚明。

美军的随军心理战参谋巴治教授曾作出明确分析："开城，那是古代朝鲜的首都，但在共军战线的30公里之内，而且在三八线以南5公里。这对于共军的宣传是非常有利的。在开城进行谈判可以给国民造成'联合国军'好像接受了城下之盟。共军保住了三八线以南的地区这样的印象，也就是不败的印象，而且能够使以三八线为军事分界线这样的主张正当化。"

对于李奇微而言，"如果不能获得开城地区，韩国的安全很难保证，因此不得已时即使谈判破裂也在所不惜"。但华盛顿则有不同考虑，美国高层在10月30日曾致电李奇微："只要是可获得堪萨斯线（编者注：西起临津江口南岸，沿江而上，经积城、道城岘、华川湖南岸、杨口至东海岸杆城以北马达里一线，全长约220公里）的防御上所必需的前方阵地，不得已时可做小小的让步"——美国政府并不愿在此时真的把谈判彻底搞砸。

李奇微经过深思，决定作出适当协调。他拿出了一套备用方案，即向中朝要求，将开城划为非军事区，如果对方坚决不予接受，则联军放弃这一提案，但会以此要价，要求中朝军队在中部战线后撤，并使其承认联军实际进入了开城近郊。

这个议案在11月3、4日的会谈中遭到了中朝代表的坚决抵制。在联军代表看来，"中朝方面显示了即使谈判破裂也不肯让出开城的决心"。坚信本方占据了战场优势的联军谈判代表团事后分析认为：

谈判如果真的破裂了，就有开城被联军夺回去的可能……但是，李相朝代表和解方代表一点也没有表现出恐慌……让联军代表看到的是"即使谈判破裂也不让步的态度"，这一点是很成功的。

11月6日的谈判结束之后，华盛顿向李奇微发出最新指示。电报中说：

同意贵官的想法，可是，如果在开城和分界线问题上过于固执不可动摇的立场，不是没有在以后无论如何都必须接受共方主张时而欲罢不能，美国将被迫作出重大让步的这种可能性。

最近共方的让步引人注意，所以如果因开城问题致使谈判破裂的话，美国的舆论将会认为难于理解。因为舆论界并未发现宁愿让谈判破裂而必须要获得开城的理由。所以假如共方无论如何也不接受我方的"将分界线的决定留待将来解决"这样的提案的话，如果附加上"限定时间讨论剩下的协议项目，在到达期限仍未能达成协议时非军事地区可以变更"这样的条件，那就可以承认以现在的接触线作为分界线。

绝不是不同意贵官的将决定分界线留待以后解决的想法，然而这并不是联合国方面的最后要求。共方实质上是在分界线问题上做了让步，所以我们判断应该是转移到下一议程的时候了。如果不这样做，共方很有可能将讨论又回到原来的出发点，重又提出三八线的主张来。

由此可见，美国政府高层的态度是较为务实的，但绝不愿留下任何隐患的李奇微决心将他一贯的强硬态度贯彻到底。

基于李奇微的固执，随后的谈判也成了徒劳。

11月7日中朝又提出修正案，即以现有接触线为军事分界线、双方各退2公里为非军事区的建议。其实，各退5公里以建立非军事区对停战后的稳定更好一些，可是对方过去多次表示太远，所以中朝改提各退2公里。

这样的方案足以一锤定音，可是没有想到美方却于11月8日提了一个对案，毫无道理地要把开城划在非军事区之内，实际上是又要中朝方面退出1 500平方公里的地区。

11月7日取得了重大突破。中共方代表提议以实际接触线为分界线，双方各后撤2公里作为非军事区。可是李奇微却拒绝了这一提案，坚持要以正式停战时双方实际接触线为军事分界线。中共方代表团对李奇微的立场反应强烈，同时参谋长联席会议也感到这位远东司令太僵硬不妥协。李奇微抱怨说中共方是在寻求事实上的停火。参谋长们在国务院与总统的支持下，告诉李奇微叫他接受现实接触线，不过要看谈判中一个来月时间内，其他问题是否也可得到解决。

美方的新建议理所当然地遭到了中朝代表严厉的批驳。11月10日，中朝方面提出如下对案：

一、确定以双方实际接触线为军事分界线，并由此线各退2公里，以建立非军事地区。

二、小组委员会应即根据上述原则校正现有实际接触线，以确定双方同意的现有实际接触线为军事分界线。并由此确定军事分界线两侧各2公里之线为非军事区的南北缘，划出非军事区。

三、小组委员会在停战协议全部商定后但尚未签字前必须按照双方实际接触线届时所发生的变化，对上述军事分界线与非军事区作相应的修改。

当美方不可能坚持其8日方案的时候，又主张不就第2项议程作出具体决定。为什么？因为一旦形成一个“事实上的停火”，美方的士气就无法维持，而且，如果失去“军事压力”这一重要武器，在以后的议程上就会缺少砝码。

美方顾左右而言他，一再拖延，终于引发了一次剧烈的争论。

11月14日，似乎已经失去耐心的李相朝忽然在会上单方面宣布：“分界线的问题已经解决，因此，现在可以认为事实上的停战已经成立了。”

感到诧异的霍治自然不能陷入这种莫名的被动，他当即反驳李相朝。

这时，意外发生了。

在美韩代表眼中的中朝“实权人物”，风度翩翩且善于缓和谈判气氛的解方少将突然大发雷霆。

他冲着霍治代表骂“王八蛋”，大喊大叫着说：“只有鬼才能相信‘联合国军’是诚实的，是爱好和平的”，在最后说出了“‘联合国军’的首席代表是谁呢，忘记了”。

“王八蛋”这个词，在中国是侮辱对方的语言中最厉害的一个词。现在推测这可能是要激怒联合国方面的代表，想使这个问题尽早地解决吧。

与以往不同，常常与美韩代表针尖对麦芒的北朝鲜代表这次反而安然端坐，似乎置身事外。

瞠目结舌的霍治完全不知所措。在美韩代表眼中，比起那些“顽石”般的北朝鲜代表，解方无疑是脾气温和、善于沟通的理性派，且具有拍板的实权；解方的怒骂完全超出了霍治的预期，所以莫名其妙的霍治只有一再隐忍，直到第二天才反唇相讥了一句：“贵官可能还记得贵方首长代表的名字吧”，却被解方当作耳边风，完全不予理睬。

与此同时，美方代表的低效率引起了华盛顿的极为不满。

11月15日，再也不能容忍前方谈判代表无休无止争吵的参谋长联席会议终于下达了明确指令。李奇微被明确要求，在分界线问题上作出妥协。电报中说：

即使接受了共军的提案，不仅不和确实防护堪萨斯线这个基本纲领相抵触，而且也能防护怀俄明线（编者注：西起临津江口北岸，向东北延伸，经铁原、金化到华川湖南岸与“堪萨斯线”相接，全长约156公里，是“堪萨斯线”西部的一道屏护线。）。所以我们并不认为在这时达成协议就是意味着让步。因此，强调在前电中谈到的，将讨论其他协议事项的期限限定为一个月来进行谈判怎么样。当然不能缓和军事方面的压力，但一个月的时间在战线上不可能发生什么大的变化，当然也没有必要限制海、空作战。

至此，联军谈判代表的施压战术正式破产。

经过缜密考虑，美方在11月17日接受了以现有接触线为军事分界线的建议，但加上了有效期30天的限制——“如30天停战协定未能签字，则由双方确定彼时的接触线为临时军事分界线。”11月21日，中朝对此略作修正。

22日，小组委员会就“作为在朝鲜停止敌对行为的基本条件，确定双方军事分界线以建立非军事地区”达成了协议：以双方现有实际接触线为军事分界线；双方各由此线后退2公里以建立军事停战期间

板门店会场区及开城至汶山的中立区

（1951年10月25日）

开城

东场里

板门店

长湍

汶山

图例

开城中立区

铁路

公路

河、海

桥

1000 0 1000 2000 3000 4000 米

的非军事区；如果军事停战协议在本协议批准后30天之后签字，则应按将来双方实际接触线的变化修正上述军事分界线与非军事区。

停战谈判第2项议程于11月22日达成原则协议后，双方参谋人员于23日起，按照实际接触线的方位和坐标确定军事分界线，并划出非军事区的南北缘。

11月23日也成为漫长谈判中极具纪念意义的一个重要节点。美方的随行参谋巴治教授感慨道："从7月26日至11月27日的四个月，经过65次的激烈谈判之后，终于结束了议程第2项的讨论。"

在这四个月期间，参战双方在夏季攻势和秋季攻势中血战鏖兵，均付出了沉重的伤亡代价。

出席会议的中朝方面人员有张春山、柴成文、毕季龙、梅永熙、金善宽、吴克昌和田进；对方出席的是肯尼、穆莱、白特勒、恩德伍德、C. K. TING和两名速记员。

与南日和乔埃严肃凝重的论战大相径庭，谈判人员的职级越低，越不拘形式，但争论也越具体、越尖锐了。如果说在讨论方案时要一平方公里一平方公里的计算，那么现在则要对一座山头、一条小溪在五万分之一的地图上一条曲线、一条曲线地争论了。

在这方面，吃苦耐劳的中朝参谋人员兢兢业业，全力以赴。他们凭借梅永熙、吴克昌等与联合司令部的密切联系所提供的战场情况，对变化万千的战场局势了如指掌。他们每天到会场之前都要把头一天夜晚甚至拂晓的变化情况拿到手，只要拿起铅笔就可以立刻在五万分之一的图板上画出中朝军队每一个前沿分队的准确位置。

而对手却不然。从军人素质讲，美军无疑是一流的，丝毫不逊于中朝军人，但在极端艰苦环境下的工作态度、精神却难以与中朝军人相比。可以明显看出，他们对战场情况，尤其是地面部队"拉锯"形成的变化不能随时掌握，所以谈起来就束手束脚。

比如，在讨论高望山至大德山一段的接触线时，联军正在攻击这个区域，于是在地图上，美方就坚持要把几个山头划到他们一边，这显然出自美方上级的信心——此地已是囊中之物。实际上，直到11月27日，联军也未能攻下此地。

而通讯发达的美军也拥有许多优势。日本的相关史料有如下记载：

例如因为解方代表主张占有中部战线的某高地而不肯相让，

所以霍治代表就在谈判桌上拿起电话来找那个高地的指挥官通话，当着解代表的面证实确为“联合国军”占有。解代表在对“联合国军”的通信能力有些吃惊的同时，现出了“到底输了”这样的表情，但不久对身旁的参谋小声说“不用担心，今天夜里就变成我们的了”。可是听觉敏锐的中国语翻译吴上士听到了这句话并迅速地报告了霍治代表，于是加强了那个高地的守备，严阵以待。但是就在那天的夜里，那个高地变成中国军队的了。是用怎么也没料到的大部队攻下来的。

正因如此，双方简直就像不在一个频道和时段，会场上经常显得犹如时空错乱，中朝代表说接触线在这里，美方代表却说不在。

一旦争得不可开交，美方会冷笑着以诸如“我们最好坐直升机到现场去看看”的话来将中朝代表的军。中美双方都心知肚明，当时的中国百废待兴，正从无到有地开始建立现代工业体系，军事装备水平还处在“后小米加步枪”时代，自然没法与美方相提并论，能与联军打成均势，靠的不是现代化装备，而是灵活的地面战术与不惧牺牲的斗志。

面对美方的暗讽，中朝代表毫不示弱地反唇相讥：“不，如果你一定要去，我看我们还是骑马去看，骑马要比坐在直升机上看得更清楚。”

整整用了3天半的时间，双方才在图板上画出了一条共同认可的实际接触线。26日下午，双方把已经共同认可的点线一丝不差地从图板上改画到准备草签的地图上时，穆莱却把本已确定画在中朝方面一边的1090高地改画到他们一边。

柴成文立即制止了这种朝令夕改：“这是昨天已经达成的协议，不能改变，如果已经达成协议的还要变，那只好不签字了。”

穆莱似乎并未意识到自己的失误，而是以为中朝代表企图篡改地图，他当场就发火了，理直气壮地反驳：“实际情况如此——你能改变事实吗?”

“实际情况不是这样。我们已经达成协议，你又想改动，那协议还算不算数?”

“显然画时（之前画图）是出于误解！”穆莱的怒火甚至盖过了

中朝代表，态度十分强硬。

柴成文："不。如果你不健忘，会记得这正是你自己画的，而为我方同意的。"

穆莱气得满脸通红，大声喊道："我已经让了4个……不……让了3个山头了。他妈的，我让步让够了，让得头痛死了!"

柴成文的语气沉着镇定，不慌不忙："你这样不行，你应该把这种态度收回去。"

这时，坐在一旁的肯尼上校站了起来，把穆莱改画的线恢复了过来。他将穆莱拉到一边，低语了几句。怒气冲冲的穆莱冷静下来，他终于明白，是自己的失误导致了争吵。稍过片刻，穆莱坦率地向柴成文致歉说："柴上校，我很遗憾，刚才我不该发脾气，请你原谅。"

实际接触线定下来了，剩下的是画出双方各退2公里的非军事区的南缘和北缘。可是接触线是弯弯曲曲的，在弯曲狭窄的地段不足4公里时，应该退到哪里去呢？中朝方面的制图员画了半天也画不出来，额头汗水涔涔而下，两眼盯着实际接触线上的弯曲地段无从着手。

中朝代表团翻译蒋正豪解开了这个难题。蒋正豪在大学里学的是土木工程，正是绘制地图的不二人选。这位高材生拿起圆规，寥寥数语就使制图员豁然开朗了：这很简单，以接触线上的任何一点为圆心，以2公里为半径画圆，圆周的轨迹就是南北缘。

王制图员很快就掌握了这个方法，把"各退2公里"的地图画了出来，准备供第二天草签用。

第二天双方落座后，美方代表说："我们现在遇到了一个难题，就是从实际接触线各退2公里的非军事区的南北缘线画不出来。这是一个技术问题，是需要专家来解决的技术问题。我们已经向东京请专家去了。因此，今天讨论不成了。"

美方还未说完，中朝参谋人员在谈判桌上展开了已画好的精确划线图。

"请你们看看，是否只能这样来画？"

美方代表颇为意外，细看之下，确实也无可挑剔，当场接受了中方的材料。但合在一起草签已来不及，只能先在实际接触线的图上由张春山、肯尼草签后再提交双方代表团大会批准。直到12月10日，这张非军事区的南北区域图终于正式补签。

这是双方谈判以来达成的第一个实质性的重要协议。

乔埃在回忆录中写道：

这是持续了两年之后的大谈判的转折点。我坚信正因如此美国的军事手段受到了限制，因而不能进行正常的军事谈判了。我认为这件事造成的损失可以和在朝鲜那进行了整整一年的战争代价相匹敌。

相比心有不甘的乔埃，华盛顿政府在中朝方面已做出适当让步的前提下，也随之做出了一定让步，这无疑是务实的理智之举。

实际上，在旷日持久的谈判中，战场上的攻防变化的实际接触线总是在缓慢地南移。这条军事分界线一直到朝鲜停战前夕正式签订时，曾作过3次校正。

在战场上得不到的东西，在会场上也得不到。在双方对等的军事谈判中，这是一条真理。

第三节　雪国列车

三年朝鲜战争，在朝鲜北部仅一千公里长的铁路运输线上，共落下了十万吨炸弹，平均每公里铁路一百吨。

对公路的轰炸，更是贯穿战争始终。

抗美援朝第一年，志愿军每100台汽车要被敌机炸毁40台。

为了对抗这种避无可避、如同天灾般的空袭，志愿军和人民军把地形利用到了极致。

水下桥：把桥修在水面之下，瞒天过海。

顶牛过江：有的铁路桥损毁严重，又是在夜里临时抢修的，颇不牢固，承重能力差。因为车厢比车头轻，所以在火车过江前，将车头调到列车尾部，用车头推着车厢过桥，桥对面早已等候着另一个车头，挂上车身就走。

片面运输：北朝鲜以单轨为主的铁路早已被炸得支离破碎，许多铁路场站不能会车。为了提高效率，志愿军索性在可以通车的夜晚像射箭一样发车——所有列车都向同一方向单方面发车，每列的间隔一般只有5分钟。这样的大迁徙效果惊人，中国军队曾在一条单轨铁路上创造了一夜开往前线47列火车的世界纪录。

合并转运：将两组以上的列车联成一组，合而为一，同时用2、3个火车头牵引这条远远超过一般列车长度的长龙。这种方法可以发挥突击抢运的最大效果。

再加上空军参战、高炮掩护、防空预警等战术的配合，就这样，到了战争的第三年，志愿军每100台汽车的损毁量降到了半台，铁路运输量则是以前的两倍以上。

志愿军铁道兵付出的代价是：牺牲1 136名，负伤2 881名。

铁道兵副班长史阜民使出最后的力气，将最后一根钢钉钉入了最后一节钢轨，一屁股坐到地上，准备享用今天的晚餐。

夕阳渐沉，在这条离价川车站只有几公里之遥的铁路上，史阜民和战友们已经整整抢修了一天。战士们互相开着玩笑，虽然饮食粗陋，入口也觉得甘美香甜。

史阜民抓起一个热乎乎的馒头，正要往嘴里送，巨大的呼啸声突然震得他头皮发麻。

仿佛是如血的残阳上的几个黑点，几架油挑子（F-80战斗机）裹挟着强劲的风压，呼啸而过。

天都黑了还来！史阜民和铁道兵们纷纷站了起来。

油挑子没有理睬他们，它们的目标是不远处的铁桥——几声闷响过去，两孔钢梁崩掉了。

这座铁桥连接着三条铁路，是这个路段唯一的枢纽、咽喉。此时，正是美军为了向中方谈判代表施压而大肆发动空中“绞杀战”的时期。

史阜民顿时就气饱了。随着连长一声“集合”，铁道兵们每人捡了两个馒头，往身上一塞，抄起工具就向铁桥跑去。

夕阳最后的余晖在寒雾中熄灭了。江面上碎冰漂浮，凄厉的北风一起，就引发一阵清脆撞击的绵延声浪。

铁道兵们挥动铁锹、洋镐，扛着枕木穿梭在雪风里。他们的吆喝声甚至盖过了冰浪的呼啸。

不知不觉，斗转星移，月亮升起，又偏西。

直到拂晓，枕木垛像堆积木一样高了起来，新的钢梁也在桥墩上放好了，铺好桥面就能通车。

铁道兵们就像一群不知疲惫的铁人，他们从桥下一拥而上，转移到桥面之上作业。叮当作响的敲打声，如同一首飘飞在雪国星空的夜曲。

史阜民早已记不清度过了多少个这样的夜晚。

在连接最后一根钢轨的时候，他们遇上了麻烦。

三百七十公斤重的大钢轨，竟然与被炸得扭曲变形的轨道无法吻合，铁轨接不上了。

连长当机立断，先不接这根钢轨，在中间临时安一个道岔，让清晨的那批火车通过再说——如果拖到白天，还没等火车通行，只怕敌机就先来肆虐了。

史阜民夹住螺丝，用力一拧，滑了，再拧，还是滑。

他以为是手冻得太僵，又用力搓了搓，还是插不过螺丝孔，仔细一看才发现，钢轨眼小，螺丝太粗。

按惯例，清晨的火车很快就要到达铁桥。一群战友全都急了，可大家七手八脚，翻遍了工具箱，竟然找不到一枚合适的螺丝。

这时，从价川车站传来了讯息，军用专列正在接近铁桥，而且，数量竟然有十八列之多。

史阜民打了个哆嗦，眼前仿佛浮现了一幕惨烈无比的画面：十八列火车像一连串被点燃的烽火台，冲天而起的黑色烟柱刺破云层，炽热的空气扭曲了他的视线，F-80像一队鹰隼飞速掠过……

连炸弹都炸不断的铁桥，就这样要被一根螺丝卡断了吗？

回营地去找一根能用的？不行，一趟要四十里，哪里来得及？铁道兵们焦急地议论着。

史阜民对这些议论充耳不闻，他东瞅瞅，西瞅瞅，最后，目光在手中的螺丝扳手上停住了。

螺丝扳手的把子很尖，几乎和缺少的那根螺丝钉的形状别无二致。

指导员听到史阜民的想法，深深地倒吸了一口气。

谁都明白，螺丝扳手是没有配套的螺丝帽的，插上去就会滑下来。

史阜民既然这样说，他的用意，毫无疑问就是打算用人力顶住螺丝扳手，用自己的手充当螺丝帽，来承担十八列火车的重量。

十八列火车。所有人都不说话了。

连长的嘴唇咬得发白。虽然这些铁铸的汉子就和钢铁一样顽强，但他们毕竟还是血肉之躯。

史阜民的心口狂跳不止，但他还是尽力使自己看起来镇定——至少比连长更镇定一点，让连长有些信心。他三步并作两步，跳到大桥上，在枕木垛横头上伏下身子，紧紧贴在桥面，把螺丝扳手往螺丝眼里一插，简直珠联璧合，严丝合缝，用力摇都摇不动。

他冲连长点了点头，就这样趴着不动了。

连长面色凝重地点了头。

史阜民贴在桥面上，竟然并不觉得有多冷，他甚至有一种与铁桥融为一体的错觉。不多时，不远处的人群纷纷散开了，绿色信号灯亮起，随之而来是一声悠扬的汽笛长鸣。

史阜民觉得，每一个毛孔，每一根神经都在颤抖——仿佛有一头来自远古的巨兽正向铁桥奔来，这片古老的冻土都在为之颤抖，隐隐如作雷鸣。

尽管成天都在铁轨上敲敲打打，但直到此刻，史阜民才真正体验到火车这种钢铁巨兽的威势，他还没来得及反应，第一列火车的车头已经从他头顶驶过。

巨大的冲击波使他觉得脑中“嗡”的一响，几乎晕了过去。

恍恍惚惚睁开眼，这才发现，身上的棉衣已经被扯掉了一大块，被刮破的肩头正暴露在雪风里。一节节车厢飞快地穿过这段空袭多发地带，接头的钢轨不停地剧烈起伏、震荡，从列车水管中排出的蒸汽喷涌而来，很快就将他淋得透湿。

他觉得，自己双手的虎口已经像掉落的玻璃杯一样，被震得粉碎了。

副班长，不要掉下来呀！

史阜民，顶不住就换一个人！

史阜民用力挤出一个微笑，然后扭头让大家看到——要维持这个微笑倒不是很难，反正脸已经冻僵了。

第二列火车也开了过去。

第三列。第四列。

史阜民已经数不清火车的数量，他只觉得胳膊似乎断了，手脚也已冻僵，仿佛冻在铁轨上，成了铁轨的一部分，头开始发晕，好像这座铁桥也跟着火车在飞奔起来。

恍惚中，他还听到身后的欢呼声，那些举着工具欢跳的战友们都在高兴地叫着。

贴在阴冷的桥面上，他的体温和精力都在流逝，像没拧紧的水龙头一样，随着一列列火车一点点流逝。史阜民已经神志不清了，在他模糊的残存意识中，手中的螺丝扳手就像敌人的咽喉，扼住它，什么都不管了，扼住它。

突然之间，世界变得沉寂安静了。

史阜民只觉得自己轻飘飘的，有那么几秒钟，仿佛不知身在何处。

这时，他忽然看到了红色，温暖的红色。

最后一列火车驶过了铁桥，正好露出了天边的一抹朝阳。战友们也七手八脚地拥了上来。

史阜民心满意足了，他终于可以睡个好觉，值了。

在后来被解密的绝密资料中，记载了苏联政府对中朝双方矛盾分歧的一些单方面分析，虽然带有夸大、挑拨之嫌，但也从侧面反映了中朝双方存在难免的磕碰：

在战争的这段时间，金日成同以彭德怀为首的中国人民志愿军总部之间发生了尖锐矛盾。朝鲜人不同意中国人民志愿军放弃汉城的做法，并指责他们未对东线人民军部队提供支援。

在中国的志愿军驻扎朝鲜的这段时间里，出现了许多中国人干涉朝鲜民主主义人民共和国内政的情况。通过对朝鲜民情的考察，他们给中共中央委员会送去的报告强调民间的贫困状况，并批评朝鲜当局的政策。中国人企图拉拢朝鲜人民军的指挥官……金日成不止一次宣称朴一禹的言行俨然是毛泽东的私人代表……

关于铁路运输的管理体制，中朝高层一度产生了不少尖锐分歧。

早在第三次战役结束时，向南无限延伸的补给线就使志愿军后勤供应的短板显露了出来，甚至被机敏的李奇微抓住，用以制定了一系列联军反击战术。

与解放战争大相径庭的是，远征境外的志愿军的补给是捉襟见肘的。一来朝鲜的基础设施已几乎尽毁，无法就地补给，二来也难以从机动性强的联军手中缴获可用物资，因此只能从遥远的国内将物资和装备运往朝鲜。但朝鲜山多路遥，又时时笼罩在美军空袭的炮火之下，本就汽车数量短缺的志愿军确实难以为继了。

为了缓解公路运输的紧张，彭德怀于1950年10月通过东北局向中央提出“建立统一指挥机构”，并“派遣铁道兵到朝鲜加强修路力量”。

于是，11月6日，铁道兵团和铁路员工志愿援朝大队就进入了朝鲜的铁路。

但中朝双方对于铁路运输的管理分歧重重。

彭德怀曾向毛泽东强调：运输问题“若无速效解决办法，势必延长战争”。

关于这种分歧的原因，除了中朝双方管理机构的运作存在一定磨合困难之外，也因为朝鲜国内存在优先恢复民用和基础设施的呼声。1950年12月，金日成就对柴成文说：“前些时候关于铁路运输的军事管制问题，中国同志多次与我们的同志商谈，我们总有些人，就是不懂得没有军事上的胜利什么也谈不上的道理。”

虽然争取到了金日成的支持，但实际协作中依然困难重重。中方坚持“应首先满足军需运输”，而以外相朴宪永为代表的朝方则坚称“经济就是政治”，要求朝鲜交通省参与对铁路的管理，且反对实行军管制。

由于在具体管理之中争执不下，虽然在1951年4月，铁路运输的通车路线已发展到1 321公里，但混乱的管理、统一调度的缺乏，导致了争车、争路、争时间，往往优先抢运的物资却无人卸车，急需的物资却屡遭积压，甚至造成重要路段严重堵车。

据负责铁路运输的东北军区将领张明远回忆分析，中朝关于铁路问题的分歧，其实涉及政治主权。因为相当一部分朝鲜高层认为，铁路运输是关乎国家主权的重大问题，必须由朝鲜领导。

对此，周恩来一针见血地指出：“问题的根子不在平壤，而在莫斯科。”

在双方争执不下之时，斯大林及时表明了苏联的立场：“我驻沈阳领事列多夫斯基刚刚向我们报告了高岗同志的意见，即为正确组织部队和作战物资向前线的运输工作，朝鲜铁路必须交由在朝鲜的中国司令部管理。从领事的报告中可以看出，金首相是支持这个意见的，但朝鲜的部长们却似乎反对这个意见，他们认为这个办法将损害朝鲜的主权。假如需要我的意见和联共（布）中央的意见的话，那么我们认为必须告知您，我们完全支持高岗同志的意见。为了顺利地进行解决战争，这个办法是必须采取的。总的来说我们认为，为朝鲜本身的利益着想，中国和朝鲜之间最好能建立起更密切的国家关系。”

在争取到苏联支持后，铁路运输的管理问题得到了迅速解决。

1951年5月4日，《关于朝鲜铁路战时军事管制的协议》在北京签订，明确了双方责权，并先后成立了朝鲜铁道军事管理总局、中朝联合铁道运输司令部、前方铁道运输司令部，均由中方担任正职，朝方担任副职。自此，铁路运输在统一指挥之下，终于开始了良好稳定的运行。

第四节　淳芬姑娘与《和平战士》

1950年10月19日，志愿军政治部文工团团长雪立带着文工团第一梯队，紧随战士们之后进入了烽火连天的朝鲜战场。

在朝鲜大榆洞一座被炸毁的工房废墟上，志愿军政治部主任杜平向彭德怀引见了雪立。

“志愿军政治部文工团长？！”正在勘查阵地的彭大将军愣了愣，炮声震耳欲聋，他重复了杜平初见雪立时的话，“噢，要按照毛主席的话做好工作……要爱护志愿军文工团这块牌牌。”

朝鲜人民热忱慰问中国人民志愿军，中间穿朝鲜服装的为彭德怀司令员。

就这样，雪立和通信员康文富同行，蜜蜂般穿行在朝鲜战场上。

极寒彻骨的清川江桥边，敌机随时轰炸，工兵连随时抢修；敌机飞走之后，工兵们跳进齐胸深的冰水里彻夜施工。在江边村落留守的朝鲜老人们只要提起这些奋不顾身的工兵，眼泪就止不住了，雪立的房东大妈拿出炕柜里最后的一点土布，她要为工兵们缝制长袜。

在朝中两军最高联合作战会议开幕式上，雪立和陆祖龙、李术等人创作的小歌剧《阿玛尼》上演了，掩蔽在高山密林之下的演出现场充满了初春的美好幻觉。

在前线，他们的足迹遍布战场的每个角落，他们的舞台就设在后方阵地、坑道、营房、医院和行军路上。

文工团员大都灵活大方，有文化，所以经常被拉去打零工，比如临时担任翻译工作、参加战俘交接工作等。在满月城的古旧城墙之下，十多个文工团员被抽调到遣俘组，一工作就是几个月。

文工团也遭遇了克拉克的“绞杀战”。雪立和政委老牛商量，要去一趟阵地，慰问那些炮火下的志愿军战士。

朝鲜民主主义人民共和国慰问团团员和彭德怀在一起。

在前沿阵地的地下坑道中，文工团的工作可就远不只演出了。他们发现，在潮湿阴暗的坑道里，战士们为了照明，普遍使用松亮子取光，但随之产生的烟雾对肺部伤害极大，不少战士患上了肺浸润、肺结核、关节炎。

于是，一到日落，雪立就组织战士到坑道外跳舞，出出汗，锻炼身体，然后教大家深呼吸，运用音乐发声原理，带着战士们按节奏咳嗽，吐出黑痰。

文工团员都是大学生、中学生，他们从阵地上拾回F-80战斗机扔下的橄榄形空油桶，改造成铝制反光镜，安置在坑道的每个拐角，用类似潜望镜的原理，使坑道内充满了光亮，也由此告别了松亮子和烟雾。如果敌机来袭，就将放置在坑道口的反光镜临时拆下。在文工团员的启发下，战士们把边角料用来制成简易风扇，增加坑道之内的含氧量。

漫天烽火，时光如梭，转眼就到了1952年2月。这天，文工团在开城东南八里多路的松谷里演出。雪立得知，与板门店会场区相连的松谷里是中朝中立区军事警察部队所在地，而就在半年前，震惊朝鲜的“姚庆祥遇害事件”在此处案发。

从战士们口中，乡亲们口中，雪立了解到许多生动的细节，姚庆祥的形象在他脑中清晰起来。同时，雪立还见到了故事的另一位主角，淳芬。

朴淳芬，一位年仅20的朝鲜姑娘，在案发时，这位普通的姑娘迸发出的勇敢令人惊叹。是她冒死救助了与姚庆祥同时遇袭受伤的战士王仁元，还与战士们一道抢回了烈士遗体。

淳芬并不懂政治，她也不大明白，为什么十几个国家要在自己的家乡燃起战火——她就和自己的名字一样，像一朵淳朴芬芳的金达莱花。在与砂川河堰堤依偎着的松谷里打谷场，她和其他朝鲜老乡兴高采烈地观看文工团表演的《阿玛尼》，他们坚信，这个故事里发生的感人故事并非艺术虚构，全都是真人真事。

深受感染的雪立萌生了一个念头——创作一部歌剧，让姚庆祥和淳芬的故事流传下去。

于是，雪立找到了淳芬。姚庆祥牺牲后的第二天，中国战士的驻地就搬到了事发地点松谷里，半年过后，淳芬已能跟志愿军战士用中文聊天了。讲不出的话，她就用小柴棍在地上画给雪立看。

和当时绝大多数朝鲜人一样，淳芬也经历了不堪回首的日军占领时期。在读小学时，日本老师禁止她继续使用朴淳芬这个名字，而是代之以“木村淳子”。在那段黑暗漫长的岁月，淳芬对军人和战争产生了刻骨的恐惧感。

自从志愿军来到开城，萦绕在淳芬心头的阴影开始逐渐消退了。朝鲜老乡都喜爱这些和气、亲切的大男孩，把他们看作自家孩子。

淳芬还清楚记得案发时的每个细节。

“那天，天还没有亮，我到堰堤下去抱柴火，准备烧早饭，看到南边的两个便衣队，从堤外爬上来……”提到那次挥之不去的惨案，淳芬有些颤抖。

这时候从不远的地方跑过来一个中国兵，就是王仁元，他喊着：“排长！……，”举起枪朝便衣队要开枪，姚排长回过头大叫：“中立区一定不准开枪……”另一个可恨的便衣用枪朝排长头上开了枪，他们跳出堰堤就逃了。王仁元还没跑到排长这边，就跳下堰堤去追，这下我清醒了，马上上去抱住排长上身拖下堰堤，（到了）我家屋后，一看，排长已经没有气了，脸上身上都是血。我急得哭了，怕便衣队再来，就抱了几抱柴火把姚排长盖了起来。……王仁元气得满脸煞白回来，问我：“排长呢？”我正要带他去看姚排长，便衣队又回来了，还大声喊：“只有一个中国兵，捉活的！把那个死兵拖到中立区外边来！”

王仁元想冲上堰堤去，我不知哪来的力气，拖住他朝屋后柴火堆下挖的地洞里推。自己就马上转身绕到门前坐到台阶上，假装倒鞋子里的泥土。爬上堰堤的便衣，跳下一个来问我：“那个死兵呢？”我说：“中国兵过来把他抬走了”。他望了望四周，又问我：“还有那个活的呢？”我说不知道，我是起床出来舂米的。他说：“你要说假话我们就杀了你！”我说：“是”。这个便衣就向在堤上的几个便衣说：“快走，天大亮了，当心中国兵来包围……”

告别淳芬姑娘，雪立马上开始了《和平战士》的创作。

相比《阿玛尼》，这次的歌剧创作要难得多。姚庆祥的故事太短促，而与之关联的开城谈判又是冗长枯燥、循环往复，几乎从没使到场守候的各国记者和雪立满意过。创作瓶颈卡住了他，这位才华出众的文工团长一度苦闷不堪。

这时，中朝警察部队139师415团政治处主任张绍杰闻讯而来，要向文工团的创作致谢。颇为苦恼的雪立见到热情高涨的张绍杰后，本来难免尴尬，但在张绍杰与雪立彻夜长谈，还为他专门腾出了一间写作室之后，雪立的畏难情绪一扫而空了。

“要知难而上，知难而上，知难而上……”雪立反复鼓励自己，几经修改、易稿，终于写就初稿，全团马上投入工作，谱曲、写和声、配器、设计舞蹈……

由于要参与战俘材料组工作，文工团的人手不足，雪立不得不亲自上阵，扮演中朝联络官一角。

两周的彩排之后，淳芬姑娘、张绍杰、军事警察部队的指战员们一起沉浸在这个他们曾亲身经历过的故事中。在文工团的不断修改完善之下，《和平战士》成了20世纪50年代的经典剧目之一。

1953年，志愿军政治部追认姚庆祥为一等功臣，并授予“和平战士”称号。

1954年，在姚庆祥的故乡，山东省即墨市鹤山脚下的姚家庄东南处，一座庄严典雅的庭院建筑建成了。院内苍松翠柏，花繁如织。院正中矗立着一座六棱锥形体纪念碑，正面镌刻“和平战士姚庆祥烈士纪念碑”12个大字。

第六章

冻土下的钢铁长城

1951年冬天，战场和谈判桌同时陷入僵局。两军坚壁清野，修筑工事，巩固防御，转入了长期对峙。在中朝阵地，一条隐于冻土之下的钢铁坑道被修筑得固若金汤，这条长城般的巨龙成了朝鲜战场最坚强的壁垒。

为了遏制美军飞机在空中的横行霸道，在苏联空军的支援下，第一批新中国飞行员一边学习操作飞机，一边鹰击鸭绿江的长空，边学边打，狙击空中的敌人。

第一节　死不旋踵李克农

打的坚决打，谈的耐心谈。

——彭德怀

11月中旬，朝鲜中北部已是冰天雪地。

铺天盖地的风雪将狭长的朝鲜半岛完全变成了冰雪世界。

中朝代表团驻地白茫茫一片，“小别墅”会议室的窗棂在寒风中吱呀作响。

边章五将一杯热茶递给正在开会的李克农。李克农脸色苍白，原本圆润的面容显得瘦削了不少，讲几句话就要咳嗽一阵，茶的浓郁炽热的香气使他精神一振，断断续续的咳嗽也显得不那么难受了。

边章五暗暗摇头。

他清楚记得，几天前的一个晚上，李克农正像往常一样详细布置工作，谈话间，他突然用力捂住心口，闷声不响地一头栽倒在地。在隔江千万里的异乡战场，永动机一样的“李队长”一直是代表团的主心骨，正是有了这位威名赫赫的“红色特工之王”坐镇指挥，许多年轻的成员才有了信心和动力。在场的工作人员全都吓呆了，刚从国内调来的几个年轻人急得快哭出来。

所幸，这时的代表团驻地已有专职医护人员了。匆忙的医生们一路小跑，来到工作室，看到的是一群泫然欲泣的年轻工作人员，于是也被吓了一大跳，但当他们看到昏迷不醒的李克农，却马上释然了。

医生们连挪都没有挪一下李克农，只是往他嘴里塞了一片药，就完成了对这位将军的全部治疗。

“心脏病犯了。急救药，可以扩张血管。”医生们边收拾工具，边对工作人员解释道。

1个多小时过去，李克农恢复了神志，在身边人的苦劝下，他好歹在床上多躺了几个小时，对于这个几乎没有睡眠时间、连轴转的幕后英雄来说，能多睡几个小时，已经不亚于一次奢侈的疗养了。

李克农是众所周知的“红色特工之王”，组织缔造了新中国的保密战线，但他的病情却无法掩饰，也渐渐地众所周知了。他曾严令禁止向中央报告病情，但纸包不住火，何况在入朝之前，他的健康状况就已被中央了解。因此，在谈判后期，中央曾派伍修权接替李克农，但当伍修权来到开城，李克农仍以“临阵不换将”为由，硬是“抗命”留在了开城。

在李克农的外交生涯中，开城给他留下的印象太深了，就连他小孙子的名字也取为“凯城”。

当李克农在前线得知自己孙子出生的消息，他欣喜若狂，代表们也都来贺喜。朝鲜人民军南日大将听说李将军有了孙子，当即赶来向他祝贺。在李奇微和乔埃眼中，南日是个如同“印第安土著”一样古板顽固的“野蛮人”，可在得知战友的喜讯后，他开心得有些手足无措，简直比自己有了孙子还要高兴。

在谈判桌上，南日强硬的作风使敌人感到硬如顽石，敬而远之；但在战友之间相处时，这个年近40的硬汉却展现出了铁汉柔情，使李克农不禁感动。

于是，李克农诚心向南日提出了一个要求：为孩子起个名字。

戎马半生的南日大出意料，既十分高兴，又有些迟疑，表情顿时有些复杂，像是在谈判桌上被将了一军——这个生活在战火中的铁汉显得不太擅长这些事情。

无从得知李克农当时的心情，是否会为自己一时口快提出这个使南日为难的要求而暗暗苦笑，因为这项请求显然有点难为这位外国将军了。如果名字起得不合适，双方难免都尴尬。

南日表情严肃地思考。他环顾四周，若有所思，认真斟酌着说：“我们舌战在开城，就叫开城怎么样?”

硬汉将军的创意简单、朴实，正如他鲜明直率的性格。李克农松了口气，在和家人商量后，取“开”的谐音，改开为凯，寓意志愿军早日凯旋，李克农能凯旋还乡，这一改动可谓画龙点睛。

总之，只要谈判没最终胜利，李克农是绝不肯“凯旋”的了。

在“小别墅”会议上，李克农根据中共中央的指示，对代表团讲了当前的国际形势和对策。他将前一段的谈判状况归结为两个特点：

一是这次谈判不是胜利者同失败者之间的谈判。平心静气地讲，只是战场上打了个平手的谈判。可是，对于这个特点，对方是不肯承认的。他们是世界头号强国，总放不下架子；而我们是刚刚取得了解放的人民，谁要想压倒我们也是不可能的。他要压倒你，你又不服压，这势必造成了斗争的长期性和复杂性。从对方讲，他在打的时候想到谈，谈起来达不到目的又想打，打不出名堂来再来谈，谈起来又想拖，总不能痛痛快快地达成协议。所以我们的同志切不可急躁，急也没有用。

李克农放缓语速，停下来抿一口茶，咳嗽也缓解了些许，看来确实“不可急躁”。

与会的代表们却有些迫不及待——“李队长”是在把毛主席和周总理的最新指示一条条剖析给大家听，含金量这样高的课程，学生们当然踊跃。

二是针锋相对。我们背后有全世界爱好和平的人民，我们不求别的，只求和平，争取和平解决问题，因此我们有能力对付敌人的压力。战场上的压力，战场上予以回击；会场上的无理要求，会场上揭露、批驳；对会外的肆意挑衅，要一件一件地调查并抗议。当然，说针锋相对并不是不讲灵活性。谈判是打文仗，不是打武仗，单凭一股盛气是不行的。我们早就感到，会内会外都是硬碰硬，总不是个办法，可是扭不过来。原来以为小组会、参谋会可能对缓和谈判气氛好一些，可是问题一僵，又是硬碰硬。如何转弯，我也觉得苦恼。周总理与国民党谈判多年，虽然争得很凶，也是针锋相对，但个人交往很多，不少难题是在个别交谈中得到解决的。今天这种僵硬当然是双方造成的，但如有机会，总要抓住机会予以“诱导”才好。

李克农接着分析当前的谈判形势。

10月25日恢复谈判是我们在战场、会场上针锋相对斗争的胜利，是世界人民包括美国人民要求和平、反对战争的胜利。美国是有困难的，他的困难比我们要大得多。美国人民不要战争，世界人民不要战争。世界和平理事会第2次会议通过关于朝鲜问题的决议，谴责美方扩大冲突、拖延谈判的行径，这是全世界人民的正义呼声。

现在的联合国大会就同去年迥然不同，美国的盟国早已没有去年7、8月份那股劲头了。连英国的《泰晤士报》都著文主张以三八线为军事分界线停止朝鲜战争。维辛斯基的建议虽然不可能通过，但它是有影响的。对方之所以为恢复谈判去找苏联，尽管说了一些企图把谈判之所以拖延诿之于苏联的驴唇不对马嘴的话，但实质是要在保全面子的条件下重新回到谈判桌子上来，这正说明他有困难。

谈判是美国在国内国际压力之下恢复的，而谈判的恢复，转过来又增加了国际国内要求把战争停下来的压力，这就是形势发展的辩证法。因此可以认为现在达成停战协议的可能性增大了，这就是毛主席、金首相共同的估计。我们要抓住这个时机，努力争取在年内达成停战协议。

边章五、乔冠华、解方已经看过毛泽东发来的指示，因而对“争取在年内达成停战协议”显得并不惊讶，其他人则将信将疑，只是未宣之于口。

“我看难呀!”

大家又诧异又好笑地一起转头，脱口而出的是快人快语的代表团新闻官沈建图。

李克农瞪了沈建图一眼，这位37岁的新闻处长双手捂住嘴，不好意思地笑了。

李克农说:“你说难，当然肯定不那么容易，但是可以争取的。周总理经常讲，谈判一是看时机，一是看条件。时机刚才我已经讲了。现在讲讲条件。在停战线的问题上，我们主张以现有实际接触线为停战期间的军事分界线，估计很快可能达成协议。这个方案打出去后，对方有些慌乱。虽然他们放弃了深入我阵地后方划分停战线的要求，却仓促提了个以讹诈手段索要开城的11月8日的对案。我当时就认为他们难以坚持下去，因为对方说不出任何理由来。果然，17日不得不原则上接受了我方建议。”

乔冠华插话：“对于索要开城的要价，我有一种感觉，这很可能是李承晚的主张。开城是朝鲜的古都，打了一仗丢了古都，政治上很难交代，美国人似乎也不得不应付一下。”

李克农点头认可，说：“有可能是这种情况。所以要坚决驳斥，结果把它驳了回去。对无理要求要驳，但要主动促进。停战线的问题是停战的基本条件，如果这个问题达成了协议，那么最主要的问题便得到了解决。当然我不是说别的议程就没有麻烦了。同美国人打交道，你不要设想没有麻烦，比如第3项议程停战监督问题，根据美方在处理这类问题上所持的一贯主张，他可能要求无限制的监察，这是我方所不能够接受的。打仗之前我们不会同意，停战了难道能允许敌人到我后方视察？主权是一个国家的生命。这个问题就有可能又要僵住。我们准备提出在双方的后方一两个口岸由中立国进行视察的解决方案。"

一直用心聆听的沈建图又脱口而出："这是锦囊妙计！有了它，第3项议程就没有再大的难题了。"

李克农又看了这个性急而聪明的年轻干部一眼，眼中蕴着微微的笑意，继续说："但是问题还会有，中立国的提名恐怕就会遇到麻烦，大家可以考虑考虑提谁。我们不怕有争议，只要中立国视察的原则决定了，中立国的提名总不至于僵持不下吧?"

沈建图点点头，将眼神投向窗外，思绪仿佛随着窗外的鹅毛大雪飘扬，一直飘到了几个月后的谈判场景之中。

几年后，1955年4月，沈建图担任中国记者团团长，全面负责万隆会议的前方报道工作。4月11日，他乘"克什米尔公主号"飞机前往雅加达参加亚非会议报道，途中，由于飞机遭到特务破坏，不幸殉难，年仅40岁。

这次"小别墅"会议还谈到了不少其他问题。

关于战俘问题，李克农说："我们主张收容多少交换多少，他们是不幸的人；交换战俘既是国际公认的准则，又是一个人道主义问题，估计不难达成协议。"

关于高级会议问题，李克农说："这项议程对方是被逼同意的。他最怕撤军，最怕讨论远东问题。但议程是向双方有关政府的建议，只要把在一定时期内召开高一级政治会议、协商撤退一切外国军队、和平解决朝鲜问题等确定下来就可以了。至于高级会议如何开法、哪些国家参加等问题，可以留在停战后讨论。"

在会议结束前，李克农扶了扶镜框，目光炯炯地总结陈词："中央把底牌都交给我们了，时机也比较好，问题就看我们如何组织力量和执行了。原则要坚持，策略要灵活。当然，敌我斗争我们最多只能当一半的家，但是只要我们这样做了，他（美国）不干，就将使他们在世界人民、美国人民面前处于极其不利的地位。所以还是两手准备。在实际工作中，要为迎接协议达成做准备，也要为经过努力达不成协议做准备，这样才能做到‘和固有利，拖也不怕’。至于战场，不用我们管，彭老总早就讲过，‘打的坚决打，谈的耐心谈’，我们的任务就是谈判。”

李克农的长篇报告使大家受到极大鼓舞。在休会吃夜餐时，人们脸上喜形于色。对外一向严肃的南日向乔冠华开玩笑说：“这样，你这个‘指导员’的文章就好写多了。”

代表团成员们似乎不知疲倦，会议在夜餐休息后马上继续。南日首先发言，他说：我完全拥护毛主席、金首相的重大决策。问题是敌人太狡猾了，出尔反尔，总是层层设置障碍。现在时机较为有利，战场上敌人无可奈何，我们又有了全盘设想。我们应该努力争取，当然是要争取和，如果敌人拖，我们也不怕。

乔冠华谈了对战俘问题的看法：“中央估计战俘问题不难达成协议，可我多少有些担心。最近范·弗里特总部军法处长汉莱的声明是个信号，他竟污蔑我方杀害战俘。当然捏造总捏不圆，他说这事是我军81师23团干的，我军根本没有这个番号，而且美国国防部也说汉莱的声明没有事实根据。李奇微虽支持汉莱的声明，但不敢让汉莱同记者见面。奇怪的是杜鲁门竟于汉莱声明的第二天声称，‘中国军队杀害在朝鲜的美军战俘，是一百多年来最野蛮的行为’。一个大国的总统居然支持连国防部都否认的一个集团军军法处长的声明，这不是一般情况，可能预示着美国决策集团要在这个问题上做什么文章。我没有把握，但我提醒同志们研究这个问题。”

乔冠华的预感显示出一个外交家的分析判断才能。没过多久，这个问题果然成为达成停战协议的主要障碍。

第二节　制裁与干涉

你们应该忘记主权、内政这些支离破碎的名词。

——美方谈判代表费伦堡

在1951年11月的冬天，美军的空中"绞杀战"方兴未艾，但除此之外，双方并无别的交锋。因此，有利于谈判进展的良机终于出现了。

关于停战监督问题，中朝方面认为，军事停战只是向和平解决朝鲜问题的短暂的过渡阶段，所谓监督不过是为了保障迅速召开高一级政治会议、撤退一切外国军队、彻底和平解决朝鲜问题的临时军事安排。只有彻底地解决朝鲜问题，才能真正使敌对行动没有再次爆发的可能。

美方则有别的考虑。

为了预防中国军队在停火后向朝鲜输送人员和物资，李奇微提出，联合国观察组要在朝鲜全境内的入港口岸和枢纽中心进行自由视察，并对朝鲜各地进行空中观察和摄影侦察。

李奇微的提议被参谋长联席会议否决了。11月16日，参谋长联席会议告知李奇微，"地面与空中观察是必要的，但不能以中断谈判为代价"。与此同时，美国国务院正在构思"严厉制裁"——如果红色中国想在停战后再度进攻南朝鲜，后果可能是海军封锁其海岸，空军攻击中国满洲，甚至不排除使用原子弹。

不同的出发点反映在谈判桌上，形成了又一轮尖锐的斗争。

毋庸置疑，在毛泽东、金日成等中朝领导人的计划中，"以实际接触线为军事分界线"，是一条决不能让步的底线。在11月14日致菲利波夫（斯大林）的电文中，毛泽东就阐明了这点：

我们之所以将三八线分界留到将来政治谈判中与一切外国军队撤出朝鲜一道解决，而主张先行就地停战，不仅因为目前的谈判是军事停战，敌人无论如何也不愿立即从三八线以北的东部高地撤出而换回三八线以南的西部沿海平原，并且因为三八线以北的东部高地，即使敌人不撤，我们仍有高地可收，而三八线以南的西部沿海平原，人口多过东部，农产亦丰，更可控制开城成为进出汉城的要冲。关于这一点，金日成同志今年六月在北京商谈停战条款时，便有此意。此次亦是得他同意后始行提出的。

毛泽东的分析一针见血，得到了斯大林的认可，而且很快也在与美方的谈判中见效了。

美方原本希望索要开城，但胶着的战局使这一希冀很快破灭；且中朝谈判代表在会场内又表现得十分强硬，这样一来，美方只得放弃谋取开城，在11月17日同意了中朝提出的以现有实际接触线为军事分界线的议案，双方各后撤2公里以建立非军事区。除此之外，美方还提出了“30天期限”之说，即停战协议若不能在30天内达成，则按彼时的实际接触线对军事分界线进行修正。

美方作出的这一关键性让步，使谈判的主动权又向中朝靠近了一些。

11月18至20日，毛泽东数次指示李克农和彭德怀，剖明了美方深受战场压力和舆论压力的窘迫现状，并否决了李克农将30天期限改为20天期限的方案，建议仍将期限定为30天，因为“敌人急于求成，我们不应表示比敌人更急。我们的态度是能在三十天内成立协议固好，拖长时间也不怕”。

于是，在11月23日的小组委员会上，双方达成了原则协议。参谋人员们得以踏上这条来之不易的接触线，他们耗费了3天半时间，对接触线进行详细核对。

至此，关于军事分界线划分的问题终于达成初步协议。在论及这次历时4个月之久的军事分界线谈判时，毛泽东曾形象地分析，傲慢无理的美国人是很难与之讲和的，而正是因为战场与会场双管齐下，美方才被迫让步——“（美国人）要是讲一点理的话，那是被逼得不得已了”。

11月27日当双方批准第2项议程之后，立即进入第3项议程，讨论“在朝鲜境内实现停火与休战的具体安排”，“包括监督停火休战条款实施机构的组成、权力与职司”。中朝代表当即提出5项原则建议：

一、双方一切武装力量，包括陆、海、空军的正规与非正规部队武装人员，应自停战协议签字之日起，停止一切敌对行为。

二、双方一切武装力量，应于停战协议签字后3天内，自非军事地区撤出。

三、双方一切武装力量，应于停战协议签字后5天内，以军事分界线为界，自双方的后方和沿海岛屿及海面撤走。如逾期不撤，又无任何延期撤走的理由，则对方为维持治安，对于此类武装人员有权采取一切必要的行动。

四、双方一切武装力量均不得进入非军事地区，亦不得对该地区进行任何武装行动。

五、双方各指定同等数目的委员，组成停战委员会，共同负责具体安排和监督停战协议的实施。

按说有了以上的第1至第4条的规定，再加一条监督机构的监督，就足以保证高一级政治会议的顺利进行了。

但是，如李克农所料，美方果然还有后招，他们提出了7项建议。美方一反过去强调的关于“撤退外国军队是政治问题，不应该在军事停战中讨论政治问题”的立场，力主讨论停战期间“不增加军事力量”这样广泛的势必涉及双方内政的政治性问题。

一切都在预料之中。李克农果断作出指示，拒绝了“可到对方后方进行空中和地面自由视察”这一条；对于“不增加军事力量”，则继续与美方协商。

12月3日，中方做出了美方眼中的“让步”。

原先由中方提出的五条建议被增加为七条，后两条是：

六、为保证军事停战的稳定，以利双方高一级的政治会议的进行，双方应保证不从朝鲜境外以任何借口进入任何军事力量、武器和弹药。

七、为监督第六条规定的严格实施，双方同意邀请在朝鲜战争中的中立国家的代表，成立监察机构，负责到非军事区以外双方同意的后方口岸，进行必要的视察，并向双方停战委员会提出视察结果的报告。

此时，美方内部却发生了激烈争执。

如果同意中方的第六条，联军就连常规的部队轮换也难以进行了，美军士兵回家过新年的愿望已经在1950年的“圣诞节攻势”中破灭过一次，现在不但不能回家过新年，甚至要无限期地待在朝鲜战场，无疑是不可接受的。

双方的讨论还引出了新问题。杜鲁门拍着桌子质疑参谋长联席会议：“我们为什么要允许重修公路、铁路及除机场以外的一切设施？

我们牺牲那么多的人，投下了千万吨炸弹，损耗了大量装备，好不容易才使这些人退缩呀！他们在那样差的运输条件下，曾使我们吃尽了苦头，他们连机场也没有，却那么能打。”

对此，参谋长联席会议解释说：“因为他们并不指望朝鲜问题得到政治解决，停战状态将会持续很长时间，因而，在那么长的时间中，要想制止北朝鲜为国计民生而修复各种设施，是根本不可能的。”

因此，除了决不允许修复机场之外，其他几项条件都可以坐下来谈。

但机场修复问题无疑是参谋长联席会议的一厢情愿。“不管参谋长联席会议多么害怕，要想叫共产党接受这样一种不对等的安排，那是绝对不现实的。因为‘联合国军’的飞机部署在南朝鲜各机场，而共产党飞机却不准使用北朝鲜的飞机场，能办得到吗？”

在中朝代表团看来，“这是一个重大的原则问题，任何一个主权国家都不可能容许外部势力限制自己国境内的航空设施”。

1951年12月19日，联军谈判代表人员调整。海军少将勃克另有升迁，霍治少将则调往别处。接任他俩工作的是空军少将特纳、陆军少将费伦堡。

12月29日，在一系列拉锯谈判后，联军代表“终于打出了一张王牌”。他们终于撤回了空中监察的要求，并希望以此换取中朝在机场问题上的让步。

解方赞赏了联军代表的“前进了一步的提案”，但在机场问题上，解方“看来像是不动的岩石一样”（美方参谋巴治教授语），坚决不予让步。

联军代表特纳立即指责解方“违反了对等交换的原则”，而解方则用和蔼的语调反驳：“你方是不是说无理地坐在别人的头上，而下来了就是让步了呢？”

每当联军代表提到机场问题，中朝都会以内政和主权来进行应对。初来乍到的特纳少将曾反问：“北朝鲜空军已被歼灭了。不存在的东西是不能谈什么独立权的。贵官说的是哪里的独立权呢？”

但解方对此根本置若罔闻。在联军代表看来，这也是中朝谈判代表令他们头疼的谈判方式之一。

从此，机场修复问题成了停战谈判中的一个顽疾，令双方都头疼不已。直至1952年1月25日，双方都同意将这个问题暂时搁置，先将其他条款往前推进。

考虑到美方的客观情况，中朝在12月14日进一步修改了提案，增加了一段：双方的任何一方如需要对其在朝鲜的军事人员进行轮换时，应向军事停战委员会提出请求，取得批准。此项轮换的人数，每月不得超过5 000人，并应经过中立国监察机构的实地监督，在双方同意的后方口岸进行。

在这一阶段，需要商定的细节实在太多，因此，双方的争辩空前密集、激烈。

仅在讨论美方提出的第四条（即停战委员会在执行任务时，可以自由出入朝鲜境内各地的问题），南日和乔埃就论战了无数次。

中朝方面拒绝接受这条，因为“对你方自由到我方后方观察同样反对，因为这也是干涉我方内政的问题”。双方相持一周后，实在精疲力竭的乔埃再次询问中朝有无新建议，双方又爆发了一轮咬文嚼字的争论。

“我倒愿意知道，你方对这些问题的解决将提出什么建议。”南日一脚将皮球踢了回去。

“这是否说你方没有建议？”乔埃反问，顺手挖了个陷阱。

南日滴水不漏地回应：“我说‘假如’你方有建议的话，我愿意听。”

乔埃撇了撇嘴，一板一眼地回应：“我先问的问题，你应当先提建议。”

论辩又陷入了双方熟悉的死循环，见此情景，双方代表都笑出声来，并由中朝代表建议暂时休会。

另一方面，为达成停战协议的准备工作正在紧张地进行。根据李克农的建议，从中国国内、志愿军总部、志愿军前线各兵团抽调了一批干部来开城。为了下一步讨论战俘问题，李克农还建议请志愿军政治部副主任杜平来代表团参与有关战俘问题的准备工作。

代表团规模扩大了，为了加强思想政治工作，还从志愿军抽调老资格的军政治部主任丁国钰主持政治工作。

丁国钰是外交部门的老干部，并非武将，但至今被称为丁国钰将军。他说，这是因为抗美援朝在全国太深入人心了，“我是志愿军的第三任首席谈判代表，和美国人谈判时，《人民日报》天天都是丁国钰将军怎样怎样了。其实，部队那时还没授衔，是为了谈判工作的需要，才说我是将军的。”

“不但将军的名号是临时定的，连谈判穿的衣服都是临时做的。”丁国钰笑着回忆说。

丁国钰谈到李克农时充满敬意：“李克农是开城代表团不可替代的人物。没有李克农的组织能力和政治威望，很多事都难以办成。李克农是一个有风度、有气魄的领导人。特别是停战谈判涉及中朝两党关系，谈判桌上，是朝方代表发言，而谈判的具体操作又是中方管。这就不太好办。所以搞好同朝方的关系，至关重要。李克农经常找朝鲜同志开会、谈心，一起商量。每次同美国人在板门店见面前都要召开中朝两方的预备会。在朝鲜同志面前，他从来不流露‘以我为主’的心态，因此很能得到朝鲜同志的信任和尊重。”

杜平在志愿军领导机关分工负责战俘工作，他来到代表团后，立即着手准备了一份详细的符合国际红十字会要求的战俘名单和中朝方面被俘人员的名单。

正是这份名单，几乎要了杜平的命。

11月25日，我带上警卫员邓文富、田新华二同志准备出发。邓华来送行，他笑嘻嘻地说：“老杜，可别叫飞机把战俘名单打掉了呀！”

“老兄尽管放心，只要我不去马克思那儿报到，就少不了这两箱名单。”虽是玩笑话，后来的事实却证明，两箱名单的确重要。

出发时，已近黄昏，天上仍下着毛毛雪，我和邓文富、田新华乘第一辆吉普车，凌强带着两箱子名单乘后面一辆吉普车。两辆车一前一后拉开距离向开城疾驰。出发前，保卫部的同志给驾驶员规定两天时间到开城，但我不愿在路上耽搁，就催促驾驶员李殿瑞快点开。一路上车不歇轮，遇山爬山，遇河涉水。走到半夜时分，肚子里已是饥肠辘辘。

这时雪停了，漫山遍野白茫茫一片，分不清哪是路，哪是坑，这给驾驶员出了个难题。前面横亘着一座小山，正在爬山时，突然，车子一个倒溜，“砰”的一下，我被翻了的汽车压在下面。幸好，两个警卫员被摔在车外，只受了点轻伤。他们把我从车下扶出来：“主任，你咳嗽咳嗽。”

我用力一咳，咳出声来，他们才放下心来。这次摔得很厉害，到开城后就躺下了，动也不能动。经史书瀚医生检查拍片，外伤七处，第四根裂骨处有裂缝。好在无生命危险，已属万幸。

1952年7月，谈判陷于停顿后，我回到沈阳又做了一次检查，医生为我做了个铁架子背心，睡觉时也不得脱下。又受了一次罪。

丁、杜二人加入代表团，标志着志愿军谈判工作的规模有了质变。

由于美方拒不撤出沿海岛屿和领海，并宣称"第二项议程所说的岛屿及海面，是只限于领海之内的岛屿，距海岸3海里以外的任何岛屿和海面与其他朝鲜以外的东西一样，都不在朝鲜境内"，中朝为了解除西部沿海岛屿敌特武装对中朝方面侧后的威胁，命令志愿军第50军于11月5日至30日连续组织了四次渡海作战，对西海岸敌占岛屿发动攻势，由近而远，逐岛作战，解放了大和岛、小和岛、艾岛、炭岛等十余个岛屿，虽仅歼灭敌特武装570余人，但消灭了那里的特工据点。

为了解除对方关于"只在非军事区和后方口岸视察不足以保证停战协议的执行"的借口，中朝方面的新方案还规定了"在非军事地区以外的双方同意的后方口岸及发生违反停战协议事件的地点"的监督由中立国监察机构负责。这里加上"及发生违反停战协议事件的地点"14个字，就使中立国监督的范围可以扩大到所有地点。

但美方面对中朝的让步未做丝毫妥协，于12月23日拿出一个对案，把中朝方面的让步接过去，可是干涉内政的要求依然不动。他们的理由仍然是，机场与航空设施的恢复与修建不可避免地会增加中朝方面的军事力量。为了解除这种戒心，12月24日中朝方面再次对12月14日的方案进行修正：明确规定"不得从朝鲜境外进入任何作战飞机"；同意对方提出的"军事停战委员会中的一方向中立国监察机构提出调查违反协议事件的请求时，中立国监察机构即须负责进行视察"。

这里又包含着一个突破性的原则让步。人们都知道，早在1946年北平军事调处执行部及其所属的执行小组里，中共方面是有否决权的，那时蒋介石曾不止一次提出主席（当时美方是3人小组的召集人）有仲裁权，中共方面坚决反对。但在这里中朝方面同意了在调查违协事件时任何一方不使用否决权，在军事停战委员会上只要一方提出，就可以请求中立国监察机构派出小组前往视察，中立国监察机构接到通知“即须负责进行视察”。

最终，12月27日这个具有特殊意义的日子终于被“浪费”掉了。11月27日，双方达成的军事分界线协议规定“如30天内停战协定未能签字，则由双方确定彼时的接触线为军事分界线”。从那时起，全世界人民包括美国人民都盼望着在这个“30天”之内达成停战协议。

一方要干涉内政，另一方反对干涉内政，这是第3项议程之所以僵持不下的主要症结。

中朝代表说，我方不能同意你方限制机场设备的建议，我们在这个问题上绝不能让步，我方内政不容干涉，至于我方进行或者不进行这一种或者那一种设备的恢复或者补充，则是另外一个问题。

美方代表费伦堡强调，既然战争正在进行，内政的干涉就无法避免：“这种干涉现在我们就以我们的军事力量进行着，现在我们正在干涉着你们的内政，你修飞机场，修好了，我给你炸掉，你再修，我再炸。”

解方怒斥道：“你们这种血腥逼人的好战分子的理论荒谬到不值一驳。你们应该知道，即在你们使用军事力量狂轰滥炸、大肆破坏的时候，你们也不能干涉我们的内政，妄想干涉也没有干涉得了。你们使用军事力量不能得到的东西，却企图用谈判的办法得到。我坦白地告诉你们，你们永远也不会得到你们使用军事力量所得不到的东西。”

费伦堡辩解说：“现在世界上已经没有什么完整的主权，完整的主权既不存在，又何必斤斤计较主权的完整和内政的不可干涉呢？”

“这正是你们美国统治集团企图称霸世界的野心的露骨表现，你们企图侵略别的国家，因此你们就否认世界各国还有什么主权。”解方针锋相对。

“你们应该忘记主权、内政这些支离破碎的名词。”

解方的回击十分铿锵：“确实有许多国家在你们的压迫之下，已经没有他们的真正完整的主权了。但是你们不要忘记，你们这种称霸世界的妄想已经在这个世界不少地方碰了壁。因为，在这些地方不仅有主权完整的国家，而且有些国家还拿起了武器为保卫自己的主权，为反对外来的干涉而斗争了。我还要提醒你们，全世界正有几万万的人民为他们国家的主权完整和内政独立而英勇地斗争着。”

“停战总是要放弃一部分主权的，你们既然建议保证不从朝鲜境外进入任何军事人员、作战飞机、装甲车辆、武器和弹药，并邀请中立国家代表到双方同意的后方口岸进行视察，事实上就已经同意了我方对你方内政的干涉。”费伦堡继续强词夺理。

解方拍了桌子，“这是一种荒谬的推理，是故意抹煞这样的事实：限制从朝鲜境外进入任何军事力量，并由与朝鲜战争无关的中立国家来进行监察，这件事的本身就是限制外来力量干涉朝鲜的内政。我们的这个建议是严格地划分了朝鲜的对外关系与内政事务的，并且是既能保证稳定的军事停战而又不涉及双方内政问题的唯一可能的办法”。

费伦堡的态度同样强硬，“我们是不会同意在停战期间发展军用机场的。现在不会，明天不会，永远不会，地狱结了冰也不会。那就让大炮、炸弹和子弹去继续辩论吧”。

配合着费伦堡的强硬措辞，乔埃也在媒体上宣称：“可能对方只懂得炸弹与枪弹的声音。”

对于对方的种种奇谈怪论，中朝谈判代表当时还以为是那些出席会议的将军们的信口开河，他们毕竟不是政治家，政治上的无知不足为奇。可是后来看到乔埃的回忆录，才知道了这些言论的“版权”属于白宫，属于美国国务院。

“美国代表团在板门店的工作很出色。”美国国务卿艾奇逊赞赏地说道。

特纳·乔埃中将在回忆录里说：“战争本身对于双方内部政务就构成了最大的干涉，而停战则为战争的另一种技术形态，唯因成立协定，而减少了干涉的程度。”

对于“减少了干涉的程度”这一典型的美式思维，中方是绝不认同的。

从朝鲜，到越南，再到伊拉克、阿富汗、利比亚，在美国政府的“干涉”下，一个又一个国家陷入分裂和战争的泥潭，在美式民主的甜梦里长眠不醒。

小组委员会一直开到1952年1月27日，毫无结果。理屈词不穷的对方有些胡搅蛮缠了，仍然顽固地坚持限制机场设备的主张。小组会无法继续，双方同意暂时休会，举行参谋会议，就已经达成的原则协议作细节的讨论。

第三节　米格走廊和地下长城

无论是从空中或地面上的火力都不足以将躲藏在挖得很好的战壕里的敌人消灭。这场有限战争的优势是在防守一方。

——沃尔特·G. 赫姆斯

苏联空军的秘密参战，迅速改变了美国空军在朝鲜战场上肆虐的情况。

在整个朝鲜战争期间，先后有10个苏联航空师在朝鲜北部参与战斗，共战斗起飞64 300架次，空战1 872次，击毁敌机1 106架（包括各类运输机、侦察机等），自损飞行员120人、飞机335架。

中朝联军也投入了10个航空师（新中国最早的一批飞行员就是在朝鲜战争中火线受训并飞上战场的），战斗起飞24 691架次，空战366次，击毁敌机330架，自损飞行员116人、飞机231架。

在战争初期，美军凭借巨大的空中优势，一度将中朝本就不发达的补给线打回了石器时代。

危急的形势，使斯大林终于认为苏联出兵的时机已经成熟。

于是，苏联的米格战斗机严格遵循斯大林“不得进入前线作战”的命令，在鸭绿江至清川江上空密集游弋，而不越雷池半步，出色地与中朝空军并肩保护了北方补给线。

鸭绿江至清川江上空也因此被称为“米格走廊”。

关于派遣空军入朝作战，斯大林经历了反复斟酌，与中、朝几经协调，其中蕴含了复杂的国家利益权衡，其出兵过程也极为曲折复杂。

1950年10月11日，周恩来等人专程飞抵高加索黑海边斯大林的休养地。根据苏联解体后的解密资料，人们得以了解黑海会谈的内容。

周恩来是为苏联军援而去的。他向苏联领导人介绍了中国的政治局会议情况，表明了中国出兵势在必行，但需要苏联帮助解决一些困难，尤其是在提供空军支援和武器装备方面。

斯大林当即作出承诺，飞机、坦克、火炮都可满足中方要求，但苏联空军尚未做好准备，还需两个月进行战备，才能加入战场。

1950年7月5日，积极支持北朝鲜的斯大林曾致电驻华大使罗申，要罗申转告周恩来，苏联将“尽力”为入朝作战的志愿军部队“提供空中掩护”，只要中国答应参战，苏联将尽全力支持中国的各项建设事业。

这次，斯大林的承诺却被加上了一个期限：两个月。

在这样的重大关头，一向全力鼓动中国参战的斯大林竟然变卦了。是什么使他犹豫、动摇？

朝鲜战争爆发之前，苏联的政策是韬光养晦、暗中蓄力，在没有必胜把握时，绝不与美国发生正面军事冲突；而在朝鲜战争爆发之后，为了与战争撇清关系，不在战场上留下任何属于苏联的蛛丝马迹，斯大林的对美政策表面看来堪称隐忍。

从金日成与李承晚摩拳擦掌时起，美军就在不断试探苏联的立场。美军机多次侵扰苏联领空。

1950年，7月—8月，美军机多次掠过苏联边界线附近领空。

7月8日，两架美国歼击机飞过恰普林角上空。

7月17日，两架美国飞机侵入位于乌艾连镇的苏联边界线。

7月20日，两架美国飞机出现在苏联塔菲利耶夫群岛上空。

终于，9月4日，一架未装载炸弹或鱼雷的苏联轰炸机被11架美国战斗机围歼，苏联政府终于提出抗议。但遭到美国拒绝，理由竟然是击落轰炸机的飞机受命于联合国，所以美国不能接受苏联抗议。

苏联已决心弃卒保车，所以再次忍让。此时正值美军即将越过三八线的关键时期，美军正面对敌，双眼则紧紧盯住朝鲜背后的苏联的一举一动。斯大林明白，这是美国的警告，于是他更加谨慎，更加深藏不露。实际上，斯大林也正在加紧催促中国参战。

1950年10月8日下午4点，美军越过三八线的第二天，两架F-80再次光临苏哈亚地区距边境100公里的一个军用机场，并击毁苏联军用机场的7架飞机。苏联空军仿佛清风过耳，既不升空迎敌，也未使用地面机枪和高射炮火还击。

直到10月9日22时45分，美国大使柯克才接到苏联大使的电话，要求会面并接受照会。柯克先声称自己患了感冒，卧床休息，避而不见，于是苏联大使只好把照会书寄到美国大使馆。10月10日，美国使馆原封不动退回了照会。

苏联简直表现得像一个怯生生的孩子。

美军的频繁挑衅，已毫无疑问超出了误会的范畴，应视作一种有恃无恐的试探与警告。

令美军十分满意的是，斯大林表现出了足够的隐忍，甚至已经超出了忍辱负重的程度，似乎是真不敢触碰美军锋芒。看起来，在美军隔三差五的“提醒”之下，苏联是绝不敢在朝鲜战场搞小动作了。

因此，10月19日，美国终于大方承认了对苏联机场的射击，并归结为“空中领航错误和计算不佳的结果”，并宣布已经对涉事飞行员进行了纪律处分，也表示愿意向苏联赔偿资金，算是试探满意之后的安抚。

但莫斯科依然没有眼泪，仿佛屡遭空袭的并非自己。

甚至在黑海，在见到周恩来之后，斯大林也依然表现得毫无斗志。苏联巨人难道就此屈服于美方军威？人们难以置信。

斯大林和周恩来商谈后，认为中、苏双方都未做好入朝参战的准备，于是，作出了暂时放弃朝鲜战场的决定，准备适时通知金日成撤退，并立即致电毛泽东。

此时的中国领导人正在为空军支援的问题展开讨论，问题的关键十分明确，只要苏联及时兑现空军承诺，志愿军就可以入朝参战，否则就不应贸然参战。

斯大林的电文使毛泽东陷入沉思。10月12日下午，毛泽东在收到来电后表示：同意你们的决定。当晚又致电苏联，表明已下令“停止执行进入朝鲜的计划”，于是，斯大林马上致电金日成，要他准备北撤。

但这并非中国最终的决定。毛泽东立即与彭德怀、高岗会谈，在得到彭德怀的支持，并看清斯大林的复杂意图之后，10月13日，毛泽东召见了苏联大使罗申，告诉他“我们应当帮助朝鲜人”。

现在轮到斯大林陷入沉思了。当美军尚未打过三八线时，斯大林全力鼓动中国出兵，且许下了空中支援的承诺，但随着美军的势如破竹，斯大林开始对中国军队的参战结果产生了怀疑，他不确定志愿军在此时参战是否还有意义：面对强大的机械化美军，志愿军能否站稳脚跟？何况，他一直就将毛泽东视为“铁托第二”，还并不放心中国——这个新加入自己阵营的大个子兄弟。

所以，当毛泽东表示可以先出动中国陆军后，斯大林依然显得十分保守，他表示，即使苏联空军在两个月之后增援，也不会奔赴前线，而只会在鸭绿江上空巡航。

在没有绝对的取胜把握时，斯大林不愿冒险与美国发生任何冲突。

斯大林甚至开始寄希望于从秘密外交渠道寻求和谈。10月4日，在一次看似平常的午餐中，联合国秘书处的苏联工作人员瓦西里·卡萨涅夫劝说挪威驻联合国代表汉斯·恩根，希望他向美国政府传话：只要美军不越过三八线，苏联将立即促使北朝鲜停火。

10月14日，毛泽东电告尚在苏联的周恩来，志愿军12个步兵师、3个炮兵师将在10月19日入朝，26万人将投入战斗。由于朝鲜前线危在旦夕，10月15日凌晨，志愿军已经提前出动，17日、18日分别有一个军开拔，10天左右将完成渡江。

这样一来，斯大林终于释然了。

这位手握重器的世界巨人向来算无遗策，于不动声色之中早就备好了万全之策。虽然还未下定决心出兵，但苏联空军早已暗中枕戈待旦了，当毛泽东在10月14日发出参战电文后，苏联空军的144、17、328、20歼击航空师就立即被组建了起来。

随着志愿军于10月25日与联军交火，云山战役的随后爆发，斯大林才真正、完全对中国放心。11月1日，他从容不迫地派出了米格-15，在鸭绿江上空对美军发动奇袭，在十余天内击落美军飞机21架，连10月8日的旧账也一并清算了。

随着志愿军的高歌猛进，斯大林开始放手支援中朝两国。

11月15日，斯大林增派120架米格15，并成立了军一级的空军指挥机构；11月20日，第二批空军进入中国境内。与此同时，大批火炮、弹药、汽车也在陆续运往中国，除了空军教官进驻中国，1 653架各种飞机也很快被移交给了中国空军，这就是新中国空军的最早的战斗力。

斯大林在1951年6月13日致驻华大使克拉索夫斯基的电文表达了迫不及待的心情：

致克拉索夫斯基：

根据我们的资料，我们的飞行员培训朝鲜人非常慢，马马虎虎。你和别洛夫将军看来想把中国飞行员变成教授而不是战斗飞行员。我们认为，我们的航空专家过分谨小慎微了。如果说战争时期俄国飞行员5—6个月就培训出来了，为什么中国飞行员的培训不能在7—8个月内结束？是该抛弃这种有害的谨小慎微的时候了。中国军队不能在没有空军掩护下战斗。

但是，无论如何，苏联的既定战略始终是保护朝鲜后方和中国境内不受美军空袭，而不是走到前线与美军直接对抗。因此，米格-15的活动区域就被严格限定在鸭绿江，除非是在作战时，否则绝不允许过江。就这样，一条看不见的“米格走廊”被划在了鸭绿江的天空上。

随后，迅速成长的中国空军也加入了战斗。1952年4月，在一次朝鲜北部的空战中，美军遭遇了惨重伤亡，在阵亡者名单中，赫然出现了小詹姆斯·范·弗里特——他是第八集团军司令范·弗里特的儿子。

“米格走廊”一词出自美军之口。

朝鲜战争初期，由于难以适应朝鲜半岛的地形，美军引以为傲的机械化部队在志愿军奇袭之下节节败退。为了扭转这种颓势，美军开始转而发挥其巨大的空中优势。

蚊群般的F-86歼击机群和B-52轰炸机群开始在朝鲜北部天空聚散，它们的目标是那些血管般的铁路、公路，一旦找到目标，这些嗜血的飞行机器就会不顾一切飞扑过去，在顷刻间将一条条朝鲜的运输生命线摧残得千疮百孔。

这种肆意的猎食并未持续太长时间。在1950年，志愿军和朝鲜人民军的空中力量基本为零，但不久之后，一些涂抹着朝鲜和中国军队徽章图案的米格-15战斗机出现在了鸭绿江沿线的天空，它们与美军战机进行着殊死的拦截战斗，就像一道在鸭绿江面上空左右移动的大铁闸。

很快，美军的监听人员就发现，米格-15的驾驶员们的朝鲜语、中文都是怪腔怪调，带着一股浓浓的西伯利亚风味，或许这是因为无线电通讯的音质不好？而再过一阵子后，随着战斗愈发激烈，朝鲜飞行员竟然在情急之下纷纷改说俄语了。

1950年11月20日的苏联部长会议作了如下记载：

苏联部长会议决议：

1．责成苏联军事部（华西列夫斯基同志）负责向中华人民共和国境内发运部队的工作，具体任务如下：

1）发运两个歼击航空师及其后勤保障和服务队伍……

……

4．苏联军事部允许这些部队在运输过程中着苏联军服，可一旦进入中国，必须立即改着中国军装。

苏联飞机上的标志必须在其发运前便彻底清除。

斯大林还在1951年5月22日致电毛泽东，向志愿军无偿提供米格-15飞机：

……满洲和北朝鲜边境上的空战终于使我们相信，米格-15喷气式歼击机如有优秀飞行员使用，完全可以对付美国和英国最好的喷气式战斗机，尤其是轰炸机。至于米格-9喷气式歼击机，虽不如英美最好的喷气式战斗机，但却完全适用于同轰炸机以及不够现代化的战斗机作战，非常适用于大规模训练喷气式飞机飞行员……为使中国歼击机航空师能够成为更加富有战斗力的歼击机航空兵，应用米格-15取代米格-9歼击机。为此，需要从苏联给你们运去372架米格-15飞机。我们由于飞机不够一直未能做到这一点，但现在已能做到这一点，我们打算将这372架米格-15飞机无偿提供给你们，仅付从苏联到中国的运费即可，运费可从军事贷款中扣除。

……

直到朝鲜战争结束，美国也没有点破苏联飞行员驾驶战机参战的事实，两个敌对的超级大国心照不宣，始终谨慎地保持着分寸，米格-15和F-86始终缠斗在鸭绿江上空，形成了一条无形的空中长廊。

苏联不愿公然走到朝鲜战争的舞台聚光灯下，只是坚守鸭绿江和清川江，拒美国于南方；而美国也不愿打破默契，以免苏联真的全面介入战争——毕竟，光是应付志愿军，美军已经应接不暇了。

“共产党中国几乎在一夜之间就变成了世界上主要空军强国之一”，空军参谋长范登堡上将意味深长地说。

对比米格-15和F-86这两种战机，可以看出美军的F-86水平面回转能力极强，航行稳定，机枪射速快，设计极为细腻，但飞行高度和爬升速度不如米格-15，炮弹威力较小。在完全了解F-86的特性之前，苏联飞行员们着实吃了不少苦头，直到1951年7月11日，苏军和志愿军生擒了一名美军飞行员，并由此得悉F-86的弱点，情况开始改观，空战也变得更加激烈，战术更有针对性了。

米格机开始制造高度优势，一旦遇敌，整队米格就急速飞升，然后寻找机会进行俯冲攻击，颇有“魔高一尺，道高一丈”的意味；但米格机的凝结尾云极为显眼，所以F-86也能及时趋避，只要米格机未能得手，就会丧失高空优势，被迫在中低空和F-86缠斗。

就这样，大规模喷气式飞机空战史的开端就被定格在了“米格走廊”的历史影像中。

在这种僵持的局面下，双方都难以在战场上取得重要战果。志愿军总结了前一年粉碎敌人夏、秋季攻势的经验，大力加强和巩固了现有阵地，开始以各种战法杀伤和消耗敌人。

修筑长城的时代开始了。

就在夏季防御作战的后期，志愿军战士在构筑防炮洞时逐步发展成了马蹄形的小坑道，从而出现了坑道工事的雏形。士兵的这一创造在夏、秋防御战中发挥了明显作用，引起志愿军领导机关的重视，要求前沿防守部队都要构筑坑道工事。于是全军在前线开始大规模构筑坑道工事。

在漫天飘飞的白雪掩盖下，工兵们冒着生命危险拆卸未爆炸的敌炮弹、炸弹，以解决炸药不足的困难。工具不够就建立了阵地铁匠炉，利用废钢铁和炸弹片制造了大批铁锹、铁镐、钢钎、斧头、铁板条。在实践中又摸索出打锤法、掌钎法、空心爆炸法、放群炮等各种操作方法。各级政治机关派人到构筑工事的现场做鼓动工作，组织互相参观、学习，使部队在坑道作业中保持着高昂的斗志。

随着坑道工事在前沿阵地的构筑，志愿军阵地日益巩固，在西起汉江口、东至高城长达250多公里的整个战线上形成具有20～30公里纵深的以坑道为骨干支撑点式的防御体系，从而增强了志愿军防御的稳定性。

志愿军构筑坑道工事不仅是为了保存有生力量，更是为了更有效地打击敌人、消灭敌人，因此构筑坑道工事一开始就注意了与各种野战工事紧密结合。志愿军司令部要求坑道工事必须达到七防：防空、防炮、防毒（疫）、防雨、防潮、防火、防寒。还规定坑道口厚度10～15米，每条坑道要有两个以上出口，坑道宽1.2米、高1.7米。经过各部队官兵备战，坑道工事无论技术要求或战术要求都更加完善起来了。

到后期，有的坑道顶的厚度由先前的30米发展到了50米，不仅可以承受15.5厘米到24厘米口径大炮的轰击，而且还可以顶住500磅至

2 000磅炸弹的轰击。坑道内部的设备也随着供应条件的好转越来越完善，不仅有连、营、团部和电话总机等办公室，还有粮食库、弹药库、伙房、厕所、澡堂、俱乐部多项设施。

士兵们说，我们的坑道是攻不破、炸不烂的钢铁阵地，是我们的“地下长城”。

这条在广袤的朝鲜冻土大地地表之下隐介藏形的巨龙，总长6 250公里，堪比中国的万里长城；各种工事（坑道、堑壕、交通壕）的土石方为6 000万立方米，如以1立方米排列，能绕地球一周半，是人类战争史上的奇观。

彭德怀赞扬了志愿军战士的创举，称志愿军指战员的创举是“革命军队优良的政治素质和军事素质相结合的表现，为持久的阵地战创造了极为有利的条件”。

彭德怀和陈赓在前沿阵地上视察。

志愿军利用这些工事，以劣势装备打退了现代化装备的美军的多次进攻，杀伤了大量敌人，使战线始终稳定在三八线南北地区。美第八集团军司令范·弗里特坦言：“虽然‘联合国军’的空、海军尽了一切力量，企图切断共军的供应，然而共军却以令人难以置信的顽强毅力把物资运到前线，创造了惊人的奇迹。”

敌人方面亦担心中朝军队再次反攻，也构筑了3道防线，转入阵地防御，于是，朝鲜战场上形成了长达两年零一个月的两军对峙的作战状态。

随着气候变得天寒地冻，谈判也渐渐被“冻僵”了。

停战谈判讨论第3项议程的参谋会议又在中立国的提名上僵住了。本来双方已经商定了一个“中立国”的定义，即“其战斗部队未曾参加在朝鲜的敌对行为的国家”，可是当中朝方面提名苏联、捷克、波兰时，对方理所当然地坚持不同意苏联。

从1951年12月11日开始的讨论第4项议程的小组会也僵持住了。1952年1月31日，对方建议同时召开讨论第5项议程的小组会议。中朝方面表示同意并建议召开代表团大会讨论，以争取在僵持中能够有所进展。

1952年2月6日，停战谈判举行代表团大会，中朝方面对第5项议程提出如下建议：双方在停战协定生效后3个月内，各指派5名代表举行政治会议，讨论以下问题——

一、从朝鲜撤退一切外国军队问题；

二、和平解决朝鲜问题；

三、与朝鲜和平有关的其他问题。

讨论中，美方曾试图避免明确提出举行高一级政治会议。

他们说：“双方司令官并没有审议有关在朝鲜的政治解决的各种问题。”

他们建议的措辞是：“停战协议签订以后，双方向各自有关政府与当局建议在3个月的期限内采取步骤，在政治会议中或以其他政治方法处理各项问题。”

关于会议的内容，美方把中朝提出的讨论“与朝鲜和平有关的其他问题”改成“与和平有关的其他朝鲜问题”。

经过10余天的讨论，2月16日，在双方代表团大会上中朝代表又提出第5项议程的修正案，全文如下：

为保证朝鲜问题的和平解决，双方军事司令官兹向双方有关各国政府建议，在停战协定签字并生效后3个月内，分派代表召开双方高一级的政治会议，协商从朝鲜撤退一切外国军队及和平解决朝鲜问题等问题。

这一修正案在最后一句话的尾语上加了“等问题”3个字。争得了一个“等”字，就利于高一级政治会议召开时能够讨论“与朝鲜和平有关的其他问题”。

这项议程终于在2月17日达成了协议。

第四节　听风者——机要室的年轻人

一密之失，误我资敌；一分之误，战机即失；一字之差，人头滚滚。

——李克农

在开城的中朝谈判代表团驻地，在谈判舞台的幕后，活跃着一批从事机要工作的年轻人。

1952年春天，杨复沛被中央办公厅机要局局长李质忠叫到了办公室，面对面向他交代了一项机密工作。

当杨复沛得知自己即将奔赴开城前线，这个年轻人的心中充满了自豪——他知道，自己即将成为那个年代的受人艳羡的“最可爱的人”了。

在开城以北，坐落在三八线上的松岳山南麓，一所传统风格的朝鲜别墅院落之内，中情部机要科科长岳良接待了杨复沛：“克农同志现在有事，我送你去机要股那边，先住下来休息。”

没能见到传奇人物李克农，杨复沛有些微微失望，但他很快就和岳良熟络起来。朝鲜停战谈判开始后，岳良随李克农来到开城，一直给这位红色特工之王当秘书，兼机要处工作。他和通讯员提着杨复沛的行李，走过小山坡，进了机要股驻地。机要股的杨文祥等人见到这个新人后都很高兴，把他安排在一间小屋内。

第二天，岳良带着杨复沛去来凤庄，从机要股住地向东南过了一个小高地，左前方不远处，是一个小山头，山上一幢二层小洋楼，山下一处宽大的瓦房院。

岳良边走边说："机要股住地太挤，过几天你们就搬过来。机要处成立后，志愿军司令部解方同志带的机要股也搬过来，把小洋楼修整好后，你们就搬进去。"

在回来的路上，一脸兴奋之情的杨复沛展现了他的机要工作素养。在一处四下无人的宽阔地带，他迅速低声向岳良请示，请他报告李克农，开城代表团与朝鲜大使馆通报密码已经带来，何时送给李克农。

第二天上午，岳良带来了李克农的指示——把给大使馆送的密码准备好。当天，杨复沛终于如愿以偿，见到了李克农。李克农当即决定，由杨复沛派一名译电员，李克农派机要交通随行，警卫连派2名战士乘吉普车护送，第二天即赴平壤。

轻车简从，上午到达平壤，下午即顺利返回。顺利完成第一次任务的杨复沛向李克农汇报，他微微颔首表示满意，并让杨复沛告诉通讯处处长郑家璜，赶快用志司给的呼波与大使馆沟通电台联络，开始通报。李克农这种认真负责、一丝不苟的作风，对年轻的杨复沛影响至深。

虽然没打过交道，但杨复沛对李克农的尊重是发自内心的。1948年底到中央机要处工作后，他常常听曾在北平军事调处执行部工作过的同志讲李克农的故事。1949年初，在中央召开的全国第一次机要工作会议上，杨复沛坐在台下的人群中，近距离聆听了李克农的讲话。

李克农特别强调了保密、及时准确翻译和处理电报的重要。他语出惊人，言简意赅。

一密之失，误我资敌；一分之误，战机即失；一字之差，人头滚滚。

这三句话，是在漫长而凶险的国内战争期间，用无数鲜血总结的，也影响了杨复沛一生。

机要处就住在松岳山麓一块小高地上的一座二层小洋楼上，下设两个股。一股由中央办公厅机要局和中情部随克农带来的机要人员为主组成，股长杨文祥，译电员有孟宪鲁、王鹤韬、王文波、何杰、何顺喜；二股以解方同志从志司带来的人为主组成，股长曹志芬，译电员有任金池、申锐、庞席山。后又陆续调来张波、张凤池、王铮、丁斌杰、薛敬本等几个同志。杨文祥、曹志芬调走后，改为两个组，组长是张波、任金池。为了保证及时给代表团领导和电台送报，和通讯处共配1辆吉普，由机要处管理。

开城代表团机要处成立后，有两方面的任务，一方面保证对中央、志司（志愿军司令部）、中国驻朝鲜大使馆的密码通报；一方面为朝鲜停战后设立的多个观察小组和口岸办事处准备派出机要人员和指导使用密码。

代表团来往电报有两个特点：一是多，二是急。每日谈判的情况，当晚要上报北京和平壤；第二天的谈判对策，中朝方的主要发言稿要于头天晚上报到北京审查。在遥远的北京，周恩来总理为了等代表团的电报，常常夜不能眠，而负责译电的人员则因要守候周总理回电，他们就和衣而卧。谈判开始时，译电员只孟宪鲁一人，随着谈判工作的规模扩大，就与股长杨文祥、处长岳良3人一起开工，有时3人连续工作两天两夜未能合眼。

机要处成员全是夜猫子。谈判代表们从会场回来，三下两下吃完饭就聚在一起写简报，准备好第二天的发言。简报写一张，就给机要股送一张，简报发完，第二天的发言稿又送来了。

为了迎接停战谈判胜利以后更加繁重的任务，我们根据代表团的工作特点，在总结经验的基础上，创造了一套适合于谈判，提高译电时效的工作方法。即：电报发完后把下次发报前的工作准备好；电报送来后，先通知电台呼叫；长的电报分成几段，几个人用几套密码，齐头并发；通讯员、司机守在门口，译一部分，即送电台拍发一部分；电台一部发报机发不完，就同时开两部发报机同时发。译一份电报就是一次战斗。

这是没有硝烟的战斗。

开城临近朝鲜西海岸，虽然时值盛夏，却并不闷热，早晚更是凉爽宜人。机要处搬到小白楼以后，年轻的工作人员们花了几个下午，把小白楼南面的草坡整平，从附近找了木板和电线杆、铁框，钉绑成篮球架。许多团员的业余时间就在这简易的篮球场上度过了。

开城里时常会有各军的文工团“出没”，这是为了配合代表团的对外工作，也是为了发挥文工团员文化水平高的优势，为谈判工作出一份力。各军的文工团是轮流来开城值班的，一来就是一两个月，代表团组织舞会时，文工团的乐队去伴奏，舞蹈队去伴舞。机要处的年轻人中，有不少是舞迷。

10月1日，代表团在人参场举行庆祝国庆舞会。有个年轻同志不爱跳舞，看了几眼就觉得乏味，就一个人散着步回宿舍。

当他经过一号驻地附近，正好遇上了李克农。机要工作规定，译电人员要实行2人同行制，单独外出是机要处的大忌。李克农见状，上来就是一番盘问，问清他是机要处的后，当时就是一顿狠狠的批评，并责令他马上向杨文祥检讨，然后叫通讯员陪这个犯错的同志回机要处。

第二天早饭刚过，李克农的电话就找到了杨文祥，将这个尚不知情的负责人训得灰头土脸，一头雾水。杨文祥放下电话，那个犯错误的同志才鼓足勇气，来到他面前承认错误。

1953年7月27日，朝鲜正式停战了。交换战俘工作不久也宣告结束，军事分界线明确划定了，渐渐地，机要处的来往电报减少了。

但机要处还不能立即归国，他们是这辆援朝列车里最后下车的乘客。

杨复沛回忆说：

工作少了，人员相对多了。少数同志调回北京和志司，大部分留下。可工作越来越少，在积极组织大家学习时事政治的情况下，时间仍很充裕，为了防止松散情绪，不浪费时间，使大家继续安心在开城工作，并树立好学上进、生动活泼的风气，我和股长们商量，组织大家学一两门初中文化课。我向柴成文秘书长谈了我的想法后，他很支持并请秘书处的1名英语翻译给我们讲语文，由本处的戚秀琪同志给大家教初中代数和高中代数。这个办法果然有效。自组织这两门文化课以后，把大家的业余时间几乎全部吸引到学习上了。全处形成了生动活泼的局面。没有发生不良倾向，也没人要求离开代表团。

李克农同志患气管炎，一到冬季就咳嗽、哮喘。1953年年底，停战以后的各项工作已安排就绪，余下的就是监督执行。中央指示李克农同志返回北京工作。他走之前召集各处处长碰了头。李克农同志讲了几句话，就算告别了。在这次会上我把机要工作情况做了简短汇报，着重讲了大家的学习情绪。克农同志在中间插话说："机要处的风气好，生气勃勃，你们要继续发扬。"这话我始终没忘。

1954年年底，代表团撤销。回国时我和许多同志都很留恋这里的生活，心想，代表团再晚撤销一年，我就把代数学完了，那多好。

1951年7月5日，中央机要局的译电员孟宪鲁遭遇了人生中最重要的一次错误。

这个充满活力的年轻人接到了"随朱德总司令去青岛"的重要任务，兴奋得不知所措，马上出发。但当他满怀荣幸之情地赶到中南海，却被告知"弄错了，不是跟随总司令去青岛，而是跟随中央调查部李克农部长去朝鲜，参加停战谈判工作"。

耿直忠诚的孟宪鲁并未大失所望，而是毫不犹豫地加入了艰苦卓绝的谈判行动。

这是他第一次出国工作，一去就是一年多。

这块陌生而寒冷的土地，就像美军的惠特尼将军描述的一样：

极目远望的是无穷无尽的穷乡僻壤，崇山峻岭，裂谷深峡，近乎于黑色的鸭绿江水被束缚在死一般寂静的冰雪世界之中。

谈判工作的强度不亚于战争，实在太忙。有一次，孟宪鲁等三人连续两天两夜没空睡觉，实在坚持不住就迷迷糊糊打个盹，眼睛一合，别的同志一提醒，醒了继续干。为此，李克农迅速增调人手。但每天工作仍然长达十七八个小时。每天下午3点左右陆续开工，次日上午10点收工睡觉。最紧张的时候，每天只吃一顿饭，没有新鲜蔬菜，基本上只有酸菜、咸菜、带汽油味的米饭。偶尔改善伙食，能尝到国内送来的慰问品——面包、饼干、罐头之类。

由于积劳成疾，1952年，孟宪鲁突然腿疼，左腿不能弯曲，脚不能落地，行如针扎，难以医治。据医生猜测，或许是因为1951年棉衣发放太晚，11月才穿上，且工作紧张不规律，伙食不佳，导致他体质下降。

但他依然和战友们一同坚持着。每到需要躲避空袭时，同志们会轮流背他进入掩体。1952年10月，光荣归国的孟宪鲁终于实现夙愿，和李克农合影留念。

在谈判初期，代表团仅有20余人，后期则达6 000人之多。像孟宪鲁这样毫不犹豫地抛洒一腔热血的年轻人，实在数不胜数，绝大多数情况下，他们是以无名英雄的姿态，付出鲜血和青春，浇灌出和平之花。

1952年6月19日，沈阳下了大雨。

这天，程正良由外交部信使范国梁、单达圻和邓宏君陪伴。4人披着雨衣，乘三轮车快速赶到东北军区司令部，办好了入朝的手续和证件，在沈阳车站吃了晚饭，继续赶路，在次日早晨住进了辽东省的第一招待所。

程正良感到，战争的气息扑面而来。宽大的火车站内，四处聚集着归国疗伤的志愿军战士，有的被抬着，有的躺在车厢里。安东街头还有不少苏联军人，他们十分热情地和程正良攀谈，虽然语言不通，大家也都不在乎。透过招待所二层房间的窗户，程正良清晰听到了飞机的轰鸣，他探出头，正好看到了鸭绿江上空的一幕战斗。

一架敌机在巨大的天幕上划出一条扭曲的黑色烟轨，断线风筝般掉了下来。

傍晚，程正良与驻朝使馆的一位同志到鸭绿江边观察情况。

浓黑的江水默默流淌，对岸没有人烟，房屋的剪影支离破碎，仿佛被孩子剪坏的手工课作业——联军空军用日复一日的空袭炮火，雕刻出了一幅战争全景图——残破衰败的城市景象，使程正良陷入了长久的沉默。

程正良在日记里写下了当天的感触："战争是残酷的、流血的，为了消灭侵略战争，我们只得以正义战争去反对非正义战争。"

6月23日下午，程正良和其余5个新战友一道，乘一辆卡车从安东市出发了。司机是位很有经验的老手，40余岁。

卡车很快就顺利过了鸭绿江，踏上了朝鲜国土新义州。

入夜之后，会有敌机随时袭扰，所以道上行驶的汽车一律不能开灯。无星无月，全凭司机的经验，卡车像一只矫健灵活的山羊，跳跃、穿行在崎岖的山路。在漆黑的夜色下赶路，中途没有休息。经过14个小时，在早上4点多抵达平壤我国驻朝大使馆。

6人的下一站是开城。从平壤到开城的路上，是敌机轰炸的高发地带，程正良两次遇到敌机的轰炸，都死里逃生。

夜间，当一排汽车驶往沙里院时，照明弹的白色强光突然绽放，山路上顿时如同白昼，不但照亮了地面夜行的车辆，也照亮了云层中突然钻出的敌机。

机枪的扫射画出一道道死亡曲线，溅落的沙尘像一场淋漓的暴雨，砸得程正良几乎睁不开眼。

"赶紧下车！"急刹车的轮胎发出一声刺耳的尖响，司机几乎是拽着他们的衣领，将他们赶下车，然后紧紧趴在路边的沟里。

震耳欲聋的引擎轰鸣声如暴风席卷而过，程正良还在抹着脸上的沙土，司机已经爬起身，冲他们低声吼道："快上车，快上车！"

卡车风驰电掣地向前疾驰。大约30分钟过去，前方的天幕突然又被点亮了，几架吃回头草的敌机又与他们不期而遇。

程正良抓住卡车栏杆就要往下跳，司机低吼道："不能跳！不能跳！"猛踩油门，卡车像一尾滑溜的黑鱼，绕过一辆辆汽车、一片片石堆，不顾一切地向前冲。

颠簸之中，程正良费力地坐回车厢。他转头向车外看去时，脸上顿时被冲天的火光映红了——100米外的一些汽车燃烧着，不时发出爆炸的巨响，熊熊的火焰照亮了正在奔驰的汽车。

程正良也住进了松岳山南麓的"小别墅"。几个年轻人和首长的警卫员李连水住一套房。这些房子都是屋檐靠屋檐，间隔只有三五步，隔壁就是李克农、乔冠华等人的套间和会议室。开始，大家吃饭就在一间烧开水的小锅炉房里，既无桌子，也没凳子，只有一块立起来的木板，上面放着菜盆，大家围站成一圈。"大家谈笑风生地用餐，朝鲜大米日照时间长，年产一季，油性大，挺好吃，没菜也能吃三碗。"

这个院子东北面约50米处，还有一个小四合院，解方、柴成文、丁国钰等首长先后在这里住过，住的时间最长的是柴成文秘书长。

这两个小院子坐北朝南，周围栽种了木本花草，还有几株古松，清幽葱茏。西边约100米处有条公路，从北部平壤通向开城，还有一条从松岳山往下流的小溪，顺着公路流向开城市的东郊。

院子南面坡下，有一些空地和三四户居民住房，还有一条横贯东西方向的人行小道，东边与来凤庄相接，西边与公路相连。新年时，在这条路的北边用松树枝搭一个大的门牌，左牌上写着：“坚持抗美援朝持久斗争！”右牌上写着“保卫祖国社会主义建设！”横眉为“庆祝元旦”。不少同志利用这个门牌照相留作纪念，这个门牌一度成为工作人员的合影胜地。

1953年4月以后，由于工作人员不断增加，在空地上先后盖了三座砖瓦平房，两座供办公室和住宿用，一座用作食堂。接着，在程正良住的平房后边又建成一个大会议室，彭德怀在停战协定上的签字仪式就是在这里举行的。

第七章

迷途——战俘归程

1951年底，停火谈判终于进入了第二个难点议题：战俘遣返。

美方坚决要求“自愿遣返”，其目的不仅在于减少朝鲜人民军和志愿军的兵员数量，也是为了给蒋介石、李承晚的部队增加人手，更是为了在国际社会占据道德制高点。

在日益临近的国内大选压力之下，杜鲁门政府此时的要务就是寻求“光荣停战”。于是，美军彻底穿上了全金属外壳（Full Metal Jacket），不但不做出任何妥协与让步，甚至加大了空袭力度，通过武力不断向中朝施压。

第一节　香烟熏出的方案

他们抓住我们的各种失误所进行的宣传，对他们是大有好处的，尤其在亚洲人之中进行这种宣传，他们所获得的好处就更大。我想，时至今日，我们的文武官员们总该有了前车之鉴，总该在思想上有所准备了。

——马修·B. 李奇微

1951年底，在谈判桌上，各项议题都在被同时讨论着。

由于修复机场等问题悬而未决，为了不拖延谈判进度，代表们干脆转而讨论其他议案，板门店谈判提前进入了第4项议程——“关于战俘的安排问题”。

民众都急切盼望这个环节的到来，尤其是被俘、失踪战士的家属们。人们知道，战俘问题是最容易解决的，停火之后交换战俘，这本就是国际战争惯例；而根据《关于战俘待遇之日内瓦公约》（简称《日内瓦公约》）明文规定，“战争结束战俘应该毫不迟延地释放并遣返”，“在任何情况下，战俘不得放弃本公约所赋予彼等权利之一部或全部”。

天不遂人愿，出人意料的是，“简单的”战俘交接问题成了谈判最后的绊脚石，竟使谈判又被拖延了一年之久。

1949年在《日内瓦公约》上的签字的国家有61个，以后又有一些国家陆续加入。战火未熄的新中国连联合国席位都未获得，因此在当时还不是签字国，直至1952年7月13日，新中国政府才正式宣布承认这一公约。

释放战争战俘也是一个人道主义问题：士兵被俘后，交战双方的亲人都希望与家人重逢，而战俘们的心情更是不言自明。在中朝代表收容之下的“美英战俘拥护和平委员会中央委员会”、“第12战俘营和平委员会”曾于1951年12月发表《告全世界爱好和平人民书》：

1951年参加有关战俘问题谈判的美方人员。

我们希望回家，对我们当中许多人来说，这是我们在朝鲜当战俘以后的第2个圣诞节，虽然中国人民志愿军待我们好极了，让我们吃得很好，并且非常和善地照顾我们，但是我们非常想念我们的家乡。

我们希望回家的理由简单得很，我们希望看到我们的妻子、儿女和我们的父母。

在美方收容之下的朝、中战俘要求回家的愿望更加强烈，他们不仅用文字、语言表达他们的迫切愿望，而且用生命和鲜血记载了他们的恳求。

鉴于第3项议程已基本谈妥，这时，美方建议另开一个小组会，平行讨论战俘问题。早在1951年11月20日的“小别墅”会议之后，中朝已开始详细部署战俘问题了。中朝代表收容的联军战俘名单比较容易列出，而志愿军和人民军被俘人员的名单则难以列出——因为有的部队正在前线战斗，被俘人员一时难以准确统计。即使如此，中朝代表仍然认为第3项、第4项议程同时讨论总是加快谈判进程的好事，所以欣然同意了。

讨论战俘问题的小组会开始工作了。1951年12月11日，中朝代表出席的是李相朝和柴成文，美方出席的是海军少将李比和陆军上校希克曼。

会议一开始，李相朝就提出了停战以后迅速遣返全部战俘的原则。美方的立场则截然相反，他们拒绝对此表明态度，坚持必须首先交换战俘名单，然后再谈如何遣返。

中方做了让步。

在12月12日的第二次会议上，中朝代表提出5点建议：

一、确定双方释放现在收容的全部战俘的原则。

二、商定在停战协议签字后最短可能的期间内，双方分批释放及遣送完毕其所收容的全部战俘，并确定重伤、病战俘应先在第一批内释放及遣送的原则。

三、建议双方交接战俘的地点，定在开城板门店。

四、建议在停战委员会下，双方各派同等数目人员组成遣俘委员会，遵照上述协议负责处理战俘的交接事宜。

五、上述各项一经双方同意确定后，即行交换双方现有全部战俘名单。

这五项建议显示了中朝足够的诚意，如果对方也有诚意尽快达成协议，那么双方就可一拍即合。可美方仍然避免在遣返战俘的原则问题上作出反应，反而节外生枝提出两个要求：一是红十字国际委员会派人到双方战俘营访问；二是首先交换战俘名单。美方声称，如果中朝不接受这两个先决条件，则他们必将拒绝第4项议程的谈判。

对于这样的无理要求，中朝代表自然无法接受。“战俘资料有必要交换，但是战俘释放原则必须先行确定，否则交换战俘名单又有什么必要呢？”

美方代表李比的语气充满调侃意味：“你方要我们盲目贸然前进，就像叫一个人从一个骗子手里买片地。这个人事先并没有亲自看到地，便付了钱，但在拿到地契后，却发现上了当，原来那片地是在离海岸一英里外、30英尺深的水面之下。

“贵官没有准备肥皂和热水就催促‘快点洗澡吧’”，李比这样讽刺道。

李相朝则反唇相讥：“肥皂和热水都准备好了，贵官却不进到澡盆里去。问题是尽快地释放战俘，所以还是不拘泥于交换名簿为好。”

这一次，双方没有谈妥。

12月21日，李奇微致信金日成、彭德怀，再次谈到红十字会访问战俘营问题：

从朝鲜冲突的早期以来，红十字国际委员会曾几次请求你们以及你们政府当局许可他们的代表进入北朝鲜，单单去视察战俘营，以便给你们现在羁留的“联合国军”战俘和大韩民国战俘以物质上和精神上的援助。此外，“联合国军”停战代表团已一再向你方代表团提出建议，要求给予同样的许可，并且指出，“联合国军”司令部从这场战争一开始时就允许红十字国际委员会对它所拥有的战俘有这种特权。迄今为止，这一切请求和建议都被拒绝。

现在我代表有关的成千上万的士兵，并以被你们所俘的每一个人的家庭的名义，我再亲自请求你们重新考虑这种行动。我丝毫看不出你们有任何正当的理由不允许红十字国际委员会执行这种基本的人道主义的工作——在以前的战争中各国都肯定允许该委员会进行的工作。

我一心只想到这些人的福利和他们的家庭的哀痛。我诚恳要求你们，请求立即许可持有适当证件的红十字国际委员会代表入境——他们现在已准备好随时给你们以援助。

金、彭12月24日复信说：

为了双方战俘和他们家属的利益，我们认为，当前最重要的事情，是迅速解决谈判中的各项问题，使之早日达成停战协议，以便使停留在双方战俘营中的全部被俘人员得以在协定签字生效后，迅速回到他们的家乡去，和他们久别而思念的亲人们团聚，恢复他们的和平生活。现在停战谈判中的几个重要问题，业已接近解决，只是因为你方一再节外生枝地坚持无理的要求来拖延谈判，以致停战协议尚未达成，双方战俘无从获释，双方万千被俘人员家属的长期悬望的痛苦也因此继续下去。

我方对于战俘，无论是在饮食、被服、居所或娱乐方面都本着宽待战俘的精神和政策，给予他们以完全合乎人道的待遇。伤、病战俘都能够从为他们安排的医疗设备和医务人员那里得到有效的治疗。我方所提出的关于战俘的精确名单，充分反映了我方对战俘的人道的注意和关切。因此，我们认为红十字国际委员会对战俘营的访问是不必要的。

但是，为了双方遣俘工作进行便利起见，我们建议，在停战协定签字生效之后，立即由朝鲜民主主义人民共和国和中华人民共和国的红十字会的代表，会同红十字国际委员会的代表组成联合访问团，分组出发，到双方战俘营去进行就地访问，并准备在双方战俘交接的集中地点，协助遣俘工作。你如同意，请将我们这个建议转达给红十字国际委员会。

事后证明，提出红十字国际委员会到战俘营访问，并不是美方的真意。在这个问题上，当时中朝代表确有困难。因为美军利用空中优势日夜轰炸，不仅为红十字会来中朝战俘营访问时的供应服务、交通保障造成极大不便，而且也难以确保不发生意外，如果红十字会人员在中朝代表控制区受到伤亡，再去争论是谁的责任，为时已晚。所以中朝代表坚持认为，必须慎重从事，这才是负责的态度。

美方也明白这一点，所以红十字会入营并非谈判重点，美方谈判代表反复强调的，始终是“先交换名单”，试图用这份名单引出人权问题，将使中朝陷入全面被动。

因此，不难理解美方看到中朝反而先拿出名单时的那种惊讶之情了。

12月18日上午，一直抵制交换名单的中朝代表突如其来地提出，同意交换战俘材料，而且要求立即进行，当天下午就交换。一直以名单进行要挟的美方代表李比大感意外，沉默良久。

当天下午，双方就交换了战俘名单。

双方代表都大吃一惊。

美方看到，一直不愿先行交换名单的中朝方面竟然拿出了一份详尽无比的名单，包括韩国战俘以及美、英、法、土、菲、加、澳、荷、比、希、哥、南非、日本的联军战俘，且都以朝鲜文字、英文分门别类编列，所有战俘的姓名之后还详细标注了部队番号、原属单位、军阶、军号、年龄等信息。原来中朝代表团早就做足了功夫。

联军战俘。

中朝提供的这份名单如同一块巨石，迅速在全世界荡起了巨大的涟漪。

联军其他参战国一片欢腾，悬在各国政府头顶的达摩克利斯之剑终于被解下了。英军在战场失踪的近1 000个名字，在名单上出现了919人，法国政府宣布失踪的10人全部赫然在列，加、澳、南非、土、哥等国更对名单毫无异议，民众欢腾，政府也大大松了一口气，抹去了额头的汗水。

更大的惊奇还在后面。

在名单中，赫然出现了少将迪安的名字，美方媒体一时哗动。

早在1950年7月20日，在大田战场遭遇溃败的美军第24师损兵折将，其师长威廉·迪安少将已被作为战争初期阵亡的少数高级将领之一，被列入战死名单了。

当时志愿军代表团新闻处的方迪槐和崔彬在回忆文章中记载了这

一事件：

在谈判初期，我方记者刚到谈判会场时，对方记者大部分对新中国怀有敌意，很不友好，双方互不理睬。阿兰·魏宁顿和贝却敌在沈建图（新闻处处长）的授意下，向美方记者透露一些新闻；事后证明，这些新闻都是准确无误的。于是，西方记者便很快围着阿兰和贝却敌转，使他俩打开了工作局面。美军第24步兵师师长威廉·迪安少将在1950年7月大田战役中被朝鲜人民军俘获，事后美国人曾多方猜测，不少人认为迪安早已被我处死。在1951年12月18日，朝中方面与美方在板门店首次交换战俘的名单资料。在双方谈判代表步入谈判帐篷之际，阿兰把美联社记者叫到一边，对他说："现在我有一条轰动性新闻的线索提供给你：在朝中方面今天交给美方的战俘名单上第一名就是迪安。"

美联社记者听后喜形于色，激动地说："非常感谢你！请稍等一下。"他立即在现场打字，把一篇只有一句话的新闻发给美联社总社——

迪安还活着！

接着，他分段发稿，讲述阿兰随之讲给他的详情。在他发完稿时，双方谈判代表才从帐篷中走出来。这时，美联社已把这一新闻向全世界播发。美联社出尽了风头。过了几天，阿兰把美军《星条旗》记者拉到一边，把摄影记者钱嗣杰拍的一组迪安照片交给他。这样，迪安下棋、用筷子吃饭、打太极拳、做体操、在林中散步等活动照片迅速地登在美国许多家报纸上，包括美国军方的报纸。

美方无法想象的是，以惊人效率完成这份名单的，并非中方的情报人员，而是从文工团中抽调的年轻演员们。

在政治部主任杜平的指示下，正在紧张排练新节目的文工团抽调了20多名人员临时组成战俘材料组，配合停战谈判，首先要突击完成中朝方面被俘人员名单的整理，然后在对方交来他们统计的中朝方面被俘人员名册后与之核对。

志愿军文工团早已多次顶替后勤、护理、文书、干事工作，这次同样是二话没说，从话剧队、舞蹈队、乐队、舞美队中抽调人手，每天1批，每批10余人，轮流去遣俘处打临工。文工团的年轻人文化程度高，外语底子也好，没有办公桌椅，就跪在炕上抄写材料，一干就是一通宵。

文工团以惊人的效率完成了名单，当天，李克农就向毛泽东提前亮出了这张谈判的王牌。

于是，胸有成竹的毛泽东安排周恩来起草电文，向李克农授以当天及随后的一系列组合拳："同意你们在十七日下午会议中答应对方先行交换俘虏材料，并就材料的编制交换意见，以便十八日正式交换全部材料……材料交出后，敌人必有一番反宣传，我们应准备还击，并将外俘伪俘名单广播发表。"

不仅美方大吃一惊，中方也被美方的名单震惊了。一直坚持交换名单的美方，拿出的却是一份临时拼凑、难以看懂的名单，只有音译的英文名字，不但没有朝文姓名，连诸如番号、职务等信息都是空白，根本无法核实查对。

不仅如此，在中方战俘材料组的认真核对之后，发现，美方的名单比其声称的战俘总数少了1 456名。

中朝代表和参谋人员又对这些漏洞进行了核查，结果确定无疑，遂向对方提出了3方面的质询。

一、中朝代表提交的战俘资料中，按照战俘的国籍使用他们所各自通用的文字详细地列出他们的军号、级别、部队番号和战俘营的所在地点，但对方所提交的名单中，却除了英文拼写的姓名以外，根本没有列出任何必需的识别材料，中朝方面要求对方尽快提出完整的战俘材料。

二、对方12月18日提交中朝代表的战俘名单中，实际列出的姓名较对方所称战俘总数缺少1 456名，既然对方说他们确在其战俘营中，中朝方面要求对方迅速交出这1 456名战俘的名单。

三、对方经过红十字国际委员会转交中朝代表的战俘名单中，再次经过检查后，有44 205人未列入12月18日所提交中朝方面的名单之内。这些人到哪里去了？中朝代表要求对方作出充分与满意的解释。

中朝代表还建议，在双方就名单问题进行核查的同时，立即肯定双方在停战后迅速释放并遣返全体战俘的原则。

但美方继续拖延遣俘原则的解决，而在名单问题上，中朝代表一再催促又使美方十分尴尬。

直到1952年1月28日，即双方交换材料以后的41天，对方才将13万多名战俘的姓名、级别、部别等材料补交给中朝代表团，但关于44 205人的材料仍未作任何交代。

关于44 205人的问题，李比少将先说红十字国际委员交的材料是“不及时的材料”，言下之意是不能算数；又说“有37 000人是南朝鲜居民”，已经释放了；其后又声称这些人“仍然在战俘营中”；甚至推诿说“油印机出了毛病”。李比的言论几经反复：

——1951年12月31日，关于44 205人的材料，1月2日可以交给你们。

——1952年1月3日，关于44 205人的问题请你放心，不必为此而失眠。一准备好，便立即交给你们。

——1952年1月12日，在我们未成协议前，这些材料对你们是不需要的。

——1952年1月18日，李比干脆推翻了以前的全部说法：“44 205人的材料，不包括在美方现在收容的全部战俘材料之中。”

事实上，美方之所以出现了“4.4万人”的奇怪问题，并在这个问题上遮遮掩掩、反复无常，纯属策划失误，纯属搬起石头砸自己的脚。

“联合国军”犯了一个大错误，它在这以前曾多交出过4.4万的名单。这些人的名单是原先递交给日内瓦国际红十字会的，其中大多数属于原南朝鲜的居民为共产党作战而被俘的。对这些人，“联合国军”已进行过甄别并重新做了分类。

这就是说，这4.4万人已经被部分释放、部分改编，并且已经定性汇报了，美方已经永远交不出这4.4万人。

因此，陷入全面被动的美方只得反唇相讥，说中朝方面也额外扣留了联军战俘，且人数更多，有5万之众。而联军举证的依据，则是北朝鲜的战时宣传广播——激昂的播音节目中曾提到，人民军和志愿军在南进的征程中俘获了美国和南朝鲜6.5万人。

美方对12月18日中朝代表交给他们的名单也作了分析，并且也向中朝代表提出了质询。美方的质询主要包括两点：一是根据中朝代表向红十字国际委员会提交的名单和中朝报刊、广播公布过的对照，要求中朝代表对1 058名非朝鲜籍战俘作出交代；二是认为中朝代表战俘的“大韩民国的士兵”同李承晚的“官方档案内列为在战争中失踪的”数字相比“不能令人置信”，要求给予“完全适当而且满意的解释”。

关于非朝鲜籍的1 058人的问题，经过查对，中朝代表于12月26日告之美方，其中的726人或在由前线送往战俘营的途中由于对方飞机或炮火轰炸而死亡，或在战俘营中因疾病而死亡，或已被在战场释放，或在转运途中逃亡。中朝代表对这726人每个人的具体情况都有说明。另有332人，中朝代表告对方正在继续清查，为便利清查，希望对方提出名单的来源。

中朝代表在对非朝鲜籍战俘问题作了上述说明后指出：“至于以李承晚当局所发表的南朝鲜军失踪数字为依据，来衡量我方所收容的南朝鲜战俘的数字的大小，这是完全不能成立的。因为不论在任何战争中，失踪数字与被俘数字之间都没有固定的关系。”

情况的复杂性远不止于此。实际上，南朝鲜战俘的问题可谓错综复杂：在朝鲜战争之初，南北方之间的战争属于内战，基本不存在战后交换遣返战俘的问题，因为，很多被俘军人都已加入了对方军队，已不再是战俘了。

在这一轮谈判斗争中，美军的粗疏导致了美国的全面被动。

与此同时，美国国内的反战媒体也爆发了对美国政府潮水般的批评。

12月26日，美国《国民前卫周刊》揭露美国政府所发表的“失踪”数字的虚妄。该刊说：

要知道其余大多数失踪的美国士兵到底是在什么地方，这个线索不应该从“暴行”方面去找，而应该从过去一年中所发生的朝鲜战争的悲惨过程中去找。

国防部1950年12月7日报告说，在作战中失踪的人数为5 062人，但是这个数字中，并没有包括在上星期的星期日所遭到的许多伤亡人数。在1951年2月7日当“联合国军”从鸭绿江边被击退到三八线时“失踪”数字增加到9 433人。事实上在这次退却中，整连的军队差不多全部被歼，在战斗中死亡的人被遗弃在某些地区，这些地区“联合国军”后来始终没有夺回来过。

此前1951年12月19日，美国《基督教科学箴言报》也对美国发表的“失踪”数字表示怀疑，并举以下事实加以说明：“当美军第2师的1个营在1950年11月末被围歼时，估计损失为800人以上。这批人员的最大部分被列为‘战斗中失踪’，但事实上，在中共军对这被围的一营人做5次连续的进攻时，若干官员相信，或许这一营的一半人员已经死亡”，“联军司令部有点处于进退维谷之境。根据制度，联军曾被迫把人员列在战斗中失踪，但是联军私下知道这些人员中大部分可能已经死掉了”。

在这一阶段，美军的蹩脚表演还不止于此。

12月31日，中朝代表在板门店将美、英等国战俘写给亲属的980封信件交给对方；在此之前的圣诞节前夕，也已将战俘们的803封家信交给了对方。

一贯重视宣传攻势的美方马上做出回应，他们迅速寄来了中朝战俘的信件。但是，中朝代表收到的，只是43封志愿军被俘人员的奇怪家信。这批“信件”都是用印好的32开卡片纸写的，卡片正面设有供发信人填写姓名、籍贯、战俘编号、发信地点及收信人的姓名、住址和国籍等栏目，卡片背面是供写信的空白。代表团将这些信件交给信使，准备专程送回国内投邮，信使无意中看了这批所谓的信件，气得将信件往地上一扔，说：“这哪里是什么家信，都是统一填写的表格，而且是别人代填的，哪里值得专程去送？”

这引起了战俘材料组那些年轻人的注意——中国人是不过圣诞节的，但43张卡片中就有39张的全部内容就是“庆祝圣诞，我很好”7个字；有一张卡片的背面连1个字也没有；43张卡片竟仅由4种铅笔字迹写就。很明显，这批信件是4位代笔者的“杰作”，而且其中有3张卡片发信人的名字是先用英语拼音后再译成汉字的。

那么，是“贴心的”美方为某些文化程度不高又思乡心切的中朝战俘捉刀代笔，以致发生这些“温馨的错误”吗？

战俘材料组将43封信的署名与12月18日对方交来的名单进行对

照，发现有8人在对方的名单中根本找不到，有5个战俘编号相同，但姓名不符。而收信人和收信地址更怀着浓浓的敌意，有一张的邮寄地址是“北京极权街”，有些收信人姓名则是“赵老头”、“张老三”、“李老五”，而且还出现了一个“潘金莲”。看来，这4位卡片的作者中或许有一位真的读过中国的古典小说。

为了扭转劣势，美方转而提出了“一对一交换”原则。

1952年1月2日，美方提出，在战俘交换过程中，如果一方交换完了，战俘名额不够时，就用“平民”顶替；再不够，就让这些无人交换的战俘宣誓“我以后不再参加战争了”，然后假释，让他们在对方的严密控制之下愿到哪去就到哪去。

众所周知，凭借先进的机动化战术，美方所俘获的中朝军人数量要远远多于对方，提出“一对一遣返”无异于告诉中朝，美国“不想遣返”。

这就是美方坚持的所谓“自愿遣返”。

“自愿遣返”是导致朝鲜停战谈判盘根错节、难以协调的重要原因之一。关于这一原则的提出，其实有较为复杂的历史原因和现实考虑。

1929年，《日内瓦公约》已明文规定，参战方必须交换所有战俘，强制遣返战俘回国。“全部遣返”已是国际惯例。

第二次世界大战结束后，多达数百万的德国、日本战俘被长期羁押在苏联本土，作为劳动力，参与了苏联的重建、西伯利亚的开发等浩大工程。正是为了杜绝此类事件发生，1949年的《日内瓦公约》新增了相关条目——“在敌对行为终结之际解放和遣返战俘”，这也成为公认的国际基本准则，如果不遵循《日内瓦公约》，无异于将自己置于国际公敌之地。

当晚，在中朝代表团的内部讨论会上，李克农神情冷峻，向成员们下达指令：“明天的发言要以其人之道，还治其人之身。他们不是口口声声谈什么‘人道主义’吗？而他们的提案却打了自己的嘴巴，要向他们指出：战俘的释放与遣送不是人口买卖。”

在一旁凝思的乔冠华又传授了几句润色的技巧：“20世纪的今天，不是野蛮的奴隶制时代。但是你们的提案却正把战俘的释放与遣返，放到了这种野蛮可耻的基础之上。你方的提案，不能不令人怀疑你方是否有诚意获致双方战俘的释放与遣返。”

翌日的谈判会上，中朝代表断然拒绝了美方的方案，李相朝拍案而起：“你们应该知道战俘的释放与遣送不是人口买卖，全世界人民将诅咒你方的这一提案，你方自己的被俘人员和他们的亲属也将诅咒你方的提案，因为你方的这一提案将阻塞释放与遣返全体战俘的可能，将阻塞迅速达成停战协议的前途。”

中朝代表说：“一对一”交换就是人口买卖。

对于这点，美方确实难以辩解，遂提出将“一对一”改为“同等数目的交换”。

中朝代表指出：“自愿遣返”是戕害战俘的真正的自由意志，是干预战俘们的政治信仰，并且直接违反了《日内瓦公约》的规定。

对方再次做出让步，愿把“自愿遣返”改为“不得强迫遣返”。

中朝代表说：严格按照《日内瓦公约》办事是所有签字国必须遵守的义务，怎能诬之为“强迫遣返”。

“释放全部战俘就等于增加你方的军事力量！”

“这说明你们真正关心的并不是战俘的人权与幸福，而是战斗人员与武力。你方提出的‘一对一交换’、‘将战俘假释而不予遣返’，统统与《日内瓦公约》相抵触，这是为什么？”

“总不能强迫别人服毒吧。”

“难道《日内瓦公约》赋予战俘的权利被你方视为毒药？你方所谓‘一对一交换’与‘自愿遣返’，不过是挂羊头卖狗肉，企图扣留我方被俘人员。”

“我必须承认，关于动物学的比喻，我不太了解。”颇为固执的李比说，“我要在每一点钟的正点时，都读一遍我们的方案，直到深入到你们的头脑中！”

“你们现在坚持要采取‘自愿遣返’，假如当年林肯在解放黑奴时，有人要提‘自愿解放’，那岂不是反对林肯？”

辩来辩去，美方就是不肯承诺全部遣返中朝代表被俘人员。

小组委员会开了50多次，没有任何进展，完全成了文字游戏，对峙的程度越来越僵。

东西方冷战思维是造成战俘问题分歧的主要原因之一。

在麦卡锡主义盛行的20世纪50年代，西方资本主义和东方社会主义之间的隔阂是无法弥合的。“美国利用战俘问题进行反共宣传，向世界表明共产党国家的公民有许多对被遣返重回共产党统治下要进行无力反抗。美国这样做，是出于对共产党人一切事物的憎恨，也可说这具有道德眼光，但这样办却为美国带来极为沉重的包袱。”

美方的第一任首席谈判代表乔埃也在后来说，“美国主张自愿遣返战俘，使我们付出了多打一年仗的代价。”

在这一年多期间，“联合国军”在战斗中的死伤数，远比不愿遣返的战俘要多得多。因此，才会有大量美国国内媒体激烈抨击杜鲁门政府，“难道美国人应该为以前敌人的自由选择而牺牲？”

美军不惜违背《日内瓦公约》，执意坚持自愿遣返，其中自有深意。

第一，美方认为，在他们所俘获的北朝鲜军人中，有大量被北朝鲜军征用的民夫、被强征入伍者、由南朝鲜军队投降并加入北朝鲜军队者。鉴于李承晚政府对美国所施加的持续压力，以及冷战期间的意识形态宣传需要，美方始终认为不能遣返这一类战俘。

第二，是国民党政权因素的影响。

在中国志愿军队伍中，有一部分官兵是解放战争期间投诚的国民党军人。因此，在战俘中，原国民党军队人员的数量不在少数。

早在1951年7月上旬，开城谈判还在筹备时，陆军心理战处长麦克库洛亚准将就曾向陆军参谋长柯林斯进言：

原来是国民党军官兵的中国战俘，假如被强制遣返回去，恐怕会被问投降罪而被处以重刑，根据情况可能有被处死的……所以，如果让他们选择回哪里去的话，我认为大部分人会选择台湾。虽然在法律上有若干的疑问，但因台湾是中国的一个省，所以我想回到台湾去也没有什么不合适的。

这样做就不会重犯第二次世界大战时同意强制遣返苏联战俘的错误（美方认为，二战之后，有大批归国的苏联战俘遭受了斯大林政府的不公正待遇）……假如第一线的中国官兵相信即使投降的话也没有被强制送回大陆的危险，我想将会出现更多的投降者，因为对将来展开心理战会极为有利。

麦克库洛亚的进言可谓道破天机。

这个意见，也就是“战俘送回哪里应按其意愿来决定”这种任意遣返（也称为自愿遣返）的原则，开始变成了华盛顿首脑之间的问题。这虽是从人道的观点出发想出来的，但从心理战参谋这样的任务上，是作为心理战手段来考虑的。

虽然麦克库洛亚以退为进，构思出一个心理战的重要战术，但他显然与本国政府的一贯立场背道而驰了——当时的美国政府并未承认新中国，而是视大陆和台湾为两个国家。看来，只要符合美国的需要，台湾可以时而是一个国家，与大陆分庭抗礼；时而还可以是一个省，“没有什么不合适的”。

事实上，从萌生“自愿遣返”这一战略原则，到几经取舍，最终确定，美方也经过了反复考量。

对麦克库洛亚的进言，美军高层纷纷表示支持。

作战部长詹金斯少将“被这个提议吸引住了”。

柯林斯陆军参谋长也认为“有进行考虑的价值”，并且“把问题之点让法务处进行研究之后，得到了任意遣返不抵触公约的原则，是可能采用的”。

但是，参谋长联席会议并不认可。经过严谨探讨，参谋长联席会议认定“自愿遣返”违背了《日内瓦公约》，觉得此方案并不可行。

这时，李奇微并未与参谋长联席会议站到一起。在被征求意见时，他说：“在这个时候采用任意遣返的原则，有在将来的战争中对美国带来不利的危险……共方将会利用这种违反《日内瓦公约》的事情加强其宣传，因此恐怕会给亚洲的非共产主义国家带来很多不好的影响。但是虽有这些不利，这个想法确实是有长处的。”

根据詹金斯判断，“若是（把‘自愿遣返’的方案）提到联合国去，变成逐兔者一兔不得，不易得到解决的可能性很大”，因此，在1951年8月15日的参谋长联席会议上，把“自愿遣返作为心理战”这一方略得到了高度好评。

可是，9月17日，新上任的国防部长、法律专家洛威特向参谋长联席会议提交了一份备忘录，显然并不愿意明目张胆地违背《日内瓦公约》。他指出“共方不接受同数交换而坚持全体对全体的交换，这大体上是没有错的。战俘问题的主要之点既然在于让其全部而且迅速地归还‘联合国军’的战俘，我认为坚持任意交换这个问题需要重新考虑”。

虽然美军高层愈发觉得自愿遣返难以实施，但始终不愿舍弃这一“心理战法宝”。

美军和美国政府曾一度被迫放弃自愿遣返。在1951年10月9日和12日，参谋部和参谋长联席会议先后无奈放弃自愿遣返的构想，李奇微和心理战处都将自愿遣返从作战计划中取消，并将其改为“今后要更加改善对战俘的待遇，保障其生命的安全，以此来号召敌人官兵投降”。

但是，随着议程第2项的军事分界线问题在1951年11月27日之前已初步达成共识，战俘遣返问题突然变得火烧眉毛了。

自主性极强的李奇微拟定了谈判计划，其中包含了极为重要的一条原则：

> 在无论如何也进行不下去的情况下，即使需要把比如说战争犯罪嫌疑者和不愿意回去的人等交给敌人，也不得不同意全体交换。

为此，政府高官和军队高层爆发了激烈争论。高官们顾及联军战俘的安全，以及社会舆论，倾向于同意全体遣返；军官们则从战略角度出发，坚决主张自愿遣返。

最终，军政双方也没有达成一致意见。

但这并不妨碍联军代表在谈判桌上来一次大胆的试探。

联合参谋总部于12月4日指令，以11月28日的李奇微提案为基础进行谈判。

这个任意遣返的问题，虽然是大家都一致希望的，但考虑到中朝方面的反应和报复措施，考虑舆论界能否接受，这确实根本办不到的。据说在当时的华盛顿和“联合国军”的首脑中，持有“假如干的话也许能够干成”这种虚幻希望的连一个也没有。

就是说，联合国方面的代表在讨论战俘问题时，不应当带有“为了任意遣返，要首先提出同数交换来试试，要是不行也没办法”这样含糊不清的顽固的主张来参加谈判。如果没有别的问题，战俘问题应当尽快解决，要是像预想的那样演变下去的话，战争应当在一年之前就结束了。但是谈判向完全没想到的方向发展下去了。事出意外，它变成了一个怎么也不能驾驭的怪物。

事实上，最终使联军坚定信心，并大胆提出自愿遣返提案的原因，是在对北朝鲜军队做了深入研究之后，发现对方实际上曾实施过一次自愿遣返。

所以，才有了李比在1952年1月2日会议上的发言：

这是贵军曾构想并实施过的遣返方式，这就是战俘在释放的同时是回自己的军队还是加入敌方的军队，交由战俘自己决定。联合国方面认为这个任意回国的原则不用说用于军人，就是用于平民战俘也是人道主义的方式。

李比所指的，是在战争爆发初期的釜山战役时期，北朝鲜军方由于人员一度紧缺，为了适当减轻看管战俘的压力，曾“让战俘选择是参加北朝鲜军，还是在战线上被释放”。

一旦美国军方高层确定了这个事件，策划已久却苦于无法实施的“自愿遣返”方案，马上就被作为“北朝鲜军已经实施过的前例”，在板门店被公开放到了谈判桌上。

而且，舆论方面是基于人道主义的任意遣返的。尽管知道任意遣返在法律上的根据很薄弱，但是经常喜欢感情用事的舆论界以“符合实际情况的方式”，“最好的方法”等论点对任意遣返进行了声援。

可是从北朝鲜方面来看，这种任意遣返的方式在洛东江时虽是极为合适的，但在板门店却显得不合时宜了。

这个时候，另一个谈判帐篷里也出现了僵局，讨论第3项议程的小组委员会在“限修机场”和“中立国提名”问题上僵住了。但不论如何，第4项议程总得加速进行，以使僵局得以打破。

根据日本的相关研究史料公布，华盛顿曾在1月15日对李奇微发去训令，表示：“要是怎么也不行，也可以同意全体交换。但是，这是最后的手段。……另外，贵官可在适当的时期要求举行正式谈判，向敌方提出下列的交易提案：‘联合国军’在飞机场问题上进行让步，作为回报中朝方面同意遣返。”

这也意味着，“自愿遣返”被作为“限修机场”的交易筹码，被联军代表正式确立了下来。

于是，参加第4项议程谈判的中方参谋人员提出了一个“扫清外围、孤立重点、迫使对方在遣俘原则上让步”的方案。

这个方案是为了解除对方“释放战俘等于增加军事力量”的借口，提出“被遣战俘作出不再参加战争行动”的保证；为打破对方利用“拘留平民”扣留战俘的企图，提出“停战后协助流离失所平民返回家园”的全面措施；还对重伤病俘的优先遣返问题、死亡战俘的材料交换问题、红十字会组织访问战俘营和协助遣返战俘问题、战俘遣返委员会和协助失所平民回乡委员会的组织与职司等问题，都作了合乎情理的规定。总之，不仅吸收了对方方案中的所有合理因素，而且解决了讨论中遇到的几乎所有的问题。

这个方案经中国代表团讨论后上报，很快得到了毛泽东的批准。

2月3日，双方的小组委员会已经开到了第55次。会上，李相朝将军提出了这个方案，它的全文是：

（一）双方同意在军事停战协定签字并生效后，立即释放并遣返各自所收容的全部战争战俘。

（二）双方同意保证其全部被俘人员，在被遣返后应恢复和平生活，不再参加战争行动。

（三）双方同意优先遣返重伤重病战俘，双方在遣返此类战俘时，应在可能范围内同时遣返被俘的医务人员与之随行，以便照顾。

（四）双方同意应在军事停战协定签字并生效后的两个月的期间内，分批遣返双方所收容的除第三条优先遣返者以外的一切战俘。

（五）双方同意以非军事区内的板门店为双方交接战俘的地点。

（六）双方同意在军事停战协定签字并生效后，即各派校级军官三人成立战俘遣返委员会，在军事停战委员会的督导之下，负责具体计划并监督双方实施本军事停战协定中有关战俘遣返的一切规定。该委员会如对其有关任务的任何事项不能达成协议，应即提交军事停战委员会决定之。战俘遣返委员会的会址设在军事停战委员会总部所在地附近。

（七）双方同意在军事停战协定签字并生效后，立即分别邀请红十字国际委员会代表及朝鲜民主主义人民共和国与中华人民共和国红十字会代表，组成联合访问团，到双方战俘营进行就地访问，并在双方交接战俘地点，协助遣返工作。

（八）双方同意在可能范围内，应尽速并至迟在本军事停战协定签字并生效的10天以内，将所有的被俘期间死亡的战俘姓名、国籍、级别及其他有关材料提交对方。

（九）双方同意在军事停战协定签字并生效后，应协助因战争而流离失所的平民返回家乡，恢复和平生活。

甲、“联合国军”应准许并协助原住于现有军事分界线以北而在军事停战协定签字并生效前、流落于现有军事分界线以南的平民返回其家乡，朝鲜人民军及中国人民志愿军应准许并协助原住于现有军事分界线以南而在军事停战协定签字并生效前、流落于现有军事分界线以北的平民返回其家乡。

乙、双方最高司令官负责将上述协议之内容，在其所控制的地区内广为发布，并责成其有关民政机关，对所有上述愿意返乡的平民予以必要的指导与协助。

丙、双方在军事停战协定签字并生效后，即各派校级军官二人，成立协助失所平民返乡委员会，在军事停战委员会督导之下，负责办理协助上述返乡平民通过非军事区及其他有关事宜。该委员会如对其有关任务的任何事项不能达成协议时，应即提交军事停战委员会决定之。协助失所平民返乡委员会的会址设在军事停战委员会总部所在地附近。

这个方案面面俱到，封住了对方可能找到的一切借口，给谈判达成协议注入了新的希望。不少西方媒体发表评论，都说“这是一个不能久拖而又能打破僵局的好方案”。

在中朝代表宣布方案的谈判会后，美方代表李比也如释重负，他熄灭了最后一根香烟，向记者们宣布：“终于用香烟熏出了一个方案。”

第二天，美方正式建议谈判转入参谋会议——他们要认真谈一谈这个问题了。

就这样，在双方均作出一定让步后，除了具体交换方式之外，战俘交换问题终于形成了初步共识。

乔埃在给华盛顿的总结报告中说：

说起来中朝军战俘的大部分，并不是在我们约好不予强制遣返之后投降的，而是因绝粮和缺乏弹药，或者是装备太坏从而丧失了战斗意志而投降的。……所以即使是实现了任意遣返，也不能设想在心理战方面会有什么实际的效果。

现在中朝军的阵地、补给物品、装备都很稳定，因此他们好像打算满足于维持现状，将谈判继续到时间对他们的谈判能起有利的作用时为止。停战谈判基本上是军事方面的这是没有错的，可是历史也显示了谈判会受到政治因素的重大影响，中朝方面就是等待这个。

可见，联军方面深感“自愿遣返”除了给中朝代表制造麻烦外，也跟联军带来了不少麻烦。至此，“自愿遣返”的创始人，陆军心理战处长麦克库洛亚为了改变此方案造成的僵局，重新谏言：“联合国方面同意全体交换，但是要在审查中将自己提出是被强制编进北朝鲜军的而且过去从未在北朝鲜统治下生活过的和提出不愿意返回本国的这些战俘继续扣留下来，以后如何处置作为政治解决的问题，交付议程第5项的讨论。这样做就保全了共方的面子，以后的细节问题可以在参谋一级的会谈中加以讨论。”

第二节　25秒会议

不过，在朝鲜的作战现在已不再归我直接负责了，因为，5月12日，我移交了指挥权，离开了远东。海军中将乔埃在最后提出一项共产党方面后来表示同意的建议之后，亦请求上面免除其进行谈判的任务，他从事这项工作已达16个多月，显示出非凡的才干和耐心。这样，5月22日，曾由我指派担任谈判代表团成员的小威廉·哈里逊少将接替了他。哈里逊是因蒂普卡努之战而闻名于世的第九位美国总统威廉·亨利·哈里逊的直系后裔。他担任谈判工作一直到签订停战协定为止。

——马修·B. 李奇微

从1952年2月7日起，讨论转入了参谋会议。

接下来，参谋会议连续、密集地召开22次。除遣返原则这个根本性的问题依然存在外，其他都已没有大的争执，双方的讨论一马平川；偏偏在这个根本问题上，依然深陷泥潭。无奈，会谈只得再次回到了起点——重新转入小组委员会。

2月29日，小组委员会重新开始。从3月2日起，又根据美方的提议转入行政性会议。

行政性会议不发布新闻，有利于对余下未达成协议的问题寻求妥协办法，所以中朝代表同意了。

在这次行政性会议上，为了尽快达成协议，中朝代表连续提出推动谈判的建议。

3月5日，中朝代表再次做出让步："以双方之间现有的已经确定的关于战俘的事实材料为基础，首先确定双方在停战后释放与遣返全部战俘的原则；以双方现在所收容的战俘名单为基础，确定全部遣返的原则。"就是说，先就去年12月18日双方已交换的名单达成全部遣返的协议，对美方列为平民的4万多人的遣返问题留待停战协议达成后再行协商解决。

这个关键性的试探发出以后，美方反应比较积极。中朝代表于3月21日又提出一个原则条文："在停战协定签字并生效后，朝鲜人民军及中国人民志愿军方面释放并遣返其所收容的11 559名全部战俘，'联合国军'方面释放并遣返其所收容的132 474名全部战俘。上述战俘名单由双方参谋人员予以最后校正。"

美方表示，愿在这一建议的轮廓下解决问题。

由此，障碍扫除，形势好转，小组会议遂又得以转入参谋会议。

3月25日，参谋会议也转入行政性会议。

由于双方所收容的朝鲜籍战俘中有原籍在收容一方现在控制地区内的，既然双方已经同意保证停战后被释放遣返的战俘恢复和平生活，为使他们能依其自己的愿望返乡和家人团聚、恢复和平生活，中朝又表示愿意对这批人的个别特殊情况做调整。

3月27日，中朝代表提出关于遣返战俘的折中调整原则的谅解，即双方所收容的非朝鲜籍的战俘及原籍不在收容一方地区的朝鲜籍战俘应全部遣返；原籍在收容一方地区的朝鲜籍战俘如本人愿意返回家乡、恢复和平生活，可不予遣返。不难看出，为了早日结束这场第二次世界大战后最大规模的局部战争，中朝方面是足够诚恳的。

中朝代表在3月27日提出的折中调整方案考虑到了中朝人民和美、英人民的根本利益，在美国当权人物造成的如此错综复杂的政治漩涡中，力排困难，几经周折寻找到的一个确实是面面照顾、入情入理，能为各方所接受的解决当时已形成的复杂矛盾的最好办法。

遗憾的是，双方达成根本一致的时机尚未到来。

虽然金日成迫于美军持续轰炸的压力，希望在此时结束战争，但"全部遣返"和"一对一遣返"的根本分歧始终横亘在双方面前，无法消弭，而杜鲁门政府担心在选举之年承担朝战失败的责任，坚持不肯在战俘问题上做出让步，从而丧失了这一良机，致使战争又延续了1年零4个月之久。

于是，出乎人们预料，美方于4月1日提出了遣俘原则修正条文："交战双方应释放并遣返停战协定签字生效时所收容的全部战俘。其实施以停战协定签字前经双方校正并接受的名单为基础。"同时，对方还提出两点"谅解"：

一、每方所收容的一切战俘及被拘留平民，在1950年6月25日居住于收容一方地区者，除愿留原居住地者外，应予遣返；

二、其他战俘，除不以强力即不愿遣返者，予以释放并使其定居于所选定之地点外应予遣返。

美方意图明确，仍然是原封不动地坚持"自愿遣返"原则。

对华盛顿的政治家而言，为了让中朝方面能顺利接受自愿遣返方案，无疑要先拿出一份无懈可击的战俘名簿。

这份名簿必须准确无误，而且毫无强迫痕迹。

因此，李奇微并不愿意采纳参谋长联席会议倡导的"秘密审查"，因为这种暗箱操作实在太容易引起中朝和国际舆论的怀疑；作为报复，中朝甚至可以在遣返联军战俘时故意制造新麻烦。

但是，华盛顿对公开审查也心存顾虑：一来，中朝方面对自愿遣返的原则尚未全盘接受，二来，如果联军主动把不遣返的战俘从中朝遣返名单中删除，中朝一样也能在联军遣返名单的数字上抹掉一个零。基于此，华盛顿倒是更倾向于秘密审查。

最终，李奇微力排众议，说服了政府高层。

公开审查（甄别）开始了。

无论是华盛顿，抑或是美军军方，都万万没料到，公开审查竟然给本方带来了如此多的麻烦，一度使联军代表和高层产生了自掘坟墓之感。

在甄别开始之前，希克中将曾预估了不愿遣返的战俘数目。在待甄别的总数为13.2万的战俘中，美方认为不愿遣返的约有2.8万人，其中誓死不返的约有1.6万人。

但由于中朝方面并未同意自愿遣返，联军的公开审查看起来就显得一厢情愿了。

因此，联军决定冒一次险：先将愿意遣返的中朝战俘的概数告之中朝方——毕竟中朝一定迫切想了解这个数字——这样做或许能推动中朝方面下定决心，接受公开审查。

联军的这个方案颇有建设性，本来确有希望将战俘遣返工作往前推进一大步。

但是，大大出乎联军意料，这个契机被联军自己的粗疏给毁掉了。

联军之所以决定实施这个方案，前提是“预估的遣返数目”和“实际遣返数目”相差无几。

但事实上，在4月8日的第一次甄别中，在3天内所调查的6.6万人中（约为13.2万人的一半），已有4万人表示不愿遣返回国。

这个令联军跌破眼镜的数字，不但不可能被中朝方面接受，也使联军感到搬起石头砸了自己的脚，根本难以开口将之告诉中朝代表。

为此，负责审查的第八集团军只好囫囵应付，为了让愿意归国的战俘看起来更多些，他们甚至将7个拒绝甄别的战俘区里的3.7万人直接划为“愿意遣返”之列。于是，在4月15日，第一次甄别完成了。

不愿遣返的战俘为62 900人，额外的普通民众还有29 800人。

愿意遣返的人数，只有69 100人。与美方承诺的11万多人实在相去甚远。

可以想象李奇微在看到这个数字后的尴尬表情。他当日就上报了这个数字，并坦言：“我确实地感觉共方不会喜欢这个数字。所以，如果共方希望的话，我认为也可以在中立国或者国际红十字会参加之下再度进行审查。”

旋即，李奇微开始组织第二次甄别。

另一方面，中朝代表也在4月19日得知了美方的甄别结果。

中朝方面自然而然将美方的结果视作出尔反尔的阴谋。

但随之而来的第二次甄别，让美方更是一肚子苦水。

相比第一次甄别显示的“约有6.9万人”愿意遣返回国的结果，5月16日结束的第二次甄别结果显示，约有8.3万人愿意回国。

美方的麻烦大了。

愿意回国的人数增加，无疑是个喜讯，但是这样一来，20%左右的人数差错无疑会陷美方于出尔反尔、别有用心的泥沼，或者证明工作能效低下、错漏百出；而且每甄别一次，愿意回国的战俘就增加一大批，中朝方无疑会认为还有大批战俘会被说服，最终愿意回国，也就不排除因此采用诸如拖延战术之类的策略，甚至完全可以指责美方在第一次甄别中采取了强迫手段，令美方无法反驳。

美方已是骑虎难下，而且越陷越深。

5月16日第二次甄别统计表

类别	已审查完毕者	未审查者，但把这些人全部作为希望回国者的估计数
北朝鲜人	26 161人	7个小区之37 624人
韩国人	4 287人	64人
中国人	5 326人	
平民	3 801人	第62小区之6 115人
合计	39 485人	43 803人
总计	83 288人	
备考		此外，釜山收容所之3 500人尚未审查

与中美代表不同，此时的金日成已彻底失去耐心。

由于人民军在战场上的损失过于严重，金日成在和南日讨论后，希望以李克农的名义在战俘问题上做出让步。但正在力争最佳停战结果的中共领导人并不愿轻易退让，李克农认为：如果不发动国际社会的舆论力量，如果不作长期斗争的准备，那么美国人是不会做出让步的。毛泽东给李克农下达了明确的指示：只有坚持锲而不舍、坚定不移的立场，你们才能赢得主动权并迫使敌人做出让步。为了在谈判中实现这一目标，你们应该准备与敌人再做几个月的较量。

在这种情况下，中朝代表于4月25日宣布中止行政性会议，对方则干脆提出“无限期休会”。

5月22日，联军首席代表乔埃中将任满离职了。在当天进行的第

65次正式谈判中，乔埃发表了他的离任告别演说，其表情被描述为“悲痛”的。

1951年7月10日，我在开城的首次谈判中曾经强调，谈成功与否完全在于到这里来出席的代表们的诚意如何……我的希望落空了。那毫无疑问是因为贵军方面看到自己的希望不能被接受，就对手续上的微不足道的事情强词夺理，捏造出虚有其表的政论点来拒绝达成协议，并始终大肆谩骂的缘故。

若拿双方的发言记录比较一下，其格调的差异简直是天壤之别，不论如何地宣传，贵军方面的粗野语言的记录是不能消灭掉的。……谈判从开始到经过了10个月零12天的今天，我已经没有再要说的话了。我所希望要谈判的也没有剩下什么。我把在今后也不能避免要和贵官们谈判的这个代表的任务委让给陆军少将威廉·K.哈里逊。该少将是“联合国军”的首席代表，是我的继任者。上帝啊，请帮助他。阿门。

在另一个谈判帐篷里，第3项议程的讨论也因此受阻了。

自3月下旬至4月初，第3项议程的小组委员会就后方口岸的地点和范围已达成了协议，所剩下的还是限修机场和中立国提名两个问题。会议开到4月11日，该小组会会场上的气氛发生了变化。

对方出席第3项议程小组会的代表是哈里逊少将（在5月22日，他取代了调离的乔埃中将）。从这天起，他展示了一种“到会即宣布休会”的新战术。

板门店谈判会场的帐篷两侧各有一门，双方代表都是各自出入自己一方的帐篷口。每天，哈里逊拿着文件包懒洋洋地步入帐篷，不待坐稳，便抢先宣称“建议休会”，并起身退出会场。

开始时，在工作人员的劝阻和挽留下，哈里逊还肯回来听听中朝代表对休会建议的反应；几次以后，他就再也不肯回头，每次都扬长而去，以示其立场坚定，不可动摇。

就这样，在讨论第3项议程的帐篷里，有时只开两分钟的会议，后来越来越短，1分钟、半分钟，最短的只有25秒钟。在国际性会议中，25秒钟的短会算是哈里逊将军创造的奇迹。

凭借哈里逊的逃会战术，美方终于把第3项议程的僵局硬拖到同第4项议程“看齐”。4月25日，美方以首席代表名义建议4月27日召开双方代表团大会。

4月26日，中朝代表同意。但到27日那天，美方又建议延期1天召开。

4月28日，双方代表团大会一开始，对方即建议大会进入行政性会议。

在行政性会议上，美方终于撤回了对朝中方面修建机场的限制，但仍坚持在中立国提名问题上的主张，并坚持只遣返7万名战俘，声称这个方案是“坚定的、最后的、不可更改的”。

中朝代表早已做好持久战准备，立场也同样坚决，当即拒绝。

至此，美方终于再次暂时冻结了朝鲜谈判。在接下来的休整期间，他们将迎来四年一度的总统大选。

这时，美国总统杜鲁门宣布，由克拉克接替李奇微继任“联合国军”总司令，因为艾森豪威尔将在4月回美国准备参加总统竞选，李奇微将接替他担任北大西洋公约组织总司令职务。

双方代表团成员中也有些变动，中朝代表由金元武少将接替郑斗焕，对方由李比少将接替霍治。

即将离职的李奇微为了强化己方谈判的立场，也发表声明说，美方的方案“不容许作实质的更改，这是极其重要的事，不管敌方对个别问题坚持什么意见，‘联合国军’提出的办法需要共方全盘接受”。

第三节　最后的绊脚石

美方现在根本无意进行谈判，新任美方谈判代表哈里逊“奉命充任一个听取意见的职务，而不进行谈判”。

——《美国新闻与世界报道》，1952年5月30日社论

针对美方“坚定的、最后的、不可更改的方案”，中朝代表于5月2日提出了新的建议：

一、中立国提名，同意只提双方已同意之4国，即波兰、捷克、瑞典、瑞士。

二、停战后，双方修建机场不受限制。

三、战俘问题，照我3月27日所提调整方案解决。

同样，这个方案也遭到了美方的断然拒绝。

对照双方的两个方案可以看出：中立国提名和限修机场问题已取得一致，但遣俘原则这块绊脚石却更显得像花岗岩一样坚硬。

板门店谈判形成了最后的僵局。

美方既然召开行政性会议，而又如此决绝地拒绝协商，是中朝代表所不能容忍的，对方妄图扣留被俘人员的企图必须公开揭露。中朝首席代表南日将军在5月7日的代表团大会上指出，自从4月28日进入行政性会议以来，美方一再采取不协商的态度，使行政性会议只是将谈判的真相在世界人民面前蒙蔽起来，而不能产生任何有益的作用。他说，我方一贯认为问题的解决不在于会议的形式，而在于解决问题的诚意和协商的态度；不论在任何会议的形式中，只要有在合理基础上解决问题的诚意，都能协商解决问题。南日将军正式建议终止行政性会议转入公开大会。

为了让世界舆论及时了解板门店谈判内幕，使期盼战争早日结束的人们知道停战谈判的障碍到底在哪里，中朝代表团新闻处于5月8日公布了关于战俘问题的中朝代表原则和方案，以及对方对中朝代表所提原则的表示。5月9日，中国《人民日报》发表社论：《坚决反对美国扣留战俘》。

1952年5月22日，哈里逊接替乔埃，成了美方停战谈判代表团的首席代表，也成了中朝代表团最厌恶的谈判对手。

在接任乔埃担任首席谈判代表前，哈里逊就热衷于在小组会议上逃会、休会；现在，作为首席谈判代表，哈里逊就更加肆无忌惮了。

他在第一次参加代表团大会时，二话不说，一开口就建议休会三天。

三天后，哈里逊吹着口哨，神态轻松地回到了谈判桌前。

中朝代表向新任美方首席代表提出一连串质询，哈里逊听完后，说出一句“我建议休会”，起身就走。直到中方提醒他，至少应等到美方的翻译员将这句话译完，他才坐回椅子。

在克拉克接任李奇微的职务后，美军就展现出强硬的鹰派作风，加大了空袭力度，在谈判会场，就也显得有恃无恐。

因此，在此后的一个月里，哈里逊除了吹口哨，就是打哈欠，自顾自看手表，除了回答质询，他仅有的台词就是“我建议休会”。

哈里逊的无理态度终于使中朝代表无法忍受了。

金日成、彭德怀于6月9日致函克拉克，指出：现在阻碍停战达成协议的只有一个战俘遣返问题，我方已提出一个最实际的公平方案，即外籍战俘全都遣返，朝籍战俘家在收容一方地区者就地回家，不予遣返。但你方坚持所谓“自愿遣返”和“甄别”，这是不合理的。同时指出，你方代表“拒绝说理，拒绝协商，甚至拒绝开会，中途退席”，只能表示你们对事实和真理的畏惧。金、彭要求克拉克命令他的代表按正常程序来板门店开会。

6月11日，克拉克复信进行解释。但事仅过一周，在6月17日，哈里逊又像一个不肯遵守学校纪律的学生，再次“逃会”；10天后，他第3次“逃会”。

这一阶段，美国一些报刊有许多关于朝鲜谈判的评论，分析美方拖延谈判的原因。

3月，《美国》周刊说：“朝鲜就是加速我们自己军备和促使北大西洋公约组织有更多生气的刺激物。”

5月8日，《纽约邮报》在社论中说：“我们也许不得不在这既非全面战争，又非全面和平的青黄不接的时期中度过好几个月。”

5月10日，《华尔街日报》报道说，该报记者“在对华盛顿各方做了一番谨慎调查工作后”，可以看出美国目前的计划“坐在我们目前的地方不动——继续守住阵地——并继续对北朝鲜进行猛烈的空袭”。

5月12日，纽约《指南针日报》通讯指出：“美国对于休战的后果感到踌躇不决，因为，这意味着扩军的松弛，以及已经鼓吹起来的紧急状态的总的松弛。”

5月30日，《美国新闻与世界报道》认为，美方现在根本无意进行谈判，该杂志的“细语栏”说，新任美方谈判代表哈里逊“奉命充任一个听取意见的职务，而不进行谈判”。

与意在拖延的哈里逊形成鲜明对比的是，中朝代表团的每一位成员都在全力寻觅，不愿放过任何一线之机。

7月1日的代表团大会上，美方在发言时曾表示愿意“诚意地觅求停战，以终止朝鲜流血”，承认解决战俘遣返问题的方案“必须是一个在合理的程度上适合双方要求的解决方案”。

1952年7月美方代表，左起：李翰林、莫里斯、哈里逊、（姓名不详）、丹尼尔。

这句话模棱两可，语意模糊，引起了南日将军的注意。于是，他建议7月2日休会1天，以便代表团认真讨论一下。7月3日，南日在大会上对美方所表示的愿意协商的态度表示欢迎，但对方并不愿意认真协商，仅在7月13日提出一个83 000人的遣返概数，并又一次声称这是所谓“最后的、坚定的、不可改变的”方案。几天以后，对方连续单方面宣布休会7天，形成“休会战”的第一次升级。

中朝代表曾一度倾向于接受83 000人的数字，并由李克农在7月13、14日向中央报告。但毛泽东否决了代表团的意见并得到斯大林支持。“谈判不在数字之争，要争取在政治上、军事上有利情况下的停战。在敌人压力下，接受对方方案，等于是结城下之盟，于我不利。”

到了9月28日，美方又提出“三项任择其一”的建议，仍然将战俘分为愿意遣返和“拒绝遣返”两类，主张在停战协定生效后，一是将战俘运往非军事区，听任战俘选择前往何方，二是将“拒绝遣返”的战俘分成小组由中立国加以询问，三是将战俘分成小组加以释放。

美方把所提“三项任择其一”的方案又说成是“最后的、坚定的、不可改变的”，并单方面宣布休会10天，使“休会战”再次升级。

这显然是一项欺骗性的方案，因为在美、李、蒋特务控制下，真正想归国的战俘是无法表达其要求遣返的意愿的。

中朝代表提出建议：停战后，双方将自己收容的所有战俘一律送至非军事区交由对方接管，然后对战俘进行访问和按国籍、地区进行分类和遣返。结果对方拒绝讨论，竟于1952年10月8日单方面宣布无限期休会。

哈里逊和克拉克破坏停战谈判的做法引起了国际舆论的批评声浪。不过，逃会3天也好，7天也好，10天也好，直至无限期休会，这些前线的军人都只是执行者，真正做决策的，是远在华盛顿的总统和国务卿。早在6月6日，美国参谋长联席会议就曾下达过经杜鲁门批准的指示，要哈里逊“可以一次休会三四天”。

第四节　全金属外壳

战争至关重要，不能听任将军决定。

——印度总理尼赫鲁

初担大任的克拉克自然难以打破令李奇微束手的僵局。

在克拉克看来，朝鲜战线在1951年10月就已稳定了下来，要改变这种态势，美国政府若不增派陆、海、空部队，不采取攻势，不轰炸中国东北的重要目标，那么“用任何方法向鸭绿江推进都要遭遇惨重损失”。可是他知道，再增派任何兵力都将使参谋长联席会议捉襟见肘。

于是克拉克向华盛顿建议：“增强李承晚的军队”，“使用蒋介石的力量”和“向中共使用原子弹”。克拉克的建议并不新鲜，这也不是他的发明创造，杜鲁门和麦克阿瑟早就提出并摈弃了这些想法，所以华盛顿没有置理。

可是，战场上的胶着状态始终无法打破，会场上的僵持局面也难以打开。

经过反复考虑，以“鹰派”身份上任的克拉克决定，发动大规模空袭，尽量向中朝施压，争取迫使共产党接受美国的和平条件。

在克拉克的作战地图上，北朝鲜的军事目标早已是一片废墟，美军长达两年的轰炸早就使朝鲜北方“在军事上有价值的一切凡能炸平的都已炸平了”。

另辟蹊径的克拉克发现，北朝鲜还剩下十一座发电机组和两组变电站——这并非他的前任李奇微留给他采摘的果实，这些设施之所以幸存，完全是因为李奇微认为轰炸这样的民用设施只能使美军陷入被动，却不能迫使共产党让步。

于是，从6月23日起，美军的海、空飞机攻击群再次启程。三天的不间断轰炸过后，两千三百架次飞机的肆虐，使北朝鲜在两周内陷入一片漆黑。

这次的轰炸事件引起了国际舆论的一片哗然。

正在伦敦参加外长会议的国务卿艾奇逊被怒气冲冲的英、法外长艾登和舒曼堵在走廊，猛烈斥责——法国民众和议会已经炸了锅，而英国作为美国休戚与共的最亲密盟国，事先也毫不知情。印度总理尼赫鲁则忧虑地重复了他的格言，“战争至关重要，不能听任将军决定”。

对此时的美国而言，国际舆论的指责并不能干扰其既定策略。远东防御圈已经成型，各种战略目标都已实现，唯有加大军事压力，寻求“光荣停战”，才是此时杜鲁门政府所唯一在意的。

此刻，在朝鲜半岛上，美国政府终于不再有顾忌，他们已经失去了和中朝代表开会的耐心，索性头也不回地走出会场，穿上全金属外壳，回到了战场上。

空袭反而加剧了。在1952年最后的几个月内，平壤被彻底夷为平地，无论如何也剩不下一丝“军事价值”，甚至一座离苏联边境仅有13公里之遥的炼油厂也遭到轰炸。

包括空袭发电站在内，克拉克的战略计划共有八点。

轰炸水丰发电站；
轰炸平壤；
轰炸平壤至开城的供应线；
轰炸北朝鲜所有大大小小的目标；
释放“反共”战俘；
中断谈判；
增强李承晚军；
施放调用蒋介石军队计划的烟幕。

释放“反共”战俘，指的是美方列为“平民”的那部分人。所谓“释放”其实就是交给李承晚。

至于“放蒋出笼”，则是从麦克阿瑟时代起就始终没能打动杜鲁门的老生常谈，不仅不会起到施压的作用，反而有百害而无一利。

1952年6月23日，美空军以590余架次轰炸了中朝边境的鸭绿江上的水丰发电站以及长津、赴战、虚川等地的发电设备。

其实自从美军侵朝以来，美国飞机就一直把平壤当作重要的轰炸目标，狂轰滥炸已成“家常便饭”，学校、医院、居民住宅早已荡然无存；北朝鲜的所有城镇、农村也几乎无一幸免；无数妇孺、儿童死于非命。

7月11日，美机746架次又一次轰炸了平壤、黄州地区。受害者何止是朝鲜的平民百姓，就连设有明显标志的战俘营也遭到轰炸。5月4日和5日，美机两次轰炸并扫射了设在昌城的战俘营；5月11日，美机扫射了设在江东的战俘营，使4名战俘受重伤；7月11日，美军轰炸平壤的那天也轰炸了设在墨岘里的战俘营，炸死战俘13人，炸伤72人。

这年5—7月间，英、美等国国内要求停战的呼声高涨。在英国，全国妇女大会直接向丘吉尔请愿，要求立即停止朝鲜战争，调回英国的军队。5月25日，25位英军战俘的妻子在英国国会前集会请愿，要求还给她们的丈夫。在中朝代表战俘营收容的英籍战俘们发出了给到南朝鲜视察部队的英国亚历山大将军的请愿书，几乎所有的英籍战俘都签了字，一致要求亚历山大协助停止战争，停止杀害中、朝战俘；并且告诉这位将军，美国人虽然接二连三地杀害中、朝战俘，但“中国人民志愿军和朝鲜人民军并没有对我们作任何报复”。

在各方面的压力下，英国政府强烈要求派自己的代表直接参加板门店谈判。在美国，一战俘的父亲考德尔和另一战俘的母亲席德尔夫人先后发起和平签名运动，要求停止战争，立即交换战俘。成千上万的请愿书、公开信飞向华盛顿。在阿肯色州小石城全体公民签名致杜鲁门、艾奇逊公开信中，美国民众向总统和国务卿发出了恳求：

亲爱的先生：我们要求你采取立即行动，以使在朝鲜当战俘的、我们美国的孩子们获得释放。我们觉得你对美国公民们的职责应超过于你个人的对于联合国司令部所拘留的北朝鲜和中国的战俘（他们说他们不要回家）的义务的观念。我们都要求并同意应该遣返所有战俘。

第八章

巨济岛寒雾

战俘问题给美军造成了极大困扰。

民主党政府从激烈的两党竞争和各州演讲中脱颖而出，登上美国最高权力宝座，甚至一度长达二十年，因此深谙媒体和舆论的运作方式。

但在战俘问题上，杜鲁门政府却一败涂地，陷入彻底被动。

为了占据道德制高点，杜鲁门政府一再坚持“自愿遣返”；可是，在管理战俘时，美方确实粗疏，导致了祸乱频出，甚至连战俘营总司令杜德准将也在自家营地被战俘擒获，闹出惊天丑闻。相比中朝善待战俘、管理井井有条，高下立判。美方骑虎难下，只好使出“人权”武器，指责中朝组织战俘反抗美方管理，指责中方对联军战俘进行政治宣传和“洗脑”——实际上，美军自己倒是极为重视对中朝战俘的甄别、分化、诱降。

正如贝文·亚历山大所言，杜鲁门当年决定反对强迫遣返，以占领道德高地，共产党在世界舆论中，威胁着要把美国人从道德高地赶走，现在这一问题已变得模糊，难以说清了。

第一节　禁闭岛

联合国拒绝强迫遣返战俘的立场，从军事上来说，也是适当的，因为很多战俘是由“联合国军”宣传人员劝导而背叛的，因此，如果强迫把他们遣返，便会失掉信用，也将损害联合国心理战争方面的努力。

——美国国防部长洛威特

相比战场上的进退有据，美军对战俘问题的处理可谓处处掣肘，错乱频出，不仅在战争中后期对本方战俘营几乎彻底失控，还导致了战俘营司令在本方营区被战俘扣押的大丑闻，最终导致大规模暴动和镇压。

在狭长的朝鲜半岛上，战争双方都陈兵百万，往往一个小小的火星就能点燃一场规模史无前例的庞大战役。瞬息万变的拉锯战，使这

设在巨济岛的战俘营一角。

个密度过高的战场很快产生了大批战俘。

1951年1月，时任第八集团军司令的李奇微已开始为棘手的战俘管理问题发愁。他在给联军司令麦克阿瑟的信中写道：

在作战地区附近，大约有十四万战俘。我们不得不为他们的饮食、监守以及治疗等问题操心。单是看守战俘营这项任务，就占用了我们相当一部分兵力（这些兵力我们几乎抽不出来）。为了运送物品满足他们的吃、穿、住之需，我们还要动用大量在当时已经十分紧缺的运输工具。如果我们被迫撤离朝鲜半岛，那么还要为转移这批人费神。如果在朝鲜坚持下去，那么我们相当一部分后勤保障工作将不得不服务于他们的吃、穿、医疗，甚至用水之需。

对于战俘，麦克阿瑟早就不胜其扰。曾有官员建议将战俘送到麦克阿瑟所辖的日本，那里倒是设施齐全，易于管理，但这个稚嫩的计划被麦克阿瑟嗤之以鼻，随手扔进了垃圾桶——“这些战俘不能送往日本。这不仅因为他们在日本可能会激起日本国民的愤怒，而且因为把他们长期放在那里可能会引起人们谴责日本好战成性。”

民主党政府在又一次展现出麦克阿瑟所一贯鄙夷的低效之后，决定就近解决战俘问题：找几个大些的岛屿，即使离战场不太远也没关系，反正中朝军队的海空能力基本为零，这样就能羁押那十几万战俘了。

华盛顿青睐的是济州岛，但这个不切实际的计划同样引起了李奇微的反感。要知道，济州岛虽然各项设施俱全，但原住民就达到了25万，可想而知，再在一夜之间塞进去20万左右战俘和军人，无疑远远超出了济州岛的承受能力。

最终，华盛顿高层虚心采纳了李奇微的看法，放弃将济州岛作为战俘营首选。经过审慎考虑，他们重新选择了一个令李奇微更为恼火的地点：巨济岛。

“根据巨济岛本身的情况，一个神志正常的人大概不会选它作为建立营地的场所”，李奇微无可奈何地说。

巨济岛是一座荒凉的小岛，位于釜山西南几英里处。岛上山石满布，荒僻险峭，几乎找不到大块的平地，极度缺乏可供营建和分散设点的场所。

数以万计的战俘从朝鲜战场各地被送往巨济岛，这里很快人满为患。

海雾混杂着雪风，笼罩着这座孤岛。

在这个硕大无朋的临时监狱里，层层叠叠的冰冷铁丝网和嗜血警犬划出了4个大区，每区之内又被划成8个临时集中营，每个集中营计划收容6 000名战俘。即便如此，牢房还是远远不足，到1952年，美军无论如何也没法往岛上塞更多战俘了，于是，临近的小岛峰岩岛也被纳入了美国的司法系统之内。

李奇微和他的典狱长将军们一度十分担心监狱的治安——不敷调用的卫兵数量少得可怜，而他们所要羁押的又并非一般犯人，而是正与美军生死相搏的敌人；而且，在这个拥挤荒僻的小岛上，每个营地之间的距离也实在太近了，战俘们只要向隔壁营地扔一块包着纸条的石头，就能把信息传过去。

令美方欣慰的是，即便如此，狱中倒也并未发生“什么了不起的乱子”。

但是，随着美方开始“甄别”行动，岛上的宁静在不知不觉间就结束了。

1952年2月，出于政治宣传等需要，杜鲁门政府开始对中朝战俘进行甄别。杜鲁门公开宣示：“共产主义是一个不尊重人类尊严或人类自由的制度，没有一个思路正确的政府会同意把愿意维护自由的男女强迫送回这样的制度中去……我们决不用遣送这些人供屠杀或奴役的办法来购买停战。”

在东西方尖锐对立的20世纪50年代，制度的差异性很容易成为舆论战争的焦点，尤其是当民主党政府在其远东战略已基本实现、决意寻求“光荣停战”，且要应付即将到来的国内大选时，杜鲁门明确选择了人权问题作为自己的王牌。实际上，人权问题也成为之后几十年美国征伐异己的主要战术，哪个国家如果出了“人权问题”，美军就要考虑去传授一番人权经验。

由于曾发生过苏联将遣返的战俘长期羁押在劳改营中的先例，“自愿遣返”在此时就成了杜鲁门在国际舞台上占据道德制高点的利器。

美军进行甄别的目的十分明确，既可以将大批战俘归为“不愿遣返”之列，将其编入南朝鲜军队，或使其退伍，由此削弱中朝军队的军力，又能使中朝在道义上全面陷入被动。

占据先机的美军立即开始了甄别。

1952年2月18日清晨，美军士兵打开了巨济岛第62号营房的大门。士兵们今天的任务，是在营房内的5 600名中朝战俘中尽可能多地分发“拒绝遣返”的请愿书，让更多战俘勇敢地站出来，反抗红色思想奴役，远离共产主义的迫害，接受自由民主思想的拥抱。

战俘们确实站了出来。

分发请愿书的美军士兵遭到了战俘的激烈反抗。“犯人们用只有天才才能想到的各种各样临时凑合的武器（镐把、带刺的铁丝做的连枷状武器、秘密地用收集在一起的金属碎片磨制而成的刀斧，甚至用帐篷撑杆做成的长矛）武装起来，袭击了美军第27步兵团的一个营。”李奇微在回忆录中记下了这次暴动。

在血腥的冲突中，美军死亡1人，38人受伤；战俘当场死亡55人，重伤不治22人，140人受伤。

这次事件导致了2月23日中朝代表团的严厉抗议，并将其定性为“野蛮屠杀我方大量人员的血腥事件”。

但美方发言人却拒绝接受这一抗议，因为“巨济岛事件是内部事务，它牵涉的是平民，而不是战俘”。

一贯以人权为砝码，意在占据道德高地的美方因此陷入了极大被动。

杜鲁门和李奇微一直不遗余力地向世界昭示，为了保障每个战俘的人权和利益，美方必须对其进行甄别。但华盛顿话音未落，战俘营内就发生这样的恶性事件，不仅说明美军在处理战俘问题时管理粗疏，根本不像对外宣传时表现的那样“重视人权”，而且战俘既然进行大规模反抗，无疑使美方坚称的“大量战俘不愿被遣返”的说法站不住脚了。于是，气愤的战俘管理者将战俘们对“甄别”的抵制归咎于“共产党的遥控策划、煽动”。

本来已经登上道德高地的美方，一失足摔到坡下，掉进了国际舆论议论、甚至谴责的旋涡中心。这引起了华盛顿的震怒。

李奇微立即开始整顿监狱。

集中营里战俘的数量要比进行正常的监管所规定的数量多得多。由于这种情况，共产党人发现，他们能比较容易地实行一些我们当时毫无察觉的计划。这些计划是：煽动群众性示威，组织骚乱、反抗和越狱，以及控制、压服非共产党员战俘等等。我们能够抽调出来负责战俘营工作的人员不称职，没有必要的警觉性，不能及时察觉这些阴谋活动，或者识别并孤立其中的核心人物。

在李奇微得出上述结论的同时，范·弗里特撤换了监管不力的战俘营司令，改而委任弗朗西斯·杜德准将继任。

不仅如此，美方也想到了舆论反击战的战术。他们宣称自己找到了证据，证明所有发生在巨济岛和其他战俘营里的反抗和骚乱，都是来自共产党高层的遥控指挥。

这一声明乍看平淡无奇——即便真的策划本方战士越狱，对于正在交战的双方而言，又有什么值得指责？毕竟，几十年来，在《美国队长》一类的美国主旋律影片中，一直高扬着英雄主义价值观，一贯将勇敢反抗敌人、逃离战俘营的战士视为英雄。但实际上，美方暗含的潜台词是“中朝不惜组织战俘冒死暴动，正充分证明共产主义践踏人权的邪恶本质”，以此来证明其甄别政策的合理性，至少也要将水搅浑，不能让媒体和民众把共产党看作人权之争的胜利者，从而将这次暴动的恶劣影响尽快消除。

但是，1952年12月初，美国国防部长洛威特在记者招待会上说：“联合国拒绝强迫遣返战俘的立场，从军事上来说，也是适当的，因为很多战俘是由‘联合国军’宣传人员劝导而背叛的，因此，如果强迫把他们遣返，便会失掉信用，也将损害联合国心理战争方面的努力。”

在不同场合下出现的自相矛盾的说法，使得美方的道德战略显得不那么完美体面了——自己甄别、分化、诱降对方战俘，却将“利用战俘”的帽子扣到了中朝头上。

事实上，在战争初期，战俘问题只是个小问题，还不那么令人头疼。

当战俘数量还不多时，联军的战俘营设在釜山近郊，管理方便。令美军很省心的是，当时的战俘中不乏那些先成北朝鲜战俘，继而投诚北方，最后又做了联军战俘的南朝鲜人，这一特殊群体在战俘营中自然而然得到南朝鲜卫兵的扶植，并由此担当起维持战俘社会秩序的工作，俨然成了战俘营内的统治者——直到战俘人数激增、巨济岛被用作战俘营为止。而随着前几次释放、转移或遣返战俘，这类战俘大多离开了战俘营，这就导致了联军战俘营的内在秩序崩坏。

因此，李奇微一边将战俘分散到济州岛和峰岩岛，并决定增加看守和警戒人员，一边指出，“在我们对这些阴谋毫无察觉的情况下，共产党最高统帅部由一个叫南日的人策划制造了一系列事件，旨在亚洲人民面前损害‘联合国军’的形象。可是，我们仍然没有真正了解这一阴谋的复杂性和深刻背景”。

在回忆录中，李奇微描述了一个庞大、复杂、神秘、冷酷的战俘系统。

“为能顺利地制造这些事件”，一支纪律严明的部队被完整地建立起来了。

战俘营里的共产党领导人（许多是故意投降的，以便能将其上级的指示传下去）想尽各种办法将纸条从一个营地传到另一个营地。毫无疑问，由于监禁战俘的场地非常狭小，场地与场地之间相距又非常近，因而要做到这一点并不困难。

由刚刚投降的战俘带进来的他们最高统帅部的各项命令和指示，会拴在石头上从一个营地扔到另一个营地。有时，为把命令传到较远的地方，他们会采用唱歌的形式传递，将命令偷偷藏在供给品中传递，或者利用其他信号进行传递。总的说来，这个联络系统组织得十分周密，差不多可以克服任何障碍将命令传达下去。

在李奇微笔下，战俘营里的世界充满传奇色彩，“医院的病房成了共产党上层领导分子举行会议的理想场所”，战俘们“成立了袋鼠法庭，以便对付那些背弃党的路线的人……比较有影响的或难以控制的非共产党分子则被他们除掉”。

根据美军的描述，每当谈判陷入僵局，战俘营开始骚动起来。他们这样做是为了响应南日的指示，同时也是为了配合谈判中几乎天天都有的对所谓“西方帝国主义分子”罪行的谴责。

美方十分注意在公开的表述中强调中朝战俘的组织性和隐秘性，而并不讳言其管理粗疏的现实，除了出于反衬中朝“狡猾”的目的之外，也是因为在粗疏的管理之下，这些临时监狱里确实事故频发。

3月13日，第二次严重冲突又发生在巨济岛上。当一批服从管制的朝鲜战俘路过另一个集中营时，集中营内的另一批态度强硬、拒不妥协的朝鲜战俘向他们扔了石块；而与此同时，一队南朝鲜士兵也正巧经过这个营房，他们也一同遭到了石块攻击。

根本未等任何指挥官下令，南朝鲜士兵就开火了。根据事后清点，战俘死10人，重伤2人，轻伤26人，甚至一名过路的美国军官也被击中身亡。

驻扎在朝鲜的美军并未忘记自己“保护者”和“调停者”的身份，所以在战场之外尽量小心翼翼，避免踩雷。李奇微和华盛顿都不愿介入、干涉南朝鲜卫兵和北朝鲜战俘之间的冲突，以免容易被媒体和中朝方面抓到把柄，因此往往对战俘们的示威，甚至暴动未做有效干预——美军的基层收容所长甚至没有独立的执法权，索性半闭着眼睛默许这一切。

战俘们的反抗行为愈发密集。在1952年春天，越来越多的战俘拉起反美标语，升起北朝鲜旗帜，召开群众大会，美军不得不疲于应付。

为了“使狂热的共产分子恢复冷静”，联军在战俘营内开展了教养讲座和技术教育，却使营内的状况每况愈下，变得更糟。

教养讲座采取集中授课的形式，主要内容是“对照民主主义和共产主义来进行讨论”，其招致了北朝鲜“这是强制战俘拒绝遣返回国”的严重抗议。旋即，战俘营内就大面积爆发了抵制讲课的运动。

至于技术教育，则类似于“劳动改造”，是向战俘们传授各门技艺，有金属工、印刷工、木工、瓦匠、电工等。“别有用心”的中朝战俘往往选修金属加工，在学成后即从事相关工作，如各类工具，甚至武器——并由此建立起战俘们的秘密武库。

“这样，武装起来的战俘就征服了整个小区，下一步就要出马进行外争作战了。”

在反抗与喧闹中，直到4月底，美军的甄别行动只进行了一半多，巨济岛当时共有17个战俘营，而其中反抗最坚决的7个战俘营还未接受甄别（这也是武装得最好的7个战俘营）。

李奇微已决定采取强硬手段。“事情很清楚，只有在双方付出某些生命的代价、我们强行进入战俘营并对战俘严加管束之后，才能正常地统计同意和反对遣返的人数。”

很快，范·弗里特麾下的一个营就进驻了战俘营，与此同时，另外几支战斗部队则屯兵釜山，以便“准备在突然发生严重骚乱时迅速开进巨济岛”。

规模庞大的战俘营就像一座弹药库，你不去碰它，就会风平浪静，一旦不小心弄出一个小火星，后果就不堪设想了。范·弗里特提醒李奇微说，如果在进行反抗的集中营中动用武力，那么已经完成调查工作的集中营肯定会加入到反抗的行列中去——这个岛上可是关了十四万人，简直就像看台上的数以万计的观众全部涌进了小小的篮球场上。

意识到形势严峻的范·弗里特，似乎忘记了他们所坚称的“大批战俘都不愿被遣返回到中朝”，而是全神贯注地预防这些“肯定会加入到反抗行列”中的战俘们。

这样的紧张对立持续了一段时间。随后，由于谈判有所进展，李奇微为了避免巨济岛内的冲突继续扩大，提请参谋长联席会议同意暂时停止甄别，“干脆把几个采取抗拒行动的集中营中所有的人都算作赞成遣返回国的人”。

参谋长联席会议心照不宣地同意了。因为，“这些战俘里任何强烈反对遣返的战俘，在实际交换战俘之前，甚至在交换开始之后都还有机会表达他们的意愿”。

第二节　扣押杜德准将

按共产党的那套逻辑，他们会认为这些战俘完全可以牺牲掉，会认为这些人的价值在于他们大概还能为共产主义的最终胜利作出点贡献。（论中朝战俘）

如果为了拯救一位军官的生命我们就放弃士兵们所献身的事业，那么我们对那些把生命托付给我们的士兵就是一种背叛和犯罪。（论美军被俘的杜德准将）

——马修·B. 李奇微

“指挥官的坟墓”——这是第九任战俘营司令菲茨泽拉尔特上校对巨济岛的称呼。

从1951年1月设立巨济岛战俘营时起，到了1951年9月，战俘营司令已经八次易主。

这些被撤职的上校、准将们无一例外，都是因为营内暴动而被撤职、处分，甚至导致退役。

1951年4月上旬，美军自找麻烦，他们正因甄别的数字差错而焦头烂额，屋漏偏逢连夜雨，伙食问题又在此时引发了中朝战俘的抗议。

原本负责供给主食的南朝鲜难以为继了。由于其自身的供应能力不足，便在4月上旬将粮食供应的任务让渡给了美军的第二兵站司令部。因为交接过于仓促，大米供应不足，原本“一半大米、一半杂粮”的伙食，临时改成了大米、大麦、小麦各三分之一。米饭不够吃了，无疑刺激了战俘本就不安的情绪，这对于本已随时会引起暴动的甄别审查而言，无疑是火上浇油。

为此，范·弗里特中将立即提出中断甄别，否则一旦发生暴动，巨大的伤亡数字无疑将使联军陷入极大被动。无可奈何的李奇微同意终止甄别，并且违背初衷地将尚未接受甄别的7个营区全部视作“希望回国者”。

至于华盛顿，虽然仍希望军方能设法了解7个区里不愿遣返者的详情，但迫于形势，也只能停止甄别。

此时此刻，这7个区已形同战场，联军早已彻底失去了对7个营区的控制力，不但不能入内进行甄别，连日常检查都无法进行。对于联军的警备部队而言，唯一能做的，就是防止7个营区的战俘逃走而已，只要战俘们不触及这一底线，战俘和军方就能井水不犯河水。

1952年5月7日下午2点，随着发动机沉重的轰鸣声止歇，一辆防弹装甲车停在了巨济岛76号集中营的大门口。

一个排的重装美军警卫分两翼拱卫，无声无息展开阵形，护送着新上任的战俘营总司令杜德准将进入营房——在“76回国支队”的战俘们已持续了三天之久的示威游行压力之下，这位将军终于踏足这片混乱而危险的牢狱之地。

面对铁丝网另一边的战俘们，下基层的杜德多少显得有些无奈。这些满脸怒火、犹如困兽般的亚洲人实在没少给他找麻烦，他们抗议美方断粮断水，抗议美方违反《日内瓦公约》，抗议美方强迫甄别……总之他们就是不肯闭上嘴，一定要给板门店的中朝代表呐喊助威。

“你们要知道，”杜德挥了挥手，示意警卫人员收起枪，不用太过紧张，以免刺激到战俘，“战俘就是要有战俘生活的样子”。

战俘们顿时鼓噪起来，态度十分强硬。他们甚至要求杜德承认违反《日内瓦公约》的罪行，当场认罪。

杜德苦笑着摇摇头，耗了他们三天，还是精力充沛。他指了指随行的副官雷边中校——《日内瓦公约》就拿在副官手上——他已决定让副官来应付这些无理取闹的战俘。为免尴尬，杜德索性掏出指甲刀来修剪指甲。

交涉就这样不屈不挠地持续着，一直到了下午3点多。一队要出门倒粪桶的战俘打开了大门，刺鼻的恶臭使杜德马上捂住了鼻子，皱眉站到一边，而早已不耐烦的警卫们则躲得更远，连看都不愿往门口看一眼，只想快点应付完这倒霉的差事，离开这鬼地方。

最后一对抬着粪桶的战俘也无精打采地走过了营房大门。这时，10多名强壮矫健的战俘突然从门里冲了出来，这群敢死队员在眨眼间围住了杜德和雷边中校，直接将他们往营房内拖！

雷边中校抓住了门柱，大声呼救；而猝不及防的杜德已被敢死队员抬进了营房之内。一直与杜德大声辩论的战俘代表和翻译立即用铁杠插上了大门，一块早已准备好的巨大横幅在大门上方升起了：

我们生俘了杜德准将，待我们和他谈判结束，就安全地交还你们，如果你们胆敢开枪，杜德将军就性命难保！

营房门前空旷的广场上，只剩下目瞪口呆的警卫，以及门内隐隐传来的杜德的呼救声。

警卫们无法相信眼前发生的一切：杜德将军成了战俘们的战俘。

俘获杜德的计划，由来已久。

根据美军的事后调查，这次“抓捕行动”早在当年4月就策划完毕。从杜德准将于3月20日继任战俘营司令时起，战俘们就将其个性调查得一清二楚。

为了亲自掌握、了解营区情况，也为了缓和当时火药桶般的紧张气氛，取得战俘的好感，杜德一上任，就常常“下基层”，与战俘的领袖们隔着太平门面对面谈话，并且不携带武器。

同时，战俘们也了解到，作为勤务人员的专用通道，太平门常常不上锁；而美方为了杜绝卫兵枪杀战俘，平时也禁止卫兵给枪支装弹。

事实上，愤怒的战俘抓住美军士兵的事件并非没有先例。营内曾不止一次发生过战俘扣押卫兵的事件，战俘们不过是以此作为向美方抗议不公正待遇的筹码，申诉之后就让被俘的卫兵安全离开了。而杜德的副官雷边中校曾亲身经历过这类事件，因此十分小心翼翼，在杜德被诱捕之前的谈话过程中，他几次都断然拒绝了战俘们要求他俩入内详谈的要求，并且在杜德被俘时成功逃开。

战俘营总司令在自己的营区内沦为阶下囚，这一重大丑闻对美军造成的打击，简直不亚于志愿军入朝后的前三次战役。

5月8日、9日，日本《朝日新闻》的标题为“杜德司令官被战俘拉进了巨济岛共军战俘的监房之内”，“巨济岛战俘收容所的怪事——监禁了杜德司令官”，“李奇微上将发出强硬指令，要在休战谈判中交易？”

几乎慌不择路的美军军方已经无暇细想，紧急飞往巨济岛收拾烂摊子的格雷格上校（第二兵站司令部参谋长）果断出动重兵包围了76号营区，但深知美军投鼠忌器的中朝战俘根本不为所动，而是有条不紊地通过杜德向格雷格逐条提出要求。

为了尽快与战俘们谈妥，将杜德从营里弄出来，格雷格当即从别的战俘营区里找来了李学九上校。这位前北朝鲜第二军作战部长，是在1950年9月于大邱被俘的，是一位格雷格眼中颇识时务的高级军官。格雷格委托他进入76号营区斡旋，凭借其崇高的威望和地位说服战俘们。

于是，肩负重任的李学九进入了76号营区。

然后，让格雷格目瞪口呆的是，这位已经和美军称兄道弟的朝鲜军人，一踏进76号营区的大门，就毅然决然地抛弃了美军的信任，摇身一变，成了战俘们的领袖，带领他们制定各种策略。

多年后，战俘张泽石回忆了当时不为人知的细节，以及战俘营的真实生活。

5月7日晚上，擅长英文的张泽石和602战俘营支队长孙振冠被美军的吉普车接走了，心绪不宁的詹姆斯少校告诉他们，这是要去参加杜德将军召开的战俘营代表大会。

张泽石和孙振冠又惊又喜。作为战俘营内的骨干，他们早就知道活捉杜德的计划，看来计划成功了。张泽石匆忙地带上《英日字典》、《备忘录》、《抗议书》，临出门时，战友牛元福还气喘吁吁地赶来，硬是将一枚军功纪念章别在张泽石胸口。

穿过一列列坦克、装甲车、海军陆战队阵列，两人进入了76号营房大门。

营房内就是另一番景象了。里面张灯结彩，北朝鲜战俘们穿上了手工改制的人民军军装，每人都拿着纸质的朝中国旗、彩纸带，随着营门关上，朝鲜战俘们爆发出一阵不熟练的中国话："朝鲜——中国"！"金日成——毛泽东"！纸花和彩带飘浮在空中。

第二天，张泽石和老孙就见到了杜德。

在一座崭新的帐篷里，杜德正躺在行军床上休息。他听见有人进帐，但恍若不闻，继续闭目养神。

作为翻译，也作为阶下囚，张泽石得跟杜德好好聊聊。

"喂，将军阁下，我们来看看您。"

"啊，啊！谢谢你们，谢谢你们。"杜德睁开眼，有些尴尬地起身。

"还是请坐着吧！我们是中国战俘代表，前两天我们见过面的。"

杜德的窘迫和难堪出乎张泽石意料，他带着一点调侃和诘问的口气，指着帐篷内整洁的陈设问杜德："您看我们的战士对您怎么样？"

"是的，我确实看到了你们共产党人优待战俘"，"是的，你们给我上了很好的一课"。

看着唯唯诺诺的杜德，出了一口恶气的张泽石和孙振冠不禁好笑。聊了几句之后，他们别过杜德，出了帐篷。

远离帐篷之后，两人终于忍不住了，笑得几乎弯下腰去。

身边的一个朝鲜战友却哭了。

张泽石和孙振冠明白朝鲜战友的意思——在这个多灾多难的国度，人们受过的欺辱实在太多了。

当天，76号战俘营区的代表又领着张泽石和老孙见到了另一位神秘人物。

朴相显是巨济岛战俘中级别最高的，战前曾任道委书记（即中国的省委书记）。这位银发如雪的老人是巨济岛“朝鲜劳动党地下党”的总领导人，也是战俘杜德行动的总指挥。

这样的经历对张泽石而言如同一场奇幻冒险。虽然美军的战俘营管理松散粗暴，但张泽石也是直到此时才体会到战俘们斗争的规模之大，组织之严密，身在602营区的张泽石和身在76号营区的朴相显互相并不了解情况，此时一见如故，越谈越起劲。

大家席地而坐。谈笑间，老朴同志对76号营区的代表耳语了几句。代表笑着向张泽石眨眨眼，“老朴同志要宴请你们呢！”

旋即，两个朝鲜战友就端上来了两盘热气腾腾的白面饺子。

张泽石和孙振冠大吃一惊：他们已记不清多久没见过这样热乎乎的饺子了。

老朴笑着招呼他们进食：“不要感谢我，要不是同志们抓住了杜德，美军送来了白面、肉罐头，我们不知用什么来招待我的尊贵的中国客人呢！”

这顿美餐使张泽石终生难忘，但更难忘的事发生在饭后。

令他和老孙大开眼界的是，朝鲜战友们不但有饺子，甚至还有秘密的地下室。

在一个隐秘的地道中，土台之上竟然摆着一台收音机。

朝鲜战俘向目瞪口呆的张泽石和老孙说，这是战俘们节衣缩食，用罐头和衣物向李承晚军队偷偷换来的。朴相显则将手搭在两人肩上，说：“亲爱的志愿军战友们，要不是活捉了杜德，想请你们来也不可能哪。我们没有什么珍贵礼物送你们，就请你们听一听北京的广播吧。”

两人顿时就呆住了。

老孙手指颤抖地拧开开关，两人屏住呼吸，凑近收音机。

嘈杂的电波声中，真的缓缓流泻出了亲切悦耳的中文的广播女声：“为了支援朝鲜前线，全国掀起了捐献热潮，著名豫剧演员常香玉……”

在遥远半岛的寒冬，在荒凉孤岛的牢狱，在朝不保夕的危难中，时间仿佛静止了。祖国的声音越过海洋，越过长空，宛如仙乐，使这些在血与火、铁蹄与刑具中已渐渐麻木的硬汉们暂时忘却了一切危难、紧张。

泪水哗哗地滴在坑洞的黄土上。

李奇微已打算放弃杜德，他要弃卒保车。

杜德被俘事件发生时，李奇微已奉命到欧洲接替艾森豪威尔的司令职务，并将在4天后启程。他的继任者马克·克拉克已抵达东京，正准备与他交接。

李奇微当即飞赴东京与克拉克会合，然后再火速赶往朝鲜。与此同时，范·弗里特已命令增援部队由釜山开往巨济岛，并且派美第1军参谋长查尔斯·科尔生准将接替杜德统管战俘营——杜德的职务则被范·弗里特正式解除。

5月8日，科尔生赶往巨济岛，他上任后对战俘说的第一句话，就是告诉他们，杜德已经不是战俘营司令，如果逾期不将其释放，联军部队就会展开武力营救。

而就在前一天下午，杜德刚被抓住，就曾下达手令，要求“为防止事态扩大和保证我的安全，我命令绝对禁止开枪，并同意立即召开全岛朝中战俘代表大会，协商解决问题，即令科尔生将代表们接来，并将部队适当撤离76联队”。

实际上，一场生死赛跑已经开始了，杜德和李奇微两人竭尽全力，挑战着生死时速。

战俘营司令在本方战俘营被俘，这样的天方夜谭无疑将在随后给美方带来巨大的不良影响，而更令华盛顿和李奇微不敢想象的是，中朝将使用这个重要砝码，为他们在谈判桌上争取到多少利益？

李奇微和克拉克还在途中，坏消息已经传来：杜德已经完全接受了中朝战俘提出的条件——杜德同意充当中间人角色，承认了战俘们自发组成的战俘联合会（即李奇微所说的“袋鼠法庭”），在几个营地之间建立了电话和摩托车通讯。

很快，李奇微的飞机到了汉城，他见到了久候多时的首席谈判代表乔埃。两人的意见一致：“任何姑息和拖延都会被共产党人看作是投降的表示”——杜德就如同中朝在美军心口刺出的一个伤口，他们决不能让对方的利刃再捅得更深了。

于是，李奇微当场写信给范·弗里特，要他“使用一切必要的武力手段甚至包括坦克在内，立即在战俘营中建立秩序，并将这种秩序一直保持下去”。

范·弗里特当即放弃了与战俘进行谈判的预案，他命令美第3师的一个坦克营从北部的阵地出发，由陆路行驶二百英里，然后再由登陆舰输送到巨济岛。

如果赤色分子拒不执行我方要求，或者进行拖延，我就决定开枪射击，而且以最好的效果进行射击。自然，我明白，我的命令可能会使共产党人将他们威胁要对杜德采取的行动付诸实施。对这种有可能出现的严重后果我准备承担一切责任。

一直将人权作为最高信条，并以此站在道德高地俯视“邪恶的共产主义制度”的李奇微，在刻不容缓的紧迫形势之下，也不知不觉陷入了民主和民粹的悖论怪圈——

我对范·弗里特和其他人想拯救一位朋友生命的心情是深表同情的，但我认为，杜德会像每一位其他的职业军人一样，在他决定选择自己的这项职业时，已经做好了横死敌手的准备。为了支持我国政府否认对共产党人犯过什么根本就不存在的罪行，为了支持我国政府坚持我方关于遣返战俘的立场，已经有许许多多的军人献出了他们的生命。

在战争中，一位将军的生命并不比一位普通士兵的生命更宝贵。为了捍卫祖国的安全、自由和荣誉，要求每一个人随时都得准备献出自己的生命。如果为了拯救一位军官的生命我们就放弃士兵们所献身的事业，那么我们对那些把生命托付给我们的士兵就是一种背叛和犯罪。

为了不至于出更多洋相，为了不在谈判中陷入更大的被动，杜德准将的人权只能遗憾地被舍弃了。两害相权取其轻，李奇微开始下定心，牺牲杜德的个人利益，以顾全面子。从李奇微的回忆可看出，在他眼里，这个倒霉的杜德已经牺牲，与死人无异，成了一位正被他缅怀的“烈士”。

杜德是幸运的。由于坦克营没有准时到达，也由于范·弗里特和科尔生有意无意的拖延，美军的攻击被延缓了。

5月9日，朝中战俘代表起草了“朝中战俘代表大会向全世界人民控诉书”，并向杜德提出4项条件：

一、立即停止暴行，停止侮辱、拷讯、强迫写血书的做法，停止威胁、监禁、虐杀以及毒气、细菌武器的试验。按国际法保障战俘的人权和生命；

二、立即停止对朝鲜人民军和中国人民志愿军战俘进行非法的所谓自愿遣返；

三、立即停止对数千名在武力下处于被奴役地位的朝鲜人民军和中国人民志愿军战俘进行强迫性的“甄别”；

四、承认朝鲜人民军和中国人民志愿军战俘组成的战俘代表团，并予以密切协作。

在战俘营内，杜德受到了公审。

根据美国公开的史料，有学者对此无奈地喟叹：“在严密的军队包围之下，以被俘者之身来调查收容所长的犯罪嫌疑，让其进行辩明，这样的情景，是近代军事史上不曾有过的事情。……这也不外是因为在最初发生暴行之时，由于认为不久就要停战了，从而用暂时忍耐的办法来敷衍搪塞，让敌人（指战俘）增强起来了的缘故。”

当新任战俘营总管科尔生准将接到这4项条件时，已是5月10日。他立刻上报李奇微。李奇微当即决定：

一、电告范·弗里特，制止科尔生对战俘进行答复；

二、质问范·弗里特为什么没有执行他5月8日“关于使用一切必要的武力建立并维持秩序的指示”；

三、重要的新动向随时报告。

5月10日，美方出动了第187空降团，以及数千人的作战部队，全部进驻巨济岛。杜德和战俘们已经被放在了美军机枪的瞄准器准星中。

但是，科尔生并没有表现出和李奇微一样的壮士断腕的决心，他没有对李奇微的指令全部照办——在他眼里，杜德还不是一个死人；而且，“他又从自己的情报部长那里，获得一个十分头痛的报告，报告说其他各营场在科尔生发起攻击时，就马上一齐起来进行大规模越狱暴动”。

10日中午，科尔生回信了。

他不是回信给李奇微，而是向战俘们回信。科尔生同意了战俘提出的要求，然后与杜德签署了一项联合声明，全文如下：

一、关于你方信中的第1项，我承认发生过流血事件。在这些事件中，“联合国军”使许多战俘伤亡。我承诺今后按国际法原则给战俘以人道待遇。今后我将尽最大努力防止发生暴力事件和流血事件。今后，如果再发生类似事件，我将负全部责任。

二、关于第2项，北韩人民军及中国人民志愿军自愿遣返问题正在板门店讨论，我无权左右和平谈判的决定。

三、关于第3项强迫甄别问题，只要杜德将军安全获释，就保证不再进行强迫审查。

四、关于第4项，同意根据杜德将军和我的批准组织北韩人民军及中国人民志愿军战俘代表团。

美方战俘营营长杜德，因虐待中朝战俘，战俘们把他抓起来，这就是“当了俘虏的俘虏”的事件。

当187空降团的士兵正在76号营房门口不远处垒起沙包、设置路障、架好机枪，大门突然打开了。

所有美军士兵都愣住了。

杜德准将（很快就被降为上校）出来了。不但完璧归赵，而且还戴着大红花和彩带，像一位刚受到表彰的功勋军人。

科尔生亲笔签署的联合声明一送到战俘代表手中，杜德就被战俘们当场释放；至于不惜使美国政府彻底陷入被动也要营救杜德的科尔生，他也被李奇微当即免职了。

战俘们为杜德披红戴彩，以表彰他立下的极大功劳。新一任战俘营司令波特纳在接收杜德时，还给战俘们写了张收据。随即，杜德就被隔离，他和科尔生马上被降为上校。

5月10日21时30分，杜德准将一个人走着回来了。从被抓起来之后整整过了三天了。一出门就立即被带到某个地方去了。所谓某个地方就是单身牢房。不走运的他这次是被自己方面监禁起来了。

这份“联合声明”出自巨济岛战俘营前后两任总管之手，对于处境维艰的战俘们来说是一次意义重大的胜利。

“当部队和坦克最后作好采取行动的准备时，共产党人又送出一份比以往提交的任何一份要求都更为苛刻的要求。他们差不多是要‘联合国军’当局彻底丢丑。他们要当局承认自己所犯的罪行比第二次世界大战期间纳粹所犯的罪行还要野蛮。”李奇微在回忆录中这样写道。

范·弗里特对科尔生声明造成的影响，似乎看得不重。但是克拉克将军和华盛顿的领导却立即看出了其严重危害性。作为美国的将官，在任何情况下承认虐待、杀害、打伤战俘，并答应设法将来给战俘以人道主义待遇，都是灾难。在东京，克拉克痛斥科尔生声明，说它是“十足的敲诈”，并说战俘被打死是因为他们暴动。

免去科尔生的职务，这不仅只是一种惩罚。杜鲁门修改了将军的措辞，不说“敲诈”，而称其为“牵涉到‘联合国军’军官生命遭到威胁，是在压力下产生的”，而科尔生也没有资格“答应接受这类罪恶而又虚假的指控”，因为他并不是正式的战俘营司令。

“联合声明”震动了世界，新闻机构纷纷发表文章和评论。英国《雷诺新闻》5月18日发表编者文章说，巨济岛上的事件“使美国的说法和美国的甄别方式确实开始臭气熏天起来”，“杜德与科尔生事件发生以后，人们不会再相信美国所谓战俘不愿意回到他们的祖国的说法了”。《指南针日报》则说，“巨济岛事件暴露了美国所做的战俘不愿被遣返的宣传是假的”。

就连美国政府发言人也不得不承认，这个事件“使美国在这个紧要的时候，在整个东方丢脸”。

在国际社会出了丑的美军开始在战俘营进行暴力镇压。

克拉克任命波特纳接替科尔生为美军战俘营总管。波特纳到任后立即改组战俘营的管理机构，调换了管理人员，把所有战俘代表全部扣留在第76联队，工兵部队又重新修建了集中营营地，以便使每个营地容纳的人数不超过500人。

尔后，波特纳准将下令清场，所有居民离开了巨济岛。

美军士兵进入战备，随时准备开进任何一个有反联合国标语或有北朝鲜旗帜的战俘营中，用一切“必要的武力手段”来消除这些标记。

战俘们“秘密制造了各种各样的原始武器，包括利用本来供他们烧饭用的汽油制成的莫洛托夫鸡尾酒（即燃烧瓶）”（李奇微语）。

范·弗里特命令第187空降团战斗队前往巨济岛增援波特纳的部队。

美军的准备活动共历时1个月。美军进入了那些拒绝重新分配关押地点的集中营。

一个半小时之后，抵抗停止。

150多名战俘被打死、打伤。1名美国人丧生，13人受伤，兵营被大火烧毁。

镇压达到了预期效果。“从那以后，尽管暴力行动和违抗行为偶有发生，但战俘营还是被控制住了。非共产党战俘被区分出来并分别安置在不同的集中营里。共产党分子则被分成若干大队，每队人数为500或略少于500，所以，后来发生的骚乱都很快被催泪弹所平息”。这一次，李奇微对下级军官的效率感到满意了。

此后，战俘营内冲突不断，但重大骚乱仅有一次。1952年12月，峰岩岛发生了一次大规模越狱行动，85名战俘被打死，100多名被打伤。在清点战果时，美军士兵还收获了一份意外惊喜。

那是一份关于越狱的手抄的总结。

我们的战友，决心光荣地死去……他们在战斗中失去的只是自己蒙受耻辱的生命。献出这些生命是为了获得解放和光荣的胜利……祖国朝鲜的儿子们和伟大的斯大林的光荣战士们彻底揭露了美帝国主义非人道的、兽性的、残忍的屠杀暴行，使世界和平的人民、祖国、党和一切民主国家发出了复仇的呼声。

“这份总结清楚地暴露了共产党人为达到宣传目的而不惜牺牲这些战俘生命的冷酷心肠。”在李奇微的回忆录中，他全文引述了这份材料。在李奇微看来，造成这些越狱战俘死亡的，不是美军的子弹，而是战俘们自己的“邪恶信仰”；而美军的所有失误，全在于他们对战俘的镇压不够坚决，不够及时。

李奇微说：“如果更早一点采取强有力的行动是否能防止赤色分子得到这次宣传的机会，这一点令人怀疑。可以肯定，只要他们还能制造出亚洲报刊上的头条新闻，控诉美国人为杀人凶手，就没有理由认为他们会因为在更无希望的斗争中流出更多的鲜血而缩手不干。然而，我确信，如能按我的指示迅速、果断地粉碎巨济岛上的反抗，本来是可以使赤色分子得不到有力的证据的，甚至会更快地实现停战。”

巨济岛事件给联军造成了沉重打击，也使其痛定思痛地进行了认真反思。

美军前方参谋部在总结中提到：实际上，巨济岛的战俘们不仅是刺激了“联合国军”的神经，而且明显地取得了下列成果：

1．取得了吸引住大约1个半师战斗兵力的效果。

2．在板门店的谈判会场上，我们站到了极为困难的立场上，联合国方面代表的主张力、说服力明显地降低了，中朝方面代表的发言力增强了。

3．对审查（甄别）的国际支援被削弱了，美国的立场和自信动摇了。

杜德在战俘营内被俘，并导致美国在国际社会陷入全面被动，这也使美军的一部分将领开始反思，并正视中朝军队的军人素质。

在西欧和美国的传统观念中，军人一旦被俘，其义务就终止了，体面的投降是正常的、可以被社会接受的，只要不倒戈相向，就不应被谴责。

但巨济岛事件发生后，美方的观念开始受到冲击，发生变化。战俘营管理层在管理评述中写道："拥有高素质的人才是必要的。指挥官自不待言，甚至就是一名警备士兵，也需要是受过充分的政治教育，具有充分的情报能力和判断力。如果不是这样，他们一有空了就会引起纷争。"

而作为旁观者，日本陆战史研究普及会也重点研究了这种军人素质。在日本军方看来，即使是以武士道闻名的日本士兵，在被俘、进入战俘营后，也会依从管理，循规蹈矩，但"共产主义者的战斗任务，即使进了战俘收容所也没有结束。只不过是把以前的直接战斗任务改变为政治的、军事的支援任务了。……在收容所中的那种连死都不怕的斗争力量的源泉，究竟在哪里呢？是在发扬战俘们经常挂在口头上的爱国、爱民族的精神吗？是出于为主义而献身的那种宗教的信念吗？或者是北朝鲜的制度和教育培养出来的民族心吧。也许是在收容所的这里、那里被发现了遭受私刑而死的遗体所证明的那样，因集体压力和胁迫的群众心理所使然的吧。一定是这些中的哪一条发出的能量所造成的，应当深入地研究"。

第三节 我们曾是战士

杜鲁门当年决定反对强迫遣返，以占领道德高地，共产党在世界舆论中，威胁着要把美国人从道德高地赶走，现在这一问题已变得模糊，难以说清了。

——贝文·亚历山大

朝鲜战争爆发之初，美军延续了以往战争中的一系列宣传攻势，例如指责对方虐囚、杀俘。

但随着被释放的美军战俘接受那些无孔不入的美国记者采访，公众吃惊地发现，朝鲜军人虽然作风强硬，但极少发生虐囚事件；至于中国共产党，对待战俘简直像请客吃饭，无比热情；更要命的是，这种“讨好”几乎彻底征服了美军战俘的心。

于是，美军调整了宣传策略，改为指责志愿军对战俘“洗脑”。

一开始，李奇微和他的幕僚曾多次指控中国军队屠杀战俘。

1951年年底，第八军军法署署长詹姆斯·汉利对媒体说：“自红色中国去年参战以来，被共产党所杀的联军战俘，大部分是他们干的。”他声称，中国共产党屠杀了2 513名美国战俘。

美军的宣传工作有时确实未能协调好。在前一天发表的李奇微呈联合国的报告中，则把屠杀战俘的罪名放在了北朝鲜军队头上，这份报告说，中国军队杀俘的数字是“约1 000人”。

汉利的声明旨在激起联军士兵斗志——在仿佛看不到终点的“边打边谈”中，联军士兵早已开始厌倦战争，如果中朝军队“不虐杀战俘”，无疑将更加软化联军士兵的意志。

但是，随着中朝开始释放一部分战俘，媒体的看法却产生了鲜明变化。

《纽约时报》记者林赛·帕罗报道：“中国的指责（北京电台声明汉利所讲的残杀战俘事件纯属捏造，是为了推迟朝鲜和谈而编造的又一借口）属实。新闻记者一般不允许与释放回来的战俘对话。然而，保密局觉察到，这样的会晤有好多。”

《星期六晚报》在1951年8月25日发表文章，描述了记者与被释战俘的场景。文章标题为《他们企图使我们的海军陆战队士兵热爱斯大林》：“中国共产党从未敲、打或通过其他方式虐待过一个战俘，当他们被押往战俘集中营时，一些北朝鲜平民试图踢打他们，但都被中国护卫兵用枪托拦了回去。他们所遭受的最坏待遇便是，在政治思想灌输会期间，他们得被迫听完共产党干部冗长的讲话。”

这时，随便惯了的美军军官才发现遇上了难缠的对手。在以往，只要按部就班地指责对方虐囚、时而公布一组遇害数字，就能使媒体坚定地和自己站在一边，现在却完全不同了，共产党人在战场上是不怕牺牲的“野蛮人”，在战场之外却精明得像狐狸，跟这些信奉古老哲学的亚洲人比起来，美军觉得自己处处被动。

“他们抓住我们的各种失误所进行的宣传，对他们是大有好处的，尤其在亚洲人之中进行这种宣传，他们所获得的好处就更大。我想，时至今日，我们的文武官员们总该有了前车之鉴，总该在思想上有所准备了。”李奇微这样评价他的对手。

于是，“在两周之内，暴力事件从新闻广播和新闻电讯中消失殆尽。之后不久，和谈中对战俘问题开始了长时间的争执，但是美国战俘的待遇问题从未提及。汉利、李奇微骇人听闻的报道像一颗臭弹一样消失殆尽了。但是在它传播期间，整个美国新闻界都曾信以为真”。

李奇微和汉利再也没有义正词严地指责中国军队屠杀战俘，此后的舆论攻击模式被调整为“痛斥、揭露北朝鲜虐待战俘”，至于中国善待战俘，那是“为了软化美军、实现宣传目的”。

李奇微说：“我们已经注意到北朝鲜人对待战俘的态度。他们常常反剪战俘的双臂，尔后向战俘后脑勺开枪将其打死。我发现中国人要讲人道得多（为了达到宣传的目的）。但是，关于他们对待被我们收容的战俘的态度，我们却很不了解。也许，我们事先就应想到：按共产党的那套逻辑，他们会认为这些战俘完全可以牺牲掉，会认为这些人的价值在于他们大概还能为共产主义的最终胜利作出点贡献”。

在之后的谈判中，联军战俘的待遇问题倒是从未被美方提出。这倒不是因为美军不在乎本方战俘的性命，而是在美方谈判代表看来，狡猾的红色政权实在太善于利用舆论，太精于蛊惑人心了，他们花费大量人力、物力，并且成功疏导了民众和士兵对敌人的愤怒，将联军战俘哄得服服帖帖，几乎在媒体面前对志愿军感激涕零——既然他们像招待贵客一样招待联军战俘，战俘们也生活得很好，那就干脆绕开这个话题吧。

杜鲁门当年决定反对强迫遣返，以占领道德高地，共产党在世界舆论中，威胁着要把美国人从道德高地赶走，现在这一问题已变得模糊，难以说清了。

贝文·亚历山大如是写道。

抛开战争时期你死我活的二元对立思维，仅从东西方文化的巨大差异性入手，其实并不难理解美军高官对志愿军“伪善”的不解（美国的普通民众和士兵倒没有对志愿军善待战俘感到多么不解）。

从与古希腊时期接近的春秋战国时期起，中国文化就开始了对战争的严肃思考。对于战争的意义和手段，中国传统文化早已做了界定，上兵伐谋，下兵伐城，不战而屈人之兵，若道义上说不通，不得人心，就不是“义战”。

对于东方人的这种理念，当时立国尚不足200年的美国似乎并没有完全读懂，这个凭借强大技术力量和优越资源环境迅速成为世界第一的强国充满自信，更倾向于相信肌肉的力量，所以当政者对于道义上的意外落败难免感到愤怒与不解。在美军将领眼中，受到美国莫大恩惠的南朝鲜始终与自己不睦，李承晚还千方百计进行政治讹诈，而中朝之间却形同兄弟，现在，连美军战俘都开始为中国人说好话了。

实际上，正是从20世纪50年代起，美国似乎受到了共产主义国家的启发，并且更上一层楼，开始尝试对外输出本国价值观。

于是，在强大而领先的技术优势和产业优势支持下，米老鼠、超人、麦当劳、NBA……一个个美国文化符号开始为美国在全世界树立起美好形象。

郭维敬曾当过志愿军俘管处干部，在朝鲜北部的山城碧潼工作过。

到1952年3月，志愿军俘管处共设了五个团，一个大队，分别设在昌城、雩时面、田仓、清水、碧潼等地。

在这一段时间里，没有一个美国战俘成功逃出过这些战俘营。由于附近没有任何中立或者是友好的国家供他们逃亡，共产党人甚至无须在战俘营周围建设围墙和栅栏。绝大部分的战俘并未遭受拷打和折磨，但缺乏充足的食品，也没有必要的医疗条件。

中朝两国的物资本就匮乏，在美军不间断的空袭之下，补给线也断断续续，形若游丝，再加上人手不足，所以领导干部和志愿军战士就担任起了服务员工作，为战俘做饭、烧炕，并手把手照顾他们的饮食起居。

在碧潼战俘营中，居住着美、英、法、加、澳、荷、土等15个国家的战俘，成分远比联军战俘营仅有中朝两国战俘的情况要复杂得多。志愿军的管理人员不够用了，于是，军委机关和各大军区的骨干被陆续调来碧潼，国内高校外语系参军的师生也纷至沓来。

郭维敬发现，联军战俘风俗习惯不同，思想文化各异，表现更是千差万别。

美国战俘数量最多，也最沮丧消沉。很多美国战俘满脸胡须地来到战俘营时，都是喃喃自语道：“战争不好呀……”，整日唉声叹气，嗫嚅不止。郭维敬问他们为什么入伍打仗，多数人的回答就像在参加电视交友节目：“想周游世界，见见世面。”不只普通士兵如此，一些军官的精神状态也很差，整日昏睡。又因为营地一度没有热水，索性不洗澡，邋遢不堪，而且，“美国战俘还有一个非常显著的特点，就是互助精神差，彼此间不关心，也不喜欢公益劳动”。

在另一些素养较高的美国军人眼里，这样的状况只能令人叹息了。被俘的美军少校马克贝就摇着头说：“美国人娇生惯养坏了。”

与美国战俘形成鲜明反差的是土耳其战俘。

在郭维敬眼里，这些农牧民出身的战士显然继承了他们先祖勇武坚强的基因，他们惯于吃苦，适应战俘生活毫无障碍。土耳其人大多是虔诚的伊斯兰信徒，视彼此亲如兄弟，互相照顾，因此很少出现病号。土耳其人还都是乐天派，他们捡来破铁片，用砖头做成简易炉灶，把发到手的黄豆炒来吃；他们还喜欢在营地里逛来逛去，在废墟堆上“寻宝”；还有人自己做饼，跟美国战俘换手表、戒指。

志愿军12军第35师第103团曾在汉城以南消灭了一个土耳其营，在押送百余名战俘时，惊魂未定的战俘们以为要被带走处决了，面面相觑，无论如何也不肯起身。急于继续向南行军的志愿军战士里没有土语翻译，干着急，最后还是团政委苗兴华想出了一个形象的办法。他将所有负伤战俘全部包扎好，再派担架抬着对方的两名军官上路，土耳其战俘们这下才放了心，主动上路了。

英军是美国的亲密盟友，参战军人数量也多，被俘人数接近一千，多为二战老兵，不少人是职业军人，都能适应艰苦环境，少有病号。英国战俘P. R. 图赛尔回忆说：“有一次行进中，‘海盗式’飞机曾自空中倏地窜下来，在我们附近向中国军队扫射，但他们不动声色，过后也没有任何杀害、报复我们的意图。要是我处在他们的地位时，起码要大加责骂战俘，甚至还会走得更远一些……”

菲律宾战俘在国内生活条件就艰苦，进了战俘营也毫无不适，与志愿军相处融洽。这些人文化程度普遍不高，朴实开朗。

据郭维敬回忆，美国战俘是最难照顾的。美国战俘多数缺乏生存能力，心理落差也大，他们往往不会做饭，发给他们的面粉直接倒进锅里煮。于是，志愿军干部又多了一项任务：亲手教战俘做饭。

忙忙碌碌的碧潼战俘营，看起来就像一所热闹的技校。

忙乱的一季寒冬过去，随着物资逐渐充裕，人手增加，碧潼的环境大为改善了。理发师、澡堂、卫生所、住院部都出现在战俘营内，战俘的伙食标准和志愿军士兵一致，后来，为了照顾各国人员饮食习惯，志愿军就发动战俘中的炊事兵和会做饭者，自己动手，且一律配面包炉。

此时，气候转暖，心情随之好转的战俘们也愿意到户外走动了，病号开始减少。

春末，东北军区敌工部长王央公来到俘管处当主任。王央公曾直接负责过末代皇帝溥仪的管理工作，政策水平与文化修养均高，可见中央对俘管处的重视。

当时俘管处机关及下属5个团、1个大队，加上警卫营、医院，共有2 468人（干部1 388人，战士868人，职工293人。实际合计2549人，编者注。）

其实，在那种物质条件相当困难的条件下，当时俘管处制定的战俘生活标准是相当优厚的。对战俘的供应，每人每天粮食875克，包括细粮，除伙食菜金标准外，增50克糖、50克肉、50克鱼。病员灶标准增加半倍，重病员标准增加1倍多，普通灶每人每天折合人民币（旧币）1 545元，病灶2 313元，重病灶3 634元，每人有棉被、棉褥和毯子，衣服是一套棉衣、一套衬衣、一套单衣、两双胶鞋、一双棉鞋、一顶单帽、一顶棉帽。另外，按我军当时的津贴费统一购买日用品（毛巾、肥皂、牙膏、牙刷、袜子等）及烟丝发给个人，每月合2.7万元。这些东西都要从国内购买运到营地。遇到节日，如圣诞节、复活节、春节、劳动节以及我国的中秋节、国庆节等，还要会餐。

王央公一到任，就纠正、改进了不少工作方法。有的基层干部冲动易怒，不按规则惩罚战俘；有的生搬硬套对待国民党战俘的做法，竟然在开会时号召联军战俘倒戈，险些酿成暴动；而语言文化的障碍，也曾造成一些沟通误会。

在管理战俘时，棘手的问题确实层出不穷，俘管处都做了一一应对。

在双方交换了战俘名单后，依然有零星的战俘逃跑事件发生。

人跑了，下落不明，无法交代……还必须在战俘中取证。

有的被俘时负有重伤，未能抢救过来而死亡……有些因患各种疾病医治无效死亡；也有些因送来前严重营养不良而死亡。俘管处各团（队）由于采取了增加营养保健和精心医疗，迅速控制了死亡。截至1952年3月，死亡有名有军牌的432人，有牌无名者4人，有墓无牌者175人，墓亓不清者586人，未调查者319人。这些必须一一查清，整理出书面证明材料。为此，做了大量的调查工作。

三是战俘中发生骚动、斗殴、违纪等事件……还发现有的战俘私藏铁器，有的毒打表现好的战俘，有的互相打架，有的偷食品。美俘中有黑人、白人之间的矛盾，有美俘及其他国家战俘之间的矛盾，所以经常发生吵架、打架的事情。

对这些事件的处理，我们的干部往往依过去管理部队和管理国内战俘的老办法，批评、申斥、关禁闭、写检讨；有的甚至不按政策办事而随心所欲地予以处罚。经俘管处党委讨论决定，对战俘的一般违犯纪律行为，要以耐心批评教育为主，但对重大事件要按国际公约的法律程序，经上级同意，组成军事法庭审处。经过取证、审判、起诉、辩护，按情节轻重，对肇事者公开宣判不同的刑事处分，取得良好效果……战俘中发生问题明显减少。

在战争中后期，志愿军不将战俘称作战俘，而称其为“学员”，成立俱乐部，由战俘自己推选委员，组织文娱活动。

志愿军分门别类了解了各国文化习俗，备好相应的食品、饮料，让美国人过感恩节，土耳其人过开斋节、古尔邦节，西方人过圣诞节。

对战俘的个人问题，志愿军也一一提供帮助。美俘三中队曾有瘾君子拔草寻“食”，找来植物当作大麻食用，队里立即查禁了此类毒品。美俘二中队有人因同性恋引起纠纷，志愿军干部也从中调解，采取隔离调动措施。

到了战争后期，志愿军和战俘的关系已经十分融洽熟络，即使谈到敏感问题，也能不带恶意地互开玩笑。战俘们关心板门店谈判进展，有时也会向熟悉的干部将上一军：“我们什么时候回家呀？”

这种事当然不是俘管处干部可以决定的，战俘们也不会指望得到确切答复。志愿军干部就用半生不熟的英语单词笑着回应：“明天？……或者昨天？”

大家笑成一团。

英国《工人日报》记者阿兰访问了一些即将归国的美国战俘。

“你们回去愿意做什么呢？”

“做生意。”“我去上专科学校。”“我当医生。”“我要写反战小说。”

“如果你们政府又征你们当兵呢？”

“再叫我侵略别国，那么，我还当战俘。”

这些神奇的“思想改造”，正是红色政权令西方媒体咂舌之处。

战争结束后，还有21名美国战俘，由于共产党人的政治改造如此的有效，在战争结束时他们拒绝被遣返，留在中国继续他们的生活。

第四节　空中监狱

清晨3点的浓雾，像一团巨大而迷茫的噩梦，裹挟住C-46运输机。

这架飞机，就是张文荣的监狱。

张文荣下不了决心。

他努力定了定神，胸口依然狂跳不止，手心全是冷汗。握住手榴弹的那只手几乎因紧张而失去知觉了。

还好有头盔和护目镜的遮挡，他才不至于暴露。他瞥了瞥身边的其余四个人——他们既是志愿军时期的战友，也是被俘后在特务学校的同学。

飞机的目标——黄海北道的谷山郡——已经十分接近了。即使翱翔在无尽的天空，张文荣还是觉得和待在战俘营毫无区别。在谷山郡，这个五人特工小组将像蒲公英种子一样，被空投在广阔的北方战区。

正在发愣，他感到冷风透过厚厚的衣服吹到了身上。舱门被拉开了，潮水般灌进机舱的冷风险些将张文荣推倒在地。

在那一刹那，舱门外炫目的强光使张文荣产生了些许幻觉，飞机舱门看起来真像关押了他一年的牢房大门，牢房里的一幕幕场景像飞舞的彩蝶，在他眼前闪烁不定。他看到了敌方“教官”蛇一般冰冷的眼神，听到了志愿军战士被刺上“反共抗俄”文身时的绝望嘶吼……屈辱和惭愧的经历，使他闭上了眼。他早就产生了要走出这扇门的冲动，但双脚如同被牢牢定在飞机上——在执行这次空投任务之前，他就决定趁机逃离监狱，但当机会真的到来，他畏缩了。

恍惚间，身边的刘承汉拍了拍他的头盔。张文荣扭头，看到刘承汉轻轻一跃，出了机舱，很快。远处的下方天空绽放了一朵不起眼的小花。

寒雾缭绕，在凌晨静谧的天光之下，这朵颜色浅淡的小花混杂在灰白的天幕里，很不显眼，但张文荣还是清晰地捕捉到了它飘落的轨迹。伞花在飘落时显得舒缓、闲适，仿佛享受着风的拥抱，节奏慢得像老电影，最后，平稳地结束了它的飘程。

这一刻，张文荣发现自己的呼吸恢复了平稳，胸口也不再怦怦作响，他的紧张感消失了。

就像《肖申克的救赎》中的老黑人瑞德一样，张文荣治愈了自己的出狱恐惧症。

张文荣排在最后一个跳伞。他拉开手榴弹的拉环，然后迎着冷风飞出了机舱。

张文荣逆着大风抬头，他清晰看到C-46在迸发出一连串沉闷的爆炸声后冒出了火花，这座飞行的监狱，像烟花一样着火、爆裂、坠落了。驾驶舱内的飞行员哈里逊也匆忙跳出了机舱。

张文荣打开背后的降落伞，坚实的土地离他越来越近，越来越清晰。

1952年2月19日，张文荣的“空中越狱”事件曝光，攻陷了美军“自愿遣返”的又一块阵地。

新华社驻开城和平壤的记者根据空降特务的供词进行了连续报道：

……从1951年9月起，美国就从台湾陆续调来大批特务，分配到各战俘营充当“教官”及其他职务。仅以战俘营第72联队为例，在这些特务的主持下，成立了“国民党巨济岛第63支部”，在美国特务机关合作下，有计划地对我被俘人员进行迫害活动。

……他们还成立了“反共抗俄救国团”，公开宣称不参加“救国团”者就是“忠心共党”，没有“生命保障”，而参加了的就要在身上刺“反共抗俄”字样，凡拒绝者称为“顽固分子”，就要遭到殴打或杀害。在板门店谈判第4项议程开始后，战俘营则发出“训令”，限期完成刺字。一边摆着刑具，一边叫去每个战俘，让他们回答愿不愿意刺字。当第72联队1大队20小队一个姓何的战俘拒绝刺字时，当场遭到毒打。然后乘他昏厥之机强行在他身上刺了“反共抗俄”4个大字。

……1951年10月下旬，美方战俘营第4大队我方被俘人员孙振魁等100多人反抗强迫刺字。美李军出动装甲车包围了他们，肆意殴打，战俘们英勇斗争、宁死不屈。赵佐瑞拒绝在《请愿书》上签字，高呼“团结起来和敌人战斗到底”。不少被强迫刺了字的战俘想尽一切办法，忍受着皮肉之苦把字迹从身上去掉。

……1951年11月，“CIE学校”指示台湾特务强迫我被俘人员在“自愿遣返”的《请愿书》上签名、按指印。美军Booth上尉给第72联队长王顺清下达命令，限他在当晚让我全体被俘人员在《请愿书》上签字并按手印。这个上尉还说他第二天要把这份《请愿书》带到东京美军司令部去。

……1951年11月，李奇微曾亲自赴战俘营视察，第72联队长召集特务要各大队赶写被俘人员名册，由特工人员代战俘们在名册上蘸着被杀害的战俘鲜血按血印。这份名单于当日下午由巨济岛宪兵中校司令送给了李奇微。

张文荣事件使台湾特务在朝鲜战场浮出了水面。

被俘的飞行员哈里逊上士证实，在两个半月时间之内，他驾驶运输机，共出动14次，空投了34名人民军战俘和8名志愿军战俘——连同张文荣在内，这42人都是美军和台湾教官在战俘中通过甄别而挑选出的新“空降特务”。

哈里逊这才明白了坠机原因，“我驾机飞临谷山郡上空，志愿军5名战俘离机跳伞后，忽闻舱内一声巨响，飞机起火坠落。那天当地没有高射炮，飞机起飞前曾经过严密检查，不会是失事。最后一个刚刚跳出机舱，突然驾驶室爆炸，机舱内烟雾弥漫，我受了伤还不知道，在此紧急时刻，我开仓跳伞了。顷刻之间，我看见我的飞机已经落地坠毁”。

张文荣的回归，则解开了志愿军和代表团长久以来的疑惑。

在谈判过程中，中朝代表团屡次向对方索要被俘名单。美方曾先后3次提供名单，依理应该内容相同。但蹊跷的是，列入1951年12月18日名单里的几个名字，到1952年1月28日的名单中却不见了。

经中朝代表反复追问、核实，美方于1952年7月17日解释说，其中13人有的在1952年3月、4月间逃亡了。这份名单之中，张文荣赫然在列。

2月19日才“出勤”的张文荣，提前在1月28日上了逃亡名单，一切不言自明。

张文荣对中方记者讲了他一年以来的故事。

张文荣原在志愿军某部任见习报务员，1951年5月在春川附近战斗中被俘，然后被拘留在巨济岛美军战俘营第72联队。

12月13日，战俘营第72联队联队长、台湾特务王顺清突然召集张文荣和另外4名志愿军战俘，密令他们立即捎带行李去联队部，并分别告诉他们“不要问干什么去，不许对别人讲”。

一头雾水的张文荣来到联队部，事先准备好的汽车已等在那里了。几个人被放在闷罐头般的车厢里，汽车开到码头，他们接着就登上了开往釜山的轮船。

张文荣等人坐在船舱里，互相间不许说话，不许询问。5人都是忐忑不安，不知所措。船到釜山，5人就被关进一间环绕铁丝网并有美军士兵看守的房子里。

12月14日下午，美国军官又把张文荣等5人押送到釜山飞机场，送上一架美国运输机。

当一个讲中国话的美国军官和张文荣5人分别训话时，时间已是12月15日。这时，他们才知道已经到了日本东京附近的美国特工人员学校。

从此，张文荣5人就在这里开始了新的“生活”。

这个学校的校长是美籍日本人伊藤正一，他在开学典礼仪式上宣布了张文荣5人的身份："你们5人已是'联合国军'的情报工作人员了。"

学校的教官中有美籍日本人水影和南朝鲜人金咏灿等，在他们的严密控制下，张文荣突击学习了大量特工技能，并顺利通过结业考试。

1952年1月26日，他们5人被美国军官送回汉城。美方特务机关负责人、南朝鲜籍的高级特务王台阁和一名金姓教官负责继续提高这些新特工的"业务能力"。

在这次短期培训中，张文荣被迫宣誓："听从长官指挥，誓死不变心。"

王台阁还对每个学员强调："一旦分配任务，到达北朝鲜国土，谁投奔中国军队或私自回家，就要公布谁的特工训练经过。"

由于解放战争结束仅两年，志愿军队伍里有不少投诚的国民党士兵，这些士兵也成了台湾教官青睐的对象。美军的"甄别"行动就像一场台湾特务的选秀活动。无休无止的训练和引诱，给许多战俘心里竖起了一扇监狱的大门，仿佛只有藏身门后，才能使自己不光彩的经历免于曝光，才能获得安全。

同张文荣一起被列入"逃亡"名单里的志愿军战俘还有徐进、唐浩等。美方称："徐进已于1952年3月21日逃亡"，"唐浩已于1952年4月23日逃亡"；但是，据被迫成为"空降特务"的志愿军战俘黄时（拘留号710488）供称："徐进、唐浩两人已在1952年3月29日被囚禁在汉城美方特务机关地下室里了。美方教官经常用徐、唐二人为例，威胁那些不愿替'联合国军'做情报工作的人，说'谁敢不听教官的话就像他们一样关起来'。"

中朝被俘人员中有没有不愿意回来、不想接受遣返的人？谈判代表团的有关人员曾经多次讨论过这个问题。平心而论，有三类战俘对遣返怀有担忧。

朝鲜人民军中，有许多战士本就是被卷入战争的平民，无论哪方获胜，他们的家园已毁，遭遇已经很不幸。因此，无论南朝鲜还是北朝鲜，都必然有一批军人厌倦战争，希望解甲归田。但这些战士并非不愿回到南方或北方的家园，他们和中国人、美国人一样，只是希望战争尽快结束。

在志愿军战俘队伍中，也有从国民党部队投诚而来的士兵。在美军和台湾特务的动员甚至威胁下，“拉一把”，就有可能转换立场，巨济岛战俘营第72联队的王顺清即为一例。但这种投敌的战士，显然不在宣扬个人自由的美方所谓“不愿遣返”之列。

还有一类“不愿遣返”的战士，就是张文荣这样受到胁迫，甚至被刺下反共口号、纳了投名状的战士，他们担忧的是，返回祖国后，会被当作叛徒、奸细对待。

在一系列战俘营事件发生之后，美方在战俘问题上陷入了彻底被动。

美方坚持以“不得强迫遣返”扣留大批中朝被俘人员的计划受到了严重挑战。一次一次的屠杀事件，特别是5月份发生的杜德事件，引起了国际社会的极大关注。红十字国际委员会的调查报告不仅进一步证实了事件的严重性，更使国际舆论大哗，就连美国的盟国也提出了抗议。

6月11日，杜鲁门向国防部和国务院下达指示，要他们设法邀请几个中立国家的军事观察员去巨济岛调查战俘营的管理情况，尽量挽回国际声誉。他们紧急向印度、巴基斯坦、印尼、瑞典、瑞士等5国试探，一俟这些国家政府表示接受，便可要联合国秘书长赖伊发出正式邀请。

时间过去了三周。7月3日，印度政府发言人的回应较为委婉：尼赫鲁总理要求美国政府“阐释”派遣军事观察员的作用。印尼的答复直截了当，据7月9日安尼塔通讯社雅加达消息：印尼内阁“已决定拒绝接受关于派遣观察员赴巨济岛战俘营的邀请”。消息还说，印尼政府已通知印尼驻华盛顿大使沙斯特罗，要他通知关心这个决定的人士。

准备邀请的5个国家里已经有2个拒绝。华盛顿放风：瑞典已通知美国政府说，如果被邀请的3个亚洲国家愿意参加的话，它就准备参加。消息传到了斯德哥尔摩，瑞典当即辟谣。

到了7月17日，五分之三的被邀国家拒绝了，另外两国未表态。美国的这个“弥补计划”实际上已流产。据美国国际新闻社报道：国务院的消息灵通人士现在认为，美国政府没有理由继续要求调查巨济岛的情况。

为了促成战俘遣返，周恩来在1952年8月访苏时，多次会晤斯大林；金日成、朴宪永和彭德怀也先后到场参加会议。在被问及毛泽东对战俘问题的看法时，周恩来向斯大林明言："朝鲜人以为，继续打下去不利，因为每天的损失要超过在遣返上有争议的战俘人数，而停战对美国不利。毛泽东则认为，战争打下去对我们有利。因为这打乱了美国对第三次世界大战的准备。"

斯大林不仅完全赞同持久战，甚至还不忘"提醒"周恩来："对美国必须强硬，中国同志必须了解，如果美国不输掉这场战争，那么中国永远也收复不了台湾。"

由于美国并未在战俘遣返问题上做出任何让步，中国领导人也就随之将关注重点从解决战俘问题转移到防止战争扩大化上去了。在华盛顿为新总统竞选大张旗鼓时，北京也密切关注着大洋彼岸的一举一动。

1952年11月24日，总参作战部得出结论，并作为报告呈给彭德怀："虽然目前美国因选举和季节缘故，对朝政策不会有大的变化，但新总统上台后，有可能在军事上采取某种行动，时间估计在明年3月下旬解冻以后。"

12月4日，志愿军代司令邓华得出了进一步结论："共和党上台后对朝鲜的政策可能要生硬、急进一些，华尔街用艾森豪威尔，表明美国将更积极地准备战争，杜勒斯任国务卿则会推进美国的远东政策，而直接指挥作战的克拉克、范·弗里特等人也曾请求增兵，并对侧后登陆很感兴趣。"

中国领导人的结论是，艾森豪威尔政府有可能使战争扩大，但斯大林的看法则略有不同。1952年12月27日，斯大林复电北京，指出企图加强攻势的方略，只是杜鲁门政府中的主战派的主张，并不意味着艾森豪威尔政府一定也会萧规曹随。但共产主义阵营的持久战方针并未改变，斯大林支持北京做好一切战备，毕竟，将美国长期拖在远东泥潭之中，这才是苏联的最根本目标。

第九章

停火谈判与总统竞选

对所有参战国而言，上甘岭都是一个无法忘却的名字。

不仅因为这场战役的惨烈程度堪为朝鲜战争之最，将美军的机械化优势与中朝军队的战斗精神诠释到了极致，也不仅因为黄继光、孙占元这样的英雄名字的铭刻，《上甘岭》、《英雄儿女》这样的影视作品的缅怀，正是从这座山硝烟散尽、渐渐冷却时起，双方的大规模交战正式终结了。随着上甘岭的冷却，朝鲜半岛的战火也渐渐熄灭。

1952年秋天，谈判形势又变得微妙起来。

美国的总统大选迫在眉睫，朝鲜战争再次成为两党的竞选资本，或者说烫手山芋。当竞选进入白热化，朝鲜问题就被美国暂时搁置了，直到新总统艾森豪威尔接替了杜鲁门，最后一轮谈判才姗姗来临。

第一节　再次中断谈判

由于看到美国在板门店进一步受挫后，其好战势力在增长，许多温和国家对美国深深产生了怀疑。此外，再加上板门店停战谈判的突告中断，所以联合国就自然想把结束战争的责任拿到自己手里。这件事显然本是联合国自己的事，尽管从一开始就由美国掌管着。

——贝文·亚历山大

中立国终于介入了。一直作壁上观的联合国成员们决心推美国一把，尽快结束这场战争。

1952年10月8日，在板门店，哈里逊单方面宣布无限期休会；紧接着，10月14日，第七届联合国大会就在纽约召开了。

一如既往，美国国务院在艾奇逊的指导下，希望继续争取大会对美国的支持，同时竭尽全力阻止联合国其他国家的接管。

在此前的两次联合国大会上，杜鲁门和艾奇逊成功主导了局势。第五届联大通过了一系列打击中国的决议，如关于“集体措施”的决议、关于封锁中国禁止货物输往中国的决议、关于宣布中国为侵略者的决议、关于责成侵朝美军司令部继续战争占领整个朝鲜的决议等。

到了第六届联大时，美国及其盟国极力阻止讨论朝鲜问题，主张“延期讨论”，因为停战线已经划了，如果再讨论停止敌对行动，这个仗就不仅打不下去，而且连拖也有困难，由此引起的国内国际的指责就更难承受。所以，不管“延期讨论”和“应该讨论”的论战多么激烈，第六届联大还是于1952年2月5日通过了关于规避讨论朝鲜问题的决议，决议说：大会“愿在最大可能限度内促成板门店谈判与《朝鲜停战协定》的达成，并愿避免过早审议本届大会关于朝鲜问题的议程”。该决议决定：

一、秘书长在统一司令部（即“联合国军”司令部）将《朝鲜停战协定》的达成通知安全理事会时，应在联合国会址召开大会特别会议，审议上列各项议程。

二、在朝鲜的其他发展使上列各项议程的审议成为适宜时，秘书长应依宪章第20条和大会议事规则，在联合国会址召开大会特别会议或紧急特别会议。

在1952年年底召开的第七届联合国大会上，情况有所不同了。

10月18日，波兰政府代表团在七届联大上提出了“关于消除另一次世界大战威胁加强国际和平与友好”的提案。这项提案建议参加朝鲜战争的各方：

一、立即停止陆上、海上与空中的军事行动；

二、按照国际准则将全部战俘遣送还乡；

三、外国军队包括中国志愿部队在内，在两三个月之内撤出朝鲜，本着由朝鲜人民自己在一个委员会的监督下统一朝鲜的原则，和平解决朝鲜问题，该委员会应由直接有关的国家和其他国家，包括没有参加朝鲜战争的国家组成之。并建议将此列入议程的第一项，由政治委员会首先加以讨论。

这个议案离美国的预期太远，几乎跟中朝的原则相符，自然没有通过。被列入议程的是“关于朝鲜统一复兴委员会的报告”的提案，由政治委员会首先讨论。

美国开始向联合国施压了。

10月24日，美国国务卿艾奇逊在联大政治委员会上作长篇发言，避谈朝鲜问题的责任，提出了由美、英等21国发起的关于朝鲜问题的提案，试图利用联合国迫使中朝接受“自愿遣返”原则，并为在中朝方面拒绝后要挟更多国家支持美国提案留下伏笔，以形成对中朝方面的更大压力。艾奇逊的策略，正是一年多前“十三国提案”被否决的重演。

美国的方案一经提出，中、朝、苏就进行了迅速应对。

10月29日，苏联政府代表团团长维辛斯基在大会政治委员会上也作长篇发言，提出了关于和平解决朝鲜问题的提案：

建议朝鲜的交战双方在已经同意的停战协定草案的基础上，立即完全停火，就是说，双方停止一切陆上、海上及空中的军事行动，战俘全部遣返的问题则交给和平解决朝鲜问题委员会去解决，在这个委员会中一切问题要经全体成员三分之二的多数赞成决定。

设立一个由直接有关的各方以及其他国家——其中包括没有参加朝鲜战争的国家——参加的和平解决朝鲜问题委员会。这个委员会由美国、英国、法国、苏联、中华人民共和国、印度、缅甸、瑞士、捷克斯洛伐克、朝鲜民主主义人民共和国和南朝鲜组成。

责成上述委员会立即采取措施，本着由朝鲜人自己在上述委员会的监督下统一朝鲜的精神解决朝鲜问题，此项措施包括尽量协助双方遣返全部战俘的措施在内。

这项提案是经过中、朝、苏3国政府磋商过的，曾于11月10日和11月23日两次修正，11月28日，中朝外长分别发表声明表示赞同。

归根结底，双方争执的焦点始终还是“自愿遣返”这个绊脚石。

在一心促成停火谈判的第三方国家们看来，既然参战双方在战俘遣返的原则问题上僵持不下，那么，最可行的办法，无疑是立即停火，然后将战俘问题交给其他国家参加的委员会去解决，这既不伤害各方的立场，又能立即停止流血的战争，符合各国的和平愿望。遗憾的是，这项提案于11月29日遭到联大政治委员会的拒绝。

在联合国大会政治委员会的激烈争论中，维辛斯基措辞尖锐地批驳了21国提案。这引起了艾奇逊的隐忧，因为这种言论足以引起美国盟国的动摇。正当此时，印度政府代表团团长梅农于11月17日发言，使会议形势发生了变化。

印度的梅农是享誉一时的杰出政治家，他是尼赫鲁总理的亲密战友，为争取印度独立作出了令人尊敬的贡献。印度独立后，他一直担任印度驻英高级专员。从1952年起，他率代表团参加联合国的会议；就在他作这次发言以前的一个星期（11月11日），联大政治委员会曾以压倒多数票通过印度等国提出的关于谴责南非当局种族歧视政策的提案。所以，梅农的发言引人瞩目，印度的提案也引起了联大的重视。

印度的方案是：建立一个遣返委员会来处理朝鲜战争中的战俘问

题。该会由4个中立国组成，并由该4国推一公断人，遇到不能决定的问题由公断人裁决。朝鲜停火后90天，尚未遣返的战俘由高一级政治会议解决。

这个方案的实质，是要求中美双方各让一步，采纳美方的“自愿遣返”原则，但要由中立国来鉴别，哪些战俘愿意遣返，哪些不愿意。

11月21日，尼赫鲁总理在印度国会发表演说，呼吁各国在印度提案基础上实现朝鲜的停战。

英国、加拿大和法国等多个国家都支持印度的提案。

艾奇逊仿佛回到了一年多前，那时，正是由于中国断然拒绝了千呼万唤始出来的十三国方案和五项建议，使本已深陷泥坑的美国一跃而起，反败为胜，昂首站到了联合国的道德高地之上，还将侵略国的帽子扣在了中国头上。

艾奇逊于11月24日再次发言，称如果印度提案能够作些重要修正，例如“保证对战俘不使用武力”，“30天后，如仍有未回家和未作出处理决定的战俘，交联合国‘收养’”等，美国代表团将“衷心支持”。26日，这个提案被作了重要修正。27日，美国发言人表示，该方案符合美国遣返原则，美国代表团决定支持这个提案。

就这样，在12月2日，政治委员会以53票对5票通过了这个方案。12月3日，联合国大会也通过了该案。

但是，在12月14日和17日，中朝外交部长分别先后致电联大主席皮尔逊，拒绝并要求取消联大12月3日的决议。

中国外长周恩来在致电中指出，这个决议是艾奇逊提出的“21国提案的翻版”，所谓战俘“不愿回家”的谎言完全不可置信。周恩来明确表示：“将全部遣返战俘回家这个任务交给中立国所组成的遣返委员会去做，也是不能解决问题的，因为……美国方面曾派大批李承晚和蒋介石的特务冒充朝、中战俘，混杂在朝、中战俘当中，利用战俘已被强迫刺上背叛祖国字样或盖上拒绝遣返血书指印后所产生的耻辱、顾虑等心理失常的状态，经常对他们进行胁迫行为，如果不把这些特务从朝、中战俘中隔开或孤立起来，那么，一切访问和解释都不可能顺利进行，而那些被刺过字和打过指印的朝、中战俘们仍有被特务胁迫拒绝回家以至带走的可能。因此，要从朝、中战俘中隔开或孤立特务分子，这在遣返委员会管理战俘的情况下，是根本无法办到的，只有将战俘直接交给对方保护，然后才能办到。”

这项议案迅疾为共产党中国和北朝鲜拒绝。不过虽然如此，但其主张却绝没有从此被彻底否定。

在当时，中朝和美方在战俘营中展开的斗争已趋白热化，屡次发生的暴力镇压使中朝方面绝不会在“自愿遣返”的问题上再做出任何妥协了。

所以，中立国提案的动机虽然十分友好，却无法有效解开战俘问题的症结。深知争取中立国家支持的重要性的中国政府并非一味强硬，但战俘营里的现状使中方无法让步。

和以前一样，美国政府也深知中朝只能选择拒绝提案。

在战俘遣返的问题上，停火谈判被再次拖延了。

第二节　冷山

最初只是一个限制目标的攻击，后来竟成为联军一场最猛烈的战争——一个冷酷的，保存面子的狠命攻击……（金化攻势）是发展成为一场残忍的挽回面子的恶性赌博。

——马克·克拉克

就在联合国大会舌战不休的时候，在联军司令克拉克的指令下，范·弗里特发动了“摊牌战役”。

在长期对峙中，高度机械化的美军在朝鲜半岛的险峻山岭里一直束手束脚，先进的科技反而成了累赘，怎么也抓不住那些在远处山洞、山沟里时隐时现的精灵般的火炮。客场作战的美军就像在跟一个太极高手交手，一记记重拳常被化解；不知不觉间，一些难以坚守的重要地区已被中朝军队渐渐掌控了。

美军已经决定结束无休无止的小规模战役，他们要来一次大规模强攻，夺取金化以北一带的高地。

板门店谈判在10月8日中断后，美军于10月14日在金化以北的上甘岭地区发动了“秋季攻势”以来最大的一次攻势。

上甘岭位于中朝方面中部战线战略要点五圣山（金化以北）南麓，在它以南的597.9高地和537.7高地的北山是志愿军五圣山主阵地前的两个连的支撑点，地理位置重要，直接威胁着美军的金化防线。

在标准的“范·弗里特弹药量”的倾泻和掩护下，美军的第9军步兵第7师，李承晚军第2师、第9师，哥伦比亚营和埃塞俄比亚营以及18个炮兵营、1个坦克营又5个坦克连开始向上甘岭进攻了。

联军总兵力达到了6万人，坦克176辆；出动飞机3 000多架次（平均每天70余架次）；在上甘岭3.7平方公里的地面上倾泻炮弹190余万发，最多的一天达30余万发，投掷重磅炸弹和凝固汽油弹5 000余枚，炮火密度超过第二次世界大战的水平，最高时达到每秒落弹6发；与此同时，美军还在东海岸以舰炮和航空兵对中朝军队沿海阵地进行连续轰击。

在敌人猛烈而持续的攻击下，志愿军防守兵力一直保持在两个加强连，在266门大口径火炮协同下顽强奋战43昼夜，战斗激烈的程度

志愿军第19兵团司令员杨得志（右）在前线研究作战计划。

前所罕见。经过反复争夺，终于守住了阵地，击落、击伤敌飞机270余架；击毁、击伤敌大口径火炮61门、坦克14辆。

上甘岭战役历时43天，美军公布的自损数字是0.9万人（美军0.2万人，南朝鲜0.7万人）；志愿军公布的伤亡人数则为1.15万人。

形成反讽的是，原先在范·弗里特的预计中，美军将付出两百人代价，在五天内解决战斗。

从10月14日起，上甘岭就没有黑夜了。

联军的探照灯和照明弹成了从不间断的日光灯，隐蔽在战壕和坑道中的志愿军战士连眼都难以睁开，每当他们悄悄跃出坑道，跑不出几步，无数块弹片就呼啸着从头上飞过来。

而在白天，联军密集交织的地面与空中炮火形成了一张死亡天网，将上甘岭彻底煮成了一锅沸汤。从第一天起，上甘岭就不再有一处平整坚实的土地，不再有一处完整坚固的工事，不再有一处不布满弹坑的空地。在暴风般的炮击中，志愿军战士们偶尔抬起头，发现彼此脸上全是黑乎乎的烟尘，只在张开嘴时才能看到白色的牙齿。

但牙齿的颜色也很快变成了红色。

数量惊人的炮火轰击，就像无数神话中的巨兽在疯狂踩踏着山头。在沉闷的巨响声中，志愿军战士们就如同热锅上跳动的豆子，坑道都被震得扭曲变形了，战士们的牙齿磕破了舌头、嘴唇，甚至还有一个17岁的小战士被活活震死。

志愿军第15军四个多月苦心修筑的野战防御工事，就这样被“震”成了灰烬。

10月27日，被换下休整的134团重返上甘岭，与135团并肩作战，血战再次展开。据志愿军老兵李用胡回忆：

那时候谁也没想能活着回来，不断有战友牺牲，啥时轮到自己谁也说不清，只是拼命地打，枪管打得滚烫，双手烫得满是血泡，我们的子弹像泼水一样压向敌人，打退了他们一次又一次冲锋。整个阵地在每天双方炮火的轰炸下，好似用拖拉机翻耕了几遍，狼藉遍地。

在上甘岭战场上，我们不仅要跟疯狂的敌人作战，还要跟恶劣的自然环境、饥饿和疾病作战。在炮火封锁下，我们没办法得到足够的补给，缺少营养，不少战友得了夜盲症；没水喝，连尿都尿不出来，有点尿都得设法存在罐头盒里留给伤员喝。这场战斗，打得太艰难了。什么都缺，缺粮、缺水、缺弹，连坑道里的空气也稀薄、难闻，外边零下十几度，而坑道内闷得发热，不是人过的日子。有一夜，我困得忍不住，在地上一个炮弹坑里睡了一觉，醒来后才发觉身旁不知何时被炮弹炸死了两个战友。

志愿军的运输兵比作战部队死伤更大。谁能送一个苹果上高地，就记二等功。

杀红了眼的美军终于放下架子，不顾一切地发动了他们一直谴责的“人海战术”。一天之内，一块阵地往往几次易手。

在一次长达14个昼夜的攻防战中，志愿军第15军第45师第134团第8连战士付出了重大牺牲，最后终于将一面被敌人枪炮击出381个弹孔的战旗插上了上甘岭主峰。这面战旗作为中国革命历史文物，现存放于北京的中国人民革命军事博物馆中。

11月25日，“金化攻势”结束。

炮火止歇了。志愿军战士们陆续走出了坑道，冷风拂过，战士们精神为之一振，一个多月以来，这是他们第一次嗅到没有硝烟味道的空气。清风拂过这座被炮火燃沸的山，在历经一个多月的血与火之后，地狱般的火山终于熄火冷却了。

“联合国军”发动金化攻势的初衷是彻底扭转战场上的被动，但事与愿违，“‘联合国军’的阵地只略略有点微小改善，而损失却太大太大了”。

上甘岭战役之后，美军还曾在1953年1月对西城山地区发动过一次攻势，同样折戟而终。自此，美方再也未在朝鲜战场发动任何大型攻势了。

朝鲜战场的战火，终于从上甘岭开始，渐渐冷却。

第三节 暂别开城，筹建红会

1952年11月中旬，板门店会场区。

年轻的中方报话员有些无所事事，他将头探到窗外，一眼就看到，用于标示中立区的大气球已经照例升起了，那些色彩鲜明的气球是美军提供的，就像飘浮在会场上空的大水果。美机依然时常穿行在板门店上空，炮弹也时而落到会场区里来。每当板门店中立区地面和上空发生违协事件时，中朝联络官便立即向对方提出抗议。

双方的警卫正在有条不紊地进出帐篷，他们除了将帐篷打扫得一尘不染，还要将开会用具摆整齐。会场区内的好几个帐篷都是谈判场所，以往，不同的小组会在里面争论不同的议题；而现在，这里却人去楼空，一片冷清了。

早在一个月前，谈判于10月8日再次中断。很多中朝代表团成员几乎记不清这是第几次中断了。

此时，政治斗争主战场已经转到了联合国，志愿军代表团长期持续紧张的工作状况得到了缓解。中国慰问团到达朝鲜，随慰问团来的剧团到达开城地区进行演出和访问。战斗在开城前线并担负保卫中朝谈判代表团任务的第65军582团指战员和祖国派来的亲人一起联欢。

11月中旬，志愿军代表团的李克农、乔冠华、边章五、解方几位主要成员都返回了北京。

报话员看了看表，又到了与美方联络的时间了，他例行公事地打开无线电报话机。

中美双方各备有1部无线电报话机，每隔一两小时，报话员就会打开报话机，连续呼叫：“你有什么信息给我吗？”

“没有。你有什么信息给我吗?”美方回应。

中朝方面同样回答：“没有。”

然后，双方互道“OK”，各自关机。

李克农终于短暂返回了国内，但这位谈判团指挥官发动的机器并未停止工作。

中国红十字会开城代表团正在建立。

交换战俘是红十字会的传统义务，朝鲜战争也不例外。

新中国的红十字会刚成立不久，就来到了朝鲜战场。先后共有7个国际医疗服务大队、666名红会成员开赴前线，参加医疗救护工作；而赴朝鲜开城的中国红十字会代表团，也全程参与了作战双方遣返战俘的人道主义服务工作。

从1951年12月中朝停战谈判进入“关于战俘的安排问题”的第4项议程开始，根据《关于战俘待遇之日内瓦公约》的有关规定，中国红十字会即开始着手筹建赴开城参加战俘交换工作的代表团。

这项工作是由李克农主导完成的。

当时，中国红十字总会才刚刚完成了改组工作，总会委托解放军总政治部选派精英骨干，并在北京预先将班子搭好，准备随时赴朝。

1952年春至1953年春，朝鲜战场边打边谈，局势几度变化。1952年春节过后，总政治部从总参、总政和志愿军，选调了数十名军、师、团级干部与翻译人员，集中在北京前门外解放饭店，却未能成行。

1952年春，总政宣传部干教处处长文山（筹建组成员）从北京出发了。他此行的目的是专程向李克农汇报筹建工作情况。

李克农恳切的讲话鼓舞了原本有些急切不安的文山。他告诉文山，戒骄戒躁，做好长期打算，先在北京利用充裕的时间学习，尤其要了解南朝鲜社会状况、战俘营情况。

两个月后，丁国钰和总政敌工部长黄远再赴开城，向李克农作了一次北京红十字会筹建组准备工作的全面汇报。在听汇报的过程中，李克农发现丁国钰极富策略、眼光，思路开阔机敏，适合做外交工作。于是，李克农在第二天就给总政治部肖华副主任打电话挖人，提出让丁国钰先去开城代表团工作。不久，丁国钰便来到开城，投身一线工作了。

1952年10月8日，美国单方面中断朝鲜停战谈判，导致准备赴开城的红十字会人员各返原单位待命，视朝鲜停战谈判的进展和需要再行集中。

次年4月，朝鲜停战谈判出现转机，双方代表又恢复在板门店的接触与对话。于是，红十字会人员再次全部集中北京，同时，总政另调第20军政委谭佑铭来北京，主持后续的准备工作。

之后，根据拟议中的《朝鲜停战协定》中的有关条款规定，作战双方需派出本国的红十字会代表共同组成“联合红十字会”，为战俘提供人道主义服务。一大批外事经验丰富的高级干部为红会成员进行了密集授课，总政敌工部部长黄远、外交部美澳司司长柯柏年、外交部国际政策委员会副主任杨岗、外交部国际司司长董越千等人走马灯似的进出着红会的讲堂，介绍开城停战谈判及战俘情况，阐述中国红十字会的有关职责任务、斗争策略和活动方法及组织纪律等要求。

对于第一次参加红会工作的成员们而言，这些都是雪中送炭的宝贵教材。

“一切在北京准备好，到开城再润色”，红会小组预备了大量方案，为到朝鲜开城后的后续工作，奠定了坚实的基础。

第四节　新总统的诺言

我将亲自去朝鲜，并结束这场战争。

——艾森豪威尔

鹰派克拉克上任后，朝鲜战争本已渐弱的火势顿时炽烈起来。

除了不眠不休的轰炸，克拉克甚至劝说杜鲁门不要限制使用原子弹，以此向中朝军队施加巨大压力。

鹰派军人的激进思路使朝鲜战争随时有扩大化的危险。他近乎疯狂的建议遭到了高层的批驳。陆军部长佩斯认为财力和人力都是问题，而参谋长联席会议则提醒克拉克，两周后的美国总统大选之上，两党的竞选策略都不是扩大战争——无论是民主党候选人德莱·史蒂文森，还是共和党候选人艾森豪威尔，他们都不主张取得明确的军事胜利。用政治手段结束战争，这已经是两党共识。

随着1952年的深秋到来，朝鲜就被美国暂时搁到一边了。对美国而言，更重要的事即将到来。

在四年一度的总统大选中，共和党能否打破民主党接近20年的统治？

共和党的胜算看起来要高得多。10月24日，艾森豪威尔在底特律发表了一场著名演讲，正是这场演讲，使这位出身行伍、积功而起的五星上将赢得了大多数美国民众的青睐。

“不搞党派游戏，而要集中精力于结束朝鲜战争的工作，直到这项工作体面地完成。这件事需要我亲去朝鲜一趟，我就动身去一趟。只有这样，我才能学会在和平事业方面，怎样更好地服务美国人民。我准备去一趟朝鲜。”艾森豪威尔坚定地对美国民众说。

这段时间，正是艾森豪威尔从竞选到入主白宫的阶段。

两年零4个月不死不活的朝鲜战争使美军士气低落，军费高额支出，美国民怨如沸。而美国把美军7个陆军主力师长期陷在亚洲一角，也使美国很多有战略眼光的人士忧心忡忡。人们普遍要求尽早结束这场胜利无望的灾难。

艾森豪威尔参加总统竞选给人们带来一线希望。他是一位赫赫有名的五星上将，参加过两次世界大战。他的军事才华在担任麦克阿瑟的副官时受到麦的赏识，担任第3军参谋长时得到马歇尔的赞誉。第二次世界大战期间，他在北非、意大利立过战功；特别是1944年6月，他担任盟军最高司令官，指挥4 000只舰艇和百万大军在法国诺曼底胜利登陆，使他名满全球。

军人总统德怀特·戴维·艾森豪威尔，是美国第34任总统（连任，1953—1961年）。

他出身行伍，是美军10位五星上将之一，二战期间担任盟军欧洲最高指挥官，被士兵们称为艾克。

艾森豪威尔祖籍德国，父亲是个性格中庸的普通市民，母亲则精明能干，将兄弟七人（除了夭折的老五）全部培养成人：老大是银行家，老二是律师，艾森豪威尔是老三，老四是药商，老六是工程师，老七是大学校长。

一个偶然的机会，艾森豪威尔和朋友一起报考了西点军校和安纳波利斯海军学校，初衷只是因为军校是公费。两所学校都录取了他，但海军学校发现他超龄，于是他选择了西点。

1933年，艾森豪威尔在麦克阿瑟麾下担任参谋工作。

二战爆发之后，艾森豪威尔大放异彩，成功登陆北非，远征欧洲，攻陷德国。这位通情达理的指挥官被记者们称为“平民将军”。

1948年，他辞去陆军参谋长职务，担任哥伦比亚大学校长，引起一片哗然。而后，洛克菲勒、摩根等大财团三顾茅庐，将他簇拥上了总统宝座。

原来，由于他一向主张扩军备战、对外扩张，完全符合战后的美国大财团目标，因此，几大财团给予了他坚定的支持，甚至为了使他拥有文职身份，而促成他担任大学校长。在他当选总统之后，政府的要职都被各大财团的骨干占据，例如国务卿杜勒斯就是洛克菲勒基金会前任主席，国防部长威尔逊、副部长凯斯是杜邦通用汽车公司总经理和副总经理，艾森豪威尔政府也因此被称为“大企业家集团”，他的微笑也被称为“百万美元微笑”。

艾森豪威尔善于协调组织，能将众多桀骜不驯的名将、政客捏合成一个团队。他停止了朝鲜战争，联欧抗苏，积极在东南亚扶植亲美势力，遏制中国，整体政策属于扩张型。

早在美国介入朝鲜内战之初，艾森豪威尔就深感忧虑地说：“我国既已诉诸武力，就必须保证成功。”时至今日，他清醒地看到了要求结束朝战的人心所向，所以他在过罢62岁生日后的两个星期发表了这篇动人的竞选演说，向人们公开许诺：他当选了总统就“将亲自去朝鲜，并结束这场战争”。

“我要去朝鲜”，这句话深深打动了美国民众，为艾森豪威尔击

美国总统艾森豪威尔（左）到达朝鲜战场。

败对手、当选美国第34任总统起了难以估量的作用。

442票对89票，11月7日，艾森豪威尔胜选。

与此同时，参谋长联席会议也否定了克拉克的战斗计划，“我们要在人员和后勤支援方面承担世界范围的任务，确实太重了。因此，我现在就未来将采取什么行动的事，尚无法答复”。

艾森豪威尔的当选，结束了民主党长达20年的漫长执政史。

美国人认为，这个最谦逊的人就是那个能带领他们步入昏暗而充满不确定因素的核武器时代的人，正是那个能引领他们夺取最终胜利的人。他富有思想，意志坚定，不过分强调军国主义，公正而又务实，是一个能对苏联软硬兼施的人。

大选结果一揭晓，杜鲁门就在贺电中不无调侃地祝贺自己的继任者：“如果你仍然打算去朝鲜，‘独立号’（总统座机）将听你调遣。”

艾森豪威尔并未乘坐杜鲁门的“独立号”。

新总统还没来得及配齐他的领导班子，就乘着一架普通军用运输飞机匆匆上路了。冒着漫天风雪，艾森豪威尔带着他选定的国防部长查尔斯·威尔逊、司法部长赫伯特·布劳内尔、新闻秘书詹姆斯·哈格蒂以及珀森斯将军等飞往朝鲜（参谋长联席会议主席布雷德雷、太平洋海军司令约瑟·雷德福在飞行途中停留的硫磺（黄）岛加入此行列）。

12月2日下午，艾森豪威尔等乘坐的飞机在朝鲜金浦机场着陆，受到从东京刚刚赶来的克拉克将军和美第八集团军司令范·弗里特将军的迎接。在纷飞的大雪和海风中，艾森豪威尔一行视察了美军的一些空军和陆军单位，访问了英联邦师，检阅了由15个国家军队组成的1个团队。

在朝鲜，李承晚已经等候艾森豪威尔多时了，他有很多事急于向新任美国总统倾诉。在此前的7月，李承晚任期将满，这位独断专行的总统放眼望去，满朝皆是政敌，几乎找不出能支持自己连任的朋友；但长年积累的群众运动经历使李承晚对左右选民颇具信心，于是，他决定化繁为简。

李承晚的目标是修改宪法，实行全民选举。军权在握的李承晚迅疾颁布了釜山地区戒严法，然后给一批国会议员安上叛国罪、勾结共产党罪等罪名，而幸存的政敌们也大多闻风而匿了。

一出荒唐透顶的修宪闹剧就这样上演了。

戒严令颁布之后，意识到大难临头的议员们先是在5月26日凌晨被抓捕了一批，幸存者们紧急决定赶往国会议事堂避难——军警是被禁止进入议事堂的。

载着40多名议员的班车开到了临时国会议事堂所在的道厅，车头刚进入大门，一队宪兵呼啦啦冲过来，强令停车盘查。

在议员的吵嚷声、宪兵的呼喝声、渐渐聚集的市民的谴责声中，李承晚的军队直接开来了一辆起重机。

满载议员的班车，被硬生生吊离了地面，有的议员甚至以为发生了地震。继而，议员们被打包拖进了第70宪兵队营地。

“落后国家的政治斗争到一定程度，就会发生荒唐的事情，班车事件就是个例子。”韩国中央日报社刊物《民族的证言》用难以置信的悲愤语气谴责了这次荒谬透顶的独裁闹剧。

这种过于露骨的倒行逆施不但遭到了邻国的嘲笑，也使当时的杜鲁门政府无法坐视。但是，尽管“联合国军”在釜山接管了秩序，南朝鲜的警察依然搜捕出大批抵制修宪的议员，并强制他们完成了修宪。就这样，在7月4日，议会以163票对0票（3票弃权）的结果通过了新宪法；8月，李承晚顺利当选总统。

再次君临天下的李承晚已经坐稳了宝座，接下来，他急需知道新任美国总统的意图，并尽量从艾森豪威尔的口袋里掏出更多好处。

李承晚亲自陪同艾森豪威尔参观南朝鲜首都师的战术演习。艾森豪威尔认为，参观使他理解了“在训练大韩民国士兵中所取得的好处”。他从这些士兵们的行为中“受到了鼓舞”。

艾森豪威尔（左）和李承晚交谈

看来用亚洲人打亚洲人可能是条出路。

在前沿观察哨所，这位五星上将通过望远镜观察了中朝阵地，并听取了前线指挥官们的详细报告。艾森豪威尔沉思着说：“看来，他们（中朝军队）已找到一个保护自己万无一失，同时却能以炮火不断袭扰我方阵地的办法。他们不怕烦劳，开凿了直通山顶、大得足以容纳大炮装备的坑道。他们通过坑道推出大炮进行射击，打完就撤。显然，他们已经做了一项很费气力的工作，同样明显的是他们有充分的人力可以使用。”总统语气凝重地断定，“鉴于敌人阵地的力量已得到加强，任何正面的攻击都将碰到巨大的困难”。

视察中使这位久经沙场的将军感到轻松些的是在露天举行的一次午餐。他的儿子正在第15步兵营服役。范·弗里特将军出于对总统的尊敬，安排了这次活动。艾森豪威尔在这里会见了他的孩子和这个师的老部下，虽然天寒地冻但总有一些人情味。

在汉城，他还同李承晚进行会谈并召集过多次秘密会议，讨论朝鲜军事、经济的前景。

李承晚的战略直截了当：“全力以赴，全面进攻，……把战争扩大到跨越鸭绿江，攻击中国境内的供应基地。”事实上，从1950年起，甚至早在开战之前，李承晚的所有战略就是这一条。

访韩期间，艾森豪威尔对李承晚的忍耐已经到了极限。12月5日，艾森豪威尔接受邀约，到景武台会见李承晚及其夫人李富兰。

原本意在实现体面停火的艾森豪威尔此行非常紧凑，他万万没料到李承晚自作主张地召集了一大批阁僚、军人、记者、摄影师，在会客厅里久候美国总统多时，仿佛总统已经答应帮他们打赢这场战争一样。

艾森豪威尔十分尴尬。

克拉克、范·弗里特等前线指挥官们当然不会同意这位漫天要价的南朝鲜总统，他们几乎一致认为：“如果在一定的时间内，谈判仍不成功，唯一的办法，最后只能不顾一切危险全力发动一场进攻。”但是，艾森豪威尔来到朝鲜最重要的事情，就是不给他的将军们提出进攻计划的机会，他明显是希望体面的停战！

新任总统的行程安排得满满当当。在怀着复杂的心情结束了朝鲜之行后，他马上飞往关岛。在那里，布雷德雷和雷德福与他短暂会面，然后分手返回珍珠港，总统和他的班底则改乘巡洋舰“海伦娜”号到威克岛靠岸，同已选定的国务卿约翰·福斯特·杜勒斯、财政部长乔治·汉弗莱、内政部长道格拉斯·麦凯和卢修斯·克莱将军会合，讨论新政府面临的种种问题。

关于在“海伦娜”号上的几天讨论，总统认为“我们面临的许多问题中，没有一个比朝鲜战争更需要引起迫切注意的了”。

如何解决这个问题？他反复琢磨着各种可能的选择：

拖下去是“不能容忍的”，美国“正遭受着严重的伤亡，即使有所收获，也是微不足道的”。

不顾一切全力发动进攻，夺取军事上的全面胜利？“这是最不诱人的方案”。他的对手已横跨半岛挖掘了犬牙交错的地下坑道，并且组织了纵深阵地，囤聚了大批粮食、弹药。如果硬碰，除了惨重伤亡之外，不可能得到更好的结果，而更大的问题是：这样势必把战争扩大到中国，冒爆发大战的危险；势必削减已答应增调和给与北大西洋公约组织的军队和军火，甚至不得不动用原子弹，在美国和盟国之间“造成强烈的分裂情绪”。

争取“体面”条件下的停战？可是共产党人已经拒绝了联合国大会的决议。

新总统与前任总统遇到的是同一个难题，唯有一点能够肯定：“不能容忍朝鲜冲突无限期地继续下去，美国必须准备打破僵持局面。”

如何打破？艾森豪威尔脱离不开时代、经验和当时美国的基本战略构想的局限。在冷战、反共的时代，凭着他长期工作的经历，萦绕他脑际的无外乎以封锁包围遏阻对方，以亚洲人打亚洲人，腾出手来照顾战略重点，以军事威胁谋取“体面”的停战。但在汉城、在威克岛以及以后在夏威夷，直到12月14日回到纽约，他也一直未做出最后的选择。

但是，“我要去朝鲜”这句经典口号绝不能无果而终，变成一次流于形式的作秀。艾森豪威尔必须向渴望新任总统拿出结束朝鲜战争“锦囊妙计”的选民就汉城之行做一交代。于是，他于12月14日发表一项声明说：“我们大家早已知道，没有什么简易办法迅速而胜利地结束这场战争。但是这种（亲临现场的）了解，至少会使我们对于我们面前的艰巨任务有所准备。”

与此同时，他一方面宣布要加速训练和扩大李承晚的军队，另一方面秘密交代参谋长联席会议拟制一个“攻势”计划。据后来透露，这项“计划”包括“把国民党的一些师拉进战场”的问题、对中国东北等地区进行轰炸问题、封锁中国问题，甚至包括“在战术上使用原子弹的问题”。

其实，这种冒险计划并不新鲜，杜鲁门设想过，麦克阿瑟也设想过，甚至克拉克也设想过，但从没有人真正去实现它们。

1953年1月20日，艾森豪威尔正式入主白宫。2月2日，他发表了第一个国情咨文，宣布撤销台湾“中立化”，放蒋出笼。同日，美参谋长联席会议发布命令说：“现行紧急指令中，关于保证台湾和澎湖列岛不被用作中国国民党向中国大陆作战的基地的那部分，现在予以撤销。”第2天，新任总统亲自同出兵朝鲜的16个国家的代表协商对中国实行封锁的政策。

在对台政策上，除了延续杜鲁门的分化政策，与国民党政府缔结《共同防御条约》，艾森豪威尔更进一步，一手制造了“一中一台”局面，引发了两次台海危机，不但使中美关系长期恶化，也使台湾问题至今悬而未决。

冒险政策一露头便遭到美国国内外的猛烈反对。16国代表在协商时多数表示对中国封锁“将有种种困难”。消息传到英伦三岛，丘吉尔、艾登立即表示：英国决不同意使用蒋介石的武装进而导致朝鲜战争的扩大。英国外交大臣也于2月5日在下院发表演说时表示，封锁中国“是一种错误”。

与此同时，开始学会适应在野党身份的美国民主党参议员也激烈抨击此项政策——毕竟，他们已经被共和党从早到晚一刻不停地抨击了将近20年。

为此，艾森豪威尔不得不和盟友丘吉尔以及国内两党头面人物举行会议，磋商结束侵朝战争的可行途径。

与此同时，北京和莫斯科也在密切关注华盛顿的一举一动。

1953年2月7日，毛泽东在中国人民政治协商会议第1届全国委员会第4次会议上说：“由于美帝国主义坚持扣留中朝战俘，破坏停战谈判，并且妄图扩大侵朝战争，所以抗美援朝的斗争，必须继续加强。我们是要和平的，但是，只要美帝国主义一天不放弃它那种蛮横无理的要求和扩大侵略的阴谋，中国人民的决心就是只有同朝鲜人民一起，一直战斗下去。这不是因为我们好战，我们愿意立即停战，剩下的问题待将来去解决。但美帝国主义不愿意这样做。那么好吧，就打下去，美帝国主义愿意打多少年，我们也就准备跟他打多少年，一直打到美帝国主义愿意罢手的时候为止，一直打到中朝人民完全胜利的时候为止。”

中国领导人的思路非常明确，既然战局已经明朗，而且只在一个“自愿遣返”的问题上谈不拢，那就唯有坚定信念，绝不随便让步，以求争取最佳停战结果。

斯大林在1952年12月25日答《纽约时报》记者问时说：“苏美之间的战争不能认为是不可避免的，我们两国在今后也能够和平共处。”他表示愿意同艾森豪威尔会谈，“苏联是关心结束朝鲜战争的，愿在结束朝鲜战争问题上同艾森豪威尔合作”。

在坚定斗争信念的同时，毛泽东、周恩来也在尽力争取早日恢复谈判。

综观全局，美国除了结束朝鲜战争这条路，难以摆脱战略上的被动局面，而除了再回到板门店谈判桌上以外，又难寻别路。那么，可否由中朝主动提出复会？

由于获悉第七届联合国大会将在2月24日开始，且交换伤病战俘的问题极有可能在会上被提出，因此，为了抢占先手，美国决定率先提出交换病伤战俘。

美国政府指示联军司令克拉克向金日成、彭德怀致函，要求先行遣返病伤战俘后——这一行为，其实已宣告了艾森豪威尔强势战略的终结。

基于乔冠华“一动不如一静，让现状拖下去，拖到美国愿意妥协并由它采取行动为止”的建议，中国领导人制定了下一步战略。

毛泽东与周恩来显然没有轻信美方的“好意”。毛泽东说，美方在联大即将复会的前两天发信，其诚意有待考证，而此时中朝若以“无条件复会”作为回应，则多半会换来美方的拒绝，鉴于战场形势对整备精足的中朝方更为有利，他下令“观察一段时间再说”。

对此，周恩来要乔冠华等研究提出意见。后者于1953年2月19日提出了如下分析：

（一）根据最近情况，大体可以肯定：美国在战场上要不出什么花样来。解除台湾中立化，只是自欺欺人的拙劣把戏；封锁搞不起来；两栖登陆困难更大。艾森豪威尔本欲借以吓人，殊不知人未吓倒反吓倒自己。但面孔既已板起，要就此转弯，尚非其时，特别他的亚洲人打亚洲人政策行通与否还要看看。

（二）联大对我拒绝印度提案尚未处理，但鉴于美国解除台湾中立化的行动，激怒了很多中间国家，多少抵销了我拒绝印案产生的不利影响。联大复会很可能对此案不了了之，拖到下届再说。

（三）美国搁起板门店转到联合国，本来想借此压我们，联大压不成，战场又无多少办法，本可自回板门店，但鉴于美国在联大尚未死心，对战场亦未完全绝望，因此虽有少数国家不反对再回板门店试试，美国今天是不会愿意的。

（四）如果我正式在板门店通知对方无条件复会，美国态度将是拒绝的居多，具体方式可能是：1．置之不理；2．以我既未接受其方案又未提出新方案而拒绝；3．反建议以印度方案为基础复会；4．坚持不得强迫遣返战俘的原则解决战俘问题。以2、3可能较大。如我以金、彭致函形式，对方可能认为我性急，有些示弱，反易引起对方幻想。

结论是一动不如一静，让现状拖下去，拖到美国愿意妥协并由它采取行动为止。

毛泽东、周恩来都同意这个分析。毛泽东说，“很有可能他们（美国）再次去找苏联”。

但斯大林突患脑溢血病逝，苏联高层态度逆转，变得急于结束战争；加上入不敷出的金日成也无意在战场上长期耗下去，这就给中方施加了诸多额外压力。

1个月后，丁国钰电告毛泽东，汇报了美方威胁要撤销板门店联络机构、加修工事的最新情况。对此，毛泽东看得十分清楚，他指示，对美方在板门店附近的挑衅行为要提高警惕，做好最坏打算；但也应明白，美方既然急于在此时搞小动作敲打中朝，就更表明其急于逼迫中朝重启谈判。

这样一来，中国领导人也就探明了美方虚实，毛泽东便与周恩来（3月26日由苏联返京）商议停当，确立了“同意在战争期间先行交换双方病伤战俘，以重开谈判之门”的方案。

第十章

和平生于荆棘

1953年初，斯大林突然去世，苏联强势的巨头政治时代戛然而止，不但引发了世界格局剧变，也干脆直接为朝鲜战争画上了句号。

中美双方终于谈妥了战俘问题，金日成也为停火欢欣鼓舞。此刻，唯一不愿意停火的人是李承晚，他不惜破坏美军既定计划，屡次制造事端，为的是一份战后保险——《韩美共同防御条约》。

虽然荆棘丛生，但在几个大国的努力之下，最后的谈判终于完成了。

第一节　巨头去世，谈判重启

朝鲜战争中的“主要麻烦”在于，我们是在和一个错误的敌人打仗，我们打的是乙级队，而真正的敌人是苏联。

——迪安·艾奇逊

从1952年10月8日哈里逊宣布单方面休会，直至1953年4月6日会议重启，板门店谈判又中断了半年之久。

在此期间，中国领导人已经做好持久战准备。

“我们要继续斗争下去，要在这条战线上打得美帝国主义罢手，不管一年也好，两年也好，继续下去也好，总有一天要打得它罢手。”周恩来在报告中说。

彭德怀则告诉军队：“朝鲜战争明年（1953年）有可能扩大，我们的方针是一面打仗，一面建设。”

与此同时，在三八线两侧，双方对峙的规模日趋庞大。1953年1月，12个韩国师和8个联合国师开拔前线，联军总兵力已达76.8万。

正是在这种情况下，中方缩减了谈判团规模，李克农等人归国休整，25万新兵奔赴朝鲜前线。

作为社会主义阵营的领头羊，苏联是支持中国的。斯大林已经允诺，在1953年1—4月内增援中国332门火炮和60万发炮弹，还提供了18艘鱼雷快艇、34门岸炮、83架飞机。

事实上，苏联在第二次世界大战中损失严重，几乎倾覆，却咬牙克服战后经济不景气，最大限度为中国提供军援，这是为了实现其在朝鲜的根本战略目标：不战不和。

避免战争扩大，以免自己被卷入。

暂不实现停战，以便美国被拖住。

只要美国继续在朝鲜半岛多耗一天，苏联就能多恢复一天，东西方对峙的天平就能更趋向平衡一分。

此时，金日成的北朝鲜政府已经渐渐承受不了持久战的压力：平壤已成焦土，北方经济濒临崩溃，人民军每天的损失达到300～400人，已是得不偿失。金日成甚至主张扣留南朝鲜战俘，一部分充为兵员，一部分从事劳作。在苏联大使苏兹达列夫的电报中曾提到“朝鲜同志认为将大量的南朝鲜的战俘扣留下来，让他们在北朝鲜从事各种繁重的体力劳动比较好，而无须去考虑他们要求返回自己家乡的愿望”。根据越来越多的解密资料披露，从1952年上半年起，金日成就主张在战俘问题上适当让步，不再坚持全部遣返，其原因有三：促成谈判签字，以免伤亡人员数字继续扩大；及时开始重建朝鲜经济；扣留一部分南朝鲜战俘，用于北方建设。

事实上，当时的北朝鲜扣留了13 094名李承晚军队战俘，将之分散到朝鲜人民军、内务部、铁道部等部门工作。

中国是被动卷入战争的。百废待兴、一心一意解决台湾问题的新中国原本没做好战争准备，但是，这支艾奇逊眼中的“乙级队”却在两年多的浴血奋战中淬炼成钢，并在此时达到了最佳状态：兵力充足，装备齐整，训练有素，后勤补给畅通。

因此，艾森豪威尔刚宣布放蒋出笼、封锁中国，毛泽东就在2月7日表示奉陪到底：一直打到美帝国主义愿意罢手的时候为止，一直打到中朝人民完全胜利的时候为止。一向视美国为“纸老虎”的毛泽东早就听惯了各种恫吓，见惯了各种制裁，中共中央还认为，美国的新政府也有可能寻求谈判机会，或许是像1951年6月凯南约见马立克那样，再次向苏联发出暗示。

艾森豪威尔没有去找莫斯科，他和杜勒斯“捡”到了一把有可能打开僵局的“钥匙”，那就是红十字国际委员会1952年12月中旬在日内瓦提出的一项决议——倡议病伤战俘在停战以前先行交换。当时，身在东京的克拉克从报纸上看到了这件事，遂向华盛顿建议，就按这个方法交换战俘，他之所以这样，并不是认为共产党会同意，而是觉得在宣传上有好处；但华盛顿的高官们一向对克拉克的激进言语听得耳朵起茧，向来是左耳进右耳出，他们对克拉克的全部期望就是在战场上进攻、进攻、进攻，根本就不打算采纳他的任何政治建议，所以对这项颇有建设性的意见也置若罔闻了。

可是，到了1953年2月22日，美国国务院却回心转意了。他们要参谋长联席会议给克拉克下达指令，让他给金日成、彭德怀写信试试，就按克拉克的方案来。

这倒不是因为美国国务院无计可施、勉强一试，而是因为他们得到最新情报，知道红十字会将在近期召开的联合国大会上提出这项建议，于是果断抢占先机，抢先把方案提了出来。

2月22日，在板门店谈判无限期休会4个月零两个星期之后，克拉克致函朝中方面，建议在战争期间先行交换病伤战俘。

这是一个重要信号。虽然掺杂了政治宣传的动机，但仍然说明美国人希望再回板门店来。这也是一个机会，毛泽东曾赞同乔冠华所说，“一动不如一静，让现状拖下去，拖到美国愿意妥协并由它采取行动为止”。

现在时机来了。

争取在公平合理的条件下早日达成停战，是中朝的既定方针。既然有了机会，就应该抓住，推动谈判向签署停战协定的方向发展，以结束这场全世界都盼望停下来的不幸战争。

就在这时，从北方传来了令世界震惊的消息：斯大林病故。

斯大林的突然逝世改变了一切。

苏联巨人约瑟夫·维萨里奥诺维奇·斯大林，苏联共产党中央总书记、苏联部长会议主席、苏联大元帅。

斯大林是执政时间最长的苏联领导人。

斯大林本姓朱加什维利，出生于格鲁吉亚的老镇哥里，父亲是个鞋匠，母亲是农奴的女儿。他7岁时患天花，面部留下明显痕迹，上学时得了败血症，导致左臂略短，且肌肉萎缩，因此他喜欢在左手戴上一只厚手套。

1913年，首次以“斯大林”作为笔名（意为“钢铁”）发表了《马克思主义和民族问题》一文。

成为苏联最高领导人后，斯大林全力推进社会主义工业化和集体工业化，苏联由此成为仅次于美国的超级大国。20世纪30年代，这位已经被神化了的领袖发起了全国性的肃反运动。在“大清洗”中，几乎所有的政敌都被捕，或被枪决，大批党员干部入狱，红军精英损失殆尽，5名元帅有3名被枪决，这也导致了在德军进攻苏联初期的红军大溃败。

斯大林既有独裁的一面，也为苏联做出了巨大功绩。1959年，丘吉尔在下院演讲时说：“他（斯大林）的著作有一股磅礴无比的力量。这股力量在斯大林身上是如此巨大，以至在一切时代和一切民族的领导人中，他都是无与伦比的”，“斯大林缔造了一个庞大的帝国并使其臣服于他。斯大林的确是一个世界上无人可与之相比的最大的独裁者。但他接手的是一个犁耕手种的、落后的俄国，而留下的却是装备有原子武器的苏联”。

1953年3月5日，朱可夫元帅接到斯大林急召。这位历经沉浮的功勋军人匆忙赶到斯大林的病榻之前，准备聆听这位亦敌亦友的主帅的嘱托。

但再次严重中风的斯大林什么也没说出来，就在沉默中结束了纵横捭阖的一生。任何伟人也战胜不了时间。随着斯大林的与世长辞，一个充满传奇色彩的强人时代结束了。

斯大林的去世使苏联的外交政策立即发生了彻底转向。为了平稳度过随之而来的权力真空和短暂动荡，新的领导人群体暂时收敛了锋芒，他们已决定结束战争。

重回外交部的保守派高官莫洛托夫将朝鲜问题摆到了会议桌上。“形势发展的趋势是，我们已经不需要朝鲜人强加给我们的这场战争了”，莫洛托夫说。这位著名的保守派代表重返外交部后，第一件事就是起草结束朝鲜战争的建议。

在结束了斯大林时代后，莫斯科在极短时间内重新评估了朝鲜问题，并通过大量新情报，对美国的冷战策略做了最不乐观的假想——这一切都是基于政权更替的动荡期所产生的稳健思维。

苏联已经决定结束朝鲜战争。

3月8日，周恩来率领中国党政代表团赴莫斯科参加斯大林的葬礼。

3月15日，马林科夫在最高苏维埃第四次会议上说：“目前，一切有争议的或尚未解决的问题，都可以在有关国家共同协商的基础上和平地加以解决。这适用于我们同所有国家的关系，包括同美国的关系在内。对维护和平感兴趣的国家都可以在现在和将来对苏联坚定的和平政策放心。”

3月19日，毛泽东致电周恩来：“关于克拉克于2月22日要求双方先交换重伤病而能行走的战俘问题，我方尚未答复。乔冠华根据你的意见已拟好一个采取驳斥态度的谈话稿，在我处压下来未发，等你回来商量后再办。美方此次要求可能是杜勒斯上台后的一种试探做法。我方对策有二。一种是驳斥，一种是表示可以商谈，在商谈中看情形决定最后对策。你在和苏联同志谈话时，请将此事提出询问他们的意见。”

而正在当天，还未与中方沟通，苏联的新领导人们就在部长会议上确定了朝鲜问题的一套新方针，并通知了中、朝领导人：

“在这个问题上（朝鲜事件），如果继续执行迄今为止推行的路线，如果不对这一路线做一些符合当前政治特点和出自我们三国人民最深远利益的改变，那是不正确的……请金日成和彭德怀对克拉克将军2月22日就交换伤病战俘问题发出的呼吁给予肯定的回答。紧接金日成和彭德怀的答复发表之后，中华人民共和国的权威代表（最好是周恩来同志）应在北京发表声明，着重表明对待交换伤病战俘建议的积极态度，同时指出，积极解决整个战俘问题，从而保证朝鲜停战和缔结和约的时刻已经来到。与北京发表上述声明的同时，朝鲜民主主义人民共和国政府首相金日成在平壤发表政治声明，说明中华人民共和国代表的上述声明的正确性，并表示充分支持。我们认为这样做也是恰当的，即紧接上述北京声明和平壤声明之后，苏联外交部表态，完全支持北京和平壤的立场。配合上述四项措施，苏联代表团在纽约联合国代表大会上应采取一切必要的行动，以支持和推进以上新政策方针的实施。……谈判中应建议所有坚决要求遣返的战俘立即被遣返，其余的战俘则交给中立国，从而保证公正地解决遣返战俘问题。”

与此同时，苏联驻联合国大使维辛斯基也接到了莫斯科的最高指令，其要点有三：

1．表现苏联主动让步的姿态。

2．坚定支持中朝即将发表的关于恢复停战谈判的所有相关声明。

3．与波兰代表团紧急沟通，修改波兰提案，删去“全部遣返”提案，代之以“立即恢复双边停战谈判，既着眼于全力就交换伤病战俘问题达成协议，也着眼于全力就整个战俘问题达成协议，从而全面消除妨碍结束朝鲜战争的障碍”。

3月21日，周恩来再次来到莫斯科，当夜就急会苏联最高领导人团体。马林科夫、贝利亚、莫洛托夫、布尔加宁、赫鲁晓夫、库兹涅佐夫（新任驻华大使）等人共同会晤周恩来一人，并将给毛泽东的信函交由周恩来转交。

苏联领导人试图维持斯大林时期的社会主义阵营领头羊作风，但实际上，莫斯科对北京的影响力，已在斯大林去世的同时大为削减，甚至可以视为强弩之末。

会上，苏联领导人向周恩来提出："过去拖的路线应改为停的路线，不改是不正确的。因为拖下去，不利于苏联和中朝人民；停下来，有利于苏联和中朝人民么。目前是解决停战的有利时机。"

周恩来则坚持要先向毛泽东和北京汇报，然后再作答复。

表面看来，此时，北京展现出的姿态是依从。

在周恩来返回北京之前，中国已经开始配合苏联的新策略。为迎接即将重启的谈判，李克农、乔冠华当即启程，重返开城。

实际上，毛泽东已开始迅速摆脱苏联长期施加给中国的影响力。相比战争期间，北京几乎需就每一件重要决策向莫斯科请示汇报，一俟斯大林去世，毛泽东就再也不亲自与苏联领导人直接联系，也很少征询其意见，在实现停战的总方针上，毛泽东尊重了莫斯科的意见——主动提出让步，而在具体谈判和结束战争的实施过程中，中国完全是自作主张——继续实行边打边谈、打谈结合的策略。在这方面，反倒是苏联领导人依从了毛泽东的决定。

例如，莫洛托夫格外指出，现阶段的重点是恢复谈判，彻底解决战俘遣返问题，由此终结战争，但中国领导人仍然在实际上坚持了边打边谈的方针，不慌不忙地与联军交手。4月3日，周恩来在国务院报告中提出："恢复谈判是定了的，结束战争的可能性是大大增强了，但打的可能性还存在。我们还是两句话，争取和平，但是也不怕战争。"

此时的中国并未放松警惕，志愿军已于1953年4月做好了反登陆作战准备。志愿军总兵力135万人（19个军），朝鲜人民军45万人（6个军团）已能完全稳守阵地，随时迎接新战役。

根据解密的电文资料记载，金日成在获悉苏联的新政策后，"非常兴奋，激动得欢呼起来"。

3月28日，金日成、彭德怀发出了致克拉克的复信，同意交换病伤战俘；并且，建议立即恢复在板门店的谈判。

3月30日，中国外交部长周恩来就朝鲜停战谈判问题发表声明，声明说："中华人民共和国政府和朝鲜民主主义人民共和国政府一致主张，朝鲜人民军和中国人民志愿军的停战谈判代表应即与"联合国军"停战谈判代表开始关于在战争期间交换病伤战俘问题的谈判，并进而谋取战俘问题的通盘解决。"

声明说，中朝两国政府为了消除谈判双方在战俘问题上的分歧，促成朝鲜停战，提议"谈判双方应保证在停战后立即遣返其所收容的一切坚持遣返的战俘，而将其余的战俘转交中立国，以保证对他们的遣返问题的公正解决"。

声明指出，这一提议并非放弃《日内瓦公约》的遣返原则，也并非承认美国所说的有所谓拒绝遣返的战俘，而是为终止朝鲜流血而采取的新的步骤，以便将在对方恐吓和压迫下心存疑惧、不敢回家的我方被俘人员在停战以后转交中立国，并经过有关方面的解释，以保证他们的遣返问题能得到公正解决。

周恩来声明可谓两全其美，既恪守了全部遣返的铁律，也顾及到各方利益，灵活地提出了直接遣返、转交中立国等综合方案。这个声明不但灵活务实，更体现出了新中国的大国气度，以及在朝鲜战场上积累、彰显出的自信。

3月31日，金日成发表声明，支持周恩来提出的新建议。

4月1日，苏联外交部长莫洛托夫发表声明，支持周恩来和金日成的主张，并建议联合国中应有中、朝两国政府的合法代表。

在第七届联大政治委员会上，苏联代表团团长维辛斯基发表长篇讲话，并郑重声明："苏联支持中华人民共和国和朝鲜民主主义人民共和国在这个问题上的崇高举动，热烈支持关于恢复朝鲜谈判，以达成交换病伤战俘和解决全部战俘问题的协议，并从而解决朝鲜停战和缔结停战协定问题的建议。"

周恩来提出的建议受到各国人民的拥护。国际舆论纷纷表示欢迎，认为这一建议消除了停战的最后障碍，表现了中朝方面谋求和平的诚意。

这样一来，在英、法等盟国的掌声中，美国十分体面地、适时地、欣然接受了周恩来倡议，并将之视为"1952年4月以来解决朝鲜战争最光明的希望"。

随着苏联最高政权的变更，朝鲜问题的解决进入了快车道。

第二节　红色警戒

到1953年5月中旬时，对停战的威胁却绝不是来自于北京和平壤的共产党领导，而是来自于南朝鲜领导李承晚本人。摆在朝鲜和平道路上的障碍不是敌人所设置的，反倒是一个盟友，这真是一种讽刺。

——贝文·亚历山大

斯大林的去世，不但终结了红色巨头的强人政治时代，也使一直强势的苏联外交暂时陷入了真空期。以中国为例，斯大林在世时，所有社会主义国家均需时刻与苏联保持步调一致，因此，在国际事务方面，毛泽东几乎事事都要向莫斯科请示、汇报，否则就无法得到财雄势大、科技发达的苏联老大哥支持；一旦斯大林去世，毛泽东在处理朝鲜问题时就几乎没有咨询过斯大林的继任者们了，即使采纳了他们的意见，接受了主动让步的停战原则，但在具体实施过程中，已经将莫斯科撇在一边，该打就打，该谈就谈，以我为主，在朝鲜问题上绝不一味让步，力争最佳停战结果。

在战争年代，中苏两国领导人的个人威望和魅力构成了国家实力的重要部分，所以，一旦斯大林退出历史舞台，资历较浅的继承者们就失去了不少话语权，再也难以在声望如日中天的毛泽东面前继续发号施令。

在双方共同努力下，停战谈判联络组会议于4月6日如期举行。

中朝联络组组长李相朝将军，与美方联络组组长丹尼尔海军少将共同打开了僵局。病伤战俘遣返的谈判有了结果——4月11日，双方签订遣返病伤战俘的协定。

4月18日，第七届联大根据巴西的提案通过了决议："希望病伤战俘的交换迅速完成，并希望在板门店的进一步谈判导致在朝鲜早日实现停战，以符合联合国的原则和宗旨。"

4月24日深夜，毛泽东两次致电乔冠华，缜密布置了谈判方略。

毛泽东提出了两套预案，一是将不直接遣返的战俘送往亚洲中立国，在规定时间内由朝中方面派专人前往做解释工作，二是将不直接遣返的战俘暂时安置在南朝鲜的某个岛上，由中立国委员会暂时管理。

毛泽东明言，第二套方案更能为美方接受，因此乔冠华应先提出第一方案，并借此摸清美方全部意图，然后以第二方案与之谈妥。

对于每个环节、每句表述可能引起的双方争议，毛泽东都做了详尽预测与采取对策，可谓算无遗策。

几经磨难，朝鲜问题的讨论又正式从联合国回到了板门店。

交换病伤战俘的协议使板门店谈判得以恢复。4月26日，上百名各国记者聚集在板门店谈判的帐篷外边。上午11时，双方代表重新走进帐篷，中断了6个月零18天的谈判重新恢复了。志愿军代表团的阵容做了新的调整，出席会议的代表由丁国钰接替边章五，柴成文接替解方。

当然，在开城总部做幕后指挥的，依然是李克农和乔冠华。

在这次会上，中朝提出了解决战俘问题的6点方案，主张将坚持遣返的战俘在停战以后两个月内全部遣返完毕，然后在1个月内将其余的战俘从原拘留方军事控制下释放出来，送交中立国加以看管，并由战俘所属国家派人向战俘进行6个月的解释：在解释以后，要求遣返的一切战俘应即予遣返；如在6个月后尚有在中立国看管下的战俘，其处理办法应交停战协定所规定的政治会议协商解决。

这次的交换被联合国称为“小交换”，进行得十分顺利，比起此前荆棘丛生的谈判，简直势如破竹。到了5月3日，第一期遣返工作已经完成，联军遣返北朝鲜战俘5 194名、中国战俘1 034名、被拘平民446名；中朝遣返南朝鲜士兵471名、美国士兵149人、英国32人、土耳其15人、其他成员国战俘17人，共684人。

5月7日，中朝在中立国提名的问题上作了让步。谈判团代表对6点方案作了修正，成了8条建议的新方案，主张由波兰、捷克斯洛伐克、瑞士、瑞典及印度组成中立国遣返委员会看管不直接遣返的战俘，并由战俘所属国家向战俘进行4个月的解释，以保证他们的遣返问题的公正解决，这一方案的提出使双方的立场更加接近，受到了国际舆论的普遍赞扬。印度总理尼赫鲁于5月15日发表声明，主张以朝、中建议作为朝鲜停战谈判的基础，并赞成召开大国最高级会议讨论和平问题。缅甸政府也声明赞成以朝、中建议作为朝鲜停战谈判的基础。

谈判会场内顺风顺水，在场外，艾森豪威尔总统却遇到了难题。早在杜鲁门执政以来，美国在朝鲜全力扶植李承晚，从而形成了美李关系的尴尬现状。美国已无法在朝鲜投入更多成本，但李承晚却不可能不向美国索求更多帮助。因此，越接近战争尾声，美国的行动越有可能受到李承晚的掣肘。

在双方几乎要达成协议，剩下问题相对来说都比较次要，已可通过妥协来求得解决时，老独裁者李承晚毫无理性的故意阻挠却在这个关头爆发了……李承晚对任何形式的停战都表示反对，（这种反对）不时出现，贯穿谈判全过程。他希望在美国帮助下，征服全朝鲜。

“小交换”一帆风顺，停火近在眼前，这对李承晚而言无疑是极大刺激。他向美国表态，如果停火，南朝鲜就独自跟共产党斗争到底。

艾森豪威尔当然了解李承晚的决心，但他更了解李承晚的实力。不要说强大的中苏军队，即使是北朝鲜军队，也在短短三天之内就打得李承晚放弃了首都汉城。谁都明白李承晚是在漫天要价，为的是获取美方在战后的更多援助。

李承晚是不愿恢复停战谈判的，但是双方联络组会议进展迅速，而一旦达成了关于交换病伤战俘的协定，恢复谈判便是不可避免的了。所以李承晚迫不及待地于4月9日给美国总统写了一封“抗议信”，坚决反对恢复谈判，“如果达成一项容许中国人留在朝鲜的和平协议，大韩民国将认为它有理由要求除了那些愿意参加把敌人驱逐到鸭绿江以北的国家外，所有盟国都得离开这个国家”。他说：“如果美国武装部队要留下，那么它们就得跟随着前沿阵地的战士支持他们，并用飞机、远程大炮和在朝鲜半岛周边的舰炮来掩护他们。”他还威胁说：“如果美国想要把它的部队撤离朝鲜，他可以这样做。”

无独有偶。4月15日，白宫也接到盘守孤岛的蒋介石来信。蒋要求艾森豪威尔对板门店谈判要有个时间限制，若共产党逾期，则应采取军事行动。

蒋介石的要求自然被搁置了，可是李承晚的要求还是引起了美国政府的高度重视。艾森豪威尔于4月23日给李承晚写了一封长信，除对这位“总统”的“忧虑”给予安抚之外，还直截了当地向他说明：

第一，“击退共产党人武装进攻的任务已经圆满地完成了”。（意思是说“联合国军”打退了敌人的进攻，原来任务就是这样。显然艾在这里没有提到1950年10月7日联合国关于“占领整个朝鲜”的决议。）

第二，任务既已完成，如拒绝在体面的基础上先行停战，那就不能自圆其说了。

第三，美国和联合国支持朝鲜在“它的自由和独立得到保证的条件下统一起来”，但它从没有承担义务要诉诸战争来达到这一目标。

第四，任何体面基础上停战的协议，都是以双方愿意讨论遗留问题并做出合情合理的努力去达成上述协议为前提的。

在这封信的最后，艾森豪威尔对李承晚这位“老独裁者”指出：我们将为朝鲜面临的各种问题谋求一种解决办法，但是，如果李承晚当局的行动得不到美国和联合国的支持，那同样将是一文不值的。

3天之后，停战谈判终于恢复了。

5月12日，李承晚正告克拉克，他不同意将不愿遣返的朝鲜人民军战俘移交给中立国——他甚至都不承认印度是中立国，连印度军队在南朝鲜驻扎都不同意。

5月13日，为了适当迁就李承晚，无可奈何的美方代表向中方提出了李承晚的主张。克拉克提出了“就地释放”的提案，即“所有不愿遣返的北朝鲜战俘，在签订停战协定之后立即予以释放”，并对中立国遣返委员会的职权和战俘所属国家的解释工作加以种种限制。

很明显，美方知道此方案中朝方面不可能接受，之所以提出，不过意在拖延时间以解决美国同李承晚之间的纠葛。

这个方案无疑是置朝鲜人民军战俘的生死于不顾，被中朝代表断然拒绝了。

争取停、准备拖，是中朝两党中央商定的总方针。中共中央军事委员会给志愿军下达指示：停是谈判会场的事，军队“只管打，不管谈”。

1953年夏季，战场上的形势对中朝军队绝对有利。战场兵力占绝对优势，阵地无比巩固，反登陆作战已做好全面准备，兵强马壮，粮弹充足。志愿军总部适时部署了新的反击计划。

5月13日，也就是美方提出“就地释放”方案的这天，克拉克继续进行着“能使共产党就范”的空袭。一座位于平壤北面德山的水库被联军炸毁了，10公里铁路、5座铁路桥和3公里公路被大水冲毁，

3 200多亩稻田也跟着这些“合法的军事目标”一起遭了殃。水来土掩，中朝军队迅速放水降低水位，及时遏止了水灾。

当天，中朝军队就发动了夏季反击战役。

中朝军队联合司令部将领：左起，甘泗淇、陈赓、彭德怀、金日成、朴一禹、金雄。

志愿军第20兵团所属第60军、第67军和第9兵团所属第24军、第23军先后共使用了8个步兵连、10个排、17个班的兵力，在大量火炮的支援下，开始向李承晚军第20师、第5师、第8师、第9师、第2师、第6师、首都师和美第3师等8个师的正面共20个连、排的支撑点发起反击。

至5月26日，第1次攻击结束。志愿军共歼敌3个整连又22个整排，毙、伤、俘敌4 100多人。

中美双方都在战场上发动了小规模军事行动，他们也都明白，对方是在为最后的停火争取最大利益。

除了李承晚政府，在所有参战国中，停战已经形成了默契。

到1953年5月中旬时，对停战的威胁不是来自于北京和平壤的共产党领导，而是来自于南朝鲜领导李承晚本人。摆在朝鲜和平道路上的障碍不是敌人所设置的，反倒是一个盟友，美国人觉得这真是一种讽刺！

美方“就地释放”的方案难以为继，于是准备在接受中朝方案的基础上，提出一个他们的方案。但在美李关系非常微妙的时刻，美方既不能不事先通知李承晚，又怕李承晚提出异议。所以，华盛顿5月23日专电克拉克，要他5月25日，板门店开会之前的1个小时偕同美国大使去拜会李承晚。

关于这次拜会的情景，克拉克事后回忆说：

我们抵达总统官邸的时间是遵照华盛顿指示的向共方提交最后方案前1个小时，正是上午10点。陪同李承晚在座的有卞荣泰外务长官，……卞长官为人严肃，比总统还难以接近，有时他直接向我国政府挑战，他在哲学理论上有很深的造诣，会说流利的英语，……当我说完对停战的新的立场时，卞长官说：“我不能理解，为什么美国在即将同共产党人讨论的瞬间才把同过去完全相反的立场通报给韩国政府？”

克拉克没有理会卞荣泰的挑衅质问，他遵照美国政府的指示对李承晚提出如下保证：

一、预先声明：如果共方破坏停战协定，在韩国同共方作战的16国将团结对敌。那时16国所采取的报复将不仅限于韩国国土之内。

二、将南朝鲜军队扩建到20个师，并援建相应的海军和空军。

三、美国政府保证最少提供10亿美元的经济援助。

四、直到朝鲜真正实现和平，保持在朝鲜和沿海的战备态势。

作为上述4项保证的代价，美国要求南朝鲜当局停止“反对停战的运动”，一旦停战协定签字必须遵守，李承晚军队的指挥权继续委托给“联合国军”司令部。

对这4条保证，李承晚觉得有了实惠，但他认为还不够，还想得到更多。他故意板起面孔说：“我非常失望，你们的政府变化无穷，你们无视韩国政府的意见……我们必须要坚持的是把中共军队从我国赶出去……没有这一条，就不可能有和平。你们的压力对我毫无用处，我们希望生存，我们希望活下去，我们将自己决定自己的命运。

十分遗憾，在这种情况下，我很难保证与艾森豪威尔总统合作。”

会见结束后，李承晚紧急通知南朝鲜参加板门店停战谈判的代表崔德新不再出席谈判会议。客观事实的发展常会使人感到意外，当时谁能设想若干年后这位崔将军竟成了朝鲜民主主义人民共和国最高人民委员会的重要成员。

美国没有理会李承晚的指责——他们认为开给李承晚的价码已经足够优厚了。崔德新不来，就临时换了一位将军接替，会议照常开，方案照常提，并建议谈判转入行政性会议。

李承晚按捺不住了。5月30日，他再次给艾森豪威尔写信说，接受任何一项允许中国共产党人留在朝鲜的停战安排，必将意味着朝鲜甘愿接受死刑的判决。他建议，共产党和“联合国军”在大韩民国和美国之间的共同防御条约首先签订的条件下同时撤退。

艾森豪威尔又作出3条保证，并邀请李承晚访美。3条保证是：

一、美国将不放弃它的努力，用一切和平的方式实现朝鲜的统一；

二、在缔结一项可以接受的停战条件时，我准备立即按照过去美国和菲律宾共和国之间以及美国和澳大利亚及新西兰两个英联邦成员国之间所缔结的条约的原则，同它谈判缔结一项共同防御条约；

三、美国政府在取得必要的国会拨款条件下，将继续向大韩民国提供经济援助，用以恢复其饱受摧残的国土。

李承晚懂得，如果这个时候去华盛顿，那么一切只好听从美国人的摆布了。所以他拒绝了访美的邀请。他说：南朝鲜“反对停战的示威在汉城”已经搞起来了，所以“朝鲜局势使我片刻也不能离开这个国家”。

新任国务卿杜勒斯早已厌烦了李承晚诸多要求，“对于李承晚来说现在是个面子问题，办法只能在既要尽快让他接受停战又能保持他的面子的情况下寻找”。

杜勒斯向以冷酷务实、熟悉外交事务闻名，是艾森豪威尔的左膀右臂。他向艾森豪威尔建议，由他专程赴汉城，就共同防御条约以及随后的政治会议中协调行动问题向李承晚作出特殊保证。艾森豪威尔没有接受这项建议，他认为在李承晚对停战采取赞成态度之前国务卿不能去，由一位较低级别的官员带一个代表团前往就够了。为此，杜勒斯推荐负责远东事务的助理国务卿沃尔特·罗伯逊率团去同李承晚谈判。

不仅美国将李承晚视为停战的最后一根刺，连中朝也真切感受到了来自南朝鲜的巨大阻力。

于是，在5月27日，中朝军队的第二波夏季攻势发动了。

与以往任何一次作战方略都不同，这次的打击是“分类打击”，目的在于痛击李承晚军队。

志愿军司令部的作战方略十分明确：把原以在西线重点打击美军为主的计划，改为打击李承晚军队为主，适当攻击美军，暂不打击英军。

“目前反击作战打击对象主要是李伪军，应坚决打击，求得大量歼灭其有生力量，对英国等仆从军队暂不攻击，对美军亦不作大的攻击（只打一个连以下的）。但原定之作战准备仍应进行，以便必要时再打，不管任何敌人，凡是向我们进攻，应该坚决地粉碎之。”

来自红色中国的警戒很快让美军感到了志愿军的决心——这种决心既包括停战，也包括坚决反击。

在分类打击中，李承晚军队遭到惨重打击。

这次反击作战，中朝军队先后对敌团以下兵力防守的51个防御阵地发动65次进攻，击退敌人从1个排到两个营规模的反扑共733次，歼敌41 000余人，给李承晚军第5师、第8师以歼灭性的打击，并彻底查明了敌方部署的基本阵地和预备队阵地工事构筑的情况，为更大规模的反击作战（前提是若敌仍然不接受停战）创造了有利条件。

李承晚的军队被打得偃旗息鼓，板门店却截然相反，气氛乐观让人振奋。被李承晚纠缠得不胜其扰的美军几乎要感谢志愿军帮他们教训了这个独裁者。

6月8日，双方签订了《中立国遣返委员会的职权范围》文件。至此，1年多来唯一阻碍停战达成协议的战俘遣返问题已获解决。

根据这一协议，一切不直接遣返的战俘应于停战协议生效后60天内由拘留一方的军事控制下释放出来，在朝鲜境内交给由波兰、捷克斯洛伐克、瑞士、瑞典、印度5国代表组成的中立国遣返委员会看管；战俘所属国家应有自由与便利自中立国遣返委员会接管战俘之日起派遣代表向依附于该国之战俘进行90天的解释，90天之后如尚有未行使遣返权利的战俘，其处理问题应交政治会议在30天之内解决；在此之后仍有未行使遣返权利的战俘，而政治会议又未为他们协议出处理办法，则应由中立国遣返委员会在30天之内宣布解除其战俘身份，使之成为平民，并协助他们前往他们申请要去的地方。

至此，朝鲜停战谈判的所有议程终于全部谈妥了。

6月10日以后，代表会议休会。双方参谋人员举行行政性会议，分两组重新划定军事分界线和拟定签订停战协定的文字细节。

6月8日对每一个参与谈判的人来说都是一个难以忘怀的日子。当天夜晚，周恩来亲自打电话给李克农，要他向代表团的全体同志转达慰问。那些为谈判日夜操劳的人们流下了激动的眼泪。

6月8日达成战俘协议的新闻成了全世界绝大多数新闻媒介的头条喜讯，它牵动着所有爱好和平人们的心弦。人们注视着板门店的新进展，盼望尽快签订《朝鲜停战协定》。

中国外交部副部长章汉夫于6月10日分别接见了捷克斯洛伐克、印度、瑞典大使、瑞士公使、波兰临时代办，正式邀请5国按照战俘遣返协议条款参加中立国遣返委员会的工作。11日至13日，上述5国先后接受了邀请。

6月16日，在板门店的帐篷里，双方参谋人员按照实际接触线重新划定了军事分界线。这次划线较之1951年11月27日以前的划线要顺利得多。具有讽刺意味的是，过去对方作为一种压力坚持不愿固定下来的停战线，此次却向南推移了140平方公里。

同一天，在另外一个帐篷里，双方的文字专家们也在逐条逐段逐字地（包括每一个标点符号）重新审定过去已经定稿了的停战协定文本。

志愿军和人民军的战士们在赶修开城到板门店的公路和桥梁，他们把刚修好的沙川江的桥取名为“和平桥”。

从志愿军各兵团各军调来的停战监督小组的军官、代表团新增加的工作人员、中国红十字会人员、各国新闻记者等先后抵达开城地区。中国方面还从沈阳调来了两辆由匈牙利进口的大轿车。

停战协定签字仪式的各项准备工作已经就绪。

此时，中国人民志愿军司令员兼政治委员彭德怀正在北京。他预定6月19日离京前往开城，在停战协定上签字。

第三节　就地释放

那就让中国人教训一下韩国人吧。

——马克·克拉克

离开谈判桌多时的白善烨，此时正在美国访问。

作为韩国现代军队的缔造者，白善烨正在着手开办军校、训练现代化军事人才等工作，比起在战场上“用双手实现统一”，他更重视身为军人的本分。

在白宫、西点军校，白善烨见到了艾森豪威尔，拜访了“不死的老兵”麦克阿瑟，还与已担任堪萨斯州利文沃思堡美军指挥参谋学院院长的老友霍治少将重逢了，他将在这里接受为期两周的培训。

白善烨的进修刚到第10天，他就突然接到了李承晚的紧急越洋电话：

“那边课程不紧的话，你就提前回来吧！”

6月初，白善烨匆忙赶回了景武台，但李承晚却若无其事，并未对白善烨做出任何安排或嘱咐。

李承晚绝不会平白无故召回他的，心事重重的白善烨拜别了总统。他知道，南朝鲜在开城的谈判代表也被撤回了，不祥的预感向他心头袭来。

在汉城街头，他遇到了一次声势浩大的反美游行。白善烨的汽车像一片无助的树叶，被裹挟在人流中，他只好下车大喊：“我是陆军参谋长白善烨，要去景武台面见总统，请大家让开一条路。”

颇具人望的白善烨在南朝鲜家喻户晓，人群报以掌声、欢呼声，为他让开了一条路。

白善烨已经看出，这次反美游行是官方策划的。

几天后，李承晚头一次召集了陆军几乎所有的指挥官，在景武台召开会议，布置战后的国家安保工作。会后，李承晚将白善烨叫到一边。

“你认识元容德吧？我给元容德留了作业，必要时你得帮帮他。”

元容德是宪兵总司令部司令，也就是由李承晚直辖的“御林军”首领。白善烨依然不懂总统的玄机，但当即做好了心理准备——看来，李承晚打算做点什么了。因此，当陆军司令部宪兵司令石主岩向白善烨密报，说宪兵总司令部最近异动频繁时，白善烨果断告诫他，不要管，连探听都不要。

6月18日凌晨两点，震惊世界的“就地释放反共战俘事件”爆发了。

在釜山、牙山、光州、论山等地，南朝鲜宪兵同时行动了。

几乎在同一时刻，所有战俘营的探照灯一齐熄灭，警卫们剪断了铁丝网，集体离开岗位。

战俘营就像开闸的堤坝一样，27 000余名战俘在顷刻之间人去楼空，仿佛一股掠过即逝的洪水。

所有的战俘营警卫工作，都是由元容德少将指挥的宪兵们担任的。

几分钟刚过，白善烨在大邱的官邸就密集地响起了电话铃声。

“韩国后方管区司令部”司令海伦少将强烈抗议南朝鲜守卫擅离职守，并希望白善烨马上抓回逃跑的战俘；美军军事顾问团团长罗杰斯少将和第八集团军司令泰勒也致电问难；联军司令克拉克更是连续打了两次电话，不断质询白善烨，追问主谋。

心忧不已的白善烨应付完美国人，马上拨通了李承晚的电话。

“哦，你就说是我让他们干的，告诉美国人，明天我会召开记者招待会的。”

总统的回答让白善烨怔住了，他本已做好背黑锅的准备。

“总统的回答让我非常意外，他这么说，是想把所有责任都揽到自己身上。这种情况下，他就算将责任推到我这个参谋长和宪兵总司令元容德少将身上也不足为怪，其实当初我真的是这么猜想的，但他并没有这么做。”

白善烨当即给克拉克回电：“李总统说释放反共战俘是他的决定，他会负责的，明天一早他会对此作出说明。”

此时此刻，美军已经大举出动搜捕越狱的战俘们，但这些穿上当地政府为他们准备好的衣服、藏在普通百姓家的朝鲜战俘，已经泥牛入海，再也无法分辨出来了。

美军的亡羊补牢成了徒劳。

美方早已十分担心李承晚的立场，克拉克甚至考虑过将战俘营的南朝鲜卫兵换成美军，只是为避免刺激到已十分敏感的李承晚，才放弃这样做。

现在，李承晚真的行动了。

在板门店会场内，尴尬无比的哈里逊只能向中方坦陈事实，他将事件经过写在信里，递交给中朝代表，保证美国正在接管战俘营的警卫工作，并将尽力搜捕逃跑者：

今天午夜与拂晓之间，约25 000名曾拒绝于停战后被遣返的北朝鲜战俘越出“联合国军”第5、第6、第7和第9号战俘营。

出自大韩民国高级官员的声明，显示这一行动曾秘密筹划，并由韩国政府的最高一级加以缜密的配合。战俘们集体越营时，曾获得外来的援助。派驻在战俘营作为警卫的大韩民国军保安部队，没有设法阻止这一越营事件。一切证据证明，大韩民国军的警卫与战俘间是实际串通的。

在收容反共战俘的战俘营中所使用的大韩民国军保安警卫部队，曾被认为是特别适宜的，因为这些战俘以前在被扣禁时愿意合作。

已经离开其在不遣返战俘营岗位的大韩民国军保安警卫部队正由美军予以解体。

正在尽力追回现在在逃的战俘。截至今天下午1时为止，逃亡战俘971名已被追回。

然后，在6月20日的会议上，美方不得不承受中朝的严厉指责，虽然他们“对李承晚的行动更比共产党还要吃惊，因为他们完全不信任李承晚”。

李承晚陷美国于尴尬，陷盟国于愤怒，也引发了联合国的谴责。

印度总理尼赫鲁的发言人19日说这是一件“很遗憾而极其令人反对的事”，尼赫鲁总理本人亦于25日致电联合国大会主席，要求联合国召开特别紧急会议，讨论因李承晚“释放”战俘而引起的严重局势。英国首相丘吉尔于22日在下院遭到严厉质问，他不得不宣读英国致李承晚当局的抗议照会——“女王政府强烈谴责这种背叛行为。”美国其他盟国的政府也纷纷向华盛顿提出抗议和质询。

对于这一极其恶劣的事件，比起义愤填膺的其他国家领导人，毛泽东并不打算在追责问题上一味纠缠。为了一锤定音促成谈判，毛泽东制定了一系列应对措施：

一、鉴于英、法、瑞士、印度等国对美国的强烈不满，美国盟国的分歧扩大，中国应采取重大行动，以求对美方形成足够压力，确保杜绝此类事件。

二、以朝鲜人民军最高司令官和中国人民志愿军司令员名义致信克拉克，停会一天，并在20号重开的大会上由南日宣读该信，拟在全世界范围造成重大影响。（信的主要内容为质问美方能否控制李承晚政府和军队，在发表后被美方认为确实“击中了要害”。）

三、若美方继续纵容李承晚，则必然难以经受全世界责难；若美国及时回头，对李承晚施压（比如追回战俘，但毛泽东估计美方追回的战俘必然很少），则中朝可随时抓住美方这一软肋，不断施压。

于是，前方人员应机而动。6月19日取消翻译人员会议，撤离修建签字场所的工人。

李承晚就地释放战俘的第2天，金日成、彭德怀致函克拉克，严厉要求立即全部追回被李承晚强迫扣留的朝中方面被俘人员。

“我方早就一再提请你方注意：你方所一贯宣传的所谓‘防止强迫遣返战俘’，完全是无中生有，根本不会发生的；相反地，强迫扣留战俘的可能性却是时刻存在着和增加着的，因而是我们所必须坚决反对的。这次发生的李承晚‘释放’和胁迫战俘事件，证明我们所反对的强迫扣留已经进一步地成为不容置辩的事实。而你方在此问题上历来所表现的错误立场和纵容态度，不能不直接影响这次事件的爆发和即将签字的停战协定的实施。”

金、彭质问对方：“究竟‘联合国军’司令部能否控制南朝鲜的政府和军队？如果不能，那么朝鲜停战究竟包括不包括李承晚集团在内？如果不包括李承晚集团在内，则停战协定在南朝鲜的实施有何保障？”

在美方看来，共产党的提问抓住了问题的关键。

“（他们）提出了好几个真正击中要害的问题：‘联合国军’司令部能够控制南朝鲜政府及其军队吗？如果不能的话，《朝鲜停战协定》还包括李承晚集团吗？如果不包括李承晚集团，又怎样保证南朝鲜方面遵守停战协定呢？共产党方面有权要求对上述问题做出答复，但联合国军司令部方面根本回答不了这些问题。”

面对这一窘迫局势，艾森豪威尔一方面指示美方首席代表向中朝做出交代，另一方面于当天——6月18日给李承晚发出一份急电：

我怀着严重关注获悉，你已下令释放被“联合国军”司令部拘押在它管辖下的集中营里的北朝鲜战俘，看守这些战俘的责任部分地被“联合国军”司令部托付给大韩民国武装部队。你的命令是由你们公开使用暴力而得以执行的，从而违抗了“联合国军”司令部的指挥。

……1950年7月15日，你正式通知“联合国军”总司令，鉴于联合国为大韩民国而采取联合军事行动，你授权他和在朝鲜境内或附近海区行使“联合国军”司令部授权的那些司令官们，“有权在目前处于敌对状态期间指挥大韩民国海、陆、空三军”。克拉克将军和泰勒将军报告我，在最近几天内，你已给了他们无条件的保证，即你在没有和他们磋商之前，将不会采取与以上所谈相抵触的片面行动。

要是你坚持目前的行动方针，就无法使“联合国军”司令部继续同你一致行动，除非你准备立即毫不含糊地接受“联合国军”司令部的指挥，处理并结束目前的敌对行动，否则就将另行安排。因此，“联合国军”总司令现已授权将根据你的决定而相应采取必要的步骤。

作为你个人的朋友，我希望你会找到一个立即纠正这一局面的方案……因为我感到不得不对我国人民和我们的盟国恪守信用。

3天之后，美国国务卿杜勒斯又发出一封措辞更为激烈的信给李承晚，责备他的行动并通知他，考虑到时间紧迫，恐电报来往产生误解，故助理国务卿沃尔特·罗伯逊将亲自前去商谈。

为了迫使李承晚让步，克拉克采取了一系列强硬措施，包括把不愿遣返的战俘集中起来加强控制，放慢向南朝鲜的水上运输，暂停对南朝鲜新建的四个师的装备供应。

“战俘遣返”是李承晚手中的最后一张牌。在甩出这张牌时，李承晚用尽了全身力气，让纸牌在联合国的桌上发出了一声巨响，众人愕然。

接下来，筋疲力尽的李承晚需要做的，就是等待着美国为他埋单。

7月1日，扯足顺风旗的李承晚不再一味强硬。他答应将战俘运到非军事区，“我们已差不多快同意停战了，不会阻止停战，只要美国明确保证在政治会议一旦失败时，再与我们一起战斗，直到完成朝鲜统一”，“生不如死啊！这样的条件，我怎么能同意停战，我们必须要给予绝地反击才行”。

7月12日，罗伯逊与李承晚谈判结束，美方再次答应李承晚如下条件：

一、签订美韩安全条约；

二、第一次付给两亿美元的经济援助；

三、如政治会议90天未达成协议时，双方讨论统一朝鲜的计划；

四、扩编南朝鲜军队为20个师；

五、政治会议前举行美韩高级会谈。

李承晚要罗伯逊转交他致艾森豪威尔的亲笔签署信，信中向美国政府保证不再阻挠停战协定的实施。

为期18天的谈判结束了，在这次被人们称为“小停战协定”的谈判中，白善烨一直伴随在李承晚身边。

在白善烨心目中，“外交鬼才”李承晚已知停战不可阻止，之所以策动这次“就地释放”行动，意在及早催促美国与其签订《韩美共同防御条约》，以及确保能获得战后援助。

李承晚冒天下之大不韪的行为还遭到了国内的猛烈抨击。因政见不合而辞职的前内务部长赵炳玉激烈批评了李承晚违背联合国停战精神的做法，被国外媒体广泛宣扬。事后不久，这名李承晚的宿敌就在夜里遭到了不明人物的袭击。

客观而言，李承晚的这次行动是一次招致国际社会唾弃的丑行，但也在一定程度上给韩国的战后重建上了保险，同时，也引起了美方的极度反感，被美国政府视为讹诈。在以往所有的越轨行为中，李承晚都没有像这次这样接近、甚至超出美国的底限，美国甚至开始考虑为南朝鲜更换一位更理智的新总统了。

在约瑟夫·古尔顿的《朝鲜战争，不为人知的故事》和克雷·布莱尔的《被忘却的战争》中，披露了一些战后公布的美国国防部机密文件，其中提到了美军第八集团军所设想的“常备行动”。这个计划预计给李承晚提供一定数量的援助，以换取其对停战的认同；如果李承晚固执己见，不肯停火，则取消一切援助，美军撤出朝鲜半岛；如果李承晚依然不肯让步，则会执行第三步，操纵韩国国内政变，废黜李总统，扶植张泽相总理组建新政府。

彻底失去美国信任的李承晚，后来在1960年国内爆发“4·19革命”而下台时，没有得到美国丝毫帮助。

至于“就地释放”的执行者，宪兵总司令元容德，则被美军指责为“反美分子”、“下流坯”。1953年9月，已晋升为陆军中将的元容德又做了小动作，他破坏了铁路，使前往板门店接受战俘的印军无法及时到达。在白善烨忍气吞声的保证之下，盛怒中的克拉克才没有继续追究元容德的责任。

在美国与李承晚纠缠不清的时候，彭德怀并未改变朝鲜之行的日程。

6月19日，北京前门火车站。彭德怀在站台上向前来送行的党、政、军负责人握手告别，登上了北京开往平壤的国际列车。

彭德怀在朝鲜战场手持望远镜视察阵地。

彭德怀在列车上和随行参谋讨论朝鲜局势——前往朝鲜签订停战协议的计划并未更改，只是要增加一些任务了。

如果在军事上不给予敌人以惩罚性的痛击，不仅会拖延停战的早日实现，而且也将影响停战后朝鲜半岛和平局面的稳定，反倒不利于和平。

列车越过鸭绿江，于6月20日下午到达平壤。彭德怀立即与在开城的停战谈判代表团通电话。负责谈判领导工作的李克农向彭德怀汇报了李承晚扣留战俘造成的局势。李克农说，敌人是狼狈的，李承晚和美国的好战分子是孤立的。他希望彭德怀仍然到开城来。

彭用一贯的粗嗓门回答：“我一定会来！”

紧接着，彭德怀把电话打到志愿军桧仓指挥部，与代理司令员邓华、副司令员杨得志直接通话。邓、杨详细汇报了近期志愿军反击作战的经验，并说正在研究再次打击李承晚军的计划。

彭德怀放下电话：“这个李承晚不识好歹，再给他点颜色看看是完全应该的。”

彭德怀掌握了会场上的基本情况，又了解了志愿军总部近期军事部署，但并没有立刻作出结论、发布命令。

他还在考虑。

当晚10时，彭德怀下定了决心。他在平壤亲自拟定电文发给毛泽东，建议推迟停战签字时间，再歼灭李承晚军1.5万人，给李承晚以打击。

毛泽东回电：“停战签字必须推迟，推迟至何时为适宜，要看情况发展方能作出决定，再歼灭伪军万余人，极为必要。”

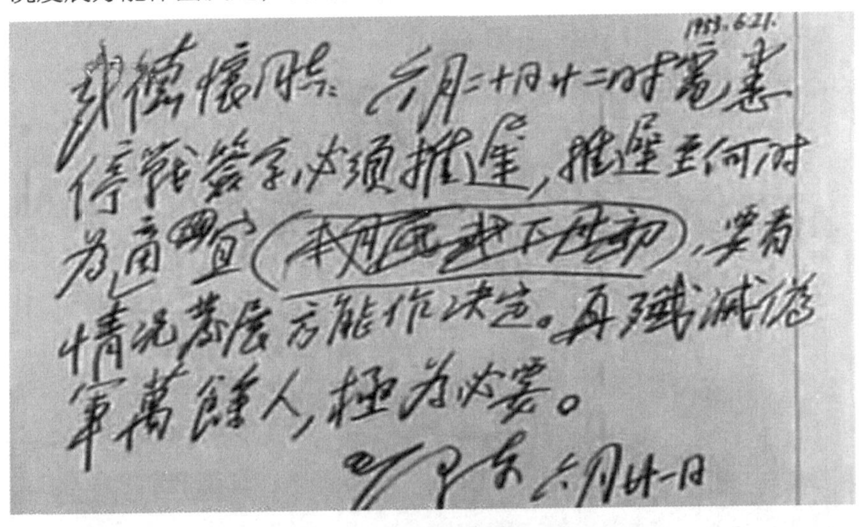
1953.6.21.

彭德懷同志：六月二十日廿二时電悉。停戰簽字必須推遲，推遲至何時為適宜，要看情況發展方能作決定。再殲滅偽軍萬餘人，極為必要。

毛澤東 六月廿一日

毛泽东电文。

6月25日，邓华等一线指挥官开始命令部队加速准备，第20兵团也预备在战役任务达成后，继续进行纵深有限度扩张。

6月28日，李克农向毛泽东发去了分析电报：“朝鲜停战的前途是肯定的。谈判虽然目前会拖一下，但准备停战的实际工作不应受影响。我们要利用有利形势，争取一个比较稳定的停战。”

打击李承晚的决议已定。

克拉克在6月29日致函中朝，承认“就地释放战俘”事件的严重性，并表示将尽力追回战俘，还建议双方恢复因此中断了的谈判。

7月3日，外交部副部长将中国政府的分析递交给苏联使馆。中国政府认为，克拉克的声明是在与李承晚划清界限，表明美方决意签订停战协议，不愿再在烂泥潭里过多纠结。因此，志愿军将在7月5日给克拉克复信，同意恢复谈判，并在签约之前打击李承晚军队。

这个时候，不但政治上对中朝极为有利，可以放手狠狠地打击李承晚军，而且在军事上已经有了前两次反击作战的连续胜利，李承晚军在金城以南、北汉江以西地区之4个师的阵地愈显突出，态势对中朝军队也非常有利。加之志愿军士气高昂，有雄厚的物资储备，交通运输线已得到全面恢复和加强，志愿军在这个方向上已集中了4个军的兵力和400多门大口径火炮，有足够的实力发起比前两次反击作战更大规模的进攻。

7月13日，在宽达25公里的正面战线上，金城攻势展开了。

在1 000余门火炮的火力掩护下，志愿军发动了雷霆般的强攻。

此次反击作战的部署是，以第20兵团和第9兵团的第24军及全军主要炮兵部队，向敌战略要点金城以南之上所里至金城川与北汉江汇合处约25公里正面实施主要突击，以歼灭该地区李承晚军4个师一线团并拉直金城以南战线为目标；其他第一线各军在各自正面阵地上积极出击，牵制敌人，以配合主攻方向的作战行动。

敌人在这一突出地区阵地防御的部队是李承晚的首都师、第6、第8、第3师。敌前沿防御体系比较坚固，阵地上普遍构筑了坑道并建有大量明暗火力点、地堡群、交通壕，阵地前沿还设置了3至15道铁丝网，并埋设数以万计的地雷，纵深达150至300米。

志愿军第20兵团以及第24军在兵团司令员杨勇、政治委员王平指挥下，以5个军的兵力组成东、西和中央3个作战集团。

1个小时之内，李承晚的四个师防线就被完全突破。

志愿军西集团在突破敌人阵地后，令一个加强营迅速向敌纵深发展。先头连队及1个化装成李承晚军的侦察班，以极为隐蔽的动作于14日凌晨2时插到了二育洞附近，以迅雷不及掩耳之势强攻当面之敌，全歼李承晚首都师第1团团部，并乘敌混乱之机消灭美军1个炮兵营的大部和乘车北上增援的李承晚首都师机甲团第2营大部，击毙其团长陆根洙。

7月14日，雷雨大作，志愿军乘敌航空兵活动不便，迅速扩大战果。至14日17时40分，西集团占领了梨实洞、间榛岘一线以北地区，并活捉李承晚首都师副师长林益淳。

美国实在无意再为李承晚收拾烂摊子，克拉克干脆说：让中国人教训一下韩国人吧。

李承晚军遭志愿军痛击后，美、李间盘根错节的关系变得更加微妙了。李承晚大发牢骚，埋怨美军见死不救、只顾自己。为了挽回败局和调整美、李间的关系，“联合国军”总司令克拉克和美第八集团军司令泰勒于7月16日赶赴前线，稳定军心。

敌军的反扑重点从7月18日以后逐渐转移到志愿军中央集团正面的602.2高地及其以西高地、巨里室地段。

这时，志愿军中央集团炮兵阵地已转移就绪，行进道路已修通。前沿阵地的将士在步炮密切协同下，与敌展开了争夺战。尤其7月19日、20日两天，联军每日展开3个团的兵力，在400余架次飞机、30余辆坦克的支援下连续猛攻。战斗异常激烈。

这次以金城地区为主要目标的进攻作战是志愿军在抗美援朝战争中的最后一役。此役共收复土地192.6平方公里，拉直了金城以南的战线。

在李承晚不遗余力的策划之下，《美韩共同防御条约》在朝鲜战争结束后迅速签订了。1953年8月8日在汉城草签，10月1日在华盛顿正式签订；1954年11月17日生效，无限期有效。美国与韩国终于缔结了长期军事同盟，李承晚以接受停火为代价，换来了一张长期饭票——虽然他最终没能凭此继续维持统治。

基于共同防御条约，美韩双方还签订了一些重要的相关条约，例如在1954年和1955年，又先后签署《美韩关于军事和经济援助的协议记录》和《美韩关于建立兵工厂及重新生产军火最低限度设备的换文》。

从此，大批美式装备从美国本土、日本运往韩国。美国将大批武器运进韩国，在仁川等地建立军事基地，时常共同举行联合军事演习。

随着东西方冷战愈演愈烈，美军在如同火药桶般的三八线南端大量屯兵。直到1990年，冷战即将结束时，美军的驻韩部队达到44 000余人，军事基地80多个。

第四节　划定分界线

如果因为没有取得胜利，就忽视或忘记在朝鲜战争的战场上和谈判中通过千辛万苦而得来的教训，那才是真正的不幸。

——沃尔特·G. 赫姆斯

李承晚就地释放战俘的恶劣行为，使美国跟着一起信誉扫地，成了这一阶段的最大输家，也使本已即将签订协议的双方再次交火，多处阵地易主，只能再次重划分界线。

代表团大会于7月10日复会。

哈里逊知道此时肩负的重担，他一改以往轻浮傲慢的作风，不再吹口哨，也不再逃会，而是认真听取中朝的质问，谨慎地把要回答的措辞逐字写出，交给其他代表传阅同意后再照本宣读。

这样的会议连续开了6次，直到7月16日才结束。其主要质问和回答是：

中朝代表问（以下简称“问”）：究竟“联合国军”司令部能不能控制南朝鲜政府和军队？

美方答（以下简称“答”）：由于谈判所取得的结果，你方可以确信“联合国军”统帅部，包括韩军在内，已准备履行停战协定的各项规定。

问：我问的是南朝鲜军队到底受不受“联合国军”司令部的节制。

答：是的，韩军属于“联合国军”司令部。

问：对于已经达成的停战协定的实施，你方能保证南朝鲜政府和军队不进行阻挠和破坏吗？

答：我方保证，韩国将不以任何方式阻挠停战协定条款的实施。

问：如果它进行阻挠和破坏怎么办？

美方：（重复刚才的答话）

问：我问的是如果它进行阻挠和破坏怎么办？

答：大韩民国进行任何破坏停战的侵略行为时，“联合国军”将不予以支持。

问：你方为什么不能采取行动进行制止？

美方：（不语）

问：如果南朝鲜破坏停战发动进攻，为保证停战朝中方面采取行动抵抗进攻时，“联合国军”将持何种态度？

答：“联合国军”将继续遵守停战协定并承认朝中方面有权采取必要行动抵抗侵略，保障停战。

问：是不是说，在这种情况下，“联合国军”仍保持停战状态？

答：是的，“联合国军”仍保持停战状态。

问：如果南朝鲜在停战后采取进攻行动，“联合国军”是否不再支援南朝鲜，包括武器装备、物资供应在内。

答：我方保证如果韩国破坏停战，采取进攻行动时将不再给予武器装备、物资供应的支援。

问：停战后，对于中立国和朝中方面的工作人员进入南朝鲜的安全和工作便利，你方能作出保证吗？

答：我方保证他们的安全和提供工作上的便利。

7月19日，中朝首席代表南日将对方首席代表哈里逊对实施停战问题所作的保证公之于世。

在这次会议上，美方做出了完全保证，体现了足够诚意，中朝代表团同意了尽快签约的要求。

为此，双方商定再次校正军事分界线。

在金城攻势中，志愿军新占领的几个阵地已与板门店近在咫尺，用望远镜即可确定位置，这几处阵地的划线很快完成。当接触线延伸到板门店东边10公里以外后，美方代表穆莱拿出铅笔，在中朝代表新画的红线后面圈出几个蓝色弧形，将志愿军新攻陷的马踏里东山、坪林南山等地全部画到了蓝线之后。

双方代表划定分界线。

“根据我们的情报，这是我军的阵地，所以线应该是这样画法。”穆莱指着地图说。

“不，这些阵地对双方而言都是清楚的，这里的每一寸土地都经过激烈的争夺。现在占有这些阵地的绝不是你们。”

“那么，这样……”或许是已经领教过中朝划线的精确与情报的及时，穆莱只是稍做核实，就改换了方案，将蓝线切成两半，“我们可以作些让步，与你们半途相会……”

“难道把我军的阵地当作你方的阵地，可以叫做让步吗？我们郑重声明，我们不会把红线画到你军阵地的后方，也决不允许把蓝线画到我军阵地的后方。”

穆莱再次把蓝线向后挪了挪，摊开双手：“这样大家都可以满意了吧！”

由于金城攻势尚未完全结束，双方的少数阵地还有变动的可能，所以，在划线时就出现了争议地带。穆莱之所以讨价还价，倒也并非是无理取闹，漫天要价，而是在战场形势未明的情况下，不敢擅专。

于是，中朝代表主动为对方提供了台阶。“请你还是去查对一下的好。像这样，你可以在地图上画许多条线，但对解决问题却无帮助。”

就这样，分界线从金城以南，逐渐画到了东海岸。

“这里的情况发生了变化。”穆莱用笔指着351高地，“我们的军队在7月20日12时30分占领了这个高地，我建议对这个地方的接触线加以修改”。

“我们有更正确更完整的情报，现在读给你听。”虽然美方代表提高了获取情报的效率，但中朝代表依然更快一步，获得了更新的情报，“7月20日12时30分，你方军队攻占了351高地，同日13时30分我军恢复了这个阵地，此后你方军队连续进行了多次反扑，但直到现在351高地仍在我军手中，并将永远在我军手中”。

“我们可以对这个情报再加以核对。”穆莱沉默着，美方工作人员立即出门打电话。一个小时过后，穆莱承认了351高地确实处于中朝实际控制之下。

在第三次划线谈判中，气氛要较第一次融洽得多。既然已经决心停战，而且已十分厌恶李承晚的政治手腕，美方就不再寸土必争，更多时候是与中朝代表认真沟通。

每天晚上，中方的吴克昌和美方的白特勒会把日间商定的线画在准备草签的图上，两位画图人员还会闲聊几句，有时连翻译都不用，将画好的线指给对方看，两人都说OK，一天的工作就结束了。吴克昌会请白特勒一起分享夜餐，而白特勒也请中方人员喝咖啡。

7月22日，最后军事分界线确立了，7月24日双方代表予以核准。至此，这条军事分界线已经先后画过3次。这次校正表明，在这1个多月中，中朝军队又向前推进了192.6平方公里，较之第1次协议的军事分界线共推进了332.4平方公里。

楚河汉界一经划定，撤军问题就迎刃而解了，7月30日，双方军队全部撤离了非军事区。之后，在分界线附近的非军事区，双方完成了最后几项工作。

首先是在南北边缘树立标志物。美方参谋想找工厂制作金属标志物，但运送比较费时，中朝则提出就地制作木质标志物，以便尽快使用，美方同意了。

于是，从8月8日到9月1日，245公里长的军事分界线上竖起了1 293个木质标志物，用朝、中、英三种文字标明了“军事分界线”字样，标志物的平均间距为190米。

然后是撤除非军事区内的危险物。双方有45天时间，用于拆除爆破物、地雷、铁丝网及一切危险物，建立了安全通道。8月5日，就曾有联合小组成员在非军事区触雷，导致4死4伤，这也促使双方加快排障的进度。

最后，非军事区内的死亡军事人员遗体被领回，民政警察也进驻了非军事区。

既然确定停火，双方对停战协定都严格遵循。

金日成、彭德怀对部队下达严令，禁止对敌做宣传工作，不准任何单位通过非军事区进行隐蔽活动，封锁非军事区北缘，除军停会、联合观察小组和民政警察外，任何人员不得进入非军事区。

美方也十分慎重，虽然南朝鲜军逐渐替换了撤离的美军，接过了驻防任务，但南朝鲜军的指挥权属于美方，弹药也由美方供应，因此在军事分界线和非军事区内都并未发生重大违规事件。

对于在非军事区发生的违反停战协定事件，中朝也分门别类做出了应对。

从签订协议到1954年2月，共计有226批、524架次美军飞机越境侦察，侵入深度均不大，中朝的一般做法是向军停会或秘书长会议提出抗议。1954年2月5日，一架美军L-5飞机误降开城机场，经中朝查明情况后归还美方。

对于军人因失误越界的情况，中方均在扣押越界人员之后，与联合观察小组进行共同调查，然后主动遣返。例如1953年9月12日，2名美军在板门店被扣留；1954年5月11日，哥伦比亚营营长奥梯斯上校等3人在上浦防里东无名高地被扣留，这些军人都被中方遣返。

对于南朝鲜武装特务侵入非军事区袭击中朝民政警察的行为，中朝予以坚决痛击，在“不许把子弹打到对方地区”的前提下，严密监视，果断打击。1954年4月3日，1名南朝鲜武装特务在后川洞附近越界，被击毙；10月11日，南朝鲜谍报队人员在豆粟洞附近越界，打死中朝民政警察1人，劫走1人。类似事件时有发生，所以中朝民政警察一直高度戒备。

至此，军事分界线正式划定，双方结束了战争状态，进入相对稳定的和平时期。1954年12月15日，参加军事停战委员会工作的志愿军代表团结束任务，只留下一个联络处，其余全部回国。

第十一章

无法遗忘的战争

朝鲜战争，被美国人称为“被遗忘的战争”。

战争结束之后，美国军政领导人告诉美国人民，他们成功地在远东遏制了红色政权的扩张，从这个意义上讲，美国绝不是失败者，至少是与中朝打成平手。

但正如克拉克所言：“我是第一个在没有取得胜利的谈判文件上签字的美军将领。”美国在朝鲜所犯下的一系列战略性错误，足以使麦克阿瑟走下神坛，使民主党结束连任，而在1953年签订停火协议时，停火线与1951年时的那条几乎一致。

无论是美国民主党还是美国共和党，都悲哀地发现，他们白白多打了两年仗。

第一节　这里的黎明静悄悄——抢修签字大厅

朝鲜停战谈判不能不是一场异常尖锐复杂而长期的军事与外交交织着的斗争。

——彭德怀

停战协定签字的那一天终于要到了。

1953年6月，中朝代表团未雨绸缪，已经着手准备修建签字大厅。

早在1951年10月23日，双方就议定“朝中代表团方面负责供给适当的共用设备，以作双方代表团、会场场所之用，并负责会议室内之布置”。

停战签约说来就来，作为东道主，中朝代表团务必在极短时间内完成签字大厅的修建任务，为这场宏大而悲壮的史诗画上一个隆重的句号。

在原来谈判的帐篷里签字显然不行，因为这种“排用张篷”容量有限，太过寒碜；如果在一个大型帐篷里当然可以，但必须专门定做，远水无疑解不了近渴。有人建议把几顶帐篷连起来使用，也有人主张临时盖几间简易房子。

这时，正有一批中国建筑工人为志愿军代表团赶修办公地点和宿舍，采用的办法基本上是木框架加上油毡、三合板和苇席建造简易木屋。在此启发下，一种组装式的木屋构想被肯定了下来，并分工由李相朝和人民军代表团秘书长朱然负责办理。他们很快完成了总体设计图案，并立即着手施工。

美方曾建议将大厅建造成十字形，便于双方代表团和记者分区活动，但中朝代表团考虑到李承晚有可能派遣特务干扰签约，就提出修成T字形。

为此，在胜利的喜悦充盈着代表团营地的时候，冷静的李克农专门召集了一次会议。

中朝工人们于1952年7月26日晚一夜建成了停战协定签字大厅。

李克农告诫每一名代表团成员：李承晚极端仇视停战，他所以接受停战，是中朝人民军队的打击和美国政府安抚的结果。他会不会就此甘心？他还可不可能进行破坏？如果他要破坏，最坏的可能莫过于在签字时搞一次使敌我双方不得不再打起来的毒辣的行动。比如说对双方司令官的任何一人进行袭击，它的后果将比扣留战俘更为严重。

会议反复研究，认为这确实是个难题，美方未必肯认同。但只要坦率提出，晓以大义，料想对方也会认真考虑，因为美方对李承晚同样不放心。

代表团提出了两个方案：一是同对方协商，根本不准李承晚集团的任何人员进入板门店中立区，同样也不准台湾的记者来会场区参加签字仪式。李克农估计，限制台湾记者容易取得美方的同意，但完全拒绝南朝鲜人员进入中立区，美方确实会有困难。最后，被采用的是第二套方案：改变双方司令官到现场签字的办法，由双方首席代表南日、哈里逊在会场签字，然后停战协议立即生效，接下来，双方各自回营，向自己的司令官送签并互换文本。

于是，T字形的修建方案也得到了美方同意。

这座签字大厅并不是一开始就修建在板门店，而是在开城中朝代表团驻地附近广场上完成，然后“搬”到板门店会场，再拼接而成。

7月的开城骄阳似火，上百名朝中两国工人夜以继日地赶制签字大厅所需要的配件。

木料由朝鲜调拨，苇席、油毡则从中国东北运来。工人们按图纸把梁、檩骨架、屋顶、门窗、台阶、地板等构件一件件做好，装箱入库。

这时，停火谈判的所有问题都已谈妥，签字仪式已确定在7月27日进行。

1953年7月26日下午4时，双方联络官会议同意公布停战协定签字的日期与签字的方式。双方联络官对于即将正式签署停战协定都流露出欣慰的笑容。散会时，双方代表与往常也不同了，相互主动打招呼，并举手示意。

中朝代表团当日发表如下公告：

《朝鲜停战协定》已由谈判双方完全达成协议，双方定于7月27日朝鲜时间上午10时，在朝鲜板门店由我方代表团首席代表南日大将与对方代表团首席代表哈里逊中将先行签字，然后送朝鲜人民军最高司令官金日成元帅、中国人民志愿军司令员彭德怀将军、“联合国军”总司令克拉克上将，分别签字。

停战协定即将签字的消息传开，人心大振，举世欢呼。

负责这项工程的李相朝胸有成竹。只要有六七个小时，他保证把这座签字大厅在板门店安装完毕。

中朝的工程队展现出了令世人咂舌的效率，仅仅一周，所有部件全部做好。

7月26日晚，一支中朝车队连夜从开城出发，开赴板门店会场。

在依稀的星光下，人民军代表团秘书长朱然带领100多人，开始彻夜搭建这座崭新的和平殿堂。

夜风沁人心脾。朱然觉得，停战前夕的板门店静谧无比，简直使他有一种远离战火的恬静感，三年来，这是他第一次感到被称为“晨谧之乡”的朝鲜有多美丽。在广袤无垠的夜幕中，大厅的剪影渐渐清晰、完整、高大起来。渐渐地，晨曦开始明朗，微弱而清晰的阳光为大厅涂上了新生的色彩。

朝鲜的黎明，即将降临在板门店。

板门店签字大厅外景。

7月27日清晨，当肤色各异、语言不同的各国记者来到板门店时，惊叹声不绝于耳，不少人甚至朝这座大厅发出了欢呼声和口哨声。

一座具有典型朝鲜民族风格的飞檐斗拱的大厅静静伫立，大厅呈T字形，正面朝南，T字形的突出部分位于北方。在大厅前面是原来谈判会场的一所小木屋和几顶帐篷。这些木屋和帐篷饱经风雨，已经显得陈旧，然而它们将永远是以和平协商战胜武力竞争的历史见证。

签字大厅的屋顶是三角形的。中朝工作人员曾在屋顶侧墙上镶了和平鸽图案，却遭到美方代表反对，因为和平鸽隐含共产主义的意味，坚持要求中朝将鸽子图案取下来。

最后，图案是取下来了，但三角形的屋顶侧壁上依然清晰地留下了和平鸽的形状。

与此同时，从开城至板门店之间几条江河上的桥梁也修建起来，有的桥取名为“和平桥”，有的命名为“胜利桥”，桥的栏杆上还用朝文、中文镌刻着建桥日期。

签字大厅内外的一切准备工作就绪。

第二节　无声的签约现场

我获得了一个不值得羡慕的名声：我是第一个在没有取得胜利的谈判文件上签字的美军将领。我感到一种沮丧的心情。我想，我的两位前任，麦克阿瑟和李奇微将军也会有同样的感觉。

——马克·克拉克

7月27日，《朝鲜停战协定》签字生效。

这一天，牵动世界神经的板门店地区天空晴朗。

上午9时，专程前来采访这条头号新闻的世界各地的200多位记者抵达板门店。从汶山来的记者由对方代表团新闻联络官勒荷斯负责联系，从开城来的记者由中朝代表团新闻处长沈建图负责联系。当记者们看到这座奇迹般的大厅时，不少人翘起大拇指说：共产党人办事效率真高，没想到一夜间竟从地下钻出一幢建筑。

大厅内部布置得庄重实用。按事先的商定，中朝方面人员出入西门，对方人员出入东门。1 000多平方米的大厅内，只要与双方代表团有关的设置和用品都是对称、平等的。大厅正中向北并列着两张长方形的会议桌，为双方首席代表签字桌。会议桌中间是一张方桌，供置放双方签字文本；届时方桌两侧双方将各有两位助签人。桌上都铺着绿色桌布，西边的会议桌上立着朝鲜民主主义人民共和国国旗，东边的会议桌上立着联合国旗。大厅西部的长条木凳是中朝方面人员的席位，东部的长条木凳是“联合国军”方面人员的席位。大厅北面T字形部分是双方新闻记者的活动区域。

停战双方首席谈判代表在停战协定上签字。

那张方桌上摆着《朝鲜停战协定》及附件的文本，有朝文、中文、英文共18本，其中中朝方面准备的9本用深棕色皮面装帧，对方准备的9本封面上印着联合国的徽记，是蓝色的。3种文字均经双方核定，一字不差。待完成正式签字后，双方将各保存一份（中、朝、英文3本），另一份（中、朝、英文3本）由军事停战委员会保存。

《朝鲜停战协定》文本。

9时30分，双方各有8名佩戴袖章的安全军官列队入场，分别步入大厅西部和东部的四周担任警卫。

随后，双方出席签字仪式的人员分别由指定的东西两门入厅就座。

10时整，大厅里一片寂静，朝中代表团首席代表南日大将和“联合国军”代表团首席代表哈里逊中将从大厅南门进入大厅，分别在会议桌前就座。两位首席代表在本方助签人协助下，在己方准备的9本停战协定上签字，之后由助签人同时交换9本，再在对方交来的9本停战协定上签字。再后的规定是由助签人员把这9本停战协定带回去尽速送交己方司令官签字。

由于双方工作人员做了周密的安排，这场不寻常的签字仪式进行得很顺利。

两位首席代表各在10分钟之内在18个文本上签字，忙而不乱。

事先已商定，双方首席代表南日、哈里逊签字时间即作为停战协定签字时间。签字仪式于上午10时10分结束。南日、哈里逊分别偕同本方人员起身退出签字大厅。整个过程，南日和哈里逊没有一句交谈，甚至没有眼神交流。

这里有一个富于戏剧性的插曲。“联合国军”首席代表、美国陆军中将威廉·凯·哈里逊的名字早已为人们熟知。可是签字后发表的中文文本上竟成了“海立胜”。这是在核定文本时，对方坚持要译为“海立胜”所致。大概，他们的意思是想以此表示他是“海岛上站立着的胜利者”吧。

签字刚一结束，中朝代表团即驱车赶回开城——他们剩下的任务，是以最快的速度将停战协定送到金日成和彭德怀手中。

军车还行驶在路上，开城路口的扩音器已经传出了庄严的停火命令。

朝鲜人民军全体同志们，中国人民志愿军全体同志们：

朝鲜人民军和中国人民志愿军经过了三年抵抗侵略、保卫和平的英勇战争，坚持了两年争取和平解决朝鲜问题的停战谈判，现在已经取得了朝鲜停战的光荣胜利，与“联合国军”签订了《朝鲜停战协定》……

许多代表团成员都流下了泪水。

当天，在汶山的美军帐篷里，“联合国军”总司令、美国陆军上将马克·克拉克在停战协定上签上了名字。他同哈里逊的看法不同，签字后，这位上将意味深长地说：“我们失败的地方是未将敌人击败，敌人甚至较以前更强大，更具有威胁性。”当然，他之所以得出这个结论并不是要从这里得出什么有益的教训，而仍然是基于冷战反共的立场。他说：“当我在停战协定上签字时，我知道这件事并未结束——反抗共产主义的斗争，在我们这一生将不会结束。”

这位四星上将的另一句名言则广为人知：

> 我获得了一个不值得羡慕的名声：我是第一个在没有取得胜利的谈判文件上签字的美军将领。我感到一种沮丧的心情。我想，我的两位前任，麦克阿瑟和李奇微将军也会有同样的感觉。

克拉克在停战协定上签字。

壮志未酬的克拉克十分沮丧。马克·W. 克拉克出身于军人世家，其父查尔斯·克拉克是美国海军少将，在陆军大学任教官时，当时还是学生的麦克阿瑟常去克拉克家中求教。

克拉克本人和李奇微是西点军校的同期生。而在朝鲜战争中，共有142名美军将军的儿子入伍，其中有35人战死或受伤；此外，还有第九位美国总统威廉·亨利·哈里逊的直系后裔、首席谈判代表哈里逊等高官后裔在朝鲜战场工作。

踌躇满志的克拉克渴望在朝鲜荣获属于自己的军功章。1950年末，第八集团军司令沃克战死，根据内部排序，克拉克几乎已是铁定的继任者，“后任应该是我了”，他对此信心十足。

但造化弄人，与麦克阿瑟和华盛顿高层关系微妙的李奇微火线接掌了第八集团军，并继而成为了联军总司令。

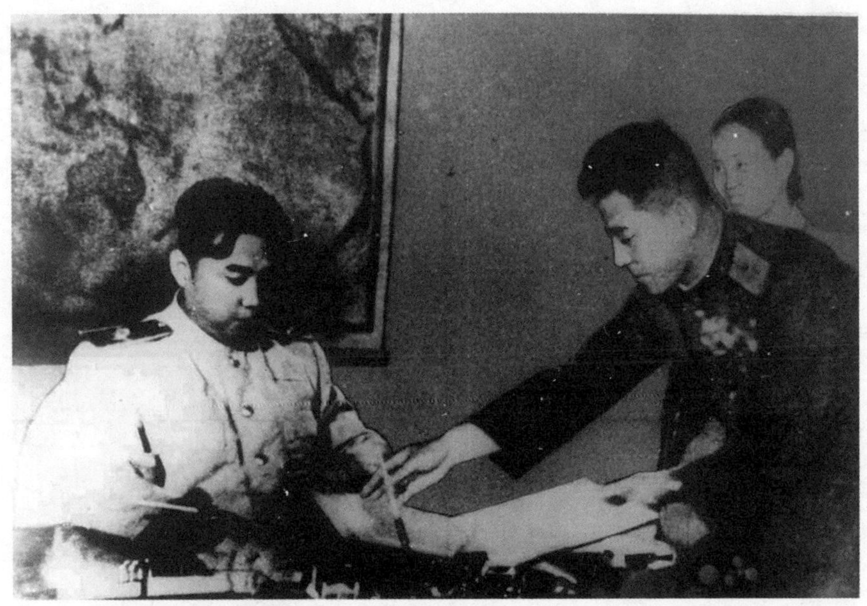

金日成在停战协定上签字。

于是，朝鲜战场成就了一代名将李奇微，他被视为力挽狂澜的美军救世主，彪炳史册。

等到1952年5月，李奇微调任，克拉克终于如愿以偿接任了朝鲜战场的联军司令一职。

但此时大局已定，华盛顿早就无心恋战，等待克拉克的不是战火，而是停火。

“并没有给我胜利的权限和军事物资……给我的任务不是胜利，而是努力尽快实现停战。”就这样，克拉克怀着巨大的愤懑和遗憾，参与到停战谈判中，因此，当他说出前文所述的那句名言时，心中一定百感交集。

克拉克签字的同一天，南日带着协定文本赶往平壤。当晚10时，朝鲜人民军最高司令官金日成元帅于首相府在停战协定上也签了字。

当天下午，彭德怀在朝鲜人民军副司令官崔庸健次帅的陪同下到达开城，下榻在来凤庄。晚上7点，当彭德怀和崔庸健步入庆祝晚会的会场时，所有人都爆发出欢呼。戎马一生、异域扬威的彭老总摘下了旧军帽，一边挥动，一边向人们致意。

文工团演出的剧目是中朝民众都耳熟能详的，比如《西厢记》。工作人员给彭德怀等军官端来了橘子水，彭德怀大手一挥，“端到后台去，演员比我们辛苦”。

演出结束后，后勤人员将一套新军装送到彭德怀面前——这是专门为28日的签约仪式准备的。

彭德怀板起了脸。在这位出身农家的老帅心中，花里胡哨的噱头才是对仪式的不敬，他拍了拍身上的旧军装，“我穿着它心里踏实，人民看到也会心情舒畅，不会指着我们的脊梁说三道四”。

中国人民志愿军司令员彭德怀专程由北京赴开城，在《朝鲜停战协定》上签字。

翌日上午9点30分，开城松岳堂，中朝方的签约仪式也召开了。

礼堂正中的长桌上铺上了洁白的台布，桌上放着笔墨文具，摆着鲜花，中朝两国国旗挂在墙壁上。

彭德怀、李克农、乔冠华、杜平、张明远等高级将领集体步入会场，三四十个记者也鱼贯而入。

彭德怀用的是毛笔。他的表情严肃而凝重，郑重地在停战协定文本上写下了自己的名字。

多年后，这位开国元帅在《彭德怀自述》一书里写道："我在签字时心中想：先例既开，来日方长，这对人民说来，也是高兴的。但当时我方战场组织刚告就绪，未充分利用它给敌人以更大打击，似有一些可惜。"

第三节　最后的烟火

西方侵略者几百年来只要在东方一个海岸上架起几尊大炮就可以霸占一个国家的时代是一去不复返了。

——彭德怀

《朝鲜停战协定》签字后，双方同时公布了内容包括5条63款的朝鲜军事停战协定和有关附件的全文。

根据协定，双方控制下的一切武装力量，包括陆、海、空军的一切部队与人员，于双方代表团首席代表签订停战协定后12小时起，即7月27日朝鲜时间22时起，完全停止一切敌对行为，而停战协定和附件及其临时补充协议的一切其他条款亦一律于停火的同时开始生效。一切军事力量、供应和装备将于停战协定生效后72小时内从非军事区撤出。

当日，朝鲜人民军最高司令官金日成元帅、中国人民志愿军司令员彭德怀将军向朝鲜人民军、中国人民志愿军发布停战命令："自1953年7月27日22时起，即停战协定签字后的12小时起，全线完全停火。"

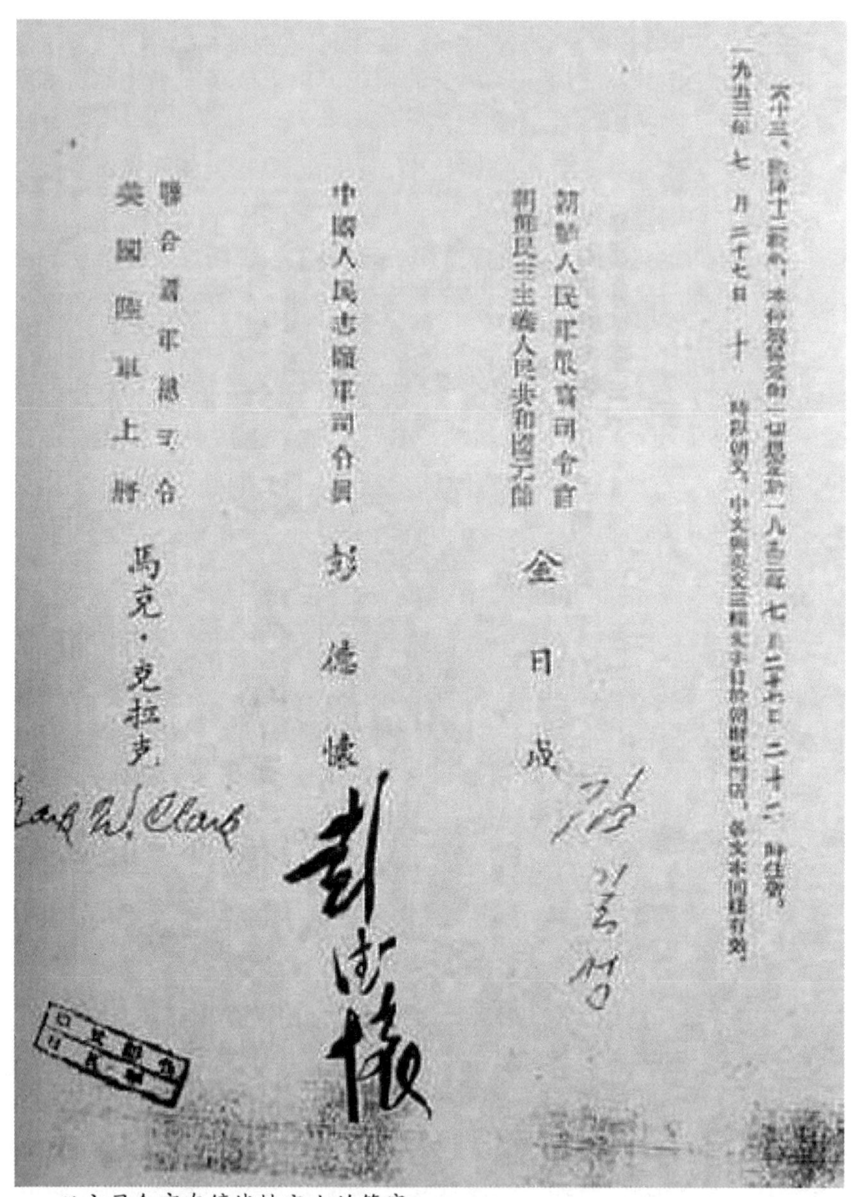

六十三、除第十二款外，本停戰協定的一切規定於一九五三年七月二十七日二十二時生效。一九五三年七月二十七日十時以朝文、中文與英文三種文字訂於朝鮮板門店，各文本同樣有效。

朝鮮人民軍最高司令官
朝鮮民主主義人民共和國元帥 金日成

中國人民志願軍司令員 彭德懷

聯合國軍總司令
美國陸軍上將 馬克·克拉克

双方司令官在停战协定上的签字。

7月27日22时，这是一个具有重大历史意义的时刻——驻守在军事分界线两侧的双方军队的步兵、炮兵、坦克部队在横贯朝鲜中部200多公里长的军事分界线上同时停止射击、轰击和 切作战行动，海军和空军部队也停止作战行动。开城前线志愿军指挥部已经通过战地电话网命令步兵、炮兵、坦克部队和高射炮兵部队在规定时间全部停火。板门店中立区两侧的砂川江和大德山一线中朝军队阵地上的高音扩音器不断播送着停战、停火的消息。

夜幕降临，繁星满天，礼成江、临津江水静静流淌。刚参加完庆祝宴会的代表团新闻处长沈建图和助手段连城登上松岳山，他们一定要选个视野最好的地方，以便一览停火时刻的夜景。但他们未能独享这个最佳观景台——代表团的语言专家裘克安拖着行动不便的腿，也登上了山顶，裘是英国牛津大学英国文学系的毕业生，文字造诣很深，协定文本许多条款的文字都出自他的精雕细琢。

这些并肩战斗了三年的战友们，此刻一同伫立在清风缭绕的高峰，向东瞭望。在停火时间前的一刻钟，双方阵地上对空射击的枪声、炮声四起，照明弹、曳光弹五颜六色，照得满山遍野一片通红。

沈建图看着手表——时针指向22时整。

顷刻间，万籁俱寂。弥漫在天空中的硝烟与火药味慢慢地消散在夏夜的凉风中。

这几个代表团成员忽然觉得有些不适应，三年时间，他们早已习惯了混杂着枪炮声的空气。此刻，他们平心静气地侧耳倾听，果然连蝉鸣虫叫都听得见，他们高兴地跳起来欢呼："和平了！和平了！"

连日来，朝鲜半岛沉浸在庆祝和平来临的喜悦之中。7月28日，平壤市的街头走出了数万民众，他们要举行庆祝朝鲜停战实现大会。会场上彩旗飞舞，人们穿上节日的盛装，歌声直达天际。首相金日成出席了大会。碧空如洗，平壤虽已遍地焦土，但这座城市没有死去，因为金日成看到了一张张经过战火淬炼更为坚强的面容。

在这场战争中，双方的伤亡和损失都相当巨大。据中方统计：自1950年6月25日至1953年7月27日止，朝鲜人民军和中国人民志愿军共伤亡、失踪、被俘628 000余人。截至2010年，共确认197 653名中国人民志愿军战士为烈士（其中约有34 000人为非战斗减员，他们多数死于极度严寒的恶劣天气）。

根据2014年美国国会研究机构（CRS）的最新统计，美军死亡36 574人，受伤103 284人。

志愿军和代表团陆续凯旋了。

7月31日，彭德怀接受了金日成的授勋。金日成将"朝鲜民主主义人民共和国英雄"、一级国旗勋章、金星勋章挂在了彭德怀的旧军

1953年7月31日，彭德怀荣获朝鲜民主主义人民共和国英雄称号，授勋章。图为金日成和彭德怀在一起。

装上。

同时，长期战斗在朝鲜半岛上的志愿军军事、政治、后勤各方面人员也都接受了授勋，他们被给予了崇高荣誉。朝鲜方面派出了要员，由平壤专程到开城代表团驻地，向英雄们授勋。

彭德怀在开城签字后，很快就回国了。

9月12日，中央人民政府委员会举行第24次会议，听取志愿军司令员彭德怀关于志愿军抗美援朝工作的报告。在这个报告里，彭德怀对板门店谈判有一段精辟的论述。他说：

朝鲜停战谈判是一次史无前例的停战谈判。它既不是帝国主义者征服了别的国家、强迫别国接受投降条件的停战谈判，也不是帝国主义国家间争夺火并、相持不决，只好以妥协瓜分殖民地谋得短暂和平的停战谈判，而是一个妄图独霸世界的帝国主义者，在侵略战争中遭受到年轻的新兴的人民民主国家的反抗并遏制之后，不得不罢手而勉强接受的停战谈判。很显然，帝国主义者对于这样的谈判是不会甘心情愿地接受的，他无时无刻不在力图翻案。因此，朝鲜停战谈判不能不是一场异常尖锐复杂而长期的军事与外交交织着的斗争。

作为共和国的缔造者、新中国的卫士，这位朴实、睿智的老帅铁血丹心，始终护卫着中华大地——无论是战争时期还是和平年代。

7月28日，新成立的军事停战委员会在板门店举行了第1次会议。

代表朝鲜人民军与中国人民志愿军出席军事停战委员会的首席委员是朝鲜人民军李相朝中将，其他委员是朝鲜人民军的朴一英少将与崔龙汉少将、中国人民志愿军丁国钰将军与柴成文将军。代表“联合国军”出席这一委员会的首席委员为美国陆军勃里安少将，委员为泰国陆军开特卡·契恩少将、美国空军恩德·希尔准将、英国陆军白斯汀少将、美国海军门登豪少将。

首次军事停战委员会指定了双方秘书长与助理秘书长人选，中朝为朱然上校与徐鸣上校，美方为柯尔曼上校与柯菲尔德上校。会议中，双方原则上同意将非军事区连同汉江口共分为10个地段，由10个联合观察小组分别驻扎。

朝鲜停战委员会第一次会议于1953年7月28日在板门店举行。

在两年多尖锐、曲折的谈判中，代表们的神经始终处于极度紧张的状态。停战协议签订之前，大家都盼望着能好好休息的那天尽快到来；可一旦协议签订，更多繁重的工作就来到了，特别是双方的秘书长和大批参谋、秘书、翻译、行政保障人员，要不停地受理停战双方致军事停战委员会的一个又一个的报告，还要一次接着一次地开会，一件又一件地拟制文稿。

不过，值得欣慰的是，和平的到来，已使他们的心情松弛下来。

7月30日，经过勘查、核实，双方的所有军事力量已全部撤离了非军事区。

8月4日，美方报告并经证实，美军部队已从朝鲜北部后方及沿海岛屿撤离完毕。

紧接着，战俘遣返委员会也成立了。中朝方面的委员为李平一上校、王健上校和崔学崇上校，美方委员为弗莱德斯达夫上校、毕陶夫上校、艾德瓦兹上校。7月28日，该委员会举行第1次会议，双方商定，从8月5日起开始遣返战俘。

既然战火已经熄灭，仍将军事停战委员会设在中朝控制区内的板门店已不适宜，新的会址应该设在战后的中立区，即军事分界线上。

根据1953年8月19日军事停战委员会的协议，军事停战委员会总部移到位于板门店的甘岩洞。图为新会场区。

8月19日，板门店东南军事分界线上的甘岩洞被选为新会址。

很快，在开城南郊，1个迷你机场被志愿军修建了起来，4架从苏联进口的小型飞机将在这里起降，它们的使命是运送中立国检查小组，往返于板门店与朝鲜北半部后方口岸。

随着停火协议的签署，谈判代表团的忙碌时刻到来了。

这时的代表团已从停战前的217人增加到431人（停战初期），若把归代表团指挥的口岸办事处、观察小组、接遣转运战俘的医院、运输部队以及以后的解释代表团、墓地注册委员会、机场、仓库、警卫部队等包括在内，总数已达6 000之众。

而这个规模，已经是精于计算、力求节俭的李克农在尽量精简之后所能压缩的最大极限了。

正是从这批人当中，走出了新中国第一批外交精英。

从8月5日至9月6日，双方用1个月的时间遣返了直接遣返的战俘。将要离开战俘营的美国陆军第24师师长威廉姆·迪安少将从3年的战俘生活中悟出了一个道理，他对法国《人道报》记者贝却敌说："我感到美国越早离开这个地方越好……'征服朝鲜'？这像是一个没有希望完成的任务，没有希望实现的使命，没有希望达到的目标。'打到中国'？我们就像蒋介石一样，不可能获得这个战争的胜利。"士兵们的结论几乎同将军的结论一样，一位美国士兵说："这是一场赢不了、输不得、脱身不掉的战争。"

第四节 战俘交换和战俘解释

不能只计较多劝几个人回来，要抓理，揭露美方破坏解释工作的真面目。

——周恩来

1953年4月12日，碧潼战俘营营长王央公接到了一封志愿军代表团电报：

决定从4月20日开始遣接伤病俘，根据整个交接计划，决定你们分两批自碧潼用汽车运来开城。第一批运伤病俘100人，于4月15日出发；余为第二批，于4月19日自碧潼出发。每批均以三天行程到达开城，并将行进路线、小休息地点、宿营地点及应注意事项规定如下：

每批均于第一日上午6时（朝鲜时间）自碧潼出发，经大榆洞、北镇于12时左右到达云山小休息吃中饭，13时自云山出发经宁边到价川宿营。第二日上午6时自价川出发，经顺川、舍人场到达平壤附近之龙城里宿营，因路程较近，中间不再休息吃饭……每批出发之车队，除在每一车头上，对空铺一张长宽各1米之红布，车厢后面插一长宽各1米之红旗外，尚须自带4米长、10厘米宽之红布两块，于小休息时，在休息地点附近铺成红十字，作为对空标志……每批出发之车队，应有干部（平时管理战俘的干部）、医务人员、警卫人员、翻译人员随行，以便途中管理照料，抵此后，亦须这些干部协助管理。第一批应选择政治可靠、语言能够达意的英文翻译随行，以便抵此后参加交接工作。

这份异常详尽的计划书表明，“小交换”终于要开始了。

王央公看完电报，长出一口气，眼光投向窗外——窗外已是浓绿满山。

中美双方的大规模战俘交接由此开始。

比起满目疮痍的朝鲜北部，开城遭到的破坏较为轻微，但实在找不出一个足以容纳数千人的大型建筑，更没有大型医院用于接纳伤病战俘。

于是，大批工兵被调来了开城，对开城内九座稍大的残存建筑物做了抢修，还搭起了数百个临时帐篷。

甘岩洞的军停会中会场一角。

在临时医院内，中朝方面调用了几乎全部的医疗力量，可以进行各种急诊，医护人员自己备用血液。西南军区文工团、志愿军政治部文工团、越剧团、朝鲜人民军协奏团也齐集开城，准备劳军。

4月20日，政治部副主任杜平带着工作队赶往开城。开城郊外的道路两旁是盛开的迎春花，朝鲜老乡用河水泼洒公路，期盼着即将回家的亲人。

上午9点，6辆运载中朝伤病战俘的美方救护车开到了接收区。

救护车临近接收点时，一面面小红旗伸出了车窗，昂扬的战歌随之从车窗飘出。

双方记者早已架起“长枪短炮”——相比于军方公告，现场拍到战俘们的精神面貌，才算是真正有价值的新闻素材，也才能说明一些实际问题。

中朝战俘互相搀扶着陆续下车了。他们穿着美方发的呢料军服，口袋里装着赠送的打火机、小饭勺、香烟盒、手纸，缓缓走了下来。

各国记者蜂拥上前，纷纷举起镜头。

出人意料的事情发生了。在镜头面前，怒气冲冲的中朝战俘纷纷脱下美军发放的军服，掏出赠送的小礼品，用力扔到地上，接收区里顿时扬起了一阵小尘雾。

正在此时，满载美军和南朝鲜军伤病战俘的救护车正好驶过，美国归俘们从车窗探出头来，用力向中方遣送的工作人员挥手道别，满面微笑。

不少美国记者边拍边摇头苦笑——美国政府又要丢人了。

伤病战俘的交换从4月20日开始，结束于5月3日。中方共遣返美方伤病战俘684人，美方遣返中朝6 670人，其中志愿军战俘1 030人。

1953年7月30日，根据停战协定，“联合红十字会小组”双方代表在板门店举行了第一次会议。中朝代表分别为张翼（朝）、元根（朝）、谭一民（中）、张子正（中）。

红会成员阎稚新回忆说：“谭一民即是赴开城的中国红十字会代表团团长谭佑铭，张子正原名张梓桢，他是从志愿军政治部敌工部长的工作岗位上调来红十字会的，为了工作方便，并和原任职务加以区别，他们都改用了现名。

“为了完成我们的任务，由双方代表所组成的联合红十字小组要根据停战协定第57款子项进行下述的工作：

“协助遣接战俘；

“访问双方战俘营，慰问战俘，分发有关战俘福利的馈赠品；

“对遣返途中的战俘提供服务。”

联合红十字会被分为北、中、南三组，中组在板门店战俘交界区负责统筹协调工作，北、南两组则分赴两军战俘接受区开展相关工作。各组均由来自三方的四名负责人组成，分别是：

北组：张翼（朝鲜）李际泰（中国）劳埃·朱洛姆（英国）艾伦·斯卡波洛格（美国）

南组：元根（朝鲜）谭一民（中国）利兰·威廉姆斯（美国）乔治·波顿（英国）

中组：韩国忠（朝鲜）阎稚新（中国）奈德琳（美国）纳托（英国）

从8月4日起，三个小组开始了繁忙的工作。

大规模的战俘遣返则始于8月5日。

经过了4月“小交换”，中美双方在这次大交换中都显得游刃有余了。中方备足了粮食、日用品，3 000多名工作人员组成了庞大的工作队。

8月5日上午9点，运送战俘的车队准时开到。与之前的小交换一样，中朝战俘一下车就脱光了美方发放的衣服鞋袜，向美方工作人员怒目而视。这些愤怒的战士们说：“我们在战俘营吃尽了这些狗杂种的苦头，回来前，才人模狗样地给每人发了一套新衣服，想叫我们给他撑面子，我们才不干这种蠢事。”

中朝方的接收区在北部，各国记者可以自由采访；美方的接收区在南部，记者只被允许站在规定区内拍摄，不允许采访。美方的安全军官显得对“共产党的宣传攻势”十分忌讳，如临大敌，严令美军归俘不能“帮助共产党宣传”，不得“谈受到良好待遇的话”。

中方的归俘在从板门店到开城的途中，会在临时开辟的卫生通过区内洗澡、理发、换上新衣，然后前往设在风景区的盘崖、土思岘、高头山里接收站，经过短期休整，再乘火车回到祖国。

阎稚新回忆：“美方违反协议……刁难我方在南组的红十字会代表，阻挠他们进行正常的活动。

“他们先是在翻译问题上刁难，不给我方代表提供称职的中文翻译，临时找上一个说不通中国话而又不能完全听懂英语的当地人来充当这一角色。在与美方打交道时，需要通过另一人将英语译成朝语，然后由这名译员翻译成不伦不类的中国话。我方红十字会代表向他们提出抗议，美方却听之任之，无动于衷。

“美方又设置种种障碍，不让我方红十字会的代表接近战俘。在巨济岛战俘营，朝中方面红十字会代表只能在铁丝网100米以外的地方观看战俘。美方还规定，有战俘在场时，红十字会的代表不准参观宿舍、伙房及运输设备。红十字会慰问战俘的活动，由于受到种种阻拦而无法进行。

“美方还在生活上处处刁难我派赴南组的红十字会代表。在南组的釜山分组，我代表人员住的房子停电断水，厕所里尿便横溢，臭不可闻，无法立脚。按照协议，美方应当为朝中红十字会在南方提供代发朝、中文电报的通讯服务，但是，他们却无视协议，拒绝做这件事，致使我南组的红十字会代表在一段时间内与总部失去了联络。我红十字会代表在南方的活动面临困境，竟然是从遣返回来的归俘那儿得到的消息。

“1953年8月5日至9月6日，据不完全统计，我方被俘人员控诉的内容有：‘联合国军’俘管当局及其警卫人员，施放毒气弹32起，屠杀及其他暴行27起，沿途受暴徒袭击12起，饮食不良与断粮26起，不给伤病战俘医疗和妨碍战俘卫生9起，扣留战俘特别是扣留女战俘及其孩子的共27起，阻挠我方红十字会代表与战俘见面及其他侮辱行为9起，抢夺战俘个人财物3起。以上共计145起的控诉中，战俘的控诉书信有38件，计致克拉克将军的5件，致巨济岛‘联合国军’俘管当局的3件，致红十字会团体的16件，致世界和平会议的6件，致中立国和其他方面的8件。”

数十年后，政治部副主任杜平还清晰记得那些被强行刺上“反共抗俄”文身、遭到威胁与虐打的年轻战士，记得他们在回到开城时愤怒的泪水。有一次，杜平在接收点碰到了越剧名角徐玉兰，这位年轻的艺术家双眼哭得通红，“遇上了一个上海老乡，才18岁，参军三个月被美军俘虏去，被打得浑身是伤，现在人是回来了，可瘦得只剩下一把骨头”。

1953年8月16日，因受多方阻挠，中方代表谭一民从济州岛被迫撤回，并在板门店第四次协调组会议上做了公开报告：

我以联合红十字会小组访问“联合国军”管理下的济州岛战俘营的朝中红十字会首席代表的资格，向联合红十字会小组协调组，提出关于访问济州岛战俘营的情况报告。8月6日上午9时20分，我们访问济州岛战俘营的朝中联合红十字会代表6人，与“联合国军”一方各国红十字会代表6人，由釜山到达了济州岛。济州岛俘管当局允许在当天下午以两小时的时间（2时至4时），访问600名我方被俘人员。正当访问将开始时，俘管当局临时提出要审查我们对被俘人员的慰问讲话稿。我们为了取得俘管当局的合作，将讲话稿立即交予俘管当局审查，并提醒俘管当局注意到如果审查时间推延至2时以后再开始，访问的时间应予以顺延。

当时俘管当局答应了这一要求。但由于俘管当局有意拖延时间，要把讲话稿译成英文审查后才允交我们去讲，以至交还我们的讲话稿时，时间已快到下午4点了。我们要求俘管当局实践诺言，仍给予我们两小时的访问，并指出推延责任不在我们。可是俘管当局不但未能实践他的诺言，相反又提出了极不合理的三种条件和限制：一是蛮横地提出朝鲜红十字会代表的讲话稿有宣传性，不能讲，但又并未具体指出什么词句有宣传性；二是时间只能在一小时内，并包括分发慰问品、分发馈赠品、慰问讲话与战俘座谈等项目；三是对于中国红十字会代表的慰问讲话，还要看我们访问战俘的情况来决定，换一句话说，朝鲜红十字会代表讲话要禁止，中国红十字会代表的讲话，俘管当局认为可以讲才能讲。访问的整个时间只能在一小时之内。在这些不合理的苛刻的限制下，我们当时仍然意图取得与俘管当局的合作和谅解，使他们改变这种不合理的限制。但俘管当局声明说：这是最后的不可改变的立场。因此，我们在这种极端不合理的限制下，不能不停止对济州岛战俘营的访问。

我们中国红十字会代表与朝鲜红十字会代表，曾经带着中朝两国人民无限关切的心情，去访问“联合国军”管理下的济州岛战俘营的中国人民志愿军被俘人员，由于遭受到俘管当局苛刻的不合理的限制，我们不但未能根据双方协议所赋予我们的职责，去为被俘人员进行福利所需的服务，而且我们也被迫未能与我方被俘人员见面。我们除了对我方被俘人员表示无限歉意之外，我们对“联合国军”济州岛战俘营当局所采取的不合作及其苛刻的种种不合理的限制表示抗议。

1950年7月20日，朝鲜人民军在大田战役中俘虏了迪安少将。停战后交换俘虏。

原本被认为阵亡的美军第24师师长迪安少将，因为意外出现在第一批战俘名单中而引起国际媒体轰动，也在遣返中回到了祖国。

在美军原第24师师长迪安少将被遣返的前一天晚上，遣俘委员会我方代表还在开城设了便宴招待他。那晚，迪安喝醉了，把一身新制服吐得一塌糊涂。我们又叫人连夜为他赶制了一套崭新的制服。这使他很受感动，临走时，紧握着我们代表的手不放。

33天的遣返工作过后，中方共向对方遣送非朝鲜籍战俘4 912名，朝鲜籍战俘7 848名，合计12 760名；接受朝鲜人民军战俘70 159人，志愿军战俘5 640名，合计75 799名。

此后，从9月10日起，双方开始在分军事区的东场里和松谷里，按照协议将不直接遣返的被俘人员移交给中立国遣返委员会（印度部队）接管，并随之在10月15日开始解释工作。

在解释工作开始之前，共有127名受到胁迫的中朝战俘冒险越狱，回到了中朝营区。而在解释工作进行时，曾有138人一边喊着“我拒绝遣返”，一边挣脱对方特务的束缚，奔向中朝负责遣返的工作人员；还有104人趁夜逃脱敌营。在解释工作屡遭阻挠的一段时间内，还有162名中朝战俘趁机越狱。

领导“解释代表团”工作的是志愿军68军政委李呈瑞、38军参谋长李际泰。

正是由于美方结下了“自愿遣返”这一死结，以致双方久久未能达成一致，朝鲜战争停战谈判的结束才被推迟了一年多时间。为了解开这一死结，双方才商定，在中立国的监管下，进行战俘解释工作，使战俘们的自由意志不致受歪曲，不被强行扣留。但这项筹备已久的工作一经推行，就艰险重重，最后半途而废。

由于大批李承晚、蒋介石派出的特工人员渗透到印度部队看管的战俘营内，并策动了一系列干扰和破坏活动，中朝方的战俘解释工作很快就停摆了。

双方都拥有90天的解释时间，用于向战俘阐明回归政策，使那些有顾虑的本国战俘能安心回归；但美方蓄意拖延时间，小动作不断，使中朝在90天内只进行了10次解释。

在第一天的解释工作中，由于蒋方特工策划战俘闹事，本应于早上8点开始的工作一再拖延，经由中遣会主席蒂迈雅将军亲自出面，才在下午4点半开始。

在断断续续的解释工作中，有中朝解释代表被混进的特务打伤，有对方的台湾“翻译”在现场恐吓战俘，90天过后，中朝只进行了10天解释工作，有85%以上的战俘未能听到中朝工作人员的解释。因此，周恩来指示前方代表，不能只计较多劝几个人回来，要抓理，揭露美方破坏解释工作的真面目。

最后，除了600多名战俘冲破障碍、回到祖国，其余的战俘大多被送往台湾，编入了蒋介石军队。

我方被俘人员的大多数连我方代表的面都未见到，无法向中立国遣返委员会和我方解释代表表达要遣返回国的愿望。只有188名人民军和440名志愿军被俘人员申请遣返回国；在战俘营，23名人民军和15名志愿军被俘人员在看管期间死亡，大多数是被南朝鲜和台湾特务残害致死；申请去中立国印度的有74名人民军和12名志愿军被俘人员；被裹胁去台湾的有14 235名志愿军被俘人员。绝大多数我被俘人员被强迫送往台湾，不少志愿军战俘被编入国民党部队。

他们在台湾处境艰难，特别是当了退休兵，进入老年……前几年两岸开放探亲，他们当中有人渴望回大陆探亲，但顾虑身上刺的反共字样而不敢回来。他们要求台湾当局为他们出钱洗刷掉被刺字样和国民党党徽，台湾当局不得不花费大笔支出为老兵清洗身上字徽。

1954年初，中国人民志愿军解释代表团因解释工作安排受阻，工作中途停顿而撤销，解释工作实际上没有结束而结束。同年2月，我们翻译队同志回国。那天早上，同志们离开住地乘卡车去开城火车站，许多朝鲜老百姓无论老老少少，男男女女都来送行。朝鲜老大娘拉住我们的手，泪流满面；朝鲜姑娘抱住我们女同志低声啜泣，难舍难分。我们不禁想起我们房东老大娘冬天主动为我们用柴火烧炕，过春节时请我们和她们一家喝米酒、吃打糕，一起唱歌、跳舞的情景。我们相处虽只有短短半年，但结下了深厚友情。此情此景，以及我们参加解释工作的亲身经历，令我们终生难忘。

原中国人民志愿军代表团下属翻译队成员谢君桢、江承宗、段津、袁士槟回忆说。

第十二章

尾　声

1953年7月27日，燃烧了三年之久的炽烈战火终于熄灭。

对美国而言，代价沉重的朝鲜战争一直是其政府刻意淡化的“被遗忘的战争”。直到60年后的2013年，由于深受朝鲜核武危机和钓鱼岛问题困扰，美国总统奥巴马才首度代表政府发声，第一次对公众宣称赢得了朝鲜战争。他在华盛顿朝鲜战争纪念碑安抚美国老兵时说：“我们可以满怀信心地说，那场战争并非平局，而是一场胜利。”

对中国而言，抗美援朝的伟大意义不言而喻——东方巨龙由此涅槃重生。新加坡领导人李光耀感慨地说，中国人走向民族复兴，是从跨过鸭绿江那一刻开始的。

从此，围绕着远东局势、台海等尖锐问题，中美两个大国开始了漫长而艰巨的对话和碰撞。

朝鲜战争也是一场停而未止的漫长战争。

由于只有朝、中、美三国司令官在停战协议上签字，韩军代表并未参与停战签约，这就使朝鲜半岛实际上成了一座随时可能喷发的火山。这座火山也是困扰当今世界的最大困局之一。

当半个多世纪前的硝烟渐渐退散，全民兵役、三八线、板门店、“不归桥”……这些鲜活的符号，已永远凝结在朝韩的民族记忆里。

在和平、发展已成为主流的当今世界，战争除了给人们敲响警钟，也敦促人们谨慎地追求和平——捍卫国家利益，努力填平隔阂；跨越意识分歧，始终谨记国界。

第一节 永生的战士——遗体交接

辉煌烈士尽功臣，不灭光辉不朽身。

——董必武

烈士遗骨，虽死犹香。

在开城松岳山南麓的山坳里，坐落着两块比邻而居的烈士陵园。这里平缓开阔，松荫幽雅，朝鲜人民军烈士和志愿军烈士分别长眠于此。

1954年4月，为了大规模挖掘、搬运、掩埋阵亡将士，中美双方成立了墓地注册委员会。

此时的志愿军代表团已基本撤离朝鲜，团长李克农和乔冠华正赶往日内瓦参加和平解决朝鲜问题的国际会议，大部分成员都已归国，只留下丁国钰和柴成文两名高级将领主持善后工作。

朝鲜战争的惨烈程度空前，所以遗体处置工作也就成了一项无比艰巨的浩大工程。

38军参谋长李际泰接受了这项任务。这名雷厉风行的山东大汉带着志愿军战士，重新回到了朝鲜半岛。

原志愿军代表团墓地注册委员会工作人员孙佑武、程绍昆、卓华明回忆道：

墓地注册委员会是在1954年4月份成立的。1954年年底撤销。它的任务是进行停战后双方已协议的大规模挖掘、搬运与掩埋死亡军事人员尸体的工作。

……李际泰到任后，立即组织班子，开展工作，志愿军代表团的墓地注册委员会总部设在原李克农同志的住处“桃花园”，初期设有参谋组、资料研究组和行政组各组。

参谋组：组长朱德仁（23军敌工处处长），成员有马骥良、孙佑武、冯锁林等同志，负责内部的各项准备工作，包括物资、器材的准备，以及负责对新组建的三个“搬尸队”的行政领导。

资料研究组：组长曹文南（50军保卫处处长），成员有林祥铭、卓华明等，负责收集、整理敌我双方的墓地资料和战俘的死亡人员名单，研究与敌方交往的政策、方针，并负责和我碧潼俘管处保持联系。

不久，随着工作的开展，在总部又增设了一个法医组，由南京大学医学院的著名法医专家陈康颐教授担任组长……负责尸体的检验；一个卫生组，负责尸体搬运与埋葬过程中的消毒与防疫工作。

墓地注册委员会下面，组建了三个负责挖掘和搬运尸体的“搬尸队”，每队30余人，按班、排编组。考虑到可能要到敌占区去执行任务，因此，“搬尸队”的成员都是从战斗部队严格选拔的，由班长当战士，排长当班长，队长和政委都是团级干部。

由于我军部队并无处置死亡军事人员的专门机构，在志愿军代表团下面组建的这个临时机构最初被人称之为“搬尸委员会”。后来，大家觉得这个名字不好听，才沿用了美军编制的称呼，并与军停会的下设机构相对应，正式定名为“墓地注册委员会”。

根据早先的《朝鲜停战协定》规定，双方应到对方占领区掘出并运走各自的士兵遗体，但实际操作起来却困难重重。战事方停，朝鲜南北部还有为数不少的游击人员和敌对势力在活动，而且在美方占领区长期活动，也难免涉及瓜田李下之嫌。于是，中方提出，改由遗体所在地一方根据对方提供的死亡人员名单和埋葬地点资料进行挖掘，然后在指定地点交接。

7月中旬，美方同意了中方的提议，并于9月1日开始进行遗体交接工作。

志愿军迅速开始了遗体的运输、登记。在开城附近的土城，一个大型尸体转运场被临时建立起来。在碧潼战俘营病故的战俘遗体被用胶布带密封，运到土城，逐个登记，然后临时掩埋保存，以待交接时起运；由美军在战争时期埋葬在北方的美军遗体，志愿军也进行了认真查找、挖掘、登记和转运，用胶布包裹，每具遗体的头顶放有一个密封的绿色小瓶，瓶里的纸片上写有遗体的姓名、军号、兵种、死亡日期和牙齿特征等。

战火经年，许多遗骸已经腐烂，甚至只剩下一堆白骨。由于预先考虑到骸骨辨认识别的问题，志愿军法医已给参加挖掘的全体人员普及了骨骼知识，使这个难题迎刃而解。

时值九月，朝鲜的天气既热又燥，志愿军战士顶着骄阳炙烤和刺鼻味道，赶在9月1日前完成了第一阶段遗体转运工作。

9月1日，板门店附近的东场里非军事区迎来了双方第一批遗体。

美方士兵的200具遗体在上午10点进行交付，中朝士兵遗体则有600具（其中有100具为志愿军遗体），在下午1点由美方提交。

下午3点，全体工作人员在“英灵千古”的金字牌坊前举行了迎灵仪式，东场里陷入了长久的沉默与哀思。

遗体交接工作持续了一个月，在9月底结束。

不同于交换战俘时的喧嚣，也少有记者蜂拥而至。每当运送遗体的军车开到，搬运队员们就默默卸下遗体，边抬边消毒、清点，在接收帐篷后装进本方车辆。一旦交接手续办妥，清点无误，车队就前往烈士陵园，经法医组检查登记后，便即下葬。

刚开始，美军的工作较为粗疏，未考虑到防雨问题，仅用纸袋装运尸体。在看到中朝工作人员使用的是军用雨布后，从第二天起，美方也默默改用了胶布袋子装放遗体，以示尊重。

在整个9月，被交还的志愿军遗体超过了一万具。

为了安置英魂，志愿军总部拨付了专项经费修建开城烈士陵园。

上万具遗体被重新装入松木制的棺材，按照中国传统风俗入殓。大部分棺木是用志愿军部队修建坑道工事时积存的松木制成的，这些在战士们生前就伴护着他们的松木，也随着战士们的牺牲，永远陪伴他们长眠。

在陵园内，10个大型墓穴被挖掘好，每个墓穴存放1 000具棺木。

在这些棺木中，安置着一万名志愿军的英魂。他们有的阵亡于五次战役，尸身已损，只剩白骨；有的牺牲在金城战役，当时就地掩埋，遗体完整。除了死于美方战俘营内的烈士外，许多遗体的姓名已不可考。

由郭沫若题写的“永垂不朽”纪念碑，树立在了圆形墓穴的正面。

第二节　家园

我们任何时候，任何地点，都不要去充恩人，不要以为我有恩于你，你就要给我磕头。

——陈毅

3年过去了，从1950年冬天跨过鸭绿江，到1953年夏天签约板门店，志愿军战士和朝鲜人民并肩战斗了三个春秋。

历时37个月的战火给朝鲜人民带来了沉重的灾难，城乡残墙断壁，人民流离失所，处处呈现凄凉景象。

漫长的重建开始了。无论苦难如何深重，生活仍要继续。

停战协定签字后，1953年8月5日，金日成在朝鲜劳动党中央委员会第6次会议上作了题为《一切为了战后国民经济的恢复和发展》的报告。他向劫后余生的北朝鲜人民发出号召：我们要开始战后恢复和建设工作了！

志愿军也向友邦发出了回应：中国人民依然和朝鲜人民站在一起！志愿军部队帮助朝鲜人民医治战争创伤，恢复生产，救济受灾群众，抽调了大批人力、物力、财力，支援朝鲜人民重建家园。

志愿军后勤部门从全军口粮里拨出了50万公斤粮食，用于救济朝鲜人民；西线后勤分部派出了100辆汽车，10天内输送建筑材料60万公斤；铁道兵部队在朝鲜抢修铁路干线工程；工程兵投入重建平壤的大军之中。

在日本军国主义统治时代，平壤是一座发展滞后的消费型城市，房屋古旧，街道狭窄而拥挤。战争期间，平壤与其他北方城市一样，在空袭之下沦为焦土，变成了名副其实的废都。朝鲜人民重建家园的决心如同移山的愚公，他们决心在这片废墟之上把平壤建成一座全新的现代化城市。

在整个20世纪50年代，重建首都平壤是一项浩瀚的重大工程。即使用再恢弘的篇章，也难以尽述这场宏伟工程中的漫长与艰辛。

到1958年，平壤的战后恢复和重建已取得重大成就，全市重建的较大国营工厂企业有60多个，其中包括大型纺织工厂、烟草工厂、谷产工厂和多功能的农机工厂。仅1958年1年，平壤就修建17 000所住宅，人们流离失所的苦难永久消失了。

志愿军工程兵还修复了共和国内阁事务局大楼。这项工程极为复杂，难度很大，而志愿军当时的机械化水平不高，甚至连施工机械都不配套。援朝部队克服困难，并从国内请来专家指导，日夜苦战，终于如期高质量、高速度竣工，受到朝鲜内阁会议表彰。

志愿军的所有部队都参加了朝鲜战后的重建，修工厂、修医院、打窑洞、建民宅、整修商店、修复学校、兴办水利、发展交通。在元山，在咸兴，在新义州，在兴南，在开城，到处都看得到志愿军官兵的身影。

战争使中朝两国结下了不可磨灭的珍贵友谊。

1953年11月23日，中国、朝鲜经济及文化合作协定签字仪式在北京举行，周恩来、金日成签订了《援助合约》，从此，中朝两国友谊史上的新篇章揭开了。

两国政府代表团为此发表的《联合公报》说，中华人民共和国政府决定，将从朝鲜战争时起至1953年12月31日止这一时期内，援助朝鲜的一切物资和费用，全部无偿赠送给朝鲜政府；并决定于1954年至1957年4年内，再拨8万亿元（旧币，合人民币8亿元）无偿赠送给朝鲜政府，作为恢复其国民经济之用。

在艾森豪威尔和杜勒斯正为李承晚的政治讹诈厌烦不已的时候，中国已经为了维护朝鲜主权而悄然功成身退了。

在战争时期，军事停战委员会的工作主要由中国军官负责，日内瓦会议之后，考虑到朝鲜的主权和形象问题，周恩来于1954年10月指示外交部同开城代表团研究解决方案。根据外交部的报告，毛泽东于1954年11月24日致电金日成："过去由于谈判的需要，开城工作一直由中国同志负较大部分的责任，在共同对外的斗争中，朝中同志都取得了若干经验；同时开城工作显然有长期化的趋势，在这种情况下，开城工作今后交由朝鲜同志负责，由您直接领导较为适宜。您同意上述办法，当即派现在国内休假的柴成文同志来平壤向您报告并请示，然后去开城和李相朝、丁国钰二同志商量具体执行办法。"

金日成于12月1日复电表示完全同意。

自此，志愿军代表团悄然凯旋，除了留下一个联络处，全员返回国内。

1955年1月21日，在朝鲜军事停战委员会上，中朝代表正式通知美方：朝中代表团以张秀川（志愿军第46军代政委）接替丁国钰、郑国录接替崔龙汉、李林接替柴成文、李灿范接替朱然为停战委员会委员。

最后，随着朝鲜半岛局势渐趋稳定，中国开始了撤军行动。

1958年2月5日，朝鲜政府发表声明，指出，一切外国军队撤离朝鲜、和平统一朝鲜是应该毫不迟延地解决的成熟的问题，并宣布一切外国军队必须同时撤离朝鲜，在一切外国军队完全撤离南北朝鲜后的一定时间内，举行全朝鲜自由选举，实现朝鲜的和平统一。声明指出，停战协定已历4年了，朝鲜仍然没有得到统一，朝鲜人民继续在国土遭到分裂的不幸状态下忍受分裂，全朝鲜渴望分裂南北的人为的障碍能早日消除，并达成祖国的和平、统一。

2月6日，中国《人民日报》予以声援，发表题为《朝鲜民主主义人民共和国政府的重大声明》的社论，支持朝鲜的主张。

2月7日，中国政府就朝鲜和平统一问题发表声明，完全赞同和支持朝鲜的和平倡议，同意一切外国军队同时撤出南、北朝鲜，然后在中立国机构监督下举行全朝鲜的自由选举。中国政府准备和朝鲜政府磋商中国人民志愿军从朝鲜撤军一事。

2月7日下午，中国外交部副部长罗贵波、曾涌泉分别接见了捷克斯洛伐克大使布希尼亚克、瑞士大使贝努义、瑞典大使布克、波兰临时代办傅拉托和英国代办文郁生，面交中国政府关于朝鲜和平统一问题的声明，请他们转达本国政府，并请英国政府将中国政府的声明转交给在朝鲜的联军的成员国政府。

为了促进朝鲜问题的和平解决，缓和亚洲紧张局势，中国政府代表团应邀访问朝鲜，磋商志愿军撤出朝鲜问题。

中国政府代表团集中了党政军的精英骨干——团长是国务院总理周恩来，成员有副总理兼外交部长陈毅、外交部副部长张闻天、中国人民解放军总参谋长粟裕大将等。

1958年2月14日，中国政府代表团乘专机飞抵平壤，在那里有期盼着中国朋友的朝鲜老乡。

欢迎仪式后，周恩来、陈毅分别由金日成首相和南日副首相兼外务相陪同乘敞篷汽车从机场前往宾馆，在沿途10余公里的道路两旁，有超过8万名平壤市民夹道欢迎，他们都想见见这些只闻其名的中国朋友。

中国代表团的日程安排得很紧。第2天，金日成和周恩来便举行会谈。第3天，代表团开始访问朝鲜东部沿海城市。

代表团于2月16日到达东海重镇咸兴市。金日成陪着周恩来，冒着洋洋洒洒的鹅毛大雪，造访兴南化肥厂。在雪中，周恩来登上讲台，向激动的欢迎群众发表了长篇演说，新中国的总理向邻邦民众表达了中国人民的真挚情谊。

周恩来的名字在朝鲜家喻户晓。金日成在赞颂周恩来时说："在马克思列宁主义和无产阶级国际主义的旗帜下，他十分珍惜用鲜血凝成的朝中友谊，为支援我国人民的革命事业不惜一切。无论遇到任何风浪，他都美好地发展了我们两党、两国和两国人民之间的关系。"

后来，在1979年，故人已逝，兴南人民根据金日成的指示，在周恩来当年发表演说的地方建起一座纪念碑，并塑了一尊周恩来的半身坐姿铜像。1979年5月29日，邓颖超在金日成陪同下参加了周恩来铜像和纪念碑揭幕典礼。

代表团于2月16日晚到达志愿军总部。翌日中午，周恩来、陈毅、张闻天、粟裕接见了志愿军司令员杨勇上将、政治委员王平上将等高级将领。（中国人民志愿军历届司令员、政治委员：彭德怀首任司令员兼政治委员，在他回国期间先后由陈赓代理司令员、邓华代理司令员兼政治委员；之后杨得志接任司令员，李志民接任政治委员；最后一任司令员杨勇、政治委员王平）

下午，代表团出席了志愿军举行的欢迎大会。周恩来、陈毅、张闻天、粟裕先后向战士们做了演讲。

陈毅的演讲令人动容。这位功勋元帅恳切地对战士们说："我们任何时候，任何地点，都不要去充恩人，不要以为我有恩于你，你就要给我磕头。"陈毅给大家讲了一个故事：古代信陵君救赵，解了邯郸之围，遂喜形于色，以为拯救了一个赵国便可名扬天下。一位知己劝告他："人有德于公子，公子不可忘也；公子有德于人，愿公子忘之。"陈毅是在告诫志愿军官兵，务必善始善终，持节守格，展示中国军人的气节和义举，有礼有节地向朝鲜父老兄弟姐妹告别。

每逢佳节倍思亲，2月17日正是阴历年三十。除夕之夜，桧仓山沟里灯火通明，锣鼓喧天。周恩来、陈毅、张闻天、粟裕在杨勇、王平陪同下和志愿军指战员一起聚餐联欢，迎来了志愿军官兵在朝鲜度过的第8个春节。

中国政府代表团访问朝鲜获得成功。2月19日9时，周恩来代表中华人民共和国，金日成代表朝鲜民主主义人民共和国，分别在《联合声明》上签字。

《联合声明》向全世界庄严宣告：中国人民志愿军于1958年年底全部撤离朝鲜。

接着，志愿军总部根据中朝两国政府代表团签署的《联合声明》，于2月20日发表声明，拥护中朝两国政府的严正声明，强烈要求美国和参加“联合国军”的其他各国同样采取措施，毫不拖延地把自己的军队全部撤出朝鲜。全朝鲜人民对中国人民的感谢是发自内心的。

朝鲜内阁认为：在祖国解放战争最困难的时候，中国人民将自己的优秀儿女组成志愿军部队派遣到朝鲜，中国人民志愿军的参战进一步加深了朝中两国人民之间的传统友谊，树立了无产阶级国际主义友好团结的新榜样。为了表达朝鲜人民永远铭记志愿军功勋的心愿，朝鲜内阁于1958年2月27日决定：

向志愿军致以由全体朝鲜人民签名的感谢信；

在平壤修建朝中友谊塔；

各地整修所属地区的志愿军烈士墓；

建议向参加朝鲜战争的志愿军官兵授予“祖国解放战争纪念章”；

举行盛大活动欢送志愿军回国……

彭德怀司令员（前排左二）与洪学智副司令员（前排右一）、李志民政治部主任（前排左一）、周纯全后勤部政委（前排右二）等合影。

朝鲜政府和人民在平壤建立了祖国解放胜利纪念馆。该馆总建筑面积52 000平方米，分设80多个陈列室，其中“中国人民志愿军馆”占据重要位置。它通过大量的照片、文件、实物和沙盘全面反映了志愿军赴朝8年来的光辉历程。

具有永久性纪念意义的朝中友谊塔在1958年破土动工，并于1959年10月25日，即志愿军赴朝参战9周年纪念日时落成。1983年，朝鲜人民对友谊塔进行了改建和扩建，于1984年10月25日志愿军参战纪念日前夕完工。

改建后的朝中友谊塔占地总面积12万平方米，塔高30米，塔身用1 025块花岗石和大理石砌成，象征着中国人民志愿军赴朝作战的日子——10月25日。塔顶上有一颗以月桂枝环绕、象征胜利和光荣的斗大金星。塔身正面镶嵌着“友谊塔”3个镏金大字，塔的底层是一个巨大的方形塔座。塔内圆形大厅中央的一座大理石石函里安放着10本中国人民志愿军烈士名册，这10本由志愿军政治部送存的烈士名册虽然只记载了战斗英雄和团级以上的军官，不足志愿军烈士总人数的百分之一，可他们却是中华优秀儿女之精英，代表了200多万的志愿军指战员对朝鲜人民的奉献。这10本烈士名册是孤本，朝鲜同志说，这是朝鲜人民的国宝。

朝鲜战争结束后，朝鲜北半部各地修建的中国人民志愿军烈士纪念碑和烈士墓地共有200多处，其中特别著名的有位于清川江南岸安州郡文峰山上的1 178名烈士合葬墓、位于三八线开城北郊松岳山上的12 000座烈士墓等。每年10月25日，总有成千上万的朝鲜老人、青少年和人民军指战员怀着深厚的感情来到这里，把自己亲手编扎的花圈和花束献给志愿军烈士。

中国人民热切地等待着志愿军凯旋。

为了圆满完成撤军任务，志愿军党委向全军发出“不骄不懈，善始善终，军队撤出，友谊长存”的号召。1958年2月21日，志愿军政治部发出了《关于我军撤出朝鲜的政治工作指示》，随后又制定了《撤军政治工作三十条》，发至基层单位。

《撤军政治工作三十条》规定了处理事务的原则和办事的方法，对诸如宣传教育、防止违法乱纪、移交防地营区、植树造林、祭扫陵园、行前告别、互赠纪念物、为朝鲜人民做好事等方面，都有明确要求。

志愿军撤军的第一步就是“交好”——向朝鲜人民军和朝鲜人民做好撤离前的一切移交工作。根据志愿军总部的指示，各部队都对前沿的坑道、堑壕、掩体和其他各种工事、道路进行了彻底的整修、清扫和加固，并抽调大量人力，突击施工，完成了一切尚未修好的工事。在前沿，仅一个团的志愿军，就整修坑道42条、掩体494个、堑壕10 300米，还新挖了两条备用坑道。

在移交防务时，各部队从上至下严格遵照志愿军总部的规定，将营房、营具和大量物资、器材以及成套的医院设备完整、无偿地移交给朝鲜人民军。各部队自己养的猪、羊、鸡、鸭和种植的粮食、马草以及自制的文化娱乐用品也都送给了接防的朝鲜人民军。

在志愿军首批部队撤出前夕的3月9日，元山举行了有6万多人参加的盛大欢送会。会场设在元山市火车站站前广场上。当首批撤出部队代表团正副团长出现在主席台上时，100多位白发苍苍的老人走上主席台，把一束束鲜花献给志愿军的代表。此情此景，使在场的朝鲜乡亲和志愿军战士都忍不住潸然泪下。

3月13日，金日成、崔庸健、金昌满瞻仰了志愿军烈士陵园，向为和平事业光荣牺牲的烈士敬献花圈。事后，他们还赶到志愿军部队营区慰问，与官兵们话别。金日成用带着东北腔的汉语对战士们说，“依依不舍是我们朝中两国人民的共同感情，不但咱们这一辈子忘不了，连咱们后一辈子也忘不了。”

一直陪同金日成等在首批撤出部队营区活动的杨勇激动地说：“在即将离别的前夕，我们恋恋不舍。我们对于英雄的朝鲜人民，对于朝鲜的一山一水、一草一木，对于战斗生活过的每一个窑洞、每一座村庄以至每一条小溪，都是那么的熟悉和具有无限深厚的感情。这种感情过去曾经给我们带来了极大的力量，今后也将永远鼓舞我们为着世界和平而奋斗。”

在首批撤离朝鲜的志愿军部队中，就有坚守在上甘岭的英雄之师。当他们离开这块自己用鲜血捍卫的大地时，曾被密集的炮火削低了几米的山峰之上，已是春意盎然，柳树和金达莱花漫山遍野。

中国军队要离开朝鲜了！撤军的消息引起了全世界关注。3月12日，志愿军总部发表公报，宣布了中国人民志愿军将分3批全部撤出朝鲜的具体步骤。

朝鲜军事停战委员会朝中首席委员姜尚昊负责公布消息，他将撤军计划分批通知中立国监察委员会和联军首席委员。

3月12日，在北京成立了包括各方面人士参加的规模庞大的“中国人民欢迎志愿军归国代表团”，由陈叔通任团长，奔赴东北边境城市迎接志愿军返回祖国。

3月15日上午，中国人民志愿军首批撤出部队登上了第一列和平列车。满载着志愿军回国官兵的第一列火车由用朝中两国国旗、鲜花、和平鸽装饰起来的机车牵引驶向朝中边界。3月16日上午9时，列车到达新义州车站，聚集在车站广场上的6万名朝鲜群众为志愿军送行。

列车缓缓通过了鸭绿江大桥。

志愿军战士们临窗眺望，感慨万千：入朝作战时，就是在这座桥上，他们看到新义州火光冲天，浓烟滚滚，整个城市一片废墟；8年后，新义州已重获新生，以崭新的姿态矗立在鸭绿江畔。

3月16日下午1时，志愿军首批撤出部队抵达中国安东（今丹东），踏上了祖国的土地。

不久，志愿军总部发布撤军公报：3月15日至4月25日，中国人民志愿军第1批6个师8万人撤出朝鲜。

5月6日，中国外文部副部长罗贵波接见英国驻华代办文郁生，面交中国外交部致英国驻华代办处的照会，并且要求英国政府转给参加联军的成员国。这份照会是中国政府和中国政府受朝鲜民主主义人民共和国政府的委托，对英国政府代表参加“联合国军”的各国政府4月9日照会的答复。照会说，朝中两国政府始终认为，只有一切外国军队撤出朝鲜，才能为和平解决朝鲜问题，包括自由选举问题提供必要条件。

在送别志愿军的同时，朝鲜人民向志愿军亲人和中国朋友写了一封史无前例的感谢信，这封信可能是签名人数最多的信。朝鲜群众纷纷在感谢信上签名，据统计，截至1958年8月底已经有682.7万人在感谢信上签了名。

这封感谢信由朝鲜第2届最高人民会议常任委员会派专人送达北京。

与此同时，中国人民志愿军也开展了在给朝鲜人民告别信上签名的活动。自3月以来，志愿军全体指战员和工作人员都在这封信上签了名。10月18日上午8时40分，志愿军总部公开发表了这封告别信。告别信说:

“中国人民志愿军全部撤出朝鲜，是中朝两国人民8年来反抗侵略、维护和平业已获得决定性胜利的标志；是整个国际形势东风继续压倒西风的标志；是朝鲜人民争取祖国和平统一的斗争进入一个新的阶段的标志。我们看到：朝鲜人民正以沸腾的热情、飞跃的速度、全民的规模，进行着社会主义的和平建设；5年多以前到处可见的一片片废墟，现在已经为一个个比过去更美丽的城市和乡村所代替；整个共和国北半部的面貌，正在日新月异地改变着。我们看到：屹立在社会主义阵营东方前哨的英雄的朝鲜人民军同志们，是如此坚强有力地守卫着这美好的一切。我们深信：在这样的基础上，朝鲜三千里江山的和平统一、南北三千万同胞的骨肉团聚，终将不可阻挡地得到实现。我们，在战斗中同英雄的朝鲜人民结成了血肉深情的中国人民志愿军，在这就要撤出朝鲜的时刻，情不自禁地为共同斗争的伟大胜利，为亲密邻邦的美好前景而感到无限兴奋和欢欣。

“亲爱的朝鲜党和国家的领导同志们，亲爱的朝鲜父老兄弟姐妹们，我们就要同你们分别了，但是我们的心永远不会离开你们。金日成元帅对我们亲切的勉励，共和国政府给予我们的崇高的荣誉，千千万万‘志愿军妈妈’和父老兄弟姐妹们对我们的热爱，金昌杰、安玉姬、朴在根这样杰出的国际主义战士的伟大形象，朝鲜人民跨上千里马沿着社会主义大道飞跃前进的步伐，以及亲爱的人民军战友们坚守东方和平前哨的雄姿，是如此深刻地印在我们的心中。这一切，将连同朝鲜人民军战友塞在我们口袋里的、那从共同战斗过的阵地上拾起来的带弹片的泥土，连同朝鲜农业社员们装在我们水壶里的、那从共同抢修起来的水库里汲上来的清澈的泉水，连同朝鲜矿工们送来的、那从战争时期一起生活过的矿井里新挖出来的灿烂的矿石，连同朝鲜老大娘戴在我们手指上的古老戒指，连同朝鲜小姑娘系在我们颈上的鲜艳的红领巾，连同一切表示着永世不忘的友谊的礼品，一起带给鸭绿江那边的6亿祖国人民，传给我们的子孙后代！”

这封告别信被装订成册，送交给朝鲜内阁保存。

10月24日，志愿军总部领导机关全体人员撤离驻地，乘汽车来到平壤，出席朝鲜民主主义人民共和国最高人民会议常任委员会在平壤举行的授勋仪式。会上授予中国人民志愿军司令员杨勇、政治委员王平朝鲜民主主义人民共和国最高勋章级国旗勋章。

10月25日，平壤全城处处飘扬起朝中两国国旗。中午12时，满载着最后一列撤军的列车停在平壤车站，杨勇司令员在车站广场上向朝鲜人民致告别词。他说现在，中国人民志愿军全部撤出朝鲜了。我们用实际行动向全世界有力地说明了中朝两国人民对于维护和平、促使朝鲜问题和平解决的真诚愿望。”

乐队奏起《中国人民志愿军战歌》，杨勇、王平和金日成热烈拥抱，含泪话别。

列车徐徐开动，杨勇、王平仍站在车厢门口，手举花束向朝鲜战友致敬。

1950年10月25日，揭开了中国人民志愿军第1次战役的序幕；

时隔8年之后，又是1958年10月25日，中国人民志愿军又全部撤离朝鲜，载誉归国。

中国人民志愿军最后撤离朝鲜的部队有70 000人。总部领导机关乘坐的火车于10月28日下午到达北京车站，首都20万人夹道欢迎凯旋的英雄。国务院总理周恩来和中央各机关负责人到车站欢迎。周恩来紧紧握住了杨勇、王平的手，代表全国人民欢迎英雄凯旋。

10月30日，全国人民代表大会常务委员会、政协全国委员会常务委员会在中南海怀仁堂举行扩大的联席会议，听取志愿军司令员杨勇关于志愿军8年来抗美援朝工作的汇报。联席会议最后通过决议，颂扬中国人民志愿军，以极高的评价表彰了志愿军的丰功伟绩。

1950年，烽烟告急的秋天，新中国建立仅一年，中国人民志愿军雄赳赳、气昂昂跨过鸭绿江，拉开了现代战争史上壮丽的一幕。60多年时光流逝如水，战争与和平，这对永恒的矛盾命题依然困扰着世界。冷战、缓和、军备竞赛、和平共处、局部冲突、利益结盟……周而复始，人类始终都难以获得长久安宁。

以史为鉴，发生在朝鲜半岛的这场战争，应该能为热爱和平的人们提供启示。

第三节　朝鲜战争与台海问题

美国认识到，在台湾海峡两边的所有中国人都认为只有一个中国，台湾是中国的一部分。美国政府对这一立场不提出异议。

——尼克松

朝鲜战争的战火余烬始终未灭，将南北朝鲜隔离在三八线两侧。

也正是由于这场战火，阻碍了台湾回归祖国怀抱。

历时两年多的朝鲜战争停战谈判，是历史上最长的停战谈判；而围绕因此产生的台湾问题，所进行的历时十五年的中美大使级会谈，则是世界外交史上最长的谈判。

随着冷战大幕拉开，美、日介入，第一岛链成型，孤悬海外的宝岛台湾就与祖国断了线。自此，在中美两国关系长达半个多世纪缓慢的演进过程中，处于大国缝隙间的台湾如同巨星之间的拉格朗日点（注：拉格朗日点，天文学名词，指受两大物体引力作用下，能够使小物体稳定的点。一个小物体在两个大物体的引力作用下在空间中的一点，在该点处，小物体相对于两大物体基本保持静止。），始终与东西大陆和北美大陆若即若离。

1950年6月27日，朝鲜战争爆发仅两天后，美国第七舰队即兵临台湾海峡。杜鲁门政府宣称："我已命令第七舰队阻止对台湾的任何攻击。"

1954年12月，在艾森豪威尔政府的促成下，美台《共同防御条约》签订，从此，台湾被正式划入美国的势力范围。

随着中美两国邦交艰难的正常化，台湾问题浮沉随浪，历经起伏。

从20世纪50年代起，中国政府即开始积极寻求解决台湾问题。

1955年4月，在万隆会议上，周恩来总理发表声明，表示"中国政府愿意同美国政府坐下来谈判，讨论缓和远东紧张局势，特别是台湾地区的紧张局势问题"。

1955年7月13日，经过不懈努力，以及英国、印度的多次斡旋，美国终于提出了一个重要性方案：中美两国互派大使级代表，在日内瓦举行会谈，以求促进台湾问题和其他一系列中美问题的顺利解决。

中方欣然接受了美方的提议。从此，长达15年的、著名的中美大使级会谈的序幕就这样拉开了。

1955年8月1日，在日内瓦国联大厦，中美第一次大使级会谈举行。在随后的数十次密集会谈中，双方谈到了遣侨问题（功勋科学家钱学森的回国之路即由此开启）、台海局势问题、禁运、文化交流等各类问题。

1957年12月12日，会谈进行到第73次后，由于在诸多具体问题上难以协调，美方撤走了大使约翰逊，改由其副手埃德·马丁参赞负责会谈。

中方当然无法接受这种待遇。“这种变化是中方不能同意的，中美进行的是大使级会谈，而马丁先生只是一名参赞，不能代表大使。”时任中方大使的王炳南如是说。

于是，中美大使级会谈就此中断。

1958年夏，两岸形势紧张加剧，美军加强了第七舰队的部署，而中方也开始了炮击金门。就这样，中美又像在朝鲜战场上经历过的那样，开始了“边打边谈”——战场冲突的加剧，反而给谈判带来了新契机，当年9月6日，周恩来发表《关于台湾海峡地区局势的声明》，提议美国政府恢复中美大使级会谈。

美方当即应允了中方提议。

9月15日，在硝烟密布的台海阴云笼罩下，中美会谈重启。中美双方重新坐回谈判桌，表明了两国的积极态度，但在具体问题的协商、解决上，依然难以找到突破口。

此后，伴随着中国成功引爆原子弹、赫鲁晓夫卸任、越南战争、蒋介石试图反攻大陆等诸多历史事件的发生，以及中国国力日强，中美两国在冷战时期冰封的邦交渐渐有了融冰迹象。

1966年3月，在第129次会谈时出现了令人振奋的新迹象。美方大使格罗诺斯基在率先发言中表示：“美国政府愿意与中华人民共和国政府进一步发展两国关系。”

这是美方大使第一次使用“中华人民共和国”这一词汇。

会后，美方翻译还给中方翻译做了一次友情提示：王大使阁下（王国权）可曾注意到，今天我们大使用了“中华人民共和国政府”一词?

这无疑是美国对新中国政府的一次极为重要的态度转变。

但是，与朝鲜停战谈判同样，中美对话总是充满坎坷。随即爆发的“文化大革命”，又使中美对话被暂时搁置了。

经过多次努力、延期，再努力、再延期，双方的第135次会谈从1968年5月，一直推迟到了1970年1月20日才得以进行。

正是这次具有重大历史意义的会谈，成为了改善中美关系的转折点。

在中国驻波兰大使馆会议厅里，均抱着积极解决问题心态的中美双方代表几乎是一拍即合，中方同意美方大使所言“进行更为彻底的探索”。

这意味着，双方都愿意举行更高级会谈。

2月10日，双方举行了第136次，也即最后一次大使级会谈。双方都表现出解决两国关系中的根本问题（即台湾问题）的诚意和决心，中方提出：如果美国政府愿意派部长级的代表或美国总统的特使到北京进一步探讨中美关系中的根本问题，中国政府愿予接待。

这两次决定性的会谈，先是促成了时任美国总统国家安全事务助理基辛格秘密访华，为尼克松总统的访华打了前哨。

1972年2月，总统尼克松访华，中美双方在上海发表《联合公报》：

“美国认识到，在台湾海峡两边的所有中国人都认为只有一个中国，台湾是中国的一部分。美国政府对这一立场不提出异议。”

1978年12月，美国政府接受了中国政府的“建交三原则”，即“美国与台湾当局断交，废除《共同防御条约》，从台湾撤军”。

1979年1月，中美正式建交，美国承认“一个中国”。

但这依然并非故事的结局。

三个月后，美国总统卡特签署了《与台湾关系法》。美国政府表示：支持一个中国政策，并且也理解台湾内部的独立声音，但不支持台湾独立。而统一的方式应通过和平方式，依靠两岸对话。如果中共当局企图以武力而非对话来达成，则将威胁西太平洋地区和平与稳定，美国将向台提供军事物资。

虽然经过20多年的努力，终于同中国恢复了正常邦交，但通过《与台湾关系法》可以清晰看到，美国仍未放弃朝鲜战争期间对台湾的防卫宣言，并依然将台湾视作远东第一岛链的重要环节。

第四节　南与北

中国人走向民族复兴，是从跨过鸭绿江那一刻开始的。

——李光耀

停战之后，朝鲜与韩国已走过了60余年动荡的对峙年代，仍未实现统一。

而朝韩守军面对面据守的板门店，更是成为世人眼中朝韩关系的经典缩影。

2003年9月，朝韩人民仿佛迎来了盛大节日——中断了近60年的京义铁路再次贯通了。在朝韩双方的共同努力之下，平壤和汉城（今首尔）终于被这条铁路连接了起来，从割席绝交到藕断丝连，南方和北方的人民对实现统一都充满了新的期待。

要重新连接这条铁路，除了需要打破半个多世纪的冷战坚冰，还必须扫清埋藏在铁路与板门店非军事区交界处的无数地雷。

直到此时，许多生活在21世纪的年轻人才体会到战争的残酷——有超过200万枚地雷被埋在了板门店的军事分界线两侧，在这条仅宽4公里的分界线上，地雷埋设的密度位居世界第一。更令人担忧的是，由于雨水冲刷，地雷时常会随水土移位，不知潜行游走到了何处，因此，每年都有军民误伤于此。

从此，货车专列每周都会在这条线上往返于朝韩之间。南方与北方的人民都相信，这样的“串门”会多起来，两家人也会越走越亲。

但是，在2008年11月，由于朝韩关系再度恶化，这条冲破了三八线阻隔的唯一的希望之路再次中断了。

事实上，虽然《朝鲜停战协定》1953年正式签订，但参加签约的只有中、朝、美军方代表，韩军方并未在协定书上签字。虽然韩国的军事装备均由美国提供并控制，但如果再次出现李承晚式的独裁强人，战火就完全有可能重燃。时至今日，朝鲜半岛依然是国际冲突的热点所在，朝鲜和韩国的紧张对峙随时牵动着中、美、俄、日等多国的神经。

阴影一直笼罩在朝鲜半岛上空。1976年8月18日发生在板门店的“砍树事件”，就是一例典型的危机事件。朝鲜将之称为“板门店事件”，韩国则干脆称为“板门店虐杀事件”。

当天上午10时，14名美军士兵走进了共同警卫区，他们手持斧头，开始砍伐区内的杨树。朝鲜军官朴哲大佐没有容忍这种挑衅行为，他要求美军停止砍伐，于是，17名朝鲜士兵来到了美军士兵面前，对峙开始了。

美军警备中队长阿瑟·伯尼帕斯上尉根本不予理睬这种警告，

让美军士兵继续工作。紧张的空气瞬间升温，数十名朝鲜警卫增援而至，并再次发出警告。

美军依然故我。

见此情况，朴哲下达了攻击命令。

非军事区内是不允许使用枪械的。朝鲜警卫们拿起了木棍、斧头，对数量较少的美军群起而攻之，并集中攻击美军指挥官。伯尼帕斯上尉当场毙命，巴雷特中尉重伤不治，八名美韩士兵受伤，三辆军车被毁。

事发后，驻韩美军司令官理查德·斯迪威尔下令进入3级戒备状态。

一时间，开城四周警报长鸣，可搭载核武器的F-111战斗轰炸机、B-52轰炸机、F-4鬼怪Ⅱ战斗机纷纷紧急升空，像捕猎的鹰隼一样，在朝鲜半岛上空警戒巡航。中途岛号航空母舰、一艘巡洋舰和四艘驱逐舰也在第一时间兵临日本海。

火柴已经点燃，悬在了火药桶上方。

一旦双方交火，准备充分的美韩炮兵就会直接轰击开城的朝鲜军事基地，进而进军开城。一旦朝鲜人民军动用坦克部队，美方的核武器就会瞄准朝鲜。

时任韩国总统的朴正熙展开了报复行动，在名为“诱导挑衅计划”的特种部队作战行动中，韩美特种部队发起突袭，摧毁了四个军事分界线附近的朝鲜哨所，朝鲜未作任何反击。

类似的小规模冲突事件多不胜数。

朝鲜战争过去了六十多年，这场激战并未被世界遗忘。但对于生活在21世纪的人们而言，对朝鲜战争和朝鲜问题的更多知识、观感则来自电影、电视剧中的浮光掠影。

在著名的007系列电影《择日而亡》中，大名鼎鼎的传奇探员詹姆斯·邦德就曾被囚禁于朝鲜监狱，当他获得刑满释放的机会后，作为囚犯交换的一方，走过了位于板门店非军事区的寒雾缭绕的木桥。

在2013年出品的韩国电影《伟大的隐藏者》中，北朝鲜间谍元流焕也是在一个冷酷的雪夜从板门店悄然潜行至南方，在南与北的痛苦抉择中徘徊不定。

人们或许已不再熟悉朝鲜战场上曾发生过的宏伟战争，但往往对板门店的画面极为熟悉。

对新中国而言，抗美援朝的意义不言自明。

从以往的频遭侵略、屡战屡败、割地赔款、丧权辱国，到与世界头号强国分庭对峙近3年，迫使美国提出并签订停战协定，在社会主义阵营和世界的地位迅速提升，彻底消除了幽魂般长期萦绕在中华民族心头的屈辱感。

为此，中国也付出了血与火的沉重代价。志愿军阵亡18.3万人，负伤25.2万人，因病致死3.46万人，团以上指挥员牺牲人数超过200人。

为了抗美援朝，中国付出的经济代价同样沉重。中国政府原计划将军费开支从1950年的43%降到30%（国家预算），但战争爆发后，军费的比例反而提升到45%，朝鲜战争期间，中国军费开支达到62亿元。

当时，作为一个新生的政权，中国正在为恢复正常国际地位、联合国席位做着不懈努力。但由于与“联合国军”交战，以及对国际政治缺乏经验，不仅被联合国宣布为“侵略者”，也导致了在国际事务中的被动，与一些国家的关系走入僵局，以致在联合国的席位问题被长期搁置，还遭到了长期的禁运和经济封锁，而台湾问题的解决，更是被长期延缓。

21世纪以来，随着中美关系的相对改善，合作渐增，对抗相对减少，美国也不再热衷于在好莱坞大片中把中国塑造成“邪恶的专制轴心”；至于早已解体的苏联，或者苏联的继承者俄罗斯，也不再像20世纪90年代之前那样，频频在美国电影里扮演“邪恶的核武军火库”角色了，反倒是以往不太被美国导演视作威胁的朝鲜，由于核试验等事件，开始接过中苏曾经背过的黑锅，在基于美国强大的文化产业所形成的世界流行文化符号体系中（尤其是电影），被经常塑造成二元对立中的邪恶一方。

社会观念的更迭，映射出政治格局的深刻变化，沿着朝鲜战争这条线，可以清晰看出60多年的世界格局走向。

原本意在统一的朝鲜内战，却成为大国鏖兵的战场，这是多个国家之间政治博弈和国家利益冲突的最终结果。

新中国在成立伊始就明言向苏联“一边倒”，立刻使得社会主义阵营空前壮大，远东地区一下子有了苏联和中国两个大国。原本一直试图将中国纳为盟友的美国则为此十分沮丧，“到底是谁丢了中国”

的争吵在高层之间爆发。经过多次试探未果，美国终于认识到，中苏结盟难以撼动，于是，当1950年2月的《中苏友好同盟互助条约》签订之后，美国已经下定决心要遏制共产主义在远东的迅猛势头。

第七舰队入侵台海，侵越法军得到美国支持，东北工业基地受到朝鲜战争威胁，韬光养晦的苏联绝不愿走到前线与美军抗衡，新中国对苏联的诚意还未经考验……诸多国际因素的重压，使中国被迫介入了一场外战。这场仗打完，由于过于强硬的对外政策，中国也陷入了国际社会的长期孤立。

但凭借着那种革命年代的豪情壮志，中国在这场代价沉重的战争中也获得了更为宝贵的收益。

虽然因为参战而加重了国内经济建设负担，但由于与苏联签订了一系列援助计划，中国获得了实实在在的经济和技术援助，得以有条不紊地开始第一个五年计划，这种“蜜月期”维持了较长时间。不到十年时间，中国用几十亿人民币建立起配套国防工业基础，这也是世界近现代史上低成本和高规模的范例。

一般认为，朝鲜战争“一是打出了几百公里的安全纵深，二是打出了几十年的和平建设环境”，东北由此获得长治久安，中国的工业得以安全发展，并最终建立了现代工业体系。正是这个工业体系造就了20世纪80年代的中国经济起飞。

由于屡遭美国核讹诈，加之在与苏联合作中始终处于弱势，中国领导人明确意识到核武器对于大国的重要意义。1964年10月，随着原子弹试验成功，中国也正式迈入了世界强国行列。

能制造原子弹并非意味着有了穷兵黩武的资本，而是向世界证明，中国已有了完整的现代化工业和科技体系，这个体系包括基础物理、控制论、电子工程、航空工程等多个核心技术领域。

朝鲜战争后，中国陷入了美国的重重岛链和长期经济封锁。于是，在中国经济的分布图中，外贸比例极小，绝大多数经济活动都发生在国内。因此，农业和低端工业一度是中国经济生产的主流，但这也形成了劳动力的廉价优势，当中国终于参与国际分工之后，“中国制造”的廉价优势展露无遗，中国迅速成为世界工厂，全球经济格局形成了“美国系统+中国制造”的新格局。

朝鲜一役，积贫积弱百年的中国与世界第一强国分庭抗礼，将16国联军拒于三八线以南，这无疑极大鼓舞了饱受欺凌的中国人民，为中华民族重新挺起胸膛注入了信心。从此，新中国在国际舞台上被视为强国，中国人民也真的“从此站起来了”，因此，新加坡领导人李光耀才会感慨地说，中国人走向民族复兴，是从跨过鸭绿江那一刻开始的。

苏联一度成为朝鲜战争的受益者。由于在二战中伤筋动骨，斯大林一直严守韬光养晦的对外铁律，无论美军如何试探、挑衅，都始终忍辱负重，绝不公开参战。虽然花费了不菲的金钱和物资进行援朝、援华，但成功将美国拖入了战争泥潭；与此同时，由于斯大林在处理大国关系时表现出了极为明显的功利主义，例如迟迟不愿派遣空军增援，既使中国背上了沉重的债务负担，也为中苏两国交恶埋下了伏笔，于是，也就有了20世纪60年代中国人民的“勒紧裤腰带还债”。

如果不是斯大林突然去世，苏联新领导人忙于解决权力真空和内部问题，朝鲜战争的结束日期很可能会延长。

作为美国战略构想中的真正敌人，苏联虽然没有直接参战，但美苏两国的冷战气氛、意识分歧已越来越深。也正是由于在朝鲜战争期间获得了发展良机，苏联在诸多技术领域直追美国，但也因此形成了军备竞赛的思维惯性，在一定程度上导致了苏联的最终解体。

朝鲜战争对于美国的影响看似并不明显。与艰苦的二战时期相比，美国的经济在朝鲜战争期间不退反进，由于适逢新技术、新产业的不断涌现时期，例如信用卡、电视机产业的勃兴，使得美国经济持续增长，就业率保持稳定，大多数美国人的生活并未受到很大影响。

此时的欧洲已无力和美国竞争，美国的发展一帆风顺，到1953年，人口占世界6%的美国，生产总值已占到全世界的近一半。

因此，对美国普通民众而言，朝鲜战争就像一场“电视机里的战争”，并未给自己的生活带来多少切肤之痛。

而对于美国政府高层而言，情况则大不相同。美国政府将朝鲜战争定义为“被遗忘的战争”，并认识到要赢得一场地面局部战争的难度有多大。朝鲜战争一结束，美军的军备重点立刻转到核武器和空军，年度军费也由150亿美元陡然增加到400亿美元，开始了与苏联的疯狂军备竞赛。

自此，美国开始正视新中国，将之作为一个大国和强国来看待，中美双方也尽力避免再起战争。

日本和台湾是朝鲜战争的受益者。

第二次世界大战结束之初，日本国内经济凋敝，国民饥寒交迫。朝鲜战争爆发后，随着旧金山《对日和约》的签订，日本成为美国的军事基地、军工厂，经济得到极大刺激，迅速繁荣起来，到了1951年，日本经济总量竟然创下历史新高。

与此同时，由于得到美国政府20亿美元的无偿军事、经济援助，蒋介石政府不但度过了战后最困难的危局，也为台湾经济腾飞奠定了坚实基础。而从艾森豪威尔政府开始，台湾就被视为美国在远东的永不沉没的航空母舰，“台湾问题”一直悬而未决。

南北朝鲜的命运则更为曲折。

在苏联的援助下，朝鲜的工业水平一度跃升，但随着苏联解体，加之美国的长期经济封锁，朝鲜经济一直风雨飘摇。在世人眼中，这个充满苦难的北方国家简直太神秘了，别国的民众甚至无从得知朝鲜人民的只言片语、浮光掠影，只在信息高度发达的21世纪，才从极为有限的影像资料中结束了盲人摸象的猜测，能或多或少地了解到这个国家的某些生动细节。

在美国的经济、军事、文化援助之下，韩国的发展显得更为光鲜热闹，但朝韩分分合合的紧张关系依然是韩国最重大的问题。

2014年初，东亚地区的影迷——尤其是中国影迷感到颇为失望，因为当红的韩国艺人李敏镐、金秀贤又要像他们的前辈一样，短暂离开屏幕了。这些红遍东亚的男性偶像，是韩国在战后成功重建并建立起世界一流的文化产业的象征。

暂时带走他们的，是一件在韩国如同交税一样，无法逃避的事情——兵役。

不了解朝鲜战争的人自然无从了解韩国这种全民兵役的起因，往往以为这是出自民族的尚武精神。

人们往往忽略了一个重要的细节：停战的签约者，只有北朝鲜、中国、美国三方的军方代表，而南朝鲜军方代表并未在朝鲜战争停战谈判协议书上签字。

在战火随时可能重燃的韩国，法律规定，20岁至30岁的男性公民必须服兵役，兵种不同，服役期限也不同，最短也要服役两年。男生高中毕业后如果没上大学，就只有服兵役一条路可走。上了大学的男生，则要在就读期间休学两年去服兵役。除非有严重疾病，或为国家作出卓越贡献者，方可免除兵役。

因此，韩国男性若想免除兵役，往往极为困难，并因此出现了很多特殊的社会现象。除了获得奥运会、亚运会金牌者，或韩国国家足球队队员，以及博士、文盲之外，几乎就没有正常途径可以免除兵役。

到了服役年纪但却负担3个人及以上生活的男性不用服兵役。鉴于韩国“男主外、女主内”，女性多不工作的社会现状，如果男性在满21岁前结婚并生了两个以上孩子，他就无须再服兵役，否则生计就无法维持了。但这条规则很快就被作为政策漏洞，为广大青年男性踊跃利用，甚至因此引发了韩国的早婚风潮，以后可能会被修改。

如果文身超过全身皮肤的1/3，自然也不会被允许进入军营，以免影响军容。这条规则也有漏洞可钻，但如果首次体检没有文身，复检时却摇身一变成了迈克尔·斯科菲尔德（美剧《越狱》男主角，将路线图做成精密而隐晦的文身，文满了上半身），则将不可避免地面临一年牢狱之灾，罪名是“蓄意破坏身体，逃避国家责任”。因此被抓的韩国青壮年不在少数。

大多数韩国青年比较青睐“曲线救国”。因为出国留学可以申请延期两年服兵役，所以为数不少的韩国本科生、研究生会在25、26岁时争取出国留学，只要将学龄拖过28岁，兵役这一劫也就躲过了。

朝鲜战争对朝韩两国的影响深远，几乎涉及社会生活的方方面面。以在全世界流行的“跆拳道”为例，这套享誉全球的武术套路，是由崔泓熙将军（1918—2002年，国际跆拳道联盟总裁）创立的。这位韩国军队的创始人之一屡遭独裁政府迫害，始终坚持和平统一朝鲜。

跆拳道分为24个套路，用以象征一天内的24个小时，而套路的名称则取自朝鲜古代以来为民族独立而斗争的英雄，或者重要精神。

跆拳道的最后一个套路，被崔泓熙命名为“统一”。

战争已经结束，和平仍未到来。

朝鲜半岛依然在渴盼统一。

附　录

《朝鲜停战协定》及其附件

朝鲜停战协定

（1953年7月27日）

序　言

下列签署人，朝鲜人民军最高司令官及中国人民志愿军司令员一方与“联合国军”总司令另一方，为停止造成双方巨大痛苦与流血的朝鲜冲突，并旨在确立足以保证在朝鲜的敌对行为与一切武装行动完全停止的停战，以待最后和平解决的达成，兹各自、共同、并相互同意接受下列条款中所载的停战条件与规定，并受其约束与管辖，此等条件与规定的用意纯属军事性质并仅适用于在朝鲜的交战双方。

第一条　军事分界线与非军事区

一、确定一军事分界线，双方各由此线后退二公里，以便在敌对军队之间建立一非军事区。建立一非军事区作为缓冲区，以防止发生可能导致敌对行为复发的事件。

二、军事分界线的位置如附图所示。

三、非军事区以附图所示的北缘与南缘确定之。

四、军事分界线接照后述设立的军事停战委员会的指示加以明白标志。敌对双方司令官在非军事区与其各自地区间的边界沿线树立适当标志物。军事停战委员会监督所有设置在军事分界线与非军事区两缘沿线的标志物的树立。

五、汉江口的水面，其一岸受一方控制而另一岸受他方控制处，向双方民用航运开放。各方民用航运在本方军事控制下的陆地靠岸不受限制。

六、双方均不得在非军事区内，或自非军事区，或向非军事区进行任何敌对行为。

七、非经军事停战委员会特许，任何军人或平民不准越过军事分界线。

八、非军事区内的任何军人或平民，非经其所要求进入地区的司令官的特许，不准进入任何一方军事控制下的地区。

九、除与办理民政及救济有关的人员及经军事停战委员会特许进入的人员以外，任何军人或平民不准进入非军事区。

十、非军事区的军事分界线以北部分的民政与救济由朝鲜人民军最高司令官与中国人民志愿军司令员共同负责；非军事区的军事分界线以南部分的民政与救济由“联合国军”总司令负责。为办理民政与救济而被准许进入非军事区的军人或平民的人数分别由各方司令官决定之，但任何一方批准的总人数在任何时候不得超过一千。民政警察的人数及其所携带的武器由军事停战委员会规定之。其他人员非经军事停战委员会特许不得携带武器。

十一、本条的任何规定均不得解释为妨碍军事停战委员会、其助理人员、其联合观察小组及小组助理人员，后述设立的中立国监察委员会、其助理人员、其中立国视察小组及小组助理人员，以及任何经军事停战委员会特许进入非军事区的其他人员、物资与装备出入非军事区与在非军事区内移动的完全自由。非军事区内的两地不能由全部在非军事区以内的通道相连接时，为往来于此两地之间所必经的通道而通过任何一方军事控制下的地区的移动便利应予准许。

第二条 停火与停战的具体安排

甲、通则

十二、敌对双方司令官命令并保证其控制下的一切武装力量，包括陆、海、空军的一切部队与人员，完全停止在朝鲜的一切敌对行为，此项敌对行为的完全停止自本停战协定签字后十二小时起生效（本停战协定其余各项规定的生效日期与时间见本停战协定第六十三款。）

十三、为保证军事停战的稳定，以利双方高一级的政治会议的进行来达到和平解决，敌对双方司令官：

子、除本停战协定中另有规定外，在本停战协定生效后七十二小时内自非军事区撤出其一切军事力量、供应与装备。军事力量撤出非军事区后，所有知悉存在于非军事区内的爆破物、地雷阵地、铁丝网以及其他危及军事停战委员会或其联合观察小组人员安全通行的危险物，连同所有知悉并无此等危险物的通道，由设置此等危险物的军队的司令官报告军事停战委员会。嗣后，应清除出更多的安全通道；最后，在七十二小时的时期终止后的四十五天内，所有此等危险物须按照军事停战委员会的指示，并在其监督下自非军事区内撤除。在七十二小时的时期终止后，除在军事停战委员会监督下有权在四十五天的期间完成清除工作的非武装部队，由军事停战委员会所特别要求并经敌对双方司令官同意的警察性部队及本停战协定第十款与第十一款所批准的人员以外，双方任何人员均不准进入非军事区。

丑、在本停战协定生效后十天内自对方在朝鲜的后方与沿海岛屿及海面撤出其一切军事力量、供应与装备。如此等军事力量逾期不撤，又无双方同意的和有效的延期撤出的理由，则对方为维持治安，有权采取任何其所认为必要的行动。上述“沿海岛屿”一词系指在本停战协定生效时虽为一方所占领，而在1950年6月24日则为对方所控制的岛屿；但在黄海道与京畿道道界以北及以西的一切岛屿，则除白翎岛（北纬37度58分，东经124度40分）、大青岛（北纬37度50分，东经124度42分）、小青岛（北纬37度46分，东经124度46分）、延坪岛（北纬37度38分，东经125度40分）及隅岛（北纬37度36分，东经125度58分）诸岛群留置“联合国军”总司令的军事控制下以外，均置于朝鲜人民军最高司令官与中国人民志愿军司令员的军事控制之下。朝鲜西岸位于上述界线以南的一切岛屿均留置“联合国军”总司令的军事控制之下。

寅、停止自朝鲜境外进入增援的军事人员；但在下述规定范围内的部队与人员的轮换，担任临时任务的人员的到达朝鲜，以及在朝鲜境外作短期休假或担任临时任务后的人员的返回朝鲜则予准许。“轮换”的定义为部队或人员由开始在朝鲜服役的其他部队或人员所替换。轮换人员仅得经由本停战协定第四十三款所开列的口岸进入与撤离朝鲜。轮换须在一人换一人的基础上进行，但任何一方在任何一个月份内不得在轮换政策下自朝鲜境外进入三万五千名以上的军事人员。如一方军事人员的进入将造成该方自本停战协定生效之日以来所进入朝鲜的军事人员总数超过该方自同日以来离开朝鲜的军事人员的累积总数时，则该方的任何军事人员即不得进入朝鲜。关于军事人员的到达与离开朝鲜须每日向军事停战委员会及中立国监察委员会提出报告；此项报告须包括入境与离境的地点及每一地点入境与离境人员的数目。中立国监察委员会经由其中立国视察小组须在本停战协定第四十三款所开列的口岸对上述批准的部队与人员的轮换进行监督与视察。

卯、停止自朝鲜境外进入增援的作战飞机、装甲车辆、武器与弹药；但停战期间毁坏耗损的作战飞机、装甲车辆、武器与弹药得在同样性能同样类型的一件换一件的基础上进行替换。此等作战飞机、装甲车辆、武器与弹药仅得经由本停战协定第四十三款所开列的口岸进入朝鲜。为确证为替换目的而输入朝鲜的作战飞机、装甲车辆、武器与弹药有其需要，关于此等物件的每批输入须向军事停战委员会及中立国监察委员会提出报告；此项报告中须说明被替换的物件的处置情况。撤出朝鲜的将被替换的物件仅得经由本停战协定第四十三款所开列的口岸撤出。中立国监察委员会经由其中立国视察小组须在本停战协定第四十三款所开列的口岸对上述批准的作战飞机、装甲车辆、武器与弹药的替换进行监督与视察。

辰、保证对其各自指挥下的违反本停战协定中任何规定的人员予以适当的惩罚。

巳、在埋葬地点见于记载并查明坟墓确实存在的情况下，准许对方的墓地注册人员在本停战协定生效后的一定期限内进入其军事控制下的朝鲜地区，以便前往此等坟墓的所在地，掘出并运走该方已死的军事人员，包括已死的战俘的尸体。进行上述工作的具体办法与期限由军事停战委员会决定之。敌对双方司令官应供给对方以有关对方已死军事人员的埋葬地点的一切可能获得的材料。

午、在军事停战委员会及其联合观察小组与中立国监察委员会及其中立国视察小组执行其后述指定的职司与任务时，给予充分保护及一切可能的协助与合作。在中立国监察委员会及其中立国视察小组经由双方协议的主要交通线往返于中立国监察委员会总部与本停战协定第四十三款所开列的口岸时，以及往返于中立国监察委员会总部与据报发生违反本停战协定事件的地点时，给予充分的通行便利。为避免不必要的耽搁，当主要交通线被封闭或无法通行时，应准许使用替代的路线及交通工具。

未、供给军事停战委员会与中立国监察委员会及其各自所属小组所需要的后勤支援，包括通讯与运输的便利。

申、在军事停战委员会总部附近非军事区内的本方地区，各自兴筑、管理并维持一适用的飞机场，其用途由军事停战委员会决定之。

酉、保证中立国监察委员会与后述成立的中立国遣返委员会的所有委员及其他人员均享有为适当执行其职司所必需的自由与便利，包括相当于被认可的外交人员按照国际惯例所通常享有的特权、待遇与豁免。

十四、本停战协定适用于双方军事控制下的一切敌对的地面军事力量，此等地面军事力量须尊重非军事区及对方军事控制下的朝鲜地区。

十五、本停战协定适用于一切敌对的海上军事力量。此等海上军事力量须尊重邻近非军事区及对方军事控制下的朝鲜陆地的海面，并不得对朝鲜进行任何种类的封锁。

十六、本停战协定适用于一切敌对的空中军事力量。此等空中军事力量须尊重非军事区与对方军事控制下的朝鲜地区，以及邻近此两地区的海面的上空。

十七、遵守并执行本停战协定条款与规定的责任属于本停战协定的签署人及其继任的司令官。敌对双方司令官须分别在其指挥下的军队中采取一切必要的措施与办法，以保证其所有部属彻底遵守本停战协定的全部规定。敌对双方司令官须相互积极合作，并与军事停战委员会及中立国监察委员会积极合作，以求得对本停战协定全部规定的文字与精神的遵守。

十八、军事停战委员会与中立国监察委员会及其各自所属小组的工作费用由敌对双方平均负担。

乙、军事停战委员会

（一）组成

十九、成立军事停战委员会。

二十、军事停战委员会由十名高级军官组成，其中五名由朝鲜人民军最高司令官与中国人民志愿军司令员共同指派，五名由“联合国军”总司令指派。委员十人中，双方各三人应属将级；其余双方各二人可为少将、准将、上校或其同级者。

二十一、军事停战委员会委员得依其需要使用参谋助理人员。

二十二、军事停战委员会配备必要的行政人员以设立秘书处，负责协助该委员会执行记录、文书、通译及该委员会所指定的其他职司。双方各在秘书处指派秘书长一人，助理秘书长一人及秘书处所需的文牍与专门技术人员。记录以朝文、中文与英文为之，三种文字同样有效。

二十三、子、军事停战委员会于开始时配备十个联合观察小组以为协助；小组数目可经军事停战委员会中双方首席委员协议予以减少。

丑、每一联合观察小组由四至六名校级军官组成，其中半数由朝鲜人民军最高司令官与中国人民志愿军司令员共同指派，半数由“联合国军”总司令指派。联合观察小组工作所需的附属人员如司机、文牍、译员等由双方供给之。

（二）职司与权力

二十四、军事停战委员会的总任务为监督本停战协定的实施及协商处理任何违反本停战协定的事件。

二十五、军事停战委员会：

子、设总部于板门店（北纬37度57分29秒，东经126度40分00秒）附近。军事停战委员会得经该委员会中双方首席委员的协议移设其总部于非军事区内的另一地点。

丑、作为联合机构进行工作，不设主席。

寅、采用其本身随时认为必要的办事细则。

卯、监督本停战协定中关于非军事区与汉江口各规定的执行。

辰、指导联合观察小组的工作。

巳、协商处理任何违反本停战协定的事件。

午、将自中立国监察委员会所收到的一切关于违反本停战协定事件的调查报告及一切其他报告与会议记录立即转交敌对双方司令官。

未、对后述设立的战俘遣返委员会与协助失所平民返乡委员会的工作给予总的督导。

申、担任敌对双方司令官间传递信息的中介；但上述规定不得解释为排除双方司令官采用其愿意使用的任何其他方法相互传递信息。

西、制发其工作人员及其联合观察小组的证明文件与徽记，以及在执行其任务时所使用的一切车辆、飞机与船只的识别标志。

二十六、联合观察小组的任务为协助军事停战委员会监督本停战协定中关于非军事区与汉江口各规定的执行。

二十七、军事停战委员会或其中任何一方首席委员有权派遣联合观察小组调查据报发生于非军事区或汉江口的违反本停战协定的事件；但该委员会中任何一方首席委员在任何时候不得派遣尚未为军事停战委员会派出的联合观察小组的半数以上。

二十八、军事停战委员会或其中任何一方首席委员有权请求中立国监察委员会至非军事区以外据报发生违反本停战协定事件的地点进行特别观察与视察。

二十九、军事停战委员会确定违反本停战协定的事件业已发生时，须立即将该违反协定事件报告敌对双方司令官。

三十、军事停战委员会确定某项违反本停战协定的事件业已获得满意纠正时，须向敌对双方司令官提出报告。

（三）通则

三十一、军事停战委员会每日开会。双方首席委员得协议不超过七天的休会；但任何一方首席委员得以二十四小时以前的通知终止此项休会。

三十二、军事停战委员会一切会议记录的副本应在每次会议后尽速送交敌对双方司令官。

三十三、联合观察小组向军事停战委员会提出该委员会所要求的定期报告，并指出此等小组所认为必需或该委员会所要求的特别报告。

三十四、军事停战委员会保存本停战协定所规定的报告及会议记录的双份档案。该委员会有权保存为进行其工作所必需的其他报告、记录等的双份档案。该委员会最后解散时，将上述档案分交双方各一份。

三十五、军事停战委员会得向敌对双方司令官提出对于本停战协定的修正或增补的建议。此等修改建议一般地应以保证更有效的停战为目的。

丙、中立国监察委员会

（一）组成

三十六、成立中立国监察委员会。

三十七、中立国监察委员会由四名高级军官组成，其中两名由朝鲜人民军最高司令官与中国人民志愿军司令员所共同提名的中立国，即波兰与捷克斯洛伐克指派，两名由“联合国军”总司令所提名的中立国，即瑞典与瑞士指派。本停战协定所用“中立国”一词的定义为未有战斗部队参加在朝鲜的敌对行为的国家。被指派参加该委员会的委员得自指派国家的武装部队中派出。每一委员须指定一候补委员，以出席该正式委员因任何理由而不能出席的会议。此等候补委员须与其正式委员属于同一国籍。一方所提名的中立国委员出席的人数与另一方所提名的中立国委员出席的人数相等时，中立国监察委员会即得采取行动。

三十八、中立国监察委员会的委员得依其需要使用由各该中立国所供给的参谋助理人员。此等参谋助理人员得被指派为该委员会的候补委员。

三十九、中立国监察委员会所必需的行政人员须请由中立国供给，以设立秘书处，负责协助该委员会执行必要的记录、文书、通译及该委员会所指定的其他职司。

四十、子、中立国监察委员会于开始时配备二十个中立国视察小组以为协助；小组数目可经军事停战委员会中双方首席委员协议予以减少。中立国视察小组仅向中立国监察委员会负责，向其报告并受其指导。

丑、每一中立国视察小组由不少于四名的军官组成，该项军官以校级为宜，其中半数出自朝鲜人民军最高司令官与中国人民志愿军司令员所共同提名的中立国，半数出自“联合国军”总司令所提名的中立国。被指派参加中立国视察小组的组员得自指派国家的武装部队中派出。为便于各小组执行其职司，得视情况需要设立由不少于两名组员组成的分组，该两组员中一名出自朝鲜人民军最高司令官与中国人民志愿军司令员所共同提名的中立国，一名出自“联合国军”总司令所提名的中立国。附属人员如司机、文牍、译员、通讯人员，以及各小组为执行其任务所需的装具，由各方司令官按照需要在非军事区及本方军事控制地区内供给之。中立国监察委员会得自行配备并供给中立国视察小组其所愿有的上述人员与装具；但此等人员须为组成中立国监察委员会的中立国本国人员。

（二）职司与权力

四十一、中立国监察委员会的任务为执行本停战协定第十三款寅项、第十三款卯项及第二十八款所规定的监督、观察、视察与调查的职司，并将此等监督、观察、视察与调查的结果报告军事停战委员会。

四十二、中立国监察委员会：

子、设总部于军事停战委员会总部附近。

丑、采用其本身随时认为必要的办事细则。

寅、经由其委员及其中立国视察小组在本停战协定第四十三款所开列的口岸进行本停战协定第十三款寅项与第十三款卯项所规定的监督与视察，及在据报发生违反本停战协定事件的地点进行本停战协定第二十八款所规定的特别观察与视察。中立国视察小组对作战飞机、装甲车辆、武器与弹药的视察须使小组确能保证并无增援的作战飞机、装甲车辆、武器与弹药进入朝鲜；但此项规定不得解释为授权视察或检查任何作战飞机、装甲车辆、武器或弹药的任何机密设计或特点。

卯、指导并监督中立国视察小组的工作。

辰、在朝鲜人民军最高司令官与中国人民志愿军司令员的军事控制地区内本停战协定第四十三款所开列的口岸派驻五个中立国视察小组；在"联合国军"总司令的军事控制地区内本停战协定第四十三款所开列的口岸派驻五个中立国视察小组；于开始时另设十个机动中立国视察小组为后备，驻在中立国监察委员会总部附近，其数目可经军事停战委员会中双方首席委员协议予以减少。机动中立国视察小组中应军事停战委员会中任何一方首席委员之请求而派出者在任何时候不得超过其半数。

巳、在前项规定的范围内，不迟延地进行对据报违反本停战协定事件的调查，包括军事停战委员会或该委员会中任何一方首席委员所请求进行的对据报违反本停战协定事件的调查。

午、制发其工作人员及其中立国视察小组的证明文件与徽记，以及在执行其任务时所使用的一切车辆、飞机与船只的识别标志。

四十三、中立国视察小组派驻下列各口岸：

朝鲜人民军与中国人民志愿军军事控制地区

新义州（北纬40度06分，东经124度24分）

清　津（北纬41度46分，东经129度49分）

兴　南（北纬39度50分，东经127度37分）

满　浦（北纬41度09分，东经126度18分）

新安州（北纬39度36分，东经125度36分）

"联合国军"军事控制地区

仁　川（北纬37度28分，东经126度38分）

大　邱（北纬35度52分，东经128度36分）

釜　山（北纬35度06分，东经129度40分）

江　陵（北纬37度45分，东经128度54分）

群　山（北纬35度59分，东经126度43分）

（三）通则

四十四、中立国监察委员会每日开会。中立国监察委员会的委员得协议不超过七天的休会；但任何委员得以二十四小时以前的通知终止此项休会。

四十五、中立国监察委员会一切会议记录的副本应在每次会议后尽速送交军事停战委员会。记录以朝文、中文与英文为之。

四十六、中立国视察小组须就其监督、观察、视察与调查的结果向中立国监察委员会提出该委员会所要求的定期报告，并提出此等小组所认为必需或该委员会所要求的特别报告。报告由小组全体提出，但该组的个别组员一人或数人亦得提出之；个别组员一人或数人提出的报告仅视为参考报告。

四十七、中立国监察委员会应将中立国视察小组所提出的报告的副本，依其收到的报告所使用的文字，不迟延地送交军事停战委员会。此等报告不得以翻译或审定的手续加以延搁。中立国监察委员会应按实际可能尽早审定此等报告，并将其判语尽先送交军事停战委员会。在收到中立国监察委员会的有关审定以前，军事停战委员会不得对任何此种报告采取最后行动。军事停战委员会中任何一方首席委员提出请求时，中立国监察委员会的委员及其小组的组员即须列席军事停战委员会，以说明任何提出的报告。

四十八、中立国监察委员会保存本停战协定所规定的报告及会议记录的双份档案。该委员会有权保存为进行其工作所必需的其他报告、记录等的双份档案。该委员会最后解散时，将上述档案分交双方各一份。

四十九、中立国监察委员会得向军事停战委员会提出对于本停战协定的修正或增补的建议。此等修改建议一般地应以保证更有效的停战为目的。

五十、中立国监察委员会或该委员会的任何委员有权与军事停战委员会任何委员通讯联络。

第三条　关于战俘的安排

五十一、本停战协定生效时各方所收容的全部战俘的释放与遣返须按照本停战协定签字前双方所协议的下列规定执行之。

子、在本停战协定生效后六十天内，各方应将其收容下的一切坚持遣返的战俘分批直接遣返，交给他们被俘时所属的一方，不得加以任何阻难。遣返应依照本条的各项有关规定予以完成。为了加速此等人员的遣返过程，各方应在停战协定签字以前，交换应予直接遣返的人员的按国籍分类的总数。送交对方的每一批战俘应附带按国籍编制的名单，其中包括姓名、级别（如有）和拘留编号或军号。

丑、各方应将未予直接遣返的其余战俘，从其军事控制与收容下释放出来统交中立国遣返委员会，按照本停战协定附件“中立国遣返委员会的职权范围”各条的规定予以处理。

寅、为避免因并用三种文字可能产生的误解，兹规定为本停战协定之用，一方将战俘交与对方的行动在朝文中称为“송환”，在中文中称为“遣返”，在英文中称为“REPATRIATION”，不论该战俘的国籍或居住地为何。

五十二、各方保证不将任何因本停战协定之生效而被释放与遣返的战俘用于朝鲜冲突中的战争行动。

五十三、凡一切坚持遣返的病伤战俘须予优先遣返。在可能范围内应有被俘的医务人员与病伤战俘同时遣返，以便在途中提供医疗与照顾。

五十四、本停战协定第五十一款子项所规定的全部战俘的遣返须在本停战协定生效后六十天的期限内完成。在此期限内各方负责在可能范围内尽早完成其收容下的上述战俘的遣返。

五十五、定板门店为双方交接战俘的地点。必要时战俘遣返委员会可在非军事区内增设其他战俘交接地点（或若干交接地点）。

五十六、子、成立战俘遣返委员会。该委员会由六名校级军官组成，其中三名由朝鲜人民军最高司令官与中国人民志愿军司令员共同指派，三名由“联合国军”总司令指派。该委员会在军事停战委员会总的督导下，负责协调双方有关遣返战俘的具体计划，并监督双方实施本停战协定中有关遣返战俘的一切规定。该委员会的任务为：协调战俘自双方战俘营到达战俘交接地点（或若干交接地点）的时间；必要时制订有关病伤战俘的运送及福利所需的特殊安排；调配本停战协定第五十七款所设立的联合红十字会小组协助遣返战俘的工作；监督本停战协定第五十三款与第五十四款所规定的实际遣返战俘的安排的实施；必要时选定增设的战俘交接地点（或若干交接地点）；安排战俘交接地点（或若干交接地点）的安全事宜；以及执行为遣返战俘所需的其他有关职司。

丑、战俘遣返委员会对与其任务有关的任何事项不能达成协议时，须立即将此等事项提交军事停战委员会决定之。战俘遣返委员会在军事停战委员会总部附近设置其总部。

寅、战俘遣返委员会于遣返战俘计划完成时即由军事停战委员会解散之。

五十七、子、在本停战协定生效后，即成立由朝鲜民主主义人民共和国红十字会代表与中华人民共和国红十字会代表为一方，以及向“联合国军”提供其军队的各国的红十字会代表为另一方，所组成的联合红十字会小组。此等联合红十字会小组以战俘福利所需求的人道主义的服务协助双方执行本停战协定中有关遣返第五十一款子项所指的一切坚持遣返的战俘的规定。为完成此任务，联合红十字会小组在战俘交接地点（或若干交接地点）对双方交接战俘工作进行协助，并访问双方战俘营以进行慰问及携入与分发慰问战俘及为战俘福利之用的馈赠品。联合红十字会小组并得对从战俘营至战俘交接地点途中的战俘提供服务。

丑、联合红十字会小组应按下列规定组成：

（一）一组由各方的本国红十字会各出代表十名，双方共二十名组成，在战俘交接地点（或若干交接地点）协助双方交接战俘。该小组的主席由双方红十字会代表按日轮流担任。该小组的工作与服务由战俘遣返委员会调配之。

（二）一组由各方的本国红十字会各出代表三十名，双方共六十名组成，访问朝鲜人民军与中国人民志愿军管理下的战俘营，并得对从战俘营至战俘交接地点途中的战俘提供服务。朝鲜民主主义人民共和国红十字会或中华人民共和国红十字会的代表担任该小组的主席。

（三）一组由各方的本国红十字会各出代表三十名，双方共六十名组成，访问"联合国军"管理下的战俘营，并得对从战俘营至战俘交接地点途中的战俘提供服务。以军队提供"联合国军"的一国的红十字会的代表担任该小组的主席。

（四）为便利每一联合红十字会小组执行其任务，在情况需要时，得成立至少由小组组员二人所组成的分组，分组中各方须有同等数目的代表。

（五）各方司令官供给在其军事控制地区内工作的联合红十字会小组以附属人员如司机、文牍与译员，以及各小组为执行其任务所需的装具。

（六）任何联合红十字会小组的人数，经该小组中双方代表协议后，得予增加或减少，但须经战俘遣返委员会认可。

寅、联合红十字会小组执行其职司时，各方司令官须与之充分合作，并负责在其军事控制地区内保证联合红十字会小组人员的安全。各方司令官给予在其军事控制地区内工作的小组以其所需要的后勤、行政与通讯的便利。

卯、联合红十字会小组于本停战协定第五十一款子项所规定的一切坚持遣返的战俘的遣返计划完成时即行解散。

五十八、子、各方司令官应在可能范围内尽速，但不得迟于本停战协定生效后十天，供给对方司令官以下列有关战俘的材料：

（一）关于最近一次交换的资料截止日期后逃亡的战俘的完整资料。

（二）在实际可能办到的范围内，关于在被收容期间死亡的战俘姓名、国籍、级别暨其他识别资料，以及死亡日期、原因与埋葬地点的材料。

丑、如在上述规定的补充材料截止日期以后有任何逃亡的或死亡的战俘，收容一方须按照本条第五十八款子项的规定将有关资料经由战俘遣返委员会供给对方。此等资料每十天提供一次，直至战俘交接计划完成时为止。

寅、在战俘交接计划完成后回到原收容一方的任何逃亡战俘须送交军事停战委员会处置。

五十九、子、所有在1950年6月24日居住于本停战协定所确定的军事分界线以北，而在本停战协定生效时系在"联合国军"总司令军事控制地区内的平民，凡愿返乡者，由"联合国军"总司令准许并协助其返回军事分界线以北地区；所有在1950年6月24日居住于本停战协定所确定的军事分界线以南，而在本停战协定生效时系在朝鲜人民军最高司令官与中国人民志愿军司令员军事控制地区内的平民，凡愿返乡者，由朝鲜人民军最高司令官与中国人民志愿军司令员准许并协助其返回军事分界线以南地区。各方司令官负责在其军事控制地区内广为宣布本项规定的内容，并责令适当的民政当局对所有此类愿意返乡的平民给予必要的指导与协助。

丑、在本停战协定生效时，在朝鲜人民军最高司令官与中国人民志愿军司令员军事控制地区内的一切外籍平民，凡愿前往“联合国军”总司令军事控制地区者，须准许并协助其前往“联合国军”总司令军事控制的地区。在本停战协定生效时，在“联合国军”总司令军事控制地区内的一切外籍平民，凡愿前往朝鲜人民军最高司令官与中国人民志愿军司令员军事控制地区者，须准许并协助其前往朝鲜人民军最高司令官与中国人民志愿军司令员军事控制的地区。各方司令官负责在其军事控制地区内广为宣布本项规定的内容，并责令适当的民政当局对所有此类愿意前往对方司令官军事控制地区的外籍平民给予必要的指导与协助。

寅、双方协助本条第五十九款子项中所规定的平民返乡及本条第五十九款丑项中所规定的平民移动的措施，应于本停战协定生效后尽速开始。

卯、（一）成立协助失所平民返乡委员会。该委员会由四名校级军官组成，其中二名由朝鲜人民军最高司令官与中国人民志愿军司令员共同指派，二名由“联合国军”总司令指派。该委员会在军事停战委员会总的督导下，负责协调双方有关协助上述平民返乡的具体计划，并监督双方实施本停战协定中有关上述平民返乡的一切规定。该委员会的任务为：进行必要的安排，包括运输的安排，以加速并协调上述平民的移动；选定上述平民越过军事分界线的越界地点（或若干越界地点）；安排越界地点（或若干越界地点）的安全事宜；以及执行为完成上述平民返乡所需的其他职司。

（二）协助失所平民返乡委员会对与其任务有关的任何事项不能达成协议时，须立即将此等事项提交军事停战委员会决定之。协助失所平民返乡委员会在军事停战委员会总部附近设置其总部。

（三）协助失所平民返乡委员会于完成其任务时即由军事停战委员会解散之。

第四条　向双方有关政府的建议

六十、为保证朝鲜问题的和平解决，双方军事司令官兹向双方有关各国政府建议在停战协定签字并生效后的三个月内，分派代表召开双方高一级的政治会议，协商从朝鲜撤退一切外国军队及和平解决朝鲜问题等问题。

第五条　附则

六十一、对本停战协定的修正与增补必须经敌对双方司令官相互协议。

六十二、本停战协定各条款，在未为双方共同接受的修正与增补，或未为双方政治级和平解决的适当协定中的规定所明确代替以前，继续有效。

六十三、除第十二款外，本停战协定的一切规定于1953年7月27日22时生效。

1953年7月27日10时以朝文、中文与英文三种文字订于朝鲜板门店，各文本同样有效。

朝鲜人民军最高司令官　朝鲜民主主义人民共和国元帅

金日成（签字）

中国人民志愿军司令员

彭德怀（签字）

“联合国军”总司令　美国陆军上将

马克·克拉克（签字）

出席者：

朝鲜人民军与中国人民志愿军代表团首席代表　南日（签字）

“联合国军”代表团首席代表　美国陆军中将

威廉·凯·海立胜（签字）

中立国遣返委员会的职权范围

（见第五一款丑项）

第一条　通则

一、为保证全部战俘在停战之后有机会行使其被遣返的权利，双方邀请波兰、捷克斯洛伐克、瑞典、瑞士与印度各指派委员1名以成立中立国遣返委员会，在朝鲜收容那些在各拘留方收容下未行使其被遣返的权利之战俘。中立国遣返委员会应设总部于非军事区内板门店附近，并应将与中立国遣返委员会在组成上相同的附属机构派驻于该遣返委员会负责看管战俘的各地点。双方的代表应被允许观察中立国遣返委员会及其附属机构之工作，包括解释和访问。

二、为协助中立国遣返委员会执行其职务和责任所需的足够的武装力量与任何其他工作人员应专由印度提供，并依照日内瓦公约一三二条的规定，以印度代表为公断人，印度代表并应为中立国遣返委员会的主席和执行人。其他4国每一国的代表应准许其有同等数目但每国不超过五十（50）人的参谋助理人员。各中立国代表因故缺席时应由该代表指定其同国籍人为候补代表，代行其职权。本款所规定的一切人员的武器应限于军事警察类型的轻武器。

三、对上述第一款中所指之战俘不得使用武力或以武力威胁以阻挠或强使其遣返，不得允许以任何方式或为任何目的（但须参照下述第七款）对战俘人身施以暴力或侮辱其尊严或自尊。这一任务应交托于中立国遣返委员会。该委员会并保证在任何时候均应按日内瓦公约的具体规定及该公约之总精神予战俘以人道的待遇。

第二条　战俘之看管

四、一切于停战协定生效日后未行使其被遣返的权利之战俘，应尽速可行地，而在任何情况下应在停战协定生效日期后60天内，从拘留一方的军事控制与收容下释放出来，在朝鲜境内由拘留一方指定之地点交给中立国遣返委员会。

五、当中立国遣返委员会在战俘居留之处负责管辖时，拘留一方的武装部队应撤离该处，以使前款所述之地点完全由印度的武装力量接管。

六、虽然有上述第五款的规定，拘留一方有责任维持和保证战俘看管地点周围区域的治安和秩序并防止和控制拘留一方管辖地区的任何武装力量（包括非正规的武装力量）对战俘看管地点的任何扰乱和侵犯的行动。

七、虽然有上述第三款的规定，本协定中没有任何项目应被解释为削弱中立国遣返委员会行使其合法职务和责任以控制在其临时管辖下之战俘的权力。

第三条　解释

八、中立国遣返委员会在接管全部未行使其被遣返权利的战俘之后应立即进行安排，使战俘所属国家有自由与便利，在自中立国遣返委员会接管之日起的90天内，按照下列规定派出代表，前往此项战俘被看管的地点，向一切依附于该所属国家的战俘解释他们的权利，并通知他们任何有关他们回返家乡的事项，特别是他们有回家过和平生活的完全自由。

甲、此类解释代表的数目，在中立国遣返委员会看管下的每一千名战俘中不得超过七（7）人，但被准许的最低总数不得少于五（5）人；

乙、解释代表接触战俘和钟点应由中立国遣返委员会确定之，一般地应符合于日内瓦战俘待遇公约第五三款；

丙、一切解释工作和访问均应在中立国遣返委员会每一会员国之一名代表及拘留一方之一名代表在场时进行；

丁、关于解释工作的附加规定应由中立国遣返委员会制定之，并应旨在应用上述第三款和本款所列举的原则；

戊、解释代表在进行工作时，应被容许携带必要的无线电通讯设备和通讯人员。通讯人员的数目在解释代表每一居住地点应限为一组，但遇全部战俘均集中于一个地点的情况时，应准许有两组，每组应包括不超过六（6）名的通讯人员。

九、按照中立国遣返委员会为此目的而作的安排，在其看管下的战俘应有自由与便利向中立国遣返委员会和中立国遣返委员会的代表及其附属机构陈述和通讯，并通知他们关于战俘自己的任何事情的愿望。

第四条　战俘的处理

一〇、在中立国遣返委员会的看管下，任何一个战俘，如决定行使遣返权利，应向一个由中立国遣返委员会每一成员国一名代表所组成的机构提出申请要求遣返。此项申请一经提出，中立国遣返委员会或其附属机构之一应立即加以考虑，以便立即经由多数表决决定此项申请之有效。此项申请，一经提出并由中立国遣返委员会或其附属机构之一使之生效，该战俘应即被送至准备被遣返之战俘的帐篷居留，然后该战俘应仍在中立国遣返委员会的看管下随即被送到板门店战俘交换地点，依停战协定规定的程序遣返。

一一、战俘的看管移交中立国遣返委员会90天期满后，上述第八款中所规定的代表们对战俘的接触应即终止，而未行使被遣返的权利之战俘的处理问题应交由停战协定草案第六〇款中所建议召开的政治会议，在30天内设法解决，在这期间中立国遣返委员会应继续保持对这些战俘的看管。任何战俘，凡在中立国遣返委员会负责看管他们后的120天内尚未行使其被遣返权利又未经政治会议为他们协议出任何其他处理办法者，应由中立国遣返委员会宣布解除他们的战俘身份使之成为平民，然后根据各人的申请，其中凡有选择前往中立国者，应由中立国遣返委员会和印度红十字会予以协助。这一工作应在30天内完成，完成后，中立国遣返委员会即停止职务并宣告解散。在中立国遣返委员会解散以后，无论在任何时候和任何地方，凡有希望回到他们的祖国的上述已被解除战俘身份的平民，应由其所在地区当局负责协助他们回返祖国。

第五条　红十字会访问

一二、对于在中立国遣返委员会看管下之战俘所必要的红十字会服务，应依照中立国遣返委员会所发布的规则由印度提供。

第六条　新闻采访

一三、中立国遣返委员会应按照中立国遣返委员会所建立的办法，保证报界及其他新闻机构在观察本协议所列举的整个工作时的自由。

第七条　对战俘的后勤支援

一四、各方对在其军事控制地区内的战俘提供后勤支援，在每一战俘居留之处附近协议的送交地点将必要的支援交与中立国遣返委员会。

一五、按照日内瓦公约第一一八条的规定，遣返战俘到板门店交换地点的费用应由拘留一方负担，而从交换地点起的费用则应由该战俘所依附的一方负担。

一六、中立国遣返委员会在战俘居留之处所需要的一般役务人员应由印度红十字会负责提供。

一七、中立国遣返委员会在实际范围内供给战俘以医药支援，拘留一方经中立国遣返委员会的请求应在实际范围内供给医药支援，特别是对需要长期治疗或住院的病人。在住院期间，中立国遣返委员会保持对战俘的看管。拘留一方应协助此种看管。治疗完毕后，战俘应返回上述第四款所规定的战俘居留处所。

一八、中立国遣返委员会在执行其任务与工作时有权从双方获得其所需要的合法协助，但双方不得以任何名义和任何方式加以干涉或加以影响。

第八条　对中立国遣返委员会的后勤支援

一九、各方负责对驻在其军事控制地区内的中立国遣返委员会人员提供后勤支援；在非军事区内，此等支援由双方在平等基础上提供。确切的安排由中立国遣返委员会与拘留一方个别决定。

二〇、各拘留方，在对方之解释代表按照为中立国遣返委员会所规定之第二三款通过其区域内之交通线前往一居住地点时以及居住在每一战俘看管地点之附近而非其中时，应负责予以保护。这些代表在战俘看管地点实际界限内的安全，由中立国遣返委员会负责。

二一、各拘留方，在对方解释代表在其军事控制地区内时，应向其提供运输、住房、交通及其他协议之后勤支援。此项役务在偿还之基础上提供。

第九条　公布

二二、本协议各条款应在停战协定生效后使在拘留方看管下未行使被遣返权利之全部战俘知晓。

第十条　移动

二三、中立国遣返委员会所属人员及被遣返之战俘应在对方司令部（或各司令部）及中立国遣返委员会所确定之交通线上移动。标示此等交通线之地图应提交对方司令部及中立国遣返委员会。除在上述第四款指定之地点内，此等人员之移动受旅行所在地区一方之人员的控制与护送，但不得遭受任何阻难与胁迫。

第十一条　程序事项

二四、对本协议之解释由中立国遣返委员会负责。中立国遣返委员会及（或）代理其任务或被指派任务之附属机构应在多数表决之基础上工作。

二五、关于在其看管下之战俘之情况，中立国遣返委员会应向敌对双方司令官提供周报，指出在每周末已遣返和仍留下的数目。

二六、本协议为双方及在本协议中提名之5国同意时，应于停战生效之日生效。

1953年6月8日4时以朝文、中文与英文三种文字订于板门店，各文本同样有效。

朝鲜人民军与中国人民志愿军代表团首席代表、朝鲜人民军大将

南日（签字）

“联合国军”代表团首席代表、美国陆军中将

威廉·凯·海立胜（签字）

关于停战协定的临时补充协议

为适应按中立国遣返委员会职权范围的规定以处理未直接遣返战俘的需要，朝鲜人民军最高司令官及中国人民志愿军司令员一方与“联合国军”总司令另一方，兹同意根据朝鲜军事停战协定第五条第六一款的规定，订立对停战协定的临时补充协议如下：

一、根据中立国遣返委员会职权范围第二条第四款和第五款的规定，“联合国军”有权指定军事分界线及非军事区东南缘之间，南起临津江，东北至乌金里通往正南的道路之间的地区（由板门店通往东南的主要公路不含）为“联合国军”将负责看管中未直接遣返的战俘移交给中立国遣返委员会及印度的武装力量接管的地点。在停战协定签字前，“联合国军”须将在其看管下的此项战俘按国籍分类的概数通知朝鲜人民军与中国人民志愿军方面。

二、朝鲜人民军与中国人民志愿军，如在其看管下的战俘有要求不直接遣返者，有权指定军事分界线及非军事区西北缘之间邻近板门店地区为将该项战俘交给中立国遣返委员会及印度武装力量接管的地点。朝鲜人民军与中国人民志愿军得知在其看管下的战俘要求不直接遣返者以后，须将此项战俘按国籍分类的概数通知“联合国军”方面。

三、根据停战协定第一条第八款、第九款和第一〇款，特规定以下各款：

甲、在停火生效后，各方非武装人员须经由军事停战委员会特许，进入上述各方各自指定的地区进行必要的修建工作。在修建工作完成后，全部此项人员不得再停留于上述地区。

乙、经双方确定的在双方各自看管下一定数目的未直接遣返的战俘，须经军事停战委员会的特许，由拘留一方一定数量的武装部队各自护送进入上述双方各自指定的看管地点，被移交中立国遣返委员会及印度武装力量接管；接管后拘留一方的武装部队应即撤出看管地点，退回其本方的控制地区。

丙、为执行中立国遣返委员会职权范围所规定之任务的中立国遣返委员会及其附属机构所属人员、印度武装力量、印度红十字会、双方解释代表、双方观察代表以及所需的物资装备，须经由军事停战委员会特许出入上述双方各自指定的战俘看管地点，并有在该地点移动之完全自由。

四、本协议第三条丙款的规定不应被解释为削弱该款所述人员依照停战协定第一条第一款所应享受之权利。

五、本协议在中立国遣返委员会职权范围所规定的任务完毕后即行废止。

1953年7月27日10时以朝文、中文与英文三种文字订于朝鲜板门店，各文本同样有效。

朝鲜人民军最高司令官、朝鲜民主主义人民共和国元帅

金日成（签字）

中国人民志愿军司令员

彭德怀（签字）

“联合国军”总司令、美国陆军上将

马克·克拉克（签字）

出席者：

朝鲜人民军与中国人民志愿军代表团首席代表、朝鲜人民军大将

南日（签字）

“联合国军”代表团首席代表、美国陆军中将

威廉·凯·海立胜（签字）

附 图

关于军事分界线附图的说明

（附图一）

朝鲜停战谈判双方代表团已经按照双方实际接触线校正并最后批准了双方的军事分界线。

最后校正的军事分界线自东海岸高城东南6公里之江亭起，向西南至高城以南之德山里，沿南江东岸经白日浦、新岱里、九万里，然后沿南江向西南至新炭里，再继续向西南经杆城以西21公里半之獐项、长承里南1公里、西希里南1公里半、加七峰北半公里、沙汰里向西至文登里，然后经鱼隐山南3公里向西在磨石严北1公里处入北汉江，向西北经科湖里以南近5公里处又向西，在登大里与金城川会合，沿金城川向西至细岘里东南1公里继续向西经金城以南9公里半，再稍向西南经桥田里以南3公里、上甘岭以南1公里半又向西经金谷里以南、平康以南11公里半之沙器幕、铁原以北8公里之桧井里，再向西南经铁原以西15公里之新岘里、朔宁以东7公里之陶渊里，又以更大的角度向西南经桂湖洞入临津江，沿江至高阳岱以东半公里再向西转西南经九化里东6公里之基谷里，向南经青廷里东半公里，在高浪浦里西北两公里之桂堂村越过三八线以南向西南经板门店东南之板门桥，然后向南沿砂川河以东入临津江，然后入汉江直到西海岸。

朝鲜停战谈判双方第1次关于军事分界线问题达成协议是在1951年11月27日。在此后的18个月又20天中，由于双方实际接触线有了变化，双方又于1953年6月17日通过了修正的军事分界线。这一修正说

附图一

军事分界线和非军事区

（见第二、三两款）

非军事区北缘
军事分界线
非军事区南缘

朝鲜民主主义人民共和国

联合国军控制区

镇南浦
沙里院
长渊
海州
瓮津
延安
金川
开城
板门店
长湍
汶山
高浪浦里
九化里
朔宁
市边里
伊川
平康
铁原
涟川
芝浦里
金化
金城
山阳里
水上里
华川
杨口
麟蹄
文登里
长承里
杆城
高城
宋辉里
淮阳
襄阳
春川
加平
抱川
议政府
高阳
汉城
金浦
江华
仁川
永宗岛
杨平
洪川
白翎岛
大青岛
小青岛
大延坪岛
小延坪岛
乔桐岛
38°

图　例

自一九五一年十一月廿七日第一次达成军事分界线协议至一九五三年七月廿四日第三次校正军事分界线止，我军向南推进之阵地。

同期中联合国军向北推进之阵地。

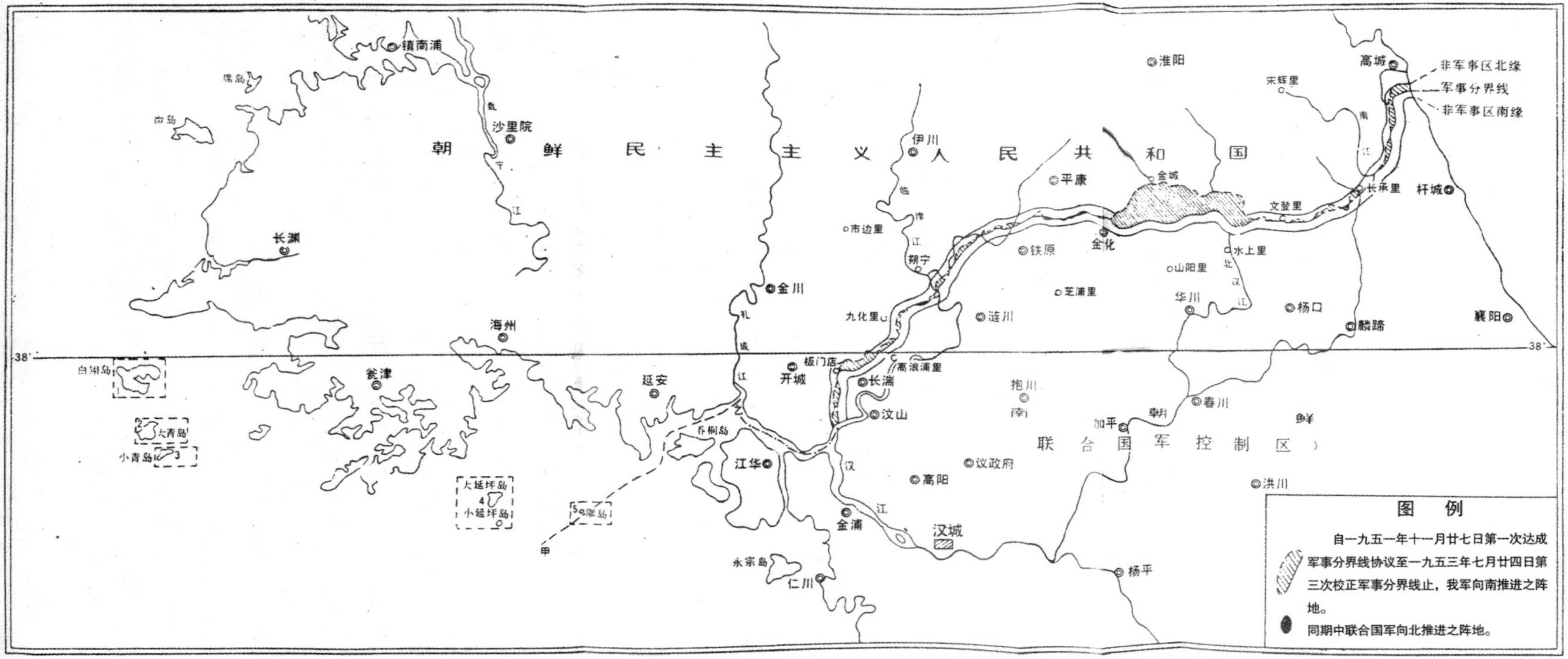

明：在18个月又20天中，朝鲜人民军与中国人民志愿军在全线9处地方都向南有了不同程度的推进，推进的总面积为140平方公里，其中推进较大的是：在东海岸高城以南德山里至白日浦间3公里宽的地区推进了1公里，在金城东南12公里半之龙虎洞至文登里以西9公里半之边岩洞以南的13公里地区内推进了7公里，在朔宁东南5公里半至高阳岱之6公里地区内推进了近1公里，在九化里东南5公里半之下勿闲至临津江北岸约22公里的地区推进了1公里至3公里半，在板门店以南3公里至临津江北岸的10公里地区内推进了1公里至两公里。而在同一时期中，“联合国军”则仅在文登里以东、金化西北、铁原东北、涟川以西等地有小的推进，推进的总面积为5点3平方公里。由此表明：在这一时期中，双方实际接触线的变化，几乎都是向南推进的。

军事分界线第2次被确定下来以后，由于李承晚集团破坏协议反对停战，使《朝鲜停战协定》的签字推迟了1个多月。在这1个多月中，双方实际接触线又有了变化。因之，朝鲜停战谈判双方又在7月24日第3次校正了军事分界线。在这1个多月中，朝鲜人民军与中国人民志愿军又在全线8个地区向南推进了192点6平方公里，比第1次的军事分界线向南推进了332点6平方公里。其中主要的变化是在金城以南地区，在这里战线向南推进了9公里，使原来自金城东南14公里至西南16公里经过金城南半公里的一条弧形战线拉平，向前推进达169点2平方公里。此外，朝中人民部队在东海岸的推进使军事分界线的起点向南推动了四分之一公里，在高浪浦里西北地区的推进使军事分界线越过三八线的地点向东移动了1公里。在同一时期中，“联合国军”的阵地一点也没有能够向北推进。所以，在第二次修正军事分界线以后的1个多月中，军事分界线的变动全部是向南推进的。

（据新华社开城1953年7月27日电）

《朝鲜停战协定》中关于汉江口水面的使用及敌方从我方后方沿海岛屿撤退问题的说明

（附图二、三）

《朝鲜停战协定》中关于汉江口水面的使用及敌方从我方后方沿海岛屿撤退的两项规定，是两个比较特殊的问题，现特分别介绍如下：

一、《朝鲜停战协定》第五款规定："汉江口的水面，其一岸受一方控制而另一岸受他方控制处，向双方民用航运开放……各方民用航运在本方军事控制下的陆地靠岸不受限制。"

汉江发源于朝鲜东部五台山，经汉城、金浦北流与临津江汇合，然后由东向西流入黄海。汉江与临津江汇合口至入海处的汉江，长约70公里，从1951年11月起，我方与敌方即在这一地区形成隔江对峙的局势，我方控制汉江北岸地区，敌方控制汉江南岸地区。《朝鲜停战协定》规定，按双方实际接触线确定的军事分界线即在双方之间的汉江水面上。

汉江口两岸的居民在朝鲜战争爆发前多以航运和捕鱼为生，战争停止后应将汉江口水面向民用航运开放，并给予当地居民以恢复和平生活的条件。但在谈判过程中，敌方企图把汉江口水面用于军事航运，提出"向双方一切航运开放"的主张，不仅使停战的稳定无法得到保证，而且同样危及民用航运。在我方的反对及坚持努力下，双方终于达成了汉江口水面向双方民用航运开放的协议。使汉江口水面使用问题，得到了合理的解决。

二、《朝鲜停战协定》第十三款丑项规定：双方司令官在本停战

汉江口区域和朝鲜西岸沿海岛屿的控制

（见第五款和第十三款丑项）

附图二、三

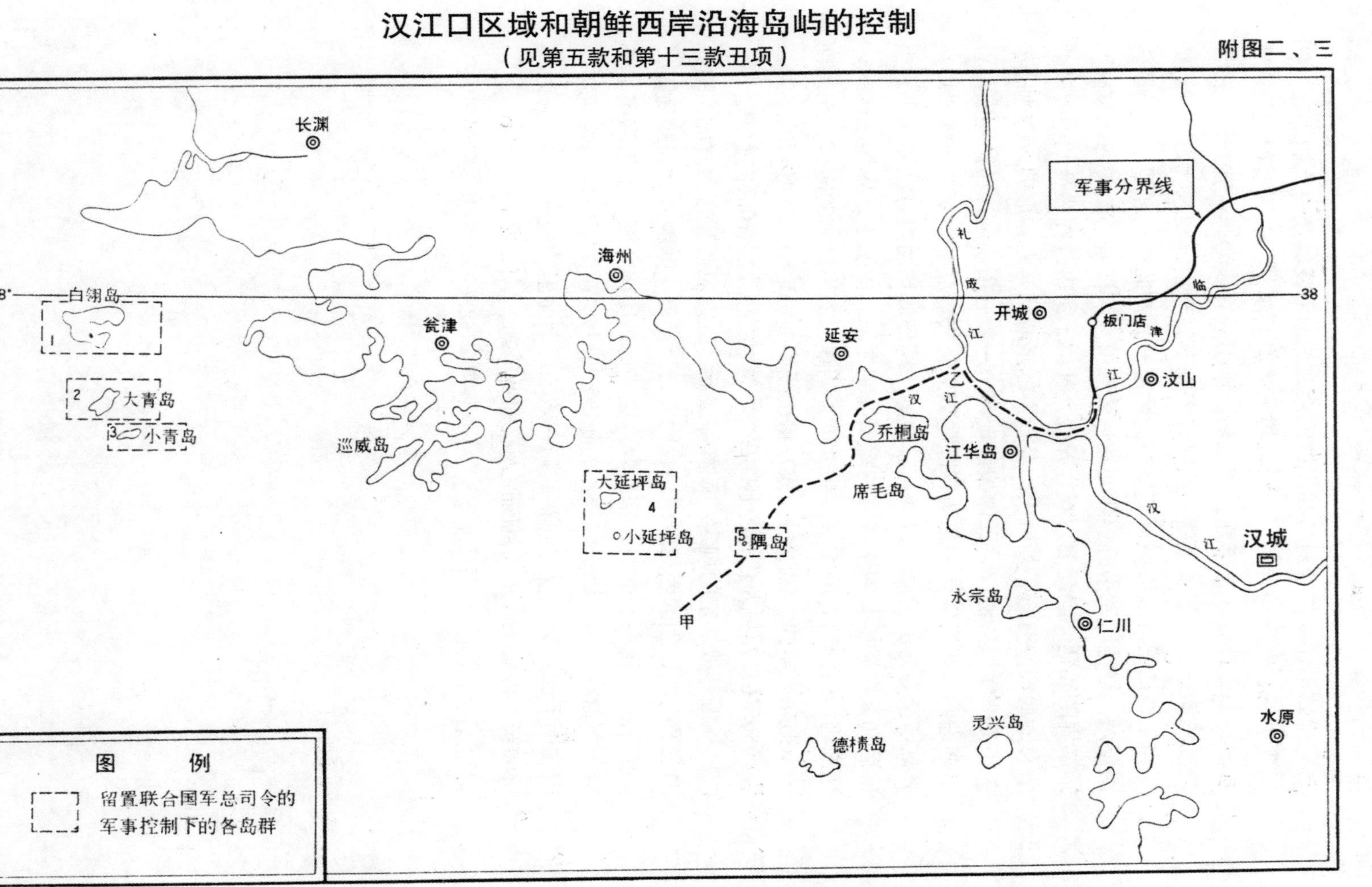

协定生效后10天内自对方在朝鲜的后方与沿海岛屿及海面撤出其一切军事力量、供应与装备。沿海岛屿的撤退问题，在谈判过程中敌方曾提出许多无理要求，不愿在停战后以军事分界线为界从我方后方的沿海岛屿撤退，并强以某些岛屿在其控制下为理由，要求我方以开城的相当土地抵偿其应该撤退的岛屿。我方对敌方此种无理要求给予了坚决反对，坚持以军事分界线西端临津江口沿汉江中心和黄海、京畿两道道界的线延伸到海上为双方界线，凡位于军事分界线及此道界以北所有的岛屿，对方必须撤出。经我方的坚持和努力，最后双方达成了关于岛屿撤退的协议，即停战协定第十三款丑项规定：在黄海道与京畿道道界以北及以西的岛屿，除白翎岛、大青岛、小青岛、延坪岛及隅岛留至对方的控制下以外，其他的一切岛屿均由对方在停战协定生效后10天内撤出，置于我方的军事控制之下。位于上述界线以南的一切岛屿均留置对方的军事控制之下。朝鲜东海岸岛屿的撤退，在谈判中双方未有争执。停战后，敌方将按照停战协定十三款丑项的规定，在1950年6月24日为我方控制的岛屿，在协定生效后10天内撤退。

按照停战协定的规定，朝鲜停战后，敌方应自我方后方撤退的沿海主要岛屿，朝鲜西岸有椒岛、席岛、月乃岛、麒麟岛、昌麟岛等，朝鲜东岸有丽岛、熊岛、薪岛等。这些岛屿现在全部为李伪军和美李特务所盘踞。停战协定规定：如此等军事力量在停战协定生效后10天内逾期不撤，又无双方同意的和有效的延期撤出的理由，则对方为维持治安，有权采取任何其所认为必要的行动。

（据新华社开城1953年7月27日电）

《朝鲜停战协定》中
关于后方口岸及主要交通线的
地图附件的说明

（附图四、五）

《朝鲜停战协定》中关于后方口岸及主要交通线的地图附件的说明。

为保证军事停战的稳定，以利双方高一级的政治会议的进行，来达到朝鲜问题的和平解决，根据《朝鲜停战协定》第十三款寅项和卯项规定：停止自朝鲜境外进入增援的军事人员、作战飞机、装甲车辆、武器与弹药，但军事人员可在一人换一人的基础上轮换，在停战期间毁坏耗损的作战飞机、装甲车辆、武器与弹药，亦得在同样性能同样类型的一件换一件的基础上进行替换，这些人员和装备只能经由停战协定第四十三款所开列的口岸进入和撤出朝鲜。这些口岸双方各规定为5个。我方的有：

新义州（北纬40度06分，东经124度24分）。

清　津（北纬41度46分，东经129度49分）。

兴　南（北纬39度50分，东经127度37分）。

满　浦（北纬41度09分，东经126度18分）。

新安州（北纬39度36分，东经125度36分）。

新义州、满浦是靠近中华人民共和国边境的两个城市，是通往中华人民共和国的要道，交通方便，有铁路、公路等通往朝鲜境内其他各大城市。新安州在朝鲜内地靠近西海岸清川江南岸，为交通要道。清津和兴南是东海岸的两个进出口岸。

对方的5个口岸是：

仁　川（北纬37度28分，东经126度38分）。

主要交通线和十个口岸

（见第十三款午项和第四十三款）

附图四、五

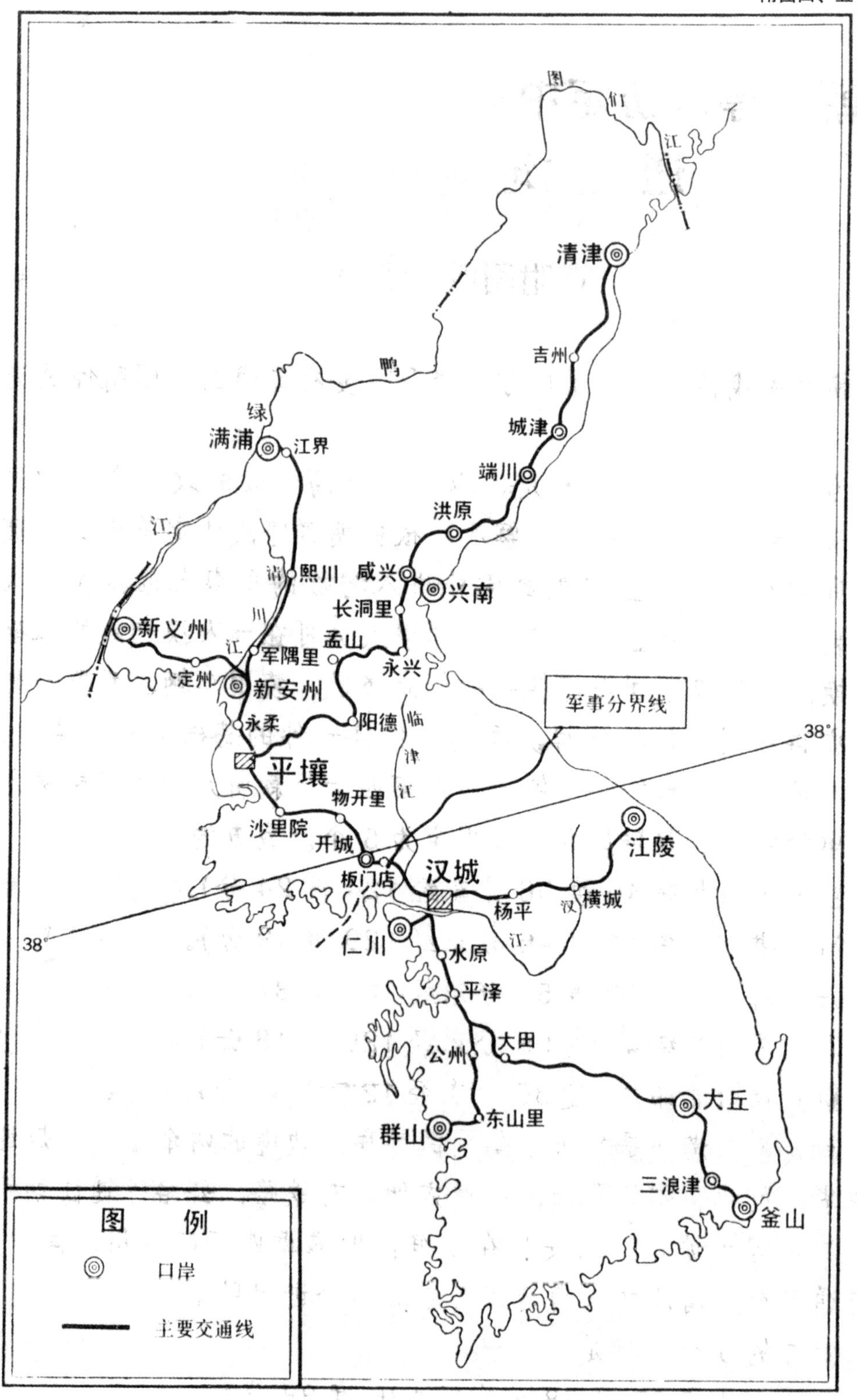

大　邱（北纬35度52分，东经128度36分）。

釜　山（北纬35度06分，东经129度02分）。

江　陵（北纬37度45分，东经128度54分）。

群　山（北纬35度59分，东经126度43分）。

仁川、釜山、群山都是军港，仁川和釜山是朝鲜最大的港口，交通方便，仁川、群山在西海岸，釜山在南海岸，江陵在东海岸，大邱在内地，是李伪军最大的兵站所在地。

关于交通线在停战协定第十三款午项规定："在中立国监察委员会及其中立国视察小组经由双方协议的主要交通线往返于中立国监察委员会总部与本停战协定第四十三款所开列的口岸时，以及往返于中立国监察委员会总部与据报发生违反本停战协定事件的地点时，给予充分的通行便利。"这里所指的交通线，主要是便利中立国监察委员会及其中立国视察小组为视察各特定后方口岸及非军事区以外的地区时通行的，每一个特定口岸都只有一条交通线，主要的一条交通线是一级公路，从釜山经大邱、汉城、开城、平壤、新安州到达新义州，交通线全系公路，以汽车为交通工具。

停战后敌对双方司令官有义务停止自朝鲜境外进入增援的军事人员和装备，在对这一点如何进行监督的问题上，对方在谈判会议上曾屡次提出干涉内政的无理要求，如：以视察为名要求允许其军事人员自由地进入朝鲜全境等，因而为我方所坚决反对，后来才确定由中立国来执行监察的职务，并规定了特定的后方口岸为军事人员与装备出入朝鲜的通道，由中立国监察委员会派遣其中立国视察小组进行视察与调查。

（据新华社开城1953年7月27日电）

板门店谈判大事记

1950年

1950年6月25日，朝鲜战争爆发。

1950年6月27日，美国武装干涉朝鲜内战，派出第七舰队进入台湾海峡，以图震慑中国，预防中国参与朝鲜战争，但最终导致中国参战。

1950年10月19日，中国人民志愿军先头部队跨过鸭绿江，入朝参战。

1950年10月19日，志愿军政治部文工团入朝，除了负责组织文艺演出，还承担了战俘遣返等重要工作。

1950年10月25日，志愿军首战。这一天被定为抗美援朝纪念日。

1950年11月23日，印度大使潘尼迦建议中美举行和谈。

1950年11月30日，美国杜鲁门向世界媒体暗示，不排除在朝鲜战争中使用原子弹的可能。

1950年12月4日，英国首相克莱门特·艾德礼急赴华盛顿，向杜鲁门提出停火建议。

1950年12月7日，中国代表伍修权向联合国提出五个停火条件，其中包括“中华人民共和国代表参加联合国，并从联合国逐出蒋介石的代表”，“美国军队撤出台湾海峡和台湾岛”，意图解决新中国的联合国席位问题以及台湾问题。

1950年12月7日，亚非国家联合提出“十三国提案”，希望中国保证不越过三八线，遭到中国当即拒绝。

1951年

1951年1月，由于战俘数量激增，联军的巨济岛战俘营成立，最多时容纳了近20万被俘人员。

1951年1月11日，战场局势升温，联合国三人委员会提出“五项原则”，建议立即停火。中国拒绝了“先停战再谈判”。而退无可退的杜鲁门和艾奇逊顶着巨大的国内压力，冒险接受了五项原则，从而取得了国际舆论的完全主动，中国则陷入全面被动。

1951年2月1日，联合国大会通过美国提议，认定中国政府“在朝鲜从事侵略”。

1951年4月19日，被解除统帅职务的麦克阿瑟发表了著名的“老兵不死，只是凋零”演讲。杜鲁门政府将美军的溃败归咎于麦克阿瑟自大、盲目的战略。

1951年4月22日，中朝与联军爆发了惨烈的第五次战役，战局自此形成均势，双方开始谋求停火谈判。

1951年5月31日，“像猎狗一样到处寻找线索”的艾奇逊在多次寻找谈判契机未果后，重新任用已被国务院边缘化的参赞乔治·凯南，委派其与苏联方面接触，力图破冰。凯南长期从事与苏联的外事工作，因此成功约见苏联驻联合国代表马立克，双方在纽约长岛格伦克福庄园会面，由此探明了对方关于停战的真实意图。

1951年6月3日，金日成赴北京，接受了毛泽东的停战主张。

1951年6月10日，金日成和高岗赴莫斯科，与斯大林确立了谈判方针。

1951年6月13日，斯大林致电北京，同意停战。毛泽东回电斯大林，希望苏联政府出面试探美国政府的真实意图，并且等美方先提出停火谈判。

1951年6月23日，苏联副外长马立克发表了著名演讲《和平的代价》。苏、美、中等主要相关国家均对停火谈判表现出积极共识。谈判近在眼前。

1951年6月29日，李奇微收到美国国家安全委员会指示，并于30日致电中朝最高指挥官，商议谈判的时间、地点。

1951年7月1日，金日成、彭德怀复电，决定在开城谈判。

1951年7月4日，李克农、乔冠华等人组成中方谈判团，奔赴开城。

1951年7月9日，美军谈判团从东京出发，乘直升机赴汶山，联军司令李奇微亲自饯行，再至开城。此时，李克农等人已在开城奔忙了三日三夜。

1951年7月10日，双方第一次正式会谈，内容是确定谈判的具体议题。美方对军事分界线的划分、撤军问题避而不谈，这使李克农等人敏锐地发觉，美方对谈判的心情已不如之前迫切。这是因为美军已通过第五次战役扭转败局，且为了与日本签订《旧金山对日和平条约》，有意拖延谈判。

1951年7月12日，联军记者团被中朝卫兵拒之门外，联军首席谈判代表乔埃以此为由，中止了第一次谈判。周恩来专门批评了志愿军代表团。

1951年7月14日，谈判恢复。直到7月26日达成协议，期间事故频发，如联军开炮事件、“不归桥”事件，联军飞机攻击带有白旗的中朝补给车辆事件等。

1951年7月21日，带有白旗的中朝补给车队遇袭，南日谴责联军，并提出休会。谈判第二次中止。

1951年7月25日，谈判恢复。

1951年7月26日，开城谈判取得第一次重要成果，通过了五项议程。双方各让一步，美方放弃“探视敌方战俘营”，中朝暂时将“三八线”和“撤出外国军队”的要求搁置。

1951年8月4日，中朝警卫连误入中立区，谈判第三次中止。

1951年8月10日，谈判恢复。双方一度形成僵局，发生了长达132分钟的“静默谈判”。

1951年8月19日，中方警卫小组在巡逻时遇袭，排长姚庆祥身亡。

1951年8月22日，联军轰炸机空袭来凤庄。

1951年8月23日，金日成、彭德怀向李奇微提出严重抗议。谈判第四次中止。

1951年8月，美方发动空中绞杀战，意图对谈判施压。

1951年中期以后，苏联空军秘密参战，有力保护了中朝的后勤运输，对谈判形成强力支援。在米格走廊的辽阔空域中，大规模喷气式飞机空战史自此开始了。

1951年9月8日，美、日签订《旧金山对日和平条约》。远东岛链成型，国家防御计划得以继续，美国的扩张策略进入了全新时期。随后，美军立即重启朝鲜停战谈判。

1951年9月10日，美机在满月里制造空袭事件，美军承认责任，并表示“遗憾”，意在制造双方谈判团重新会晤的机会。

1951年9月24日，双方联络官在板门店会晤。

1951年10月8日，双方商定改在板门店继续谈判。

1951年10月10日，谈判恢复。

1951年10月22日，双方签订《关于双方代表团复会事宜的协议》。

1951年10月25日，谈判正式恢复，双方再次就停战线的划分原则展开激辩。

1951年11月22日，谈判的第二项议程（停战线的划分）达成原则协议，双方参谋人员开始按照实际接触线的方位和坐标工作。

1951年11月中旬，李克农一度病重。

1951年11月27日，双方进入第3项议程。讨论“在朝鲜境内实现停火与休战的具体安排”，“包括监督停火休战条款实施机构的组成、权力与职司”。由于双方出发点不同，谈判又陷入僵局。中方希望解决朝鲜的主权等问题，而美方则并不寄希望于此，只愿将谈判限定在“军事停火”的范畴之内。从此，限修机场问题成了双方争夺的焦点。

1951年12月11日，在第3项议程尚未定论的情况下，双方开始讨论第4项议程（战俘遣返问题）。

1951年12月17日，联军谈判代表更替，特纳和费伦堡接替勃克和霍治。

1951年12月18日，双方第一次交换战俘名单。被美方认定为阵亡的迪安少将赫然出现在名单之上，引起世界媒体轰动。

1952年

1952年1月2日，美方不惜违背《日内瓦公约》，提出“自由遣返”原则，实际目的是将其作为“限修机场”的交易筹码。遭到中方强烈反对。

1952年2月5日，除了交换方式之外，战俘交换问题达成基本协议。

1952年2月6日，由美方建议，双方开始同时讨论第5项议程（向双方有关各国政府建议事项）。

1952年2月17日，双方就第5项议程达成一致。

1952年3月20日，被称为“指挥官的坟墓”的巨济岛战俘营，迎来了第10任司令杜德。4月，巨济岛战俘们定下俘获杜德计划。

1952年4月8日—15日，第一次甄别，结果大出美方预料，仅有7

万人愿意回国，远低于美方预估并提出作为交易筹码的数字，美方使自己陷入极大被动。

1952年4月25日，中朝提出中止行政性会议，美方则提出“无限期休会”。

1952年4月28日，李奇微提出一揽子方案，希望不再单独解决自愿遣返问题，而是将其和限修机场等问题一并解决。

1952年5月上旬—5月16日，第二次甄别，由于管理混乱、战俘拒绝甄别等原因，只有8万人愿意归国，不仅数字依然少于美军预期，而且每次甄别的数字均不同，美方陷入“工作混乱”和“别有图谋”的二选一困境，无法交代。

1952年5月7日，杜德准将在其所辖的巨济岛战俘营中被战俘扣押，并被战俘公审，承认了一系列罪行。美方陷入全面的舆论被动，在中朝战俘释放杜德准将后，美方将其降职查办。此后，美军开始认真反思军人的义务和素质问题。

1952年5月22日，首席谈判代表乔埃离任，哈里逊少将接替乔埃。由于其桀骜轻佻的作风以及屡次故意逃会，哈里逊成为中朝最厌恶的美方谈判代表，在中立国提名问题和限修机场问题上一再拖延。

1952年6月23日，新任联军司令克拉克发动了为期三天的不间断轰炸，引起国际舆论的强烈谴责。印度总理尼赫鲁忧虑地重申了他的格言，“战争至关重要，不能听任将军决定”。

1952年8月，李承晚通过镇压、暗杀等手段，再次肃清政敌，成功连任总统。

1952年10月8日，哈里逊宣布无限期休会。

1952年10月14日，第七届联合国大会在纽约召开，波兰政府代表团提出了“关于消除另一次世界大战威胁加强国际和平与友好”的提案，试图推动战俘遣返问题的解决，同日是，美军发动“金化攻势”。

1952年10月24日，共和党的总统候选人艾森豪威尔发表底特律演说，坚定表示“我要去一趟朝鲜”。他的宣言深深打动美国民众，并最终入主白宫，结束了民主党几近20年的漫长统治。

1953年

1953年2月22日，克拉克致函朝中方面，建议在战争期间先行交换伤病俘虏，这是在板门店谈判无限期休会4个月零两个星期之后，美方首次出现重启谈判的迹象。

1953年3月5日，斯大林突然病逝。处于权力真空期、重建期的苏联政府即刻改变政治方针，决心马上结束朝鲜战争。

1953年3月28日，金日成致函克拉克，同意交换伤病战俘。

1953年3月30日，周恩来发表声明，双方应进而谋取战俘问题的通盘解决。

1953年4月6日，停战谈判联络组会议举行。

1953年4月26日，板门店谈判再次重启。

1953年5月3日，双方顺利完成“小交换”，第一批战俘归国。

1953年6月8日，双方签订了《中立国遣返委员会的职权范围》文件。至此，1年多来唯一阻碍停战达成协议的战俘遣返问题已获解决，朝鲜停战谈判的五项议程终于全部谈妥。

1953年6月18日，不愿停战的李承晚发动“就地释放战俘”事件，美军由此陷入极大被动。

1953年6月20日，彭德怀向毛泽东建议推迟停战签字时间，再歼灭李承晚军1.5万人，给李承晚以打击。毛泽东回电：“停战签字必须推迟，推迟至何时为宜，要看情况发展才能作出决定，再歼灭李承晚军万余人极为必要。”

1953年7月13日，志愿军发动金城攻势，李承晚军的四个师防线在1小时之内被彻底突破。联军未作协防，司令克拉克表示：让中国人教训一下韩国人吧。

1953年7月22日，最后的军事分界线划定。

1953年7月27日，朝鲜代表南日、联军代表哈里逊在板门店签署停战协议。当天，联军司令克拉克、朝鲜人民军最高司令官金日成签字。翌日，志愿军总司令彭德怀签字。南朝鲜军方代表并未在停火协议上签字。

1953年7月30日，双方军队全部撤离非军事区。

1953年8月8日，美韩签署《美韩共同防御条约》。

1953年9月1日，依据《朝鲜停战协定》，双方开始遗体交接工作

1953年10月15日，双方工作人员开始向本方被俘者进行遣返的解释工作。由于美方并不配合，且纵容蒋介石特工的破坏行动，原定要进行90天的解释工作，中朝实际上只进行了10天。最终，在这次大规

模遣返中，只有600余名中朝战俘归国，被带去台湾的志愿军战俘有14235人。

跋

英雄的黎明

我们的停战谈判代表们坚定而耐心地进行严肃的斗争，终于使这个史无前例的长期复杂而尖锐的朝鲜停战谈判获得成功，为和平解决朝鲜问题打开了道路。

——彭德怀

时光荏苒，朝鲜战争硝烟散尽已有60年之久。人们没有淡忘这场战争，这场发生在中国家门口的、壮怀激烈的战争曾彻底改变了中国人的信心与情怀。

在韬光养晦的建设年代，人们时常禁不住怀念那个英雄主义飞扬的时代，怀念那种“敢教日月换新天”的果敢与勇武；而在突飞猛进的崛起年代，也有人会算一笔账：到底是打仗划算，还是专心建设经济划算？在和平年代里，人们似乎遗忘了那些在战争中被视为民族脊梁的英雄，在日常生活中，人们更关注报纸的娱乐板块。

英雄是战争时期的偶像，偶像是和平年代的英雄。

人类需要英雄，因为人类需要偶像。

偶像的一言一行能鼓励人们，使人们验证正确的信念，获得生存的勇气，鼓起生活的信心。英雄则远不止于此，他们除了成就自己，鼓舞民众，还往往付出生命的代价，英雄们就像以身投炉、蹈死不惜的莫邪，用一腔热血铸就信念之剑。

但英雄未必是偶像，偶像也未必是英雄，他们就像一对关系微妙的双胞胎。

在远古，刀耕火种的先民就开始寻觅偶像，他们仰望着尝百草的神农，盗火赠人的普罗米修斯，敬畏而感激，崇拜脑海中那些开天辟地的神灵。

君主治下的臣民也拥戴偶像，他们乐此不疲地传颂着包青天、诸葛亮的品行与智慧，在一遍又一遍的口头和文字复述中将偶像美化到极致，成为衡量民间道德的理想化标尺。

在现代社会，偶像更已成为一种产业，人们娴熟地在形形色色的偶像流水生产线上制造出一批又一批偶像，例如歌手、演员、话题人物。又如在赛场上拼搏战斗的NBA运动员，他们在全世界最为成功的商业联盟运作和包装之下，显得个性鲜明，他们是现代社会梦想和成功的代言人，往往出身贫寒，奋斗起家，用赛场上的一连串数据刻下自己在篮球史上的光辉地位，被视为和平年代的英雄。

时过境迁，随着偶像的产业化，人们渐渐习惯了调侃偶像。

总会有人站出来指责，“这个足球明星只是长得好看，技术一点都不精湛”；而粉丝们也仿佛永远处于捍卫各自偶像、贬低对方偶像的争吵中。在偶像逐渐成为一种产业后，人们也不再像以往那样，全情投入，将所有美好的情感全部寄托在偶像身上了。

结束对偶像的精神依赖，是一个人心智成熟的必经环节。

对英雄的遗忘，则似乎是和平年代的常态。人们说，这是个英雄已死的年代。在这个时代，偶像已经贬值，英雄则正在被渐渐遗忘。

常常有长者发出叹息：当下的年轻人会自发纪念一位坠楼逝世10年的艺人，却叫不出为国家捐躯的志愿军英雄名字。

长者担心的是，如果年轻人轻视英雄，忘记历史，那就难免死于安乐。

其实，长者们无须为后辈担忧。

英雄被遗忘，这并非因为人们善忘，而是因为，英雄并不求被记取。而且，英雄的精神并未被遗忘。

英雄和民众并非拯救与被拯救的关系，更不涉忘恩负义、兔死狗烹之嫌，从来就没有什么救世主，英雄起于草莽，来自群众。英雄之所以在危难时刻挺身而出，成为英雄，所取者大节，而非名利。

朝鲜战争爆发之前，丘吉尔在首相竞选中落败了，他说：“英国人民成熟了。他们学会了选择，他们不需要一个英雄领导他们重建家园。”

这虽是面对苍凉现实时，决不放弃的自我解嘲，却也道出了英雄主义的真谛：施恩不是为了图报。

另一方面，在和平年代，传统的英雄精神并未消亡，它只是换下戎装，由战士的无畏牺牲，转为科学家的甘于清贫，转为运动员的超越打拼，转为公职人员的劳苦不阿，转为艺术家的矢志创新，转为教师的立己达人，转为每个普通公民的敬业诚恳。

在现代社会，偶像产业的最大成就，就是消除了人们对偶像的崇拜。人们不再像以往那样，将英雄和偶像视为自己信念的全部，但这并非因为英雄已死，而是因为，人们的期待和生存方式，已由最初以英雄的方式拯救人类，变为以普通人的方式拯救人类，最后变成以普通人的方式拯救自己。

英雄没有过时。英雄也不会过时。

时代对传统英雄主义的消解，并不是要抛弃英雄精神，而是人们正在学会摆脱对英雄的依赖，以自己的责任感，为英雄分担重任。

聪明的国家善于将本国英雄包装为偶像，所以，在好莱坞电影中，每当灾难来临，坚守在最前线、最后撤离的永远是军人和总统。

无论人们多么热衷于调侃政治，但在内心深处，都极为珍视英雄精神的传承。

英雄精神的传承，使每个心怀责任感、追求梦想的人都能成为英雄。

中国并不缺乏偶像，也不缺乏英雄。

在和平年代给予民众信心的运动员、艺术家、科学家是英雄，在战争年代，给予民众勇气的则是军人、领袖。

他们并不求铭刻，因为他们的事迹已和民族的历史相融，改变了民族的精神与气质，与之共生。正因如此，国家和民族才能站直身躯，强大起来。

在美国人眼中，中国人曾是一批不惜牺牲、以简陋武器抗衡最先进的美式装备的骁勇战士；中国人还是一批肯吃苦的工作狂，他们在西方几十年的嘲弄与封锁中创造了经济奇迹；他们既有古老的东方哲学可以继承，也懂得从苏联、日本的经济模式中吸取教训，绕开路障。他们在凭借举国体制创造了足够多的奇迹后，已开始向世界展示充满魅力和个性的文化符号——除了造出高铁、神舟、天宫和玉兔，他们还可以有姚明、李娜、郎朗、莫言。

当历史的影像倒流，回到那英雄辈出的朝鲜战争年代，人们依然会被那种澎湃激荡的家国情怀所感染，深深体会到一个新兴大国的英雄主义气质。

朝鲜战争停火谈判时期，风云际会，连那些略不世出的英雄都在这场东西方激战期间纷纷陨落。强如杜鲁门，能以原子弹终结二战，在远东以国家为基石，铸成岛链，却在朝战中黯然走下神坛，导致民主党的20年统治戛然而止；强如麦克阿瑟，刚完美策划了震惊世界的仁川登陆，却在志愿军参战后急速跌落，最后竟然成为罪人；强如斯大林，利用一场自己不用直接参战的战争，与中国结成亲密盟友，将美国陷于遥远东方的战争泥潭。他曾试图将战争尽量延长下去，却在战争末期突然撒手人寰，于是，停火谈判立即就来临了。

美军在朝鲜的最后一任司令克拉克说："我是第一个在没有取得胜利的谈判文件上签字的美军将领。"

志愿军司令员彭德怀则说："西方侵略者几百年来只要在东方一个海岸上架起几尊大炮就可以霸占一个国家的时代是一去不复返了！"

巨星陨落，红色的国度涅槃重生。

当战火硝烟散尽，美国的高官和将军们已能抛开战时的宣传口号，在回忆录中心平气和地解析这场战争。其实大家都很清楚，战争的起因和目的都很简单，比起所谓的意识形态分歧、人权口号，最根本的原因再明白不过，就是"国家利益"。

所谓国家利益，就是各国人民的福祉，这也是国家之间一切军事、政治行为的根本原因和目的。

朝鲜战争停火谈判期间，美国成功与日本、韩国缔约，远东岛链由此成型，北约联盟也渐趋稳固，其在世界政治、经济的主导地位日益突出。

苏联则借此与中国缔结了亲密盟友关系，大量出售二战的剩余军备。苏联并未直接介入战争，却使最大的竞争对手——美国在远东投入了1/3的陆军、1/5的空军和1/2的海军。于是，在二战中大伤元气的苏联获得了休养生息的宝贵时间，在军工科技等方面缩小了与美国的差距，甚至在某些关键技术领域实现反超。

本不愿介入外战的中国，在初期的反复考虑、权衡之后，毅然决然投入到这场保家卫国的壮烈战斗中。对于新生的中国而言，抗美援朝，就是保家卫国，就是在强敌环伺、东西方对峙的险恶环境下取信于社会主义阵营，就是防止西方武装来到鸭绿江边，为经济和工业的重建营造安全环境。

弱国无外交，这是先烈们不会褪色的光荣，这是先烈们对后代的馈赠。

今时今日，虽然局部战争依然不断，但和平与发展已成世界主流。人们依然需要铭记历史，认识战争；同时，也需要学习相处与共生，正如中国在朝鲜战争结束之后的半个世纪内所努力做到的那样。

捍卫国家利益，同时填平隔阂；跨越意识分歧，同时谨记国界。

因此，这本书没有采用单一视角，而是从几大参战国各自的权衡与思考下笔，写出各国领导人、军人眼中不同的朝鲜停火谈判。例如正直刚硬的彭德怀，细腻坚韧的李克农，精明果决的李奇微，强硬圆熟的杜鲁门，隐忍执着的白善烨，独裁善变的李承晚……由于出发点和视角的截然不同，他们眼中的朝鲜战争停战谈判，也都是各自不同的。

也基于此，在本书的章节目录标题中，作者有意引用了一些电影片名，其中既有中、苏、朝鲜电影，也不乏美国、韩国、欧洲佳片，用以映衬当今世界竞争与合作并行的主流。

例如《我们曾是战士》，就是借一部美国电影片名，用于阐明美国战俘的反战情绪，而《这里的黎明静悄悄》则寓意“朝鲜和平的黎明即将悄然来到”。

对这些“彩蛋”，影迷朋友当然不陌生，有兴趣的读者也不妨寻找、体会，聊资一笑。

主要参考书目

《朝鲜战争》，王树增著，人民文学出版社，2009年版

《板门店谈判纪实：纪念中国人民志愿军赴朝五十周年文集》，柴成文主编，时事出版社，2000年版

《建国以来毛泽东军事文稿》，中共中央文献研究室，中国人民解放军军事科学院编，军事科学出版社、中央文献出版社，2010年版

《周恩来年谱》，中共中央文献研究编，中央文献出版社，1997年版

《建国以来周恩来文稿》，中共中央文献研究室、中央档案馆编，中央文献出版社，2008年版

《周恩来军事文选》，中共中央文献研究室，中国人民解放军军事科学院编，人民出版社，1997年版

《彭德怀年谱》，王焰主编，人民出版社，1998年版

《顾维钧回忆录》，顾维钧著，中华书局，1985年版

《中美关系资料汇编》，该书编写组，世界知识出版社，1961年版

《战后日本外交》，冯昭奎等著，中国社会科学出版社，1996年版

《板门店谈判见证录》，郭维敬著，大象出版社，2008年版

《抗美援朝战争史》，军事科学院军事历史研究部著，军事科学出版社，2009年版

《哈里曼回忆录》，[美]威·艾·哈里曼著，东方出版社，2007年版

《最寒冷的冬天》，[美]大卫·哈伯斯塔姆著，重庆出版社，2010年版

《美国人眼中的朝鲜战争》，[美]莫里斯·艾泽曼著，当代中国出版社，2005年版

《李奇微回忆录》，[美]李奇微著，新华出版社，2013年版

《朝鲜：我们第一次战败》，[美]贝文·亚历山大著，新星出版

社，2013年版

《杜鲁门回忆录》，[美]乔治・杜鲁门著，生活・读书・新知三联书店，1974年版

《艾奇逊回忆录》，[美]迪安・艾奇逊著，上海译文出版社，1978年版

《朝鲜战争内幕》，[美]I. F. 斯通著，浙江人民出版社，1989年版

《朝鲜战争——未透露的内情》，[美]约瑟夫・古尔登著，北京联合出版社，2014年版

《朝鲜战争中的美国陆军——停战谈判的帐篷和战斗前线》，[美]沃尔特・G. 赫姆斯著，国防大学出版社，1988年版

《日本人眼里的朝鲜战争》，[日]陆战史研究普及会编，国防大学出版社，1999年版

《朝鲜战争中的美国陆军》，[美]施纳贝尔著，国防大学出版社，1988年版

《最寒冷的冬天2》，[韩]白善烨著，重庆出版社，2013年版

《最寒冷的冬天4・日本人眼中的朝鲜战争》，[日]儿岛襄著，重庆出版社，2015年版